노인우울증의 대인관계치료

Gregory A. Hinrichsen · Kathleen F. Clougherty 공저 ●
임기영 · 김지혜 공역 ●

Interpersonal Psychotherapy for Depressed Older Adults
by Gregory A. Hinrichsen and Kathleen F. Clougherty

| 역자 서문 |

정신치료의 종류는 헤아릴 수 없을 정도로 많지만 치료방법이 표준화, 매뉴얼화되어 있고, 치료효과가 과학적으로 검증된 것은 그리 많지 않다. 그중에서도 대인관계치료는 인지행동치료와 더불어 수많은 임상연구를 통해 그 효과가 거듭 입증된, 소위 '근거-중심(evidence-based)'의 경험적으로 효과가 입증된 치료기법(Empirically Supported Treatment: EST)이다. 이것은 대인관계치료가 개발된 역사적 배경을 보면 당연한 일일 수 있다. 대인관계치료는 1970년대에 예일 대학교 의과대학 정신과 교수였던 Gerald Klerman, Myrna Weissman, 그리고 Eugene Paykel 등에 의해 삼환계 항우울제의 치료효과 연구에 사용할 목적으로 만들어진 것이다. 따라서 처음부터, 제한된 회기 내에 실시할 수 있는 치료(time-limited psychotherapy), 표준화 및 매뉴얼화될 수 있는 치료, 상식에 근거한 치료(common-sense clinical approach), 치료효과를 RCT(Randomized Controlled Trial)로 검증할 수 있고 후속연구에서 재현(replication)할 수 있는 치료라는 엄격한 조건에 맞추어 치료기법을 개발한 것이 바로 대인관계치료다. 대인관계치료를 처음 적용한 대상이었던 우울증의 경우, 대인관계치료는 항우울제에 필적할 만한 치료효과를 나타냈으며, 특히 환자의 사회적 기능 향상에 큰 영향을 주는 것으로 밝혀졌다. 또한 항우울제 투여와 대인관계치료를 병행할 경우 가장 좋은 치료효과를 거두었다는 점은 대인관계치료

가 정신분석학에 기반한 이전의 정신치료들과는 달리 정신약물치료와 상호 보완적 치료로 사용될 수 있음을 의미하며, 이는 임상적으로 대단히 큰 장점이 아닐 수 없다.

1980년대 이후 대인관계치료는 우울증뿐 아니라 불안장애, 적응장애, 성격장애 등 다양한 정신질환에 적용되었으며, 집단치료, 부부치료, 전화치료 등의 형태로도 활용되기 시작하였다. 연령별로도 특화되어 청소년용 치료 매뉴얼도 나오고 이 책 『노인우울증의 대인관계치료』도 출간되었다. 특히 사회가 점차 고령화되면서 노인들의 우울증과 자살이 꾸준히 증가하고 있고, 우리나라의 경우 그 정도가 더욱 심하다는 측면에서 이 책은 정신과 의사, 임상심리학자를 비롯한 모든 정신보건 분야 전문가들에게 시의적절하고 유용한 치료적 자원이 될 것이라 생각한다. 이 책에서는 노년기 우울증 환자에게 흔히 나타나는 문제들을 애도, 대인관계에서의 역할 갈등, 역할 전환, 대인관계 결핍의 네 가지 영역으로 분류하여 각각의 사례와 함께 그 해결방법을 구체적으로 소개하고 있다. 물론 이와 같은 네 가지 문제 영역이 다른 대인관계치료에서도 다루어지는 영역이지만, 이들 문제가 노인들에게 더욱 빈번히 나타나는 문제라는 점과 구체적이고 풍부한 노인 임상사례를 제시하고 있다는 점에서 이 책은 특별히 더 읽을 만한 가치가 있다.

아무쪼록 이 책이 노인우울증 환자의 치료에 널리 활용되어 치료자와 환자 모두에게 큰 도움이 되길 바란다.

2012년 7월

임기영

| 추천사 |

작고한 나의 남편 Gerald L. Klerman과 내가 처음 대인관계치료(Interpersonal Psychotherapy: IPT)를 개발할 당시만 하더라도, 노인 환자에게는 심리치료가 별 도움이 안 된다는 것이 일반적인 견해였다. 심리치료의 가장 좋은 대상은 고등 교육을 받은 젊은 여성이었다. 하지만 상황은 급격히 바뀌었다. 지난 수십 년간 심리치료를 받은 환자들의 특성과 그들이 받은 치료의 종류를 살펴본 Mark Olfson, MD[1]의 최근 연구에 의하면, 1987년에서 1997년까지 10년간 전체 인구의 약 3%가 어떤 형태로든 심리치료를 받은 것으로 나타났다. 이러한 상황은 자료가 수집된 기간 중 별 변화가 없었다. 그러나 심리치료의 성격과 심리치료를 받은 환자의 특성은 획기적으로 변하고 있었다. 심리치료는 장기 치료에서 단기 치료로 바뀌었으며, 치료를 받는 사람들의 연령도 증가하였다.

Hinrichsen과 Clougherty가 저술한 이 책은 그러한 흐름을 따른 것이다. 그들은 근거에 기반한 대인관계치료(IPT)에 대해 설명하면서, 이를 우울증을 앓고 있는 노인들에게 적용하였다. 이 책은 특히 IPT를 노인들에게 원형 그대로 적용했다는 점에서 가치가 있다. 저자들이 밝힌 바와 같이, 그

1. Olfson, M., Marcus, S. C., Druss, B., & Pincus, H. A. (2002). National trends in the use of out patient psychotherapy. *American Journal of Psychiatry, 159*, 1914-1920.

들은 노인을 위해 IPT를 따로 변형시킬 필요가 없었다. 그들은 단지 노인 환자들이 심리치료를 받을 때 흔히 다루어지는 몇 가지 문제들을 추가했을 뿐이다. 죽음에 대한 걱정, 애도, 신체적 문제, 그리고 오래된 대인관계 갈등 등은 환자의 나이가 많아질수록 더욱 두드러지는 문제들이다. 이러한 문제들이 노인에게만 나타나는 것은 아니지만, 이 연령층에서 더욱 빈번하게 나타난다. Hinrichsen과 Clougherty는 그들의 기술과 경험을 토대로 노인들의 문제에 IPT를 적용하는 방법을 보여 주고 있다. 그들의 임상 자료만으로도 이 책은 충분한 가치가 있다. 또한 IPT 전략을 다른 환자 집단에게도 쉽게 적용할 수 있다는 점도 매우 고무적이다.

컬럼비아 대학교 의과대학 정신과 교수

임상 및 유전 역학 분과 과장

Myrna M. Weissman, PhD

| 저자 서문 |

수많은 미국인들이 노년기에 접어들고 있다. 노인 인구의 규모는 향후 25년간 두 배가 될 것이며, 2030년에는 미국 인구의 5분의 1이 65세 이상이 될 것이다. 이러한 상황을 고려해 볼 때, 우리는 앞으로 임상 현장에서 활동할 대부분의 심리학자들이 더 많은 노인 환자들을 만나게 될 것으로 예상한다. 노인들도 심리치료의 대상이 될 수 있는가에 대하여 의문을 제기했던 시기가 있었음을 우리는 기억한다. 그러나 지금은 탄탄한 임상 연구들을 통하여 노인도 젊은 사람처럼 심리치료의 도움을 받을 수 있음이 입증되었다. 젊은 사람들을 위하여 개발된 대부분의 심리치료는 노인에게도 사용할 수 있다.

심리학 분야에서는 경험적으로 효과가 입증된 치료기법(Empirically Supported Treatment: EST)만을 사용할 것을 점점 더 강조하고 있다. 비록 EST라고 해도 완벽할 수는 없지만, EST는 환자들에게 신뢰할 수 있는 건강서비스를 제공하자는 운동의 일환이다. 대인관계치료(IPT)는 우울증 치료에서 유용성이 입증된 몇 가지 심리치료방법 중의 하나다. Hinrichsen은 자신의 기관에서 수행된 한 가지 연구 결과를 확인한 후, IPT에 대해 관심을 갖게 되었다. 그 논문에서는, 주요우울장애로 입원한 노인 환자에게서 대인관계와 관련된 요소가 장기적인 임상 결과의 예측인자임을 입증하였다. 이를 논리적으로 확대시켜 보면, 대인관계 요인이 노년기 우울증 치료에 중요하다는 결론에 이르는데, IPT는 이러한 요인들을 명백한 치료 목표로 삼고 있다. Clougherty는 한 연구를 수행하면서 IPT에 관심을 갖게 되었다. 우울증을 앓고 있는 HIV-양성 환자들에 대한 연구의 일환으로 그녀는 IPT의 창시자인 Gerald Klerman으로부터 IPT를 실시하는 방법을 훈련받게 되었다.

IPT에 대한 우리의 관심은 연구에서 시작하였지만, 임상 장면에서 지속적으로 IPT를 사용하면서 다른 여러 요소들이 우리의 관심을 고조시켰다. 우리는 IPT가 임상 장면에서 효과가 있음을 알게 되었다. 우울증을 앓고 있는 우리 환자들이 대부분 호전되었던 것이다. 또 IPT는 우울증을 치료할 수 있는 틀을 제공할 뿐 아니라 임상적 상태에 대한 조망을 갖게 해 준다. IPT를 통해 우울증상을 감소시키고 삶의 질을 향상시키기 위한 노력을 하는 과정에서, 치료자와 내담자는 실제적이고 희망적인 대화를 하게 된다. 심리치료자로서 우리는 IPT를 배움으로써 우울한 내담자를 대상으로 하는 우리의 임상 능력이 향상되었고, 치료작업이 더욱 명료화되었으며, 전문가로서의 만족감이 크게 향상되었음을 알게 되었다. EST에 대하여 회의적 시각을 갖고 있는 치료자들도 IPT가 임상적으로 다양한 용도를 가지고 있으며, 임상가들의 장점을 더욱 돋보이게 할 치료기법임을 알게 될 것이다. IPT 워크숍을 할 때, 우리는 참가자들이 이미 그들의 임상 작업에서 IPT의 요소들을 사용하고 있다는 말을 자주 들었으며, 이를 매우 기쁘게 생각한다. 그것은 IPT가 임상가의 풍부한 임상적 경험에 기초하여 개발된 것이며, 우울증 환자에게 가장 도움이 될 수 있는 치료적 요소들로 구성되어 있음을 보여 주는 증거라고 생각된다.

우리의 공동 작업은 1993년에 시작되었다. New York Hospital-Cornell Medical Center의 John Markowitz, MD와 Clougherty는 IPT 훈련 프로그램을 막 시작하였고, 거기에 Gregory Hinrichsen이 참여하였다. Hinrichsen은 IPT 프로그램을 노인우울증 환자의 치료에 적용하는 과

정에서 Clougherty로부터 지도를 받았다. 그 시기에 우리는 전문가를 대상으로 IPT 워크숍을 실시하는 등, 다양한 IPT 관련 프로젝트를 진행하였다.

이 책은 Gerald Klerman, Myrna Weissman과 그들의 동료들이 개발한 IPT를 노인우울증 환자에게 적용한 것이다. 피츠버그 대학에 있는 Ellen Frank, Charles Reynolds와 그의 동료들이 수행한 노년기 우울증에 대한 IPT 연구도 인용하였다. 노인에게도 심리치료를 적용할 수 있다는 인식이 생기면서, 젊은 성인의 우울증 치료에 사용되었던 IPT를 노인에게 사용하게 되었다. IPT를 노인에게도 쉽게 적용할 수 있다는 사실은, 이 치료가 융통성이 있고, 또 노인들이 겪는 문제와 밀접하게 관련되어 있음을 시사한다. 이 책에서는 노인들이 처해 있는 전반적인 상황과 관련된 노인학적 문제들을 먼저 다루었다. 우울증과 노년기 삶에 대한 정보는 2장에서 다루었으며, 여기서 노인을 치료하고 평가하는 데 필요한 일반적인 임상적 제안도 함께 제시하였다. 3장에서는 IPT가 노인에게 특히 적합한 이유를 임상 사례와 연구 사례를 들어 설명하였다. 4장에서는 IPT의 일반적인 구조를 살펴보았으며, 대표적인 논문도 함께 제시하였다. 이 책의 나머지 부분은 IPT를 어떻게 실시하는지를 다루었으며, 노인을 대상으로 한 우리의 임상적 경험을 기술하였다. 한 장은 IPT를 배우는 사람들이 겪게 되는 일반적인 문제를 다루는 데 할애하였다. 마지막 장은 IPT를 적용하는 데 더 많은 지식과 경험을 필요로 하는 사람들을 위한 지침과 마무리 요약으로 구성되어 있다. 또한 끝부분에는 참고문헌들이 기술되어 있다.

노인학과 노인심리학에 대하여 잘 알고 있는 독자는 1장과 2장을 간단히 살펴보면 될 것이다. 노인학과 노인심리학에 대하여 익숙하지 않은 사람들은 참고문헌에 기록된 자료에 기초하여 이 주제에 관해 좀 더 많은 책을 읽어 보면 좋을 것이다. 우리는 IPT에 관심이 있는 사람들이라면 반드시 『Comprehensive Guide to Interpersonal Psychotherapy』(Weissman, Markowitz, & Klerman, 2000)를 읽기를 권한다. 이 책에서는 표준 IPT 치료 매뉴얼이 수록되어 있고, 다양한 연령 집단과 다양한 장애에 IPT를 적용한 사례와 탁월한 연구 결과를 요약하여 제시하고 있다.

본 서에서 가장 중요한 부분은 아마도 IPT의 네 가지 문제 영역 각각에 IPT를 적용한 임상 사례일 것이다. 임상 사례는 실제 IPT 사례인 경우도 있고, 사례를 재구성한 것도 있다. 내담자의 개인적 정보는 수정하였고, 가공의 이름으로 제시되었다. 네 개의 문제 영역 각각의 사례는 5장에 제시하였는데 각 사례마다 IPT의 초기 회기를 기술하였으며, 이후 관련된 문제 영역을 기술하는 장에서 각 사례의 중기 회기를 기술하였다. 각 사례의 중기 회기를 기술한 장에서는 추가적인 사례도 제시하였다. 또한 각 사례마다 대화와 해설을 덧붙여 내용을 보다 정확히 파악하고 임상적으로 도움이 될 수 있도록 배려하였다.

저자들은 IPT를 배운 것을 큰 행운이라 생각하고 있으며, 특히 IPT를 배우는 과정에서 좋은 지도를 받을 수 있었던 것을 정말 고맙게 생각한다. 이 책이 독자들로 하여금 우리가 느꼈던 것과 비슷한 열정을 불러일으킬 수 있게 하기를 희망한다.

| 감사의 글 |

많은 동료와 친구들이 이 책을 집필하는 데, 좀 더 넓게는 대인관계치료와 관련된 작업을 하는 데 큰 도움과 격려를 주었다. 전문가로서 활동하면서 사려 깊고 헌신적인 사람들을 만날 수 있었던 것은 매우 감사한 일이다. IPT 영역에는 그런 사람들이 특히 많다. 또한 노인심리학은 노인들의 다양하고 풍부한 삶을 공유하게 됨으로써 개인적인 만족과 의미를 찾을 수 있는 기회를 제공해 주고 있다.

나(Gregory A. Hinrichsen)를 지원해 준 동료들과 친구, 가족에게 감사하다. Kathleen Clougherty, LCSW와 John Markowitz, MD는 지난 10년간 IPT 치료자가 되기 위한 공식 수련 과정을 함께해 주었다. Kathy는 그때 이후로 항상 훌륭하고 현명한 동료였다. 그녀는 내가 만난 가장 훌륭한 심리치료자다. John은 IPT와 노인심리학을 접목시키려는 나의 노력을 지지해 주었으며, IPT와 관련된 전문적인 문제나, 연구와 관련된 사항들에 대하여 항상 조언을 해 주었다. Myrna Weissman은 작고한 그녀의 남편인 Gerald L. Klerman과 함께 IPT를 개발하였는데, 내가 IPT에 입문하는 것을 환영해 주었으며, 그들의 이론을 노인에게 적용하는 것을 반겨 주었다. Zucker Hillside Hospital 정신과 과장인 John Kane, MD는 내가 오랜 기간 Hillside Hospital에 재직하는 동안 여러 가지로 많은 도움을 주었으며 특히 IPT 훈련을 받는 데 필요한 재정적 지원을 해 주었다. Blaine Greenwald, MD는 Zucker Hillside Hospital 정신과 부과장이며 노인정신과 과장으로서 Hillside Hospital에서 정신과적 문제를 갖고 있는 노인들을 대상으로 지속적인 치료모형을 구축하였는데, 내가 전문가로서 많은 경험을 할 수 있도록 기회를 주었다. Zucker Hillside Hospital의 임상심리실장인 Curtis Reisinger, PhD는 병원에서 진행되는 여러 임상심리 수련 과정에 헌신하면서 경험적으로 효과가 입증된 치료기법(EST)을 전파하는 데 큰 공헌을 하였다. IPT 훈련에 참가하였던 Hillside Hospital의 임상심리학 인턴들, 그리고 박사 후 과정 펠로우들은 심리학자로서, 그리고 노인 IPT 치료자로서 성장하는 모습을 내게 보여 주어 개인적으로, 그리고 전문가로서 매우 만족스러웠다. 뉴욕 노인심리학 연구회의 동료들은 그들의 따뜻한 인간애와 사명감으로 내가 개인적으로, 또 전문가로서 성숙해 나가는 데 좋은 토양이 되어 주었다. Hillside Hospital 도서실 사서인 Lillian T. Buller는 내가 병원에 근무한 25년간 수많은 책과 저널을 구해 준 좋은 친구였다.

Rob Jerome은 내가 노인심리학에서 경력을 쌓아 가는 과정에서 끊임없는 지지를 해 준 사람이다. 그는 내가 수행한 대부분의 프로젝트와 내가 집필한 모든 책의 편집에 관하여 전문가로서 매우 중요하고 결정적인 논평을 해 주었는데, 이 책에 대해서도 편집자로서 현실적이고 지속적인 논평을 해 주었다. 뉴욕에 있는 나의 가족—Rob, Rachel, 그리고 Ari—은 이 책 때문에 주말에도 뉴욕 북부 Catskills에 가서 작업을 해야 했던 내게 언제나 따뜻한 배려와 지지를 보내 주었다. 품위 있고 낙천주의자인 나의 어머니 Kay Hinrichsen은 노년을 어떻게 보내야 하는지를 보여 주는 모델이었다. 1960년대에 6명의 자녀들을 키우면서도 그녀는 어떻게든 시간을 내어 지역 노인요양원의 노인들을 위해 자원봉사를 하셨다. 어머니는 그곳 거주자들이 흥미롭고 용감한 분들이라고 말씀해 주셨다. 어머니의 이야기를 통하여, 나는 노인들이 자신의 삶을 어떻게 즐겁게 만드는지를 알게 되었다.

나(Kathleen F. Clougherty)는 나에게 IPT를 가르쳐 준 고(故) Gerald Klerman 박사에게 깊은 감사를 표한다. 그는 지적이고, 재능이 있었으며, 친절한 스승이었다. IPT에 대한 그의 지식과 임상적인 혜안은 내가 환자를 치료할 때, 그리고 임상가들을 가르칠 때 항상 함께하고 있다. Klerman 박사가 돌아가신 후에는 John Markowitz, MD가 나를 지도해 주셨으며 우리는 오랜 기간 좋은 협력 관계를 이루어 왔다. 뉴욕주립정신의학연구소(New York State Psychiatric Institute)에 근무하는 나의 동료들은 내가 IPT 분야에서 성장할 수 있도록 실질적인 도움을 주었다. 특히 Myrna Weissman, PhD에게 감사를 드린다. 그녀와 함께 일하면서 나는 훌륭한 연구, 수련, 교육을 할 수 있는 기회를 얻게 되었다. Laura Mufson, PhD는 내가 청소년을 대상으로 IPT를 시행할 수 있도록 해 주었으며, 청소년 IPT에 관심이 있는 임상가들을 지도하고 워크숍을 진행하는 과정에서 내가 중요한 역할을 할 수 있도록 기회를 주었다. 그리고 Richard Neugebauer, PhD는 나와 많은 프로젝트를 수행하였으며, 나의 임상 연구를 진심으로 지지해 주었다.

두 명의 동료가 내가 전문가로서, 그리고 개인적으로 성장하는 데 결정적 기여를 해 주었다. Greg Hinrichsen은 임상가로서 내가 가르친 만큼 그에게서 많이 배웠다. 나는 그가 이 책을 공동 집필할 기회를 준 것에 대해 감사하게 생각한다. 우리는 후학을 가르치고, 각 사례와 IPT의 개념에 대하여 토론하면서 수없이 많은 시간을 함께 보냈다. 그것은 항상 즐거운 일이었다. 또한 나는 Lena Verdeli, PhD에게도 감사드린다. 나는 그녀와 함께 우간다로, 그리고 중국으로 IPT를 소개하기 위한 여행을 했었다. 그녀의 호기심, 확고한 의지, 놀랍도록 지적인 면, 즐거운 유머는 그와 같이 도전적인 일을 흥미롭고 보람 있는 일로 변화시켰다.

Hy Grossbard와 Miriam Formn, PhD는 치료 과정의 가치를 이해하는

데 많은 도움을 주었다. 나는 나의 가족에게도 끝없는 감사를 보낸다. 어머니, 아버지, Caitlin, Connie, Bob, Brian, 그리고 Max. 나에 대한 신뢰에 감사하고, 귀 기울여 주고, 용기를 주고, 격려해 주고, 편안하게 해준 것에 대해 감사하다.

마지막으로, 나와 함께 그들의 삶을 공유한 우리의 내담자들에게 진심으로 감사하며, 그들로부터 정말 많이 배울 수 있었던 것에 감사한다.

| 차례 |

제 1 장

노인학: 노인의 세계를 탐구하다

INTERPERSONAL PSYCHOTHERAPY FOR DEPRESSED OLDER ADULTS

제 1 장

노인학: 노인의 세계를 탐구하다

INTERPERSONAL PSYCHOTHERAPY FOR DEPRESSED OLDER ADULTS

노인학에 대한 얘기로 이 책을 시작하고자 한다. 노화를 연구하는 사람들인 노인학자들은 노인의 삶을 다방면으로 연구한다. 노인학자들은 경제학, 정치학, 사회학, 심리학, 생물학, 의학 등 다양한 학문적 배경을 갖고 있다. 그들은 각자의 배경에 따라 관심 있는 노화의 영역도 다르다. 노인사회학자는 노인에게 영향을 주는 사회적 힘과 노인이 사회에 미치는 전반적인 영향을 연구한다. 노인심리학자는 심리적 현상이 연령에 따라 어떻게 변화하는지 연구한다. 노인생물학자는 곤충에서 영장류에 이르기까지 노화의 생물학적 현상을 연구한다. 그렇다면 노인우울증 환자들을 대상으로 정신치료를 하려는 정신건강 전문가들과 노인학은 어떤 관련이 있을까? 노인학은 정신치료를 제대로 시행할 수 있도록 배경 지식을 제공해 준다. 노인학은 노인들이 살아가는 생활 환경에 대하여 전반적인 조망을 갖게 해주며, 노인의 내부와 외부에 존재하는 복잡하고 때로는 상충되는 힘들을 자세히 보여 준다. 노인들의 일반적이고 전형적인 삶의 모습은 특정한 어느 노인이 정신치료 장면에서 호소하는 개인적 문제들을 이해하는 데 매우 유용한 기본 틀이 된다.

노인을 치료하는 임상가는 노인에게 흔히 나타나는 정신적 문제에 대해 잘 알고 있어야 함과 동시에 노인학에 대한 지식을 갖고 있어야 한다〔American Psychological Association(APA), 2004〕. 경험이 풍부한 노인심리학자들에게 이 장과 다음 장은 노인학과 노년기 우울증에서 다루어지는 중요한 이슈들을 사회적 요소와 대인관계 요소에 중점을 두어 다시 한 번 검토해 보는 기회가 될 것이다. 노인심리학에 대한 사전 지식이 부족한 사람이라면 이 책 후반부에 소개되어 있는 노인학 및 노인심리학 전문서적을 읽음으로써 노인심리학에 대한 전문적인 지식을 쌓을 수 있을 것이다.

노인을 대상으로 하는 정신치료에서 가장 중요한 핵심 문제는 코호트(cohort)와 관련된 문제다. 각 연령의 코호트는 그들만의 독특한 시대적 경험을 하기 때문에 자연히 집단적으로 독특한 자신과 타인, 그리고 세상에 대한 기대와 태도를 형성하게 된다. 예컨대 기자이자 앵커인 Tom Brokaw(1999)가 '가장 위대한 세대(greatest generation)'라고 명명한 세대는 대공황으로 인한 경제적 궁핍을 겪고 세계대전에 참전했던 사람들로서 이들은 인류 역사상 일찍이 경험하지 못했던 대사건들을 경험한 세대였다. 연구자들은 서로 다른 세대의 코호트는 개인의 성격과 인지적 대처에서 집단 간에 독특한 차이가 있음을 발견하였다. 지금은 노인이 되어 있는 세대가 그들의 전 생애에 걸쳐 경험했던 사건들에 대해 치료자가 전반적으로 이해하고 있다면 치료적 유대가 강화되고, 좀 더 세련되고 정교한 치료적 개입이 가능할 것이다.

노인의 현재 모습을 이해한다는 것은 정적인 작업이 아니다. '가장 위대

1939 코호트	1929 코호트	1919 코호트	연도	사건
		출생	1919	인플루엔자 확산 중지/베르사이유 조약 체결
			1920	여성참정권 획득
			⋮	
		5세	1924	
			⋮	
	출생		1929	대공황
			⋮	
	5세	15세	1934	
			1935	사회보장법 시행
			⋮	
출생			1939	
			1941	진주만 사건/제2차 세계대전 참전
			⋮	
5세	15세	25세	1944	
			1946	베이비 붐 시작
			⋮	
			1949	
			1950	한국전 참전
			⋮	
15세	25세	35세	1954	
			1955	소아마비백신 개발
			1956	62~64세 여성에 대한 사회보장 혜택 감소
			1957	장애인에 대한 사회보장 시행
			1959	
			1961	62~64세 남성에 대한 사회보장 혜택 감소
			1962	자영업자 은퇴법(Koegh Act) 실시
25세	35세	45세	1964	월남전 참전, 시민권리법 시행, 베이비 붐 종료
			1965	의료보장 및 의료보호 제도 정착
			⋮	
			1969	인류 최초 달 착륙
			⋮	
			1972	사회보장 비용에 대한 산출공식의 정립
			1973	사회보장 비용의 개선
35세	45세	55세	1974	세무조사국 개설
			1975	연령차별금지법 시행
			⋮	
			1978	401(k) 설립
			1979	
			⋮	
			1983	사회보장 대상 연령의 상향
45세	55세	65세	1984	배우자가 귀속시키면 미망인에게 연금권리를 줌
			1986	노동자 강제 은퇴 금지
			⋮	
			1989	베를린 장벽 붕괴
			1990	장애인법 제정
			⋮	
55세	65세	75세	1994	
			⋮	
			1997	균형예산법에 따라 의료보장 정책 변화
			1999	
			2000	은퇴연령자들에 대한 사회보장 수혜시험 폐지
			2001	9·11 테러 사건
			2003	의료보장 처방약품 수혜제도 통과
65세	75세	85세	2004	

[그림 1-1] 미국 노년층의 세 코호트 집단이 경험한 역사적 사건들

출처: *Older Americans 2004: Key Indicators for Well-Being*(cover), by Federal Interagency Forum on Aging-Related Statistics (November, 2004), Washington, DC: U.S. Government Printing Office. In the public domain.

한 세대'의 구성원들은 이제 매우 늙었으며, 새로운 세대가 노년기에 진입하고 있다. [그림 1-1]에서 보는 바와 같이, 각 세대의 구성원들은 일생에 걸쳐, 자신과 세계에 대한 조망에 영향을 줄 수 있는 경험을 공유한다. 마찬가지로 인종이나 종교에 따라서, 혹은 독특한 사회적 특징에 따라서, 노인들은 그들 집단만의 독특한 역사적 경험을 하게 된다. 예를 들면, 제2차 세계대전 중 미국 내 아시아계 노인들은 일본인 수용소에 억류되어 있었으며, 미국 정부는 후에 이에 대하여 사과를 하고 보상을 하였다 아프리카계 미국 노인들은 Jim Crow법(흑인 차별법)과 시민 권리운동을 경험했을 것이다. 게이 혹은 레즈비언 노인들은 사회적 · 제도적으로 비난을 받은 경험이 있었을 것이고, 뉴욕에서 일어났던 Stonewall 폭동을 시작으로 그들에 대한 사회의 시각과 태도가 변화하는 것도 경험했을 것이다. 베이비 붐 세대가 나이를 먹어 감에 따라, 그들이 구축해 놓은 구성원들 간의 사회적, 역사적 경험들이 노년기 삶에 영향을 주게 된다.

노년의 문제는 노화로 인한 건강상의 문제와 밀접한 관련이 있다. 노인들은 자기 자신의 건강 문제에 직면하거나, 건강에 문제가 생긴 배우자나 친구를 돌보아야 하며, 인지적 변화를 겪고, 은퇴나 실직으로 초래되는 수입 감소 및 그에 따른 경제적 압박을 경험하게 된다. 또한 친구나 가족의 죽음을 맞게 되며, 그 외 많은 문제들을 겪는다. 치료자가 노화와 관련된 이와 같은 일반적 문제들을 잘 이해한다면, 그들의 정신건강상의 문제도 더욱 잘 다룰 수 있게 될 것이다.

누가 노인인가?

노인에 대한 정의와 명칭은 지난 수년간 많은 변화를 겪었다. 전통적으로 노인이 시작되는 나이, 즉 노인의 경계가 되는 나이는 65세다. 19세기

독일 비스마르크 정부는 노인 연금 수령이 개시되는 연령을 65세로 잡았다. 1930년대 미국 사회보장 체계도 같은 기준을 적용하였으며, 이후 기관이나 연구 혹은 일반적인 공공 생활에서 이 기준이 노인을 규정하는 근거로 사용되었다. 그러나 미국의 사회보장 자격 규정 기준은 바뀌었다. 베이비 붐 세대에 태어난 사람들(1946년에서 1964년 사이에 태어난 사람들)은 66세 혹은 67세가 되어야만 완전한 사회보장 혜택을 누리게 되었다(Kingson & Schulz, 1997). 그렇다면 베이비 붐 세대에 태어난 사람들은 65세가 되어도 노인이 아니라는 뜻인가?

나이 든 사람에 대한 호칭은 노년층, 노인, 고령자, 노령인구, 노령 성인 등등 매우 다양하다. 이렇게 호칭이 많다는 것은 호칭의 대상에 여러 가지 문제가 있음을 의미한다. 사회적으로 낙인을 찍은 집단에 대하여, 명명하고 또다시 재명명하는 것은 부정적인 고정관념을 불식시키려는 노력을 반영하는 것이다. 연장자나 어르신 등의 호칭은 노인에게 좀 더 존엄성을 부여하려는 노력의 결과다. 하지만 이러한 좋은 의도에도 불구하고 노력이 성공한 것으로 보이지는 않는다. '노령 성인(older adult)'이라는 용어를 사용하는 노인학자, 노인심리학자들이 점점 늘어 가고 있는데, 그들은 몇 세부터가 이에 해당하는지 분명한 경계를 긋고 있지 않으며, 나이가 적으면 젊은 사람(younger person)이라고 하듯이 나이가 많은 사람 역시 성인(adult)으로 기술하고 있다.

노인을 왜 '노령 성인'이라고 표현하는가? 아마도 노인이라고만 하면 완전한 성인으로서의 능력이 감퇴된 사람처럼 들리는 경향이 있기 때문일 것이다. 연구 결과에 의하면 젊은 사람들은 노인들에게 어딘지 모르게 무시하는 듯한 태도로 말하는 경향이 있다고 한다. 또한 노인들은 젊은 사람들이 자신을 부정적으로 낙인찍고, 그에 따라 부정적으로 대하는 경향이 있다고 믿는 것으로 보고하였다(Palmore, 2001). 한 노인 내담자가 "당신도 늙어 보면 알게 될 거요."라고 냉소적으로 말했는데 그것은 이러한 경험을 반영한다. 노인에 대한 고정관념은 매우 다양하다. "노인들은 보통 혼자이고 외롭다. 노인들은 병들고, 약하며, 다른 사람들에게 의지한다. 인지적 손상이 있는 경우도 많다. 그들은 우울하다. 그들은 앞으로 해가 갈수록 더 힘들어하고, 완고해질 것이다. 그들은 노화로 인한 쇠퇴에 겨우 겨우 적응해 나가고 있을 것이다.……" 이러한 고정관념들은 모든 사람, 즉 일반 대중, 교수는 물론이고 노인 자신들도 갖고 있다(APA Working Group on the Older Adult, 1998).

노인(older)이란 용어를 통해 나이 든 사람들이 스스로를 노인에 속한다고 믿는지 알 수 있다. 많은 노인들은 자신이 아직 노인이 아니라고 믿고 싶어 한다. 사실 '우울하고, 치매에 걸리고, 의존적인' 집단에 속하길 원하는 사람이 어디 있겠는가? Hinrichsen은 보스턴 펜웨이 지역에 거주하는 노인들을 대상으로 사회보장 활동을 하면서 이 점을 바로 알 수 있었다. 그는 이 활동을 하면서 62세 이상의 노인 집을 가가호호 방문하여, 그들에게 여러 가지 정보를 제공해 주고, 지역 서비스 센터에 연계하기도 했다. 이때 어떤 사람들은 자신이 노인 인구로 분류된 것에 대하여 충격을 받고 화를 내기도 하였다. 연구자들은 노인 인구 중 상당수가 자기 자신을 노인으로 생각하지 않는다는 것을 알 수 있었다.

노인연구가들은 이렇게 단정적으로 노인을 정의하는 것에 문제가 있다는 사실을 이미 오래전부터 인식하고 있었다. 인간의 최대 수명을 120세로 보았을 때 65세 이상을 모두 동일한 하나의 집단으로 보는 것은 논리적으로 어리석은 일이다. 따라서 노인학자들은 이를 세분화하기 시작하였다. 젊은층 노인(the young old), 노인(the old), 노년층 노인(the old old), 최노년층 노인(the oldest old) 등등. 하지만 이렇게 세분화해도 각 집단마다 편차가 크다는 것을 알 수 있다. 어떤 65세 노인은 의학적인 문제가 많고 거동하기도 힘들어하는 반면, 어떤 65세 노인은 노인 올림픽에 참가하기도 한다(Neugarten & Neugarten, 1986). 노인학에는 한 가지 불문율이 있다.

사람은 나이가 들수록 편차가 더욱 커진다는 것이다. 사실 70세 노인의 경우보다는 18세 청소년이 일반화, 평균화하기가 훨씬 쉽다. 노인에게 나타나는 다양성은 노화를 연구하는 데 있어서 가장 도전적인 특징인 동시에 가장 흥미로운 특징이기도 하다. 노인학은 하나의 분야인가, 아니면 여러 분야인가?

노화: 문제인가, 과정인가?

노화는 문제인가, 아니면 과정인가? 노화는 정상적인가, 아니면 비정상적인가? 노화의 방식은 노인의 생활을 실제로 연구하는 연구자들에 의하여 밝혀진다. 노인학자 Robert Butler(1975)는 1970년대에 자신의 기념비적인 저서『Why Survive? Being Old in America』에서 이에 대해 기술하고 있다. 이 영향력 있고 사려 깊은 책은 미국인들이 노인을 사회적으로 간과해 왔음을 지적하고 있다. 이 책은 노인들에 대한 사회적 지지를 이끌어 내기 위해 헌신하는 사람들의 이야기로, 그들의 일반적인 우려를 잘 묘사하고 있다. 노인들이 생애 마지막까지 생활고와 싸우는 고통스러운 모습에 자극받아 다양한 연령별 기금이 조성되었는데, 이 중 하나가 미국노인법(the Older American Act)이며, 어떤 것은 미국 내 50개 주 모두에서 조성되기도 하였다. 노인센터, 노인요양원과 그 외 여러 서비스들이 노인들을 위하여 개발되었다. 이러한 노력들이 많은 미국 노인들의 삶을 향상시킨 것은 사실이지만 어떤 이들은 이것들이 오히려 전형적인 노인의 모습, 즉 약하고 생활고에 허덕이는 모습을 정형화시킨 것이 아닌가 우려하기도 한다. 필요성보다는 연령에 기초하여 사회적 서비스 대상자를 선택하는 것이 현명한 방법인가에 대하여 문제를 제기하는 사람도 있으며(Neugarten, 1982), 연령에 기초한 프로그램이 정말 도움이 필요한 사람에게는 오히려 혜택을 주지 못할 가능성도 지적된다.

노인들의 입장에서 문제를 해결하려는 사회적 행동주의는 국립정신건강 연구소(National Institute of Mental Health: NIMH) 내에 노화에 초점을 맞춘 노화연구소(administration on aging)가 설치되는 성과를 낳았다. 이 기관을 통하여 노화의 여러 측면을 연구하기 위한 많은 자료들이 모아졌고, 이 기관의 지원하에 중요한 연구들이 수행되었다. 아직도 일부 사람들은 노화를 이상 과정으로 보는 것에, 또한 알츠하이머병과 노화를 부적절하게 동일시하는 데 너무 많은 자원이 투자되었다고 비난하고 있다(Estes & Binney, 1989). 노인들의 탄력적 적응 능력(resilience)에 대한 연구는 무시되어 왔다. 가장 큰 비판은 노화를 하나의 과정으로 보지 않고 의학적인 문제로 본다는 것이다 노인들은 단순히 허약한 사람들의 집단이 아니다. 사회적, 심리적, 경제적, 그리고 그 외 노인들의 삶에 영향을 주는 많은 요소들이 너무나도 과소평가되어 왔다.

이에 못지않게 중요한 노인학의 연구 성과는 개인이 노화하는 과정에서 긍정적인 측면을 좀 더 강조하고자 했다는 것이다. 노인들 중 우울해지고, 치매에 걸리며, 의존적인 상태가 되는 사람은 소수다. 노인들은 기본적으로 그들의 가정과 사회에 실질적인 도움을 주는 사람들이다(Shanas, 1979). 노인들은 대부분 가족 및 친구들과 만족스런 관계를 유지하고 있다. 노인들은 인생의 여러 변화에 적절히 대처할 수 있는 능력을 갖고 있다. 이들은 Tom Brokaw가 말한 '가장 위대한 세대'다. 1980년대의 인기 TV 프로그램이었던 'Golden Girls'에 속했던 세대들, 즉 일하고, 데이트하고, 웃고, 싸웠던 그 사람들이 지금의 노인 여성들이다. 한편 어떤 사람들은 노인들을 오히려 힘이 세고 좀 더 사악한 집단으로 규정한다. 노인들은 젊은 사람들이 받는 고통을 무시하고 자신들만의 이익을 위해 투표권을 행사하기도 한다. 노년층은 매우 강력한 로비 집단이며, 노인들의 단체인 '미국퇴직자연합'의 간부들 중에는 의회로 진출하기 위해 입후보하는 사람들도 있다.

어떤 사람들은 노인들이 나라를 파탄에 빠지게 하는 욕심꾸러기라고 비난한다. 기득권이 너무 많은 노인들을 견제하고 젊은 세대에게 정당한 몫을 주어야 한다고 주장하는 사람들도 있으며, 이것을 '세대 간 평등(generational equity)'(Binstock, 1985; Binstock & Quadagno, 2001)이라고 부른다.

세대별로 갖는 독특한 경험과는 무관하게, 노화는 그 자체로 많은 도전에 직면하게 되며, 그중 상당 부분은 건강과 관련되어 있다. 나이가 듦에 따라, 느리건 빠르건 간에, 우리의 신체는 퇴화하게 된다. 인생의 후반부에는 직접적으로든 간접적으로든, 자신의 건강이나 친구들 혹은 가족들의 건강에 의하여 영향을 받는다. 건강의 악화와 그로 인한 이동성 감소로 신체적 환경이 이전보다 더 많은 영향을 준다(Lawton & Nahemow, 1973). 건강상의 문제가 증가하면 재정적인 부담도 증가한다. 건강은 신체적 건강만을 말하는 것이 아니다. 노인들은 정신적 능력도 감소된다. 우울증이 있는 노인을 정신치료할 때는 우울과 관련된 생활의 문제를 다루어야 할 뿐 아니라, 문제와 관련된 개인의 자원에도 주의를 기울여야 하며, 문제와 자원을 통해 드러나는 독특한 시대적 배경에도 주의를 기울여야 한다. 이 장에서는 노인들의 삶과 관련된 전반적 문제들, 즉 인구통계, 건강, 재정, 주거 상태 및 환경, 그리고 사회 및 가족 관계 등을 다루어 볼 것이다.

인구통계: 그것은 우리의 운명인가?

인구통계는 매우 따분한 학문이다. 온통 그래프와 차트, 통계, 설계도로 구성되어 있다. 하지만 인구통계에서 모집단의 크기와 분포는 강력한 힘으로 역사를 만들어 나가고, '인구통계는 운명'(Vierck & Hodges, 2003)이라는 표현으로 대표될 수 있는 조망을 형성하게 해 준다. 어떤 국가는 끊임없는 인구 증가로 도전받고 있다. 중국과 인도는 모두 10억을 넘는 인구를 지니고 있다. 개발도상국가들은 대부분 젊은 사람들의 비율이 높다. 하지만 선진국, 즉 유럽과 북미에서는 노인 연령층이 가장 빠르게 증가하고 있다. 출생률, 사망률, 이민을 들어오거나 나가는 비율 등의 여러 요소들이 인구 수 및 분포에 영향을 미친다. 때로는 인구에 영향을 미치는 요소를 예측하기 힘든 경우도 있다. UN의 연구보고서에 의하면 2050년에는 AIDS 때문에 세계 인구가 일시적으로 4억 명 정도 감소될 것으로 추정하였다.

미디어에 자주 보도가 되면서, 많은 미국인들은 미국이 빠르게 늙어 가고 있음을 알게 되었다. 어떤 사람들은 미국이 늙어 가는 이유가 노인들이 이전보다 더 오래 살기 때문이라고 생각한다. 사실 1900년의 기대 수명(즉, 그 연령에서 기대되는 수명)은 65세의 경우 약 77세였다. 하지만 2001년에는 65세에게 기대되는 수명이 83세로 늘어났다. 젊은 연령층에도 많은 변화가 일어났다. 1900년에 출생한 사람은 기대 수명이 49세였다. 오늘날에는 기대 수명이 여성의 경우 80세, 남성의 경우 74세다. 이러한 수명의 증가는 지난 100년간 전염병으로 인한 유아 및 젊은 사람들의 사망이 급격히 감소한 것과 관련이 있는 듯하다. 가장 발전한 나라인 미국에서는 지난 한 세기 동안 출산율이 감소하였고, 결과적으로 아동의 수는 줄어 든 반면, 성인과 노인의 비율이 증가하였다(Federal Interagency Forum on Aging-Related Statistics, 2004). 1900년도에 65세 이상은 전체 인구의 4%였지만 현재는 65세 이상이 12%다(특히 Florida, West Virginia, Pennsylvania, Iowa, North Dakota는 노인의 비율이 높다). 가장 빨리 증가하는 인구 집단은 85세 이상의 노년층이다(Federal Interagency Forum on Aging-Related Statistics, 2004).

미국에서 가장 위협적인 인구통계학적 변인은 베이비 붐 세대의 노화다. 경제 대공황과 제2차 세계대전 등으로 아이 갖기를 미루던 미국인들은 전쟁이 끝난 후 앞다투어 아이를 낳기 시작했다. 출산율의 폭발적 증가는 1964년(공식적으로 베이비 붐 시대가 종료된 시기)까지 지속되었으며, 이때

약 7600만 명의 아이들이 태어났다. 이러한 인구통계학적 상태를 '커다란 뱀이 삼킨 돼지(pig in the python)' 현상이라고 하기도 한다. 베이비 붐 시대에 태어난 아이들로 구성된 거대한 인구 집단은 커다란 뱀에게 삼켜진 돼지가 뱀의 몸속을 서서히 훑고 지나가는 것처럼 인구통계의 파이프 라인 속을 압도적인 기세로 진행해 나갈 것이다. 초기에는 이들을 치료할 소아과 의사가 모자랐고, 이들을 교육할 학교도 부족했다. 성인이 되어서 직장을 구하게 되자, 임금이 삭감되었으며, 이들이 결혼해 살 집을 구하기 어려웠다(지난 1970년대의 집값 상승을 기억해 보라). 이들이 중년에 접어들면서 노년에 대비하여 은퇴 기금을 투자하느라 주식 시장이 붐을 이루었고, 이어 일부는 파산을 하였다. 2011년에는 베이비 붐 시대의 선두 주자들(1946년생)이 65세가 되며, 2030년에는 미국 인구의 20%가 65세 이상이 된다(Federal Interagency Forum on Aging-Related Statistics, 2004). 2030년에는 노인 인구가 현재의 2배가 되어 7000만 명에 이를 것이다. 베이비 붐 시대가 끝나는 시점에 충분한 숫자의 노인학자와 노인심리학자를 확보할 수 있을 것인가? 이들을 위한 요양원과 사회보장기금은 충분할 것인가?(Congressional Budget Office, 1993)

정책입안자들은 '백발이 되어 가는 미국'이 공공 부분에 미칠 영향에 대하여 관심을 갖게 되었다. 미국원호처(The U.S. Department of Veterans Affairs)는 초기에 이 문제를 인식하고, 1980년대부터 제2차 세계대전 참전 노병들에게 특화된 노인 서비스를 제공하고자 시도하였다. 사실 많은 원호병원에서 미국 최고 수준의 의학적, 정신과적, 심리적 훈련과 서비스를 제공하고 있다. 베이비 붐 세대가 은퇴 연령에 도달하기 전에 사회보장제도를 다시 손보는 것이 지난 25년간 입법부의 중요한 의제였다. 2000년 대통령 선거에서는 사회보장과 의료보호제도가 중요한 쟁점이 되었으며, 2005년 부시 대통령은 사회보장 프로그램에 중요한 수정을 제안하였다. 대부분 건강 관련 전문 단체들은 노인을 치료하는 전문가가 부족한 것을 안타까워하고 있으며, 노인 전문가를 양성하고 노인학 연구를 증진시키기 위한 노력을 하고 있다(Jeste et al., 1999).

노화의 다양성

이 장의 서론 부분에서 언급한 바와 같이, 노인들을 일반화시켜 생각하는 것은 위험한 일이다. 2003년에 노인 인구 중 대부분(82.5%)은 백인이었다(나머지 중 8.4%는 흑인, 5.7%는 히스패닉, 2.5%는 아시아계)였다. 그러나 2050년에는 백인이 전체 노인 인구 중 61.3%에 불과할 것이다(Federal Interagency Forum on Aging-Related Statistics, 2004). 기대 수명과 실제적인 노화는 성, 종족 혹은 인종, 사회경제적 상태, 성적 취향에 따라 달라지게 된다. 85세에 이르면, 남자의 기대 수명이 상대적으로 짧기 때문에, 100명의 여자당 남자는 단지 39명에 불과한데(Moody, 1998), 이와 관련하여 노화에서 여성의 문제를 따로 다루기도 한다(Huyck, 1990). 이 장 초반부에서 지적한 바와 같이, 흑인 노인의 삶은 백인 노인의 삶과 매우 다를 수 있다. 노년이 된 레즈비언과 게이는 성인기에 동성애가 법으로 금지되고 사회적으로 비난을 받았던 시기를 겪어 왔다. 일본계 미국 노인 중에는 제2차 세계대전 당시 정부에 의하여 감금되었던 경험을 한 경우도 있다. Hinrichsen 연구소의 노인정신과 환자 중에는 유대인 대학살 생존자도 있었다. 베이비 붐 세대 내에도 상당히 다양한 소집단이 존재한다. 생애 초기에 소수집단에 속해 있었다는 것은 인생 후반부에 중요한 영향을 끼치기도 한다.

건강, 신체적 변화 그리고 노화:
당신이 건강하다면, 모든 것을 얻었다고 할 수 있는가?

'건강을 얻은 것은 모든 것을 얻은 것이다.'라는 표현은 건강이 생활 전 영역에 절대적인 영향을 준다는 것을 강조한 표현이다. 이러한 표현은 다소 과장된 면이 있는 것이 사실이지만, 노인들의 삶에 있어서 건강의 중요성을 정확히 나타내 준 말일 것이다. 노인들의 삶에서 공통적 특징 중 하나는 그들이 점차 하나 혹은 그 이상의 의학적 문제에 부딪히게 된다는 것이다. 노인들은 젊은 사람들에 비하여 급성 질환에 걸릴 가능성은 적지만, 일단 급성 질환에 걸리게 되면 더욱 유해한 영향을 받게 된다. 예를 들면, 해마다 호흡기 감염에 의해 사망하는 노인들이 젊은이들보다 더 많다(Vierck & Hodges, 2003). 그러나 노인들에게 가장 심각한 도전은 만성 질환이다. 약 80%의 노인이 하나 혹은 그 이상의 만성 질환을 가지고 있다. 65세 이상인 경우, 약 36%가 관절염을 앓고 있으며, 50%가 고혈압, 31%가 심장 질환을 가지고 있다. 70세 이상 노인의 만성 질환에는 암(21%), 당뇨(16%), 뇌졸중(9%) 등이 있다(Federal Interagency Forum on Aging-Related Statistics, 2004). 만성 질환은 성별, 인종 및 종족에 따라 그 종류가 다르다. 나이 든 여성은 남성에 비하여 관절염, 심장 질환이 많이 나타난다. 히스패닉계 노인들은 그렇지 않은 사람에 비하여 관절염이 많다. 흑인들은 백인이나 히스패닉계 노인들에 비하여 당뇨, 뇌졸중, 고혈압이 많다.

자신의 신체적 건강에 대한 노인들의 주관적 평가는 어떨까? 노인들의 73%는 자신의 건강이 전반적으로 괜찮거나 좋다고 평가한다. 여성들의 평가도 남성과 비슷하였다. 나이가 많을수록, 그리고 백인이 아닌 소수계 민족일수록 자신의 건강에 대하여 부정적으로 평가하였다(Federal Interagency Forum on Aging-Related Statistics, 2004).

가장 중요한 이슈는 건강의 문제가 어느 정도로 심각하면 노인의 일상생활에 장애를 일으키는가 하는 것이다. 이는 두 가지 지표로서 평가할 수 있다. 단순한 일상생활기능(Activities of Daily Living: ADL)과 복잡한 일상생활기능(Instrumental Activities of Daily Living: IADL)이다. ADL은 기본적인 자기관리, 즉 식사, 화장실 사용, 목욕하기 등의 기능을 평가하는 반면, IADL은 기본적인 정신 능력을 필요로 하는 기능들, 즉 세금 내기, 적절히 약 챙겨 먹기, 쇼핑하기 등의 기능을 평가한다. IADL은 신체적 건강을 유지하고 매일매일의 일상적 기능을 수행해 나가는 데 있어 정신 능력이 중요함을 강조한다(Moody, 1998). 노년기의 인지 능력에 대하여는 이 장의 후반부에서 다룰 것이다. 전국적인 조사(National Long Term Care Survey) 결과, 65세 이상인 경우 약 21%에서 한 개 혹은 그 이상의 문항에서 ADL 혹은 IADL에 장애를 보이고 있음이 발견되었다(Federal Interagency Forum on Aging-Related Statistics, 2000). 또한 장애가 증가할수록, 대부분의 노인들은 기능을 극대화하기 위한 조절(생활규칙을 바꾸고, 보조 기구를 사용하거나 다른 사람의 도움을 구하는 등)을 하고 있었다.

건강상의 문제가 나타나기 전후에 체격이나 외형, 감각, 외모 등에서도 변화가 나타난다. 20대 후반 혹은 30대 초반에 나타나기 시작하는 주름과 흰머리 등은 노화 과정이 일어나고 있다는 증거다. 노화에 대한 관심과 양가적인 태도는 모든 성인에게서 분명하게 나타난다. Hinrichsen은 '노화의 얼굴'이라는 주제로 노인들에게 강의를 한 적이 있었다. 그는 노화의 증거들이 겉으로 드러날 때 느끼는 양가감정에 대하여 설명하였으며 노화로 인하여 야기되는 도전을 잘 대처하려면 유연성이 필요함을 강조하였다. 강의가 끝나자 한 노부인이 연사에게 다가와서 다음과 같이 말했다. "우리에게 와서 이런 강의를 해 주신 것을 감사드립니다. 하지만 나는 당신의 강의에 실망했습니다. 당신의 강의 제목이 '노화의 얼굴'이어서 저는 이 강의가 노인들을 위한 화장법을 가르쳐 주는 것인지 알았습니다."

재정: 돈이 바닥나지 않을까?

1959년의 통계에 따르면 노인 인구의 35%는 가계 수입이 빈곤층에 속했다. 현재는 65세 이상 노인 인구 중 빈곤층에 속하는 사람이 10% 정도다. 어떻게 이런 변화가 가능해졌을까? 노인들의 재정 상태를 향상시키는 데는 많은 요인이 작용하였다. 1960년대부터 의료보호제도를 통하여 노인 의료보험이 시작되었고, 1970년대 사회보장제도의 출현으로 가난한 사람들을 대상으로 주거, 식품, 의료 지원 등이 이루어졌다. 어떤 사람들은 노후계획을 좀 더 현명하게 세웠으며 집값의 상승으로 자산가치가 상승하기도 하였다. 하지만 65세 이상 노인들 사이에 경제 수준의 격차는 더욱 심해졌다(Crown, 2001). 빈곤층은 남자보다는 여자가, 기혼자보다는 독신이, 나이가 많을수록, 백인보다는 소수 민족이 더 많았다. 65세 이상 흑인 노인 중 37%가 빈곤층이었으며, 히스패닉은 44%였다(Federal Interagency Forum on Aging-Related Statistics, 2004). 연구 대상이었던 사람들 중 특정 인종과 소수 민족의 노인들은 낮은 임금 때문에 평생 동안 경제적 어려움을 겪었고 노년기에도 계속 경제적인 어려움을 겪고 있었다(이들 중 일부는 사회보장제도의 도움도 받지 못할 것이다.). 그들은 상당 기간 동안 실업 상태에 있었으며, 은퇴 계획을 세우지 못하였다. 노인들은 경제적인 이유로 때로 아주 특이한 세상에서 생활하기도 한다.

노년의 경제 상태에는 두 가지 주요한 요소가 있다. 수입과 전체 자산이 그것이다. 수입은 한두 가지 수입원을 통해서 얻게 된다. 자산은 축적된 재산이다. 노인들에게 있어 가장 중요한 수입원은 사회보장제도다. 노인 수입의 40%는 사회보장제도를 통해서 얻어진다. 자산을 통한 수입, 연금, 개인적인 수입 등이 각각 나머지 20%씩을 차지한다. 자산 수입은 투자를 통해서 이루어진다. 연금은 이전 고용주가 지불하는 것이다. 현재의 직업을 통해 수입을 창출하기도 한다(Moody, 1998). 지난 40년 동안, 노년기에도 직업을 갖고 있었던 사람은 극소수였다. 경제적인 여건이 좋아져서 더 이상 일을 할 필요가 없는 노인이 증가한 것도 중요한 이유 중 하나다. 그러나 노년기의 수입원은 경제적으로 부유한 계층과 빈곤한 계층 사이에 차이가 많다. 예를 들면, 하위 20%는 사회보장제도가 전체 수입의 82%를 차지한다. 나이가 많고, 결혼하지 않은 소수 민족 여성의 경우는 수입이 더 적고, 어떤 다른 노인들보다 사회보장제도에 더 많이 의존하게 된다. 베이비붐 세대들은 은퇴에 대한 준비를 충분히 하지 않았기 때문에 노년기에 접어들면서 경제 상태에 대하여 크게 걱정하고 있다.

자산에는 부동산, 주식, 보험 그리고 기타 재산 등이 포함된다. 65세 이상의 한 가정당 평균 자산은 179,800달러다. 다른 경제 지표들을 살펴볼 때, 결혼하지 않았고, 소수 민족이며, 충분한 교육을 받지 않은 사람의 자산이 더 적다. 흑인 노인 가정의 평균 자산은 41,000달러다. 이들 자산의 대부분은 집값이다(Federal Interagency Forum on Aging-Related Statistics, 2004). 노인들은 대부분 자신의 집에서 거주하며, 역할부 프로그램(reverse mortgage program)을 통하여 주택 자산을 수입으로 전환시키고 있다.

'돈이 바닥나지 않을까?'라는 질문은 나이가 많아질수록 재산이 점점 고갈되며, 건강과 관련된 지출이 증가되는 현실을 반영하는 것이다. 돈에 대한 노인들의 걱정은 다음과 같은 진술에서도 잘 드러난다. "의료보험을 유지하기 위해 얼마나 많은 돈이 드는지 믿을 수 없을 정도다." "처방 약을 사느라 지갑이 점점 얇아진다." "젊었을 때 장기 보험을 들었어야 했는데, 지금은 돈이 없어 보험도 못 든다." "장보기가 겁난다. 지금 토마토 한 근에 얼마인지 아나?" "지금 살고 있는 집값이 상당히 비싸기는 하지만 당장 재산세, 주택세를 낼 여유가 없다." "항우울제 약값이 한 달에 100달러나 한다는 것을 알고 있는가?" 노인들은 의료비 때문에 자신이 가난해질지 모른다는 두려움을 항상 지니고 산다. 중류 혹은 중상류 노인들은 민간의료보험에 가입해서 일반의료보험으로 처리되지 않는 의료서비스를 커버하고 있다. 하지만 그것도 의료비의 일부만 지급해 줄 뿐이다. 그럼에도 불구하고 보험비는 일 년에 수천 달러가 넘는다. 저소득층은 의료보호제도의 도움을 받을 수 있는데, 이는 연방 혹은 주에서 빈곤층을 대상으로 이뤄지는 의료보장제도다. 빈곤층도 아니고 그렇다고 경제적으로 부유한 사람도 아닌 노인들은 의료비를 스스로의 자산으로 충당하고 있다. 공공 정책가 그리고 공공 정책 분석가들은 의료보장제도가 더 이상 적합하지 않다고 보고 있다. 새로운 의료보장 처방약품 지원 프로그램은 노인에게 다소 도움이 되기는 하지만, 노인들은 어차피 거기서 거기라고 생각하고 있다.

또 다른 재정적인 두려움은 장기 요양에 따른 비용이다. 양로원의 일 년 경비는 3,500달러에서 10만 달러이며, 종일 건강관리를 해 주는 데 드는 비용은 25,000달러이므로, 노인들의 평균 자산을 179,800달러로 보았을 때 몇 년 못 가서 자산이 바닥날 것이라고 생각할 수밖에 없다. 양로원에 가 있는 노인들의 배우자나 자녀들은 양로원 경비를 충당하다 보면 자신들에게 남을 재산이 거의 없게 될 것이라고 걱정한다. 노인전담 변호사는 각광받는 직종으로 중, 상류층 노인들의 수입과 그들의 가족을 관리해 준다. 그들은 노인들의 자산을 관리하여 양로원에서 의료보호 혜택을 받을 수 있도록 해 주며, 결과적으로 가족들이 자산을 보존할 수 있도록 도와준다. 이러한 전략이 적절한지에 대하여는 물론 논란이 있다(Moody, 1998). 어떤 사람들은 양로원 비용의 일부 혹은 전체를 댈 수 있는 노인들까지 정부가 책임을 져야 하는지에 대하여 의문을 제기한다. 이에 반해 양로원 비용 때문에 자산이 고갈되는 것을 막고 자산을 보존하는 것은 합리적이고 정당한 대책이라고 주장하는 사람들도 있다. 노인들 중 일부만이 장기요양보험(양로원이나 가정에서의 관리 비용을 지불해 주는 보험)에 가입하고 있는데, 이는 이러한 보험사업이 새로운 것이기 때문이고 또한 노인들이 감당하기에는 보험비가 너무 비싸기 때문이다. 정부 입장에서 보면, 의료보호제도는 원래 가난한 사람들을 위한 의료보장 프로그램이었지만, 현재는 노인들의 양로원 비용의 주요 자원이 되고 있다. 의료보호 자산의 46%는 노인들의 양로원 비용을 지불하는 데 사용되고 있다(Vierck & Hodges, 2003).

베이비 붐 세대가 노화되어 가면서, 사회보장제도가 재정적으로 견뎌 낼 수 있는지가 주요 관심사가 되고 있다. 사회보장제도는 1930년대에 생겨난 것으로 노인, 장애인, 장애인의 부양 가족들에게 부분적인 재정 지원을 하기 위한 제도다. 이는 일단 지불하고 나중에 받는(pay-as-you-go) 제도다. 즉, 현재 이 제도에서 돈을 내는 사람들이 현재 이 제도에서 돈을 받는 사람들을 지원하는 것이다. 돈을 낸 사람들은 나중에 돈을 다시 돌려받기는 하지만, 사실 수입을 재분배하는 요소도 포함하고 있다. 즉, 낮은 임금의 봉급자들은 그들이 낸 돈보다 더 많은 돈을 받게 되고, 상대적으로 높은 임금의 봉급자들은 그들이 낸 돈보다 적은 돈을 받게 된다(Kingson & Schulz, 1997; Moody, 1998).

노인들은 자신이 사회보장제도의 혜택을 받을 수 있을지에 대해서는 의심하지 않았지만, 그들의 자녀세대에도 이 제도가 존재할지에 대하여는 우려를 나타냈다. 사회보장제도를 개혁해야 한다는 주장은 1970년대 이후로 끊임없이 계속되어 온 공공의 논쟁거리였다. 1980년대 초에는 베이비 붐 세대가 은퇴할 때 지출이 증가될 것에 대비하여 사회보장보험료를 인상하여 흑자재정을 만들어 놓았지만 연방 정부가 예산 부족을 메우기 위해 이 돈을 빌려 갔다. 어떤 사람들을 지불 방식을 좀 더 효율적으로 개선해야 한다고 제안한다. 지난 10년간 공화, 민주 양당의 최고위원들은 사회보장제도의 지급 불능 위기를 선언하기로 결의하였지만, 현재의 위기가 아닌 앞으로 예상되는 위기를 어떻게 발표할 수 있는가 하는 반대 의견에 부딪혔다. 사회보장제도를 부분적으로 개인화하는 방안(즉, 사회보장 기금의 일부를 개인이 부담하는 것) 역시 중단되었는데, 왜냐하면 현재 수령자들에게 지불해야 하는 비용이 막대하다는 것과 모든 사람이 사회보장제도 개인화에 참여할 수는 없기 때문이었다. 사회보장제도의 개인화 주장은 2005년에 다시 불거져 나왔다. 어떤 사람들은 사회보장의 위기는 실제 위기가 아니며 정치적인 이유 때문에 만들어진 것이라고 주장하였다(Kingson & Schulz, 1997). 그들은 사회보장 혜택을 줄임으로써 위기를 해결할 수 있는 것이 아니라, 은퇴 시기를 연장하고, 사회보장보험금을 약간 올림으로써 해결할 수 있다고 주장하였다. 미래에 발생할 수 있는 최악의 시나리오는 사회보장제도가 지금의 수혜자들에게 제공하는 것과 동일한 수준의 혜택을 줄 수 없는 것이다.

정신 능력과 노화: 알츠하이머병은 피할 수 없는 것인가?

노인들은 노년기에 치매가 오는 것에 대해 농담 삼아 이야기하기도 한다. 사건이나 이름을 기억하지 못하는 문제를 흔히 건망증(senior moment)이라고 한다. 한 노년 여성이 "기억력에 문제가 생기면 어떻게 해야 하는지 아세요?"라고 저자 중 한 명에게 물었다. "그냥 잊어버리면 돼요!" 그녀의 재치 있는 대답이었다. 노인들이 건망증에 대한 유머를 즐기는 것은 인지 능력 저하를 노화의 한 부분으로 간주하고 있음을 보여 주는 증거다. 노인들의 입장에서 보면, 이것은 자기 자신이나 사랑하는 사람의 자아를 유지해 주는 정신 능력이 알츠하이머병이나 그 밖의 치매 때문에 무너져 내릴지도 모른다는 공포에 대해 그들 나름대로 대처하는 방식일 수도 있다. 하지만 노년기 정신 활동의 양상을 제대로 이해하려면 단순히 치매냐 아니냐가 아닌, 보다 다양한 조망이 필요하다. 일생에 걸친 정신 능력의 변화를 연구한 다수의 심리학 논문들이 있다(Schaie, 1994). 논문들은 일반적으로 나이가 들수록 정신 능력이 저하됨을 보여 주고 있다. 인지적 노화 연구자들은 주의력, 지각 과정, 기억, 지능 등 여러 가지 정신 기능들을 연구하였다.

심리학자들은 노인들의 평균 IQ가 젊은 사람들에 비하여 낮다는 사실을 오래전부터 알고 있었다. 어떤 이들은 노화가 정신 능력의 상실과 관련되어 있다는 결론을 내리기도 하였다. 그러나 노화에 대한 횡단적 연구에서 젊은 사람에 비하여 노인의 IQ 점수가 낮게 나타나는 것이 연령에 따른 지적 능력의 상실 때문이라고 결론짓기는 힘들다. Warner Schaie(1994)는 이 영역의 연구에서 방법론적 토대를 제시하였는데, 연령과 밀접히 관련된 것으로 보이는 결과들이 사실은 연령 그 자체보다는 코호트의 각 개인들이 태어난 시기와 상관되어 있을 수 있다는 것이다. 나이, 시기, 코호트의 영향 등은 종단적 연구를 통하여 밝혀질 수 있다. 노인들의 IQ가 낮게 나오는 진짜 이유는 이들이 젊은 성인들에 비하여 교육에 접할 기회가 적었기 때문일 수 있다. 잘 짜여진 종단적 연구를 토대로, Schaie는 다섯 가지 기본적인 정신 활동은 일생에 걸쳐 안정적이며, 60세 후반이나 70세가 될 때까지 기능의 저하가 일어나지 않음을 보고하였다. 일반적으로 지적 기능은 두 가지로, 즉 유동성(fluid) 지능과 결정성(crystallized) 지능으로 나뉘는데, 이를 알면 일생에 걸쳐 나타나는 인지적 변화를 이해하는 데 도움이 될 것이다. 유동성 지능은 정신적 융통성, 추론을 끌어내는 능력, 개념의 추상화 및 그와 관련된 개념들을 포함하는 지능이다(Horn, 1982). 예를 들어, 퍼즐을 푸는 것은 유동성 지능에 해당한다. 결정성 지능은 교육과 생활 경험을 통해서 습득한 지식을 말한다. 어휘나 사건에 대한 지식이 결정성 지능의 예다. 유동성 지능은 성인기 이후에 의미 있게 저하되지만, 결정성 지능은 오히려 향상된다. 유동성 지능이 왜 저하되는지는 아직 알려지지 않고 있으나 아마도 뇌의 노화를 반영하는 것으로 생각된다. 이러한 저하의 결과, 노인이 되면 학습이 힘들어지고 정신 과정이 느려지게 된다. 하지만 실제 양상은 좀 더 복잡하다. 어떤 노인들은 평균 집단에 비하여 유동성 지능이 훨씬 더 안정적인 모습을 보인다. 교육을 더 많이 받았을수록, 경제적으로 윤택할수록, 지적인 면에서 도전적인 일을 할수록 정신 능력의 저하는 적다. 더 나아가 인지적 훈련 프로그램에 의하여 정신 능력이 역전되는 모습도 나타날 수 있는데, 향상된 지능은 상당 기간 유지된다(Willis & Nesselroade, 1990).

성인기에 정신 활동의 저하가 선택적으로 일어난다는 사실과 두드러진 저하는 60대와 70대에 주로 나타난다는 사실은 매우 고무적이다. 또 다른 좋은 소식은 노인들이 자신의 인지 기능 저하에 나름대로 적응해서 생활 기능을 성공적으로 유지할 수 있다는 점이다. 치매의 유병률은 65세 이상에서 단지 5% 정도다(Raskind, Bonner, & Peskind, 2004). 좀 실망스러운 소식은 노인들의 나이가 많아질수록 임상적으로 유의미하게 정신 능력을 상실할 위험이 커진다는 것이다. 85세 이상 노인의 32%가 중증도에서부터 심각한 정도의 기억 상실을 경험하고 있다(Federal Interagency Forum on Aging-Related Statistics, 2004). 노년기 치매의 가장 주요한 원인은 알츠하이머 장애와 뇌졸중의 후유증으로 인한 혈관성 치매다(Raskind et al., 2004). 치매가 피할 수 없는 것은 아니지만, 고령에서는 유병률이 높아지게 된다. 치매는 젊은 성인에 비하여 노인들에게 발병 위험이 큰 정신장애 중 하나다.

주택과 환경: 급류 속에서 안전한 항구를 찾아

주택과 주거 환경이 노인들에 미치는 사회적, 심리적 영향에 관한 연구들이 많다. 사회학자 Irving Rosow(1967)의 연구에 의하면 한 건물에서 다른 여러 노인들과 함께 사는 노인들이 소수의 노인들만 모여 사는 집단에 비해 더 많은 수의 친구들을 갖고 있었다. 노인들은 더 이상 사회적 역할(직장생활이나 육아 등)을 하지 않으므로, 새로운 친구를 사귀기 어렵고, 그들의 거주지 내에서 비슷한 연령끼리 사회적 관계를 맺고 친구를 만들어

가게 된다. 또한 신체적으로 쇠약해지기 때문에 환경이 노인들의 독립적인 생활에 더욱 직접적으로 영향을 미치게 된다. 건물에 엘리베이터가 있는 경우와 그렇지 않은 경우에는 즉시, 큰 차이가 나타난다. 노인학자 Powell Lawton과 그의 동료 Lucille Nahemow는 노인들의 능력이 감소될수록 그들의 사회적, 신체적 그리고 정서적 안녕감은 환경에 더욱 의존한다고 단정하였다(Lawton & Nahemow, 1973). 연방정부는 1960년대부터 1970년대까지 노인들에게 주택을 공급하였는데, 이는 신체적으로 허약한 사람들을 위해 설계된 안전한 주택(즉, 엘리베이터, 손잡이가 있는 목욕탕, 응급호출 버튼 등이 설치되어 있는)에서 살게 하고 비슷한 연령층의 사람들과 사회적으로 어울리게 해 주면, 노인들이 큰 혜택을 받을 수 있을 것이라는 가정하에 진행된 정책이었다. 하지만 이러한 주택 공급을 위한 자원은 1980년대에 고갈되었고, 60대에 이 새로운 주택에 이사 온 사람들도 그동안 7, 80대에 이르러 매우 노쇠해 버렸다. 이들 고령 노인들은 이제 거주지의 시설만으로는 해결될 수 없는 보다 높은 수준의 보호를 필요로 하고 있다(거주지의 노화 현상, Maddox, 2001). 비슷한 현상은 아직은 젊고 노인층으로 막 진입하는 사람들이 집단으로 이주한 아파트나 지역에서도 나타나고 있었다. 이러한 거주지를 자연발생적 은퇴자 공동체(Naturally Occuring Retirement Community: NORC)라고 부르기도 한다. 어떤 도시에서는 NORC 내에 병원이 설립되어 현장 의료 서비스를 제공하기도 한다.

65세 이상 노인의 90%는 집이나 아파트에서 생활한다. 일부 노인들은 은퇴 후 이사를 가기도 하지만, 대부분은 그들이 살아왔던 지역에 그대로 남아서 생활한다. 이들 노인 중 남자는 73%가 배우자와 함께 생활하였지만, 여자는 배우자와 함께 생활하는 경우가 50% 정도에 불과하였다. 이것은 노년기에는 혼자 사는 여자 노인이 혼자 사는 남자 노인보다 많음을 보여 주는 것이다. 거주 형태는 인종과 민족에 따라 달라진다(Federal Interagency Forum on Aging-Related Statistics, 2004).

성인이 된 자녀와 함께 생활하는 경우는 거의 없다-그것은 부모와 자녀 양측 모두 원치 않는 상황이다. 노인들은 죽을 때까지 자기 집에서 살다가 가고 싶다는 희망을 표현하기도 한다. 하지만 이러한 희망은 나이가 들면서 노인의 건강 상태나 주택 여건, 편의시설 유무에 따라 이루어지지 못하는 수도 있다. 배우자나 자녀가 없는 노인은 양로원에서 생활하는 경우가 더 많다. 65세 이상 노인 중 5%가 양로원에 거주하지만 남자의 30% 그리고 여자의 50%는 인생을 마칠 때까지 일정 기간 양로원 생활을 한다(Hooyman & Kiyak, 1999). 양로원에서 생을 마치는 것에 대해 두렵다고 이야기하는 노인들이 많지만, 극도로 노쇠한 노인을 양로원에 모시는 것은 남은 가족들에게는 어쩔 수 없는 선택인 경우가 많다. 양로원 운영자(이익을 추구하는 곳이든 그렇지 않은 곳이든)들은 매우 쇠약해진 노인들을 돌봐야 하고, 우수한 직원들을 확보해야 하며, 재정적으로 안정되고, 연방 정부와 주 정부의 규정에도 맞추어야 하는 어려움에 봉착하게 된다. 노인학에서는 양로원을 하나의 기관으로 개념화하려고 한다. 즉, 전문적인 양로원은 '간호를 제공하는 것도 아니고 가정을 제공하는 것도 아닌' 하나의 기관이다. 중요한 것은 양로원이 노인심리학적 서비스를 제공하는 곳이라는 점이다.

노인들은 거주 형태에서 또 다른 선택을 할 수 있다(Maddox, 2001). 보조적인 주거 여건에서 개인 간호, 식사 및 오락 등을 제공받으면서 그 외 생활들은 자기 집에서 독립적으로 할 수 있는 주거 형태도 있다. 지역사회와 연결되어 노인들을 보살피는 이러한 형태의 커뮤니티는 노인들이 건강 상태가 좋을 때 옮겨 와서 생을 마칠 때까지 그곳에 머무를 수 있는 방식으로 운영된다. 이 커뮤니티에서는 노인들의 간호 요구가 증가하면 서비스도 그만큼 증가하게 되며, 동일한 커뮤니티 안에서 양로원으로 옮겨갈 수도 있다. 부분적 혹은 연속적으로 노인들을 보살펴 주는 거주 형태는 상당히 비싸며, 재정적인 여유가 있는 사람만 이용 가능하다. 어떤 주에서는 장애를 가지고 있는 노인들을 다른 사람들과 같이 살게 함으로써 새로운 성인

가정을 만들어 주거나 입양과 같은 형식을 취하기도 한다. 건강한 노인들은 개인적으로 자신의 연령에 맞추어 사회적 교제나 오락 기회를 제공하는 커뮤니티로 옮겨가기도 한다.

사회적 그리고 가정적 환경: 내가 예순 네 살이 되어도 변함없이 날 사랑해 줄 건가요?

「가설로서의 사회적 신화: 노인들의 가족관계 사례」라는 고전적인 논문에서, 사회학자인 Ethel Shanas(1979)는 노인들과, 성인이 된 그들의 자녀, 그리고 다른 가족 구성원 간의 관계에 대한 잘못된 신화들을 논박하기 위하여 기존의 자료들을 정리하였다. 일반적으로 잘못 알려져 있는 것은 대부분의 노인들이 자녀와 멀리 떨어져 지낸다는, 즉 자녀들이나 형제 혹은 다른 친척들을 자주 보지 못한다는 믿음, 그리고 가족이 노쇠한 노인을 돌보는 데 중심적인 역할을 하지 못한다는 믿음이다. Shanas는 사회과학적 자료를 인용하면서 이러한 신화를 반박하였다. 대부분의 노인들은 한두 명의 자녀와 멀지 않은 곳에 살고 있었다. 대부분의 노인들은 한 명 이상의 자녀와 매주 왕래가 있었으며, 많은 노인들이 형제들과는 잦은 왕래를 하고 있었다. 쇠약한 노인을 돌보는 일은 가족들에 의하여 이루어지는 경우가 많았다. 보다 최근의 연구들은 70세 이상의 노인 중 88%가 친구나 이웃과 정기적인 만남을 가지고 있었으며, 92%는 같이 살고 있지 않는 친척들과 왕래가 있으며, 50%는 교회나 절, 혹은 유사한 모임에 참석하고 있었고, 64%는 자신의 사회적 활동 수준에 만족하고 있었다(Federal Interagency Forum on Aging-Related Statistics, 2000).

지금의 노인 세대는 젊은 세대에 비해서 이혼이 적었다. 65세 이상 노인 중 이혼자는 7%에 불과하였다(노인들에게도 이혼율이 높아지는 추세이기는 하지만). 노인 세대는 경제적 힘뿐만 아니라 사회적 가치, 종교적 신념 등으로 인해 낮은 이혼율을 유지할 수 있었지만, 현재의 젊은 세대들은 오히려 그러한 면들 때문에 약 50%에 이르는 높은 이혼율을 보이고 있다. 노년기 결혼생활의 삶의 질은 젊은 세대의 그것과 다를까? Carstensen과 동료들(Carstensen, Gottman, & Levenson, 1995)은 노인이 중년 부부보다 좀 더 즐거운 활동에 참여하기를 좋아하는 반면, 갈등을 야기하는 상황에는 끼어들지 않으려 한다고 보고하였다. 문제를 토론할 때, 노인들은 중년의 부부에 비해 감정적으로 덜 부정적이면서 보다 긍정적인 것으로 나타났다. 노인 부부에게 가장 큰 스트레스는 둘 중 한 사람 혹은 두 사람 모두가 건강상의 문제를 일으키는 것이다. 신체적 질병이나 치매, 우울증을 앓고 있는 배우자를 돌보는 노인들에 대한 연구에 의하면, 돌보는 사람 자신도 상당히 심한 스트레스를 느끼며, 많은 정신과적 문제가 야기된다고 보고하고 있다(Schulz, Visintainer, & Williamson, 1990).

베이비 붐 세대가 노인이 되어 가면서, 이들의 가족 형태는 이전의 노년층과 다른 양상을 보이고 있다. 베이비 붐 세대의 구성원들은 이혼 확률이 더 높았고, 두 번째 결혼한 배우자의 아이들을 양육하거나, 이전 배우자와의 사이에서 출생한 아이들과 현재 배우자와의 사이에서 출산한 아이들을 동시에 키우기도 한다. 베이비 붐 세대들은 이전 세대에 비하여 아이를 갖지 않는 비율도 높아졌으며 결혼을 아예 하지 않는 사람도 많아졌다. 게이나 레즈비언들은 오랜 기간 동안 동성 파트너와 함께 생활하며 이러한 환경에서 아동을 양육하기도 한다(Kimmel, 2002). 베이비 붐 세대 중 어떤 사람은 10대에 아이를 갖기도 하며 어떤 사람들은 40대에 출산하기도 한다. 사회적 비난에 아랑곳하지 않고 자신만의 생활 스타일을 고수하는 사람들도 더욱 많아졌다. 앞으로 노년에 접어들 세대는 이전에 비해 가족 관계가 더 친밀할 것인가, 더 소원해질 것인가, 아니면 현재의 노인들과 비슷할 것인가? 베이비 붐 세대가 노쇠해질 때, 이전 배우자가 양육한 그들의 친자식이 이들을 돌봐줄 것인가 아니면 친자식은 아니지만 자신이 키워 온 아이들이 이들을 돌봐줄 것인가? 병든 부모를 보살펴야 한다는 사회적 규준이나 가치가 다음 세대의 노인들에게도 유지될 것인가? 앞서 살펴본 바와 같이 노인들 삶의 사회적 현실은 노인이 되어 가는 다음 세대의 모습에 따라 새롭게 형성될 것이다.

뉴욕 시장이었던 David Dinkins는 뉴욕을 '멋진 모자이크'라고 지칭한 바 있다. 굳이 시적인 표현을 쓰지 않더라도, 우리는 노인의 삶도 이처럼 멋지게 표현할 수 있을 것 같다. 현재와 과거의 인구학적인 특징, 건강, 재정, 인지적 측면, 환경적 측면, 그리고 사회적인 지표의 조각들이 각각 어우러져 하나의 독특한 표상을 만들어 내게 될 것이다. 노년의 코호트는 각기 달라지겠지만, 동시대를 살아온 사람들 간에는 역시 어떤 공통점이 있을 것이다. 노년의 개별적인 특징과 집단적인 특징을 알게 되면, 어떤 것이 적절한 삶인가에 대한 치료적인 안목을 가질 수 있을 것이며, 이것이 큰 맥락에서 인간을 이해할 수 있는 안목을 넓혀 줄 것이다.

제 2 장

우울증과 노인

INTERPERSONAL PSYCHOTHERAPY FOR DEPRESSED OLDER ADULTS

제2장

우울증과 노인

INTERPERSONAL PSYCHOTHERAPY FOR DEPRESSED OLDER ADULTS

Gerald Klerman, Myrna Weissman(Klerman & Weissman, 1989)과 그의 동료들(Wickramaratne, Weissman, Leaf, & Holford, 1989)은 서양 여러 나라에서 다양한 연령대별로 우울증을 연구한 흥미로운 논문들을 살펴보았다. 그 결과 연령대별로 우울증에 대한 취약성에 차이가 있었다. 제2차 세계대전 이후에 태어난 연령대의 코호트에서는 우울증의 발병 연령이 낮아졌으며, 우울증의 발병률 역시 높았다. 이는 우울증의 위험 요소에 연령도 관련되어 있어서 노인들이 젊은 사람에 비하여 더 쉽게 우울해진다는 일반적인 가정과는 반대되는 것이었다. 더구나 현재 젊은 세대의 코호트가 노인 연령에 이르게 되면, 현재 노인 집단의 코호트보다 우울증을 앓는 비율이 더 높아질 것이다. 문화와 사회는 우울증의 위험 요소에 영향을 준다.

Klerman과 Weissman(1989)은 도시화, 오랫동안 정든 지역이나 사회로부터 멀리 떨어져 살게 되는 지리적 이동, 가정생활에서의 변화, 여성의 역할 변화 등 많은 요소들이 젊은 연령의 집단에서 우울증에 대한 발병률을 높이는 데 기여했을 것이라고 가정하였다. 그들의 논문은 우울증의 위험 요소에는 생리적, 사회적 그리고 심리적 요인들이 복합적으로 작용함을 강조하고 있다. 이러한 결과는 노인학자들의 주장, 즉 연령별 코호트 구성원들 간의 사회적이고 심리적인 현상의 차이가 연령별 차이를 이해하는 데 결정적인 역할을 한다는 주장을 뒷받침해 주고 있다.

노인우울증의 이환율

1980년대까지 노인 정신건강 전문가들은 노인이 젊은 사람보다 우울증에 더 취약하다고 믿고 있었다. 노인은 건강의 상실을 포함하여 많은 상실을 경험하기 때문에 우울해질 위험성이 높다는 것이 논리적으로 타당해 보인다. 이러한 가정은 미국에서 정신장애 이환율을 평가한 첫 번째 전국적 연구인 Epidemiologic Catchment Area(ECA) 연구(Robins & Regier, 1991)의 결과를 계기로 도전을 받기 시작하였다. ECA 연구에 의하면 노인은 젊은 사람에 비하여 주요우울장애(그리고 다른 정신과적인 장애도)의 이환율이 낮았다. 1년간 주요우울장애의 이환율은 성인 집단에서 2.7%(18~29세, 2.9%; 30~44세, 3.9%; 45~64세, 2.3%; Weissman, Bruce, Leaf, Florio, & Holzer, 1991)인 반면, 65세 이상에서는 1% 미만이었다(0.9%). 전 생애에 걸친 주요우울장애 이환율 역시 노인들이 더 오래 살았음에도 불구하고 65세 이상(1.4%)이 전체 성인(4.9%)에 비하여 낮았다. 전 생애에 걸친 기분부전장애의 유병률 역시 전체 성인(3.2%)에 비하여 노인(1.7%)이 낮았다.

ECA 자료를 통해 노인연구가들은 실증적인 자기 분석을 하였다. 아마도 노인들이 갖고 있는 사회적, 심리적 자원들이 우울증에 빠지는 것을 막아 주었거나, ECA 자료에 방법론적인 오류가 있었을지도 모른다. 혹은 노인의 우울증은 젊은 사람의 우울증과 다를지도 모른다. 이후의 연구에서는 노인의 주요우울장애와 기분부전장애 유병률이 ECA 자료보다는 좀 더 높게 나타났지만, 연구자들은 현재의 노인 코호트가 실제로 『정신장애 진단 및 통계 편람(제4판)』(DSM-IV; American Psychiatric Association, 1994)[1]에서 진단하는 주요우울장애와 기분부전장애에 덜 취약한 것으로 믿고 있다 (Jeste et al., 1999). 노인들에게 진단 가능한 우울증의 유병률이 낮아진 것에 대하여 많은 이유들이 제시되었다. 이 책 1장에서 언급한 바와 같이, 각 세대의 독특한 역사적 경험이 그 코호트의 특성에 영향을 준다. 대공황으로 인한 경제적 결핍 상황에서 성장하고 제2차 세계대전 중 초기 성인기를 살아온 세대의 노인들은, 그 이후 세대보다 자신의 삶에 대한 기대가 높지 않을 것이다. 하지만 미국이 경제적으로나 정치적으로 세계 최고의 힘을 얻게 되면서 상황은 이 코호트가 기대했던 것보다 훨씬 좋아졌으며, 자연적으로 개개 시민들에게도 혜택이 돌아가게 되었다. 이 세대가 성인기 후반에 진입할 때쯤에는 국가로부터 의학적, 재정적 지원이 가능해졌는데, 이것은 그들의 조부모나 부모에게는 가능하지 않았던 것들이었다. 노년기의 삶은 기대했던 것보다 좋아졌다. 어린 시절에 겪은 어려움은 이들이 인생의 어려움에 대처하는 능력을 향상시켰고, 성인 초기에 습득한 사회적 가치와 기준은 노년기의 삶을 잘 영위하는 심리적 기반이 되었다.

그러나 노인학자들이 익히 알고 있는 것처럼 모든 노인을 일반화시키는 것에는 한계가 있다. 건강상에 문제를 갖고 있는 노인들은 주요우울장애의 유병률이 훨씬 높아진다. 의학적인 문제로 병원에 입원하고 있는 노인

1. DSM-IV는 이후 일부 개정되어 DSM-IV-TR로 출간되었다., *159*, 1914-1920.

의 10% 이상, 의사에게 외래에서 치료를 받고 있는 노인들의 5~10%, 그리고 장기 요양시설에 있는 노인의 12~20%가 주요우울장애를 겪고 있다 (Blazer, 2003). 이 장의 후반부에서 다루겠지만 다른 노인 집단에 비하여 우울증에 매우 취약한 하위 집단이 있는 것이다.

임상적으로는 의미가 있지만 우울장애로 진단을 하기에는 약한 우울 증상을 보이는 집단이 전체 노인 인구의 약 8~16% 정도를 차지하는데, 이들은 차후에 우울장애로 진단을 받게 될 위험성이 크다(Bazer, 2003). 최고령 노인층은 비교적 젊은 노인층에 비해서 우울 증상을 더 많이 가지고 있다. DSM-IV에서는 부록에 준우울장애(minor depressive disorder)를 포함하고 있다(이는 준우울장애가 차후에 진단 체계에 포함될 수 있음을 반영하고 있다.). 준우울장애의 진단 기준은 주요우울장애처럼 엄격하지 않다. 노인 정신건강 전문가들이 준우울장애를 정신과 진단 체계에 포함시키려고 하는 것은 현재의 주요우울장애나 기분부전장애의 진단 기준에는 맞지 않지만 일련의 증상을 가지고 있는 노인들이 상당수 있음을 임상 장면에서 경험했기 때문이다. 그들은 임상적으로 의미 있는 우울 증상들과 준우울장애에 대해서 초기부터 임상적으로 개입해야 한다고 주장한다. 그들은 또한 ECA 연구 결과로 인해 일차진료의사나 임상심리사들이 노인에게는 우울증이 드문 현상이라고 믿게 되지 않을까 우려하고 있다.

노인의 우울 증상 표현

임상적 개입의 대상으로서 준우울장애와 우울 증상을 고려할 때, 오랫동안 지속되어 온 의문점 중 하나는 젊은 성인에게 나타나는 우울증과 노인의 우울증이 다를까 하는 점이다. 사실 DSM 제2판에서는 갱년기 우울증(involutional melancholia)이라는 진단이 포함되어 있었는데 이는 폐경과 연관되어 나타나는 별개의 우울증으로 생각되었다. 그러나 DSM-III에서는 이 진단이 별개의 질병이라는 증거가 없다는 이유로 삭제되었다. 젊은 성인과 노인의 우울증 사이에 나타나는 다양한 증상의 차이를 기술한 연구 결과는 많지만 일관성 있는 결과는 아직 발견되지 않고 있다. 우울 증상을 갖고 요인 분석을 한 결과에서도 주요한 차이가 나타나지 않았다(Blazer, 2003). 그러나 주요우울장애에서 젊은 사람들이 주로 나타내는 증상과 노인들이 나타내는 증상은 다소 다를 수 있다. 노인들은 더 무감동적이고 안절부절못하며, 신체 증상을 과도하게 호소하고, 불안한 생각을 더 많이 한다는 증거가 있다(Karel, Ogland-Hand, & Gatz, 2002). 신체적 호소를 많이 하는 것은 노인들이 젊은 사람에 비하여 건강상의 문제가 더 많음을 반영하는 것일 수 있다. 의학적인 문제를 갖고 있는 노인들을 진단 평가하는 것은 상당히 힘든 일인데, 왜냐하면 신체적 증상이 정신과적 증상과 겹쳐서 나타날 수 있기 때문이다.

조기에 발병하는 우울증과 노년기에 첫 삽화를 보이는 우울증에는 어떤 차이가 있을까? 성격적인 문제, 정신과적 가족력, 결혼생활의 문제 등은 조기에 발병하는 우울증과 관련이 있다. 최근 들어 연구자들은 노년기에 발병하는 우울증 중 일부는 뇌혈관 장애와 관련이 있는 것으로 보고 이를 혈관성 우울증(vascular depression)이라고 명명하였다. 이러한 사람들은 치매로 이행될 위험성이 높으며, 실행 기능의 손상이 있고, 무감동이 더 심하며, 기능 손상도 더 심각하다(Alexopoulos et al., 1997). 노년기에 발병하는 우울증은 혈관성이 아닌지 의심해 보아야 한다.

노년기 우울증의 사망률과 이환율

노인들이 우울증 진단을 받는 비율은 젊은 사람들에 비하여 낮지만

(Weissman et al., 1991), 노인들의 자살률은 역설적으로 그 어떤 연령 집단보다 높다. 전체 인구의 평균 자살률은 인구 10만 명당 12.4명인 반면에, 노인은 21.0명이다(Mclntosh, Santos, Hubbard, & Overholser, 1994). 일부 학자들은 가족과 지역 경찰이 노인의 죽음을 자살로 간주하는 것을 꺼리는('왜 문제를 만드나?') 경향이 있음을 감안하면 실제 자살률은 더 높을 수도 있다고 말한다. 자살을 시도한 노인의 80%는 우울증 환자다. 노인의 자살률이 젊은 사람에 비하여 높은 것은 전 세계적인 경향이지만, 자살률이 국가에 따라 차이가 있는 것은 자살의 위험 요소에 문화, 정치, 사회 그리고 경제적인 힘이 작용하고 있음을 시사하고 있다. 비록 노인의 자살률이 오늘날에도 상당히 높은 수준이지만, 1930년대 이후 미국에서의 노인 자살률은 사실상 급격히 감소되었다는 점이 이를 반영한다(McIntosh et al., 1994). 이와는 대조적으로 10대와 젊은 성인들의 자살률은 증가하였다. 어떤 학자들은 1930년대 이후 노인들의 경제적 여건이 향상되어 노인 자살률이 감소한 것이라고 주장한다.

이러한 자료를 좀 더 자세히 살펴보면, 노인의 자살 위험은 특정 하위 집단에서 특징적으로 높음을 알 수 있다. 노년기 자살의 가장 큰 위험에 처한 것은 남성이다. 백인 남성들은 백인이 아닌 남성보다 자살률이 높았다. 사실 백인 남성이 노년기 자살의 대부분을 차지한다. 자살률은 결혼한 노인이 가장 낮은 반면, 배후자가 죽었든 이혼했든 독신자에게서 더 높게 나타났다(McIntosh et al., 1994). 노년기 자살의 또 다른 위험 요소는 우울증, 과거의 자살 시도, 약물 남용, 신체적 질병 등이다. 연구에 의하면 자살에 성공한 대부분의 노인들은 자살을 시도하기 전 한 달 내에 의사를 방문한 것으로 나타나고 있는데, 대부분의 의사들은 그 사람이 우울하거나 혹은 자살할 위험이 있다는 것을 알아내지 못하고 있었다(Caine, Lyness, & Conwell, 1996). 노인이 자살을 시도할 경우, 그 결과는 매우 심각하다. 젊은 사람은 자살에 성공할 확률이 30:1이지만, 노인의 경우는 4:1이다. 이는 노인이 자살을 시도할 경우 젊은 사람들보다 더 치명적인 방법을 사용하고 있음을 시사하는 것이다. 노인이 자살을 시도할 때 가장 많이 사용하는 방법은 총과 약물 과용(McIntosh et al., 1994)이다. 노인으로 하여금 자살로 이르게 하는 비간접적인 자기파괴 행동은 비만, 흡연, 알코올, 사고 취약성(accident-proneness), 그리고 장기 요양시설에서의 자해 행동 등이 있다.

Medical Outcomes Study(Wells et al., 1989)에 의하면 모든 연령에 걸쳐 우울과 관련되어 유발되는 기능장애(functional disability)는 8개 주요 의학적 질병(즉, 심장 질환, 당뇨, 관절염 등)의 결과로 나타나는 기능장애와 비슷하거나 오히려 더 크다. 또 다른 연구에서는 주요우울장애가 전 세계에 걸쳐 성인장애의 주요 원인이라고 결론짓고 있다(Murray & Lopez, 1996). 노인에게 있어 주요우울장애뿐 아니라 단순한 우울 증상도 신체적 장애를 야기한다(여기에는 ADL과 IADL을 수행하는 데 문제가 생기는 경우도 포함된다; Lenze et al., 2001). 노인에게서 우울증은 뇌졸중, 심장발작, 골반 골절, 그리고 암과 골다공증 등과 같은 의학적 문제를 일으키거나 악화시키기도 한다. 건강과 관련된 문제에 더 취약해지는 이유는 매우 복잡한데, 우울증을 앓는 노인들은 건강과 관련된 행동에 있어서 변화(즉, 약을 먹지 않는다든가, 신체적 활동을 하지 않는 등)를 보이기 때문일 수 있고, 우울증에 의한 생리적 변화(즉, 면역체계의 역기능과 관련된 코티졸 수준의 증가 혹은 심장 질병과 연계되어 있는 혈관의 혈소판 변화 등)일 수도 있다. 우울증은 또한 자살이 아닌 노인의 사망률과도 높은 상관을 보이고 있다(Blazer, 2003). 우울증을 앓고 있는 노인들은 외래든 병실이든 의료 시설을 이용하는 비율이 높다. 다른 말로 하면, 의학적으로 병든 사람들은 주요우울장애나 우울 증상을 경험할 확률이 높다. 우울증과 의학적 문제는 서로 악영향을 끼치면서, 우울증을 심화시키고, 이것이 다시 신체적 문제를 악화시키는 악순환을 밟게 한다. 신체적으로 아픈 사람들 중에 우울증이 많다는 사실을 일차 진료의사들에게 교육함으로써 노인들의 우울증을 조기에 파악하고 치료하려는 노력을 해야 한다.

우울증에 취약한 노인층

Michele Karel(1997)과 그녀의 동료들은 정신과적, 심리적, 그리고 사회학적 자료를 검토한 후 성인기에 있어서 우울증에 대한 생물학적, 생활사건적, 심리적 취약성은 연령에 따라 다르다고 보고하였다. 우울증에 대한 생물학적 취약성은 성인기 전반에 걸쳐, 70대 초반이 되기 전까지는 상당히 낮지만, 그 이후에는 급격히 증가한다. 그러나 주목할 만한 점은, 우울증에 대해 유전적 취약성이 있는 사람들이 좀 더 일찍 우울증에 걸릴 위험이 크다는 사실이다. 노년기에 나타나는 우울증에 대한 생물학적 취약성에는 의학적 문제, 신경학적 장애, 약물 부작용 등도 포함된다. 스트레스가 많은 생활 사건도 우울의 위험 요소를 증가시키는데, 이는 젊은 성인에서 가장 많고 중년기에는 감소하며 노년기에 다시 증가한다. 노년기의 주요한 생활 스트레스 중에는 병든 노인 가족을 돌보는 일, 자신의 의학적 질병, 가족이나 친구의 사망 등이 있다. 심리적 취약성은 초기 성인기에 가장 높으며 일생에 거쳐 점차 감소한다. 심리적 취약성에는 성격적 특성, 무기력감, 통제 결여, 부정적인 자아 개념, 그리고 부적응적 대처 방법 등이 포함된다. 노인들은 젊은 성인들에 비해서 심리적 취약성이 약한 집단이며, 오히려 심리적으로 강점을 갖고 있다. 물론 각 연령대별 코호트의 심리적 특성은 사회적, 역사적, 그리고 관련된 시대의 집단적인 심리구조에 따라 달라지게 된다. 코호트별로 특징적인 생물학적 취약성도 존재할 수 있다. 예를 들면, 베이비 붐 세대가 보였던 높은 약물 남용률은 그들이 노인이 되었을 때 우울증에 대한 생물학적 취약성을 야기할 수도 있다.

사회적 요소와 대인관계적 요소—대인관계치료(Interpersonal Psychotherapy: IPT)의 초점—역시 노인의 우울증이나 우울 증상의 위험 요소와 밀접하게 연관되어 있다. Linda George(1994)는 노인들에게 있어서, '우울증의 사회적 선행 요소에 대한 단계 이론(stage model of social antecedents of depression)'을 제시하였다(이것은 발달이론에서 제시하는 단계의 개념이라기보다는 변인들의 집합체에 가까운 개념이다). 각 단계는 우울증과 관련되어 있는 위험 요소들의 집합체다. 1단계는 우울증에 취약한 인구통계학적 요소다. 노인 중에서는 여성과 최고령층 노인들이 우울증에 빠질 위험성이 높다. 노인우울의 취약성에 있어 인종 간, 민족 간 기본적인 차이는 나타나지 않았다. 2단계는 어린 시절에 경험했던 사건들과 성취다. 어린 시절 부모의 이혼이나 별거, 아동기의 심리적 외상, 낮은 교육적 성취(그리고 어떤 사람들은 매우 높은 교육적 성취를 포함시키기도 한다) 등이 우울증의 위험 요소를 증가시킨다. 3단계는 인생 후반기의 사건 및 성취와 관련되어 있다. 낮은 임금, 낮은 직업적 성취, 그리고 독신 상태 등이 노년기 우울증의 위험성을 높이고 있다. 4단계는 사회적 통합이다. 사회적 활동이나 종교 활동에 참여하지 않는 사람일수록 우울해질 확률이 높다. 5단계는 취약성과 보호 요소다. 신체적 건강에 문제가 생겼거나 지속적으로 병든 가족을 보살펴야 하는 경우 우울해질 가능성이 높은 반면, 적절한 사회적 지지를 받는 경우에는 우울증이 적다. 마지막으로 6단계는 촉발 요소와 대처 노력을 포함한다. 스트레스를 주는 생활 사건과 그 생활 사건에 대하여 어떤 종류의 대처 방식(생활 사건을 직접 다루기보다는 정서를 다루려고 하는 대처 방식)을 사용하는가가 노년기 우울증을 증가시키는 위험 요소와 연관되어 있다. 각 단계의 단일 요소가 우울증을 유발하는 결정적인 역할을 하는 것은 아니며, 이들 모두가 복합적으로 관여한다. 여러 요소들의 누적 및 상호작용이 우울증의 위험 요소를 증가시키는 데 기여하는 것 같다.

노년기 우울증과 대인관계

노인에게 있어 정서적 불편감과 우울을 야기하는 대인관계 스트레스 중 하나는 배우자 혹은 파트너의 우울이다. 우울증을 앓고 있는 노인과 같이 사는 가족들은 우울증에 걸리기 쉽다는 연구 결과가 있다(Gurlane, Dean, & Cross, 1983). 이 결과는 지역사회에 거주하고 있는 노인 부부들에 대한 광범위한 종단적 연구를 통해 입증되었다. 연구에 의하면 배우자가 횡단적으로 혹은 종단적으로 우울 증상을 많이 가지고 있을수록 또 다른 배우자도 우울해질 경향이 높았다(Tower & Kasl, 1995, 1996). 또 다른 연구에서도 노인 부부에게 있어서 우울증의 감염 현상이 입증되었다(Bookwala & Schulz, 1996; Goodman & Shippy, 2002). 주요우울장애를 앓고 있는 노인을 돌보는 배우자나 가족은 치매 환자를 돌보는 가족들에 비하여 심리적 스트레스가 훨씬 심한 것으로 나타나고 있다(Liptzin, Grob, & Eisen, 1988). 그들은 또한 우울증을 앓고 있는 노인과의 관계에서 상당한 스트레스를 경험하고 있을 뿐 아니라, 상대방을 도우려는 자신의 노력이 별 도움이 되지 않는다는 자각 때문에 또 다른 스트레스를 경험하게 된다(Hinrichsen, Hernandez, & Pollack, 1992). James Coyne(1976)은 우울증을 앓고 있는 사람과 그의 가족, 대개의 경우 배우자와 관계에서 악순환이 나타날 수 있다고 주장하였다. 처음에 배우자는 상대방의 심리적 고통을 경감시키기 위한 노력을 하지만, 이러한 노력이 거부되기도 하고, 혹은 원하는 만큼의 효과를 가져오지 못하기도 한다. 그 결과 배우자는 좌절을 경험하고, 이것이 직접적이든 간접적이든 우울증을 가지고 있는 상대방에게 전달되어 상태가 더욱 악화되는 것이다. 그러면 배우자는 다시 죄책감을 느껴 도움을 주려는 노력이 배가 되지만 또다시 좌절하게 되며, 결국에는 우울증을 앓고 있는 사람에게 심한 분노감, 좌절감을 나타낸다. 배우자는 이제 더 이상 상대방에게 관여하지 않으려고 하며, 이것이 우울증을 앓고 있는 상대방의 증상을 더욱 악화시키게 된다. Coyne의 이러한 역동적 모델은 임상적으로, 그리고 연구 결과로 확인되었다(Gotlib & Beach, 1995). 우울증이 대인관계를 망칠 수 있지만, 이러한 관계가 우울증을 회복하는 데도 중요한 역할을 할 수 있다. 저자들은 주요우울장애로 병원에 입원했던 많은 수의 노인을 대상으로 가족과 관련된 주제를 연구하였는데, 환자의 배우자나 성인이 된 자녀가 환자를 보살펴 준 경우, 1년 후의 임상적 예후와 높은 연관이 있었다(Hinrichsen & Hernandez, 1993). 이 연구 결과는 4장에서 좀 더 자세히 다룰 것이다. 또 다른 연구에 의하면, 우울증으로 치료 받는 노인이 사회적 지지를 받지 못하고 있다고 느끼는 경우, 우울증에서 회복되는 데 더욱 많은 시간이 걸렸다(Bosworth, Hays, George, & Steffens, 2002; Bosworth, McQuoid, George, & Steffens, 2002).

Hinrichsen과 그의 동료는 최근에 노인우울증과 대인관계 요소에 관한 문헌을 고찰하여 다음과 같은 결론을 얻었다(Hinrichsen & Emery, 2005).

(a) 노인에게 있어 심리사회적 요소는 횡단적으로 그리고 종단적으로 우울 증상 및 우울증의 위험 요소와 관련되어 있다.
(b) 노인 가족의 주요우울장애는 다른 가족 구성원에게도 영향을 미친다.
(c) 노인우울증의 종단적 경과에 대해 사회적 이슈 및 대인관계 이슈가 미치는 영향에 대하여는 아직 많은 연구가 이루어지지 않고 있다.

3장에서는 젊은 사람들을 대상으로 심리사회적 요소와 우울증과의 관계에 대한 증거들을 요약해 볼 것이다.

노인우울증의 임상적 평가

노인이 우울증에 걸렸는지 여부를 결정하기 위한 첫 단계는 포괄적인 정신건강 평가를 하는 것이다(Blazer, 2004). 이것은 우울증에 대한 IPT를 시행할 때 해야 하는 첫 번째 과제이기도 하다. 병원이나 개원가에서는 재정적 압박 때문에 초기에 짧게 진단 및 평가 작업을 마치는 것을 선호한다. 포괄적으로 평가해야 한다는 당위성과 짧은 시간 내에 평가해야 한다는 재정적 압박 사이의 긴장감은 노인을 평가할 때 더욱 뚜렷해진다. 젊은 사람들에 비하여 노인들은 더 많은 생활사를 갖고 있으며, 더 많은 정신과적 문제도 갖고 있을 수 있다. 여러 가지 의학적 문제 때문에 다양한 약을 복용하는 경우가 많고 한 명 이상의 의사로부터 진료를 받아야 할 필요가 있을 수 있으며 부가적인 정보를 얻기 위해 가족 구성원을 추가적으로 만나야 하기 때문이다. 임상가는 그동안 정신건강 서비스를 받기 주저해 왔을지도 모르는 노인과 치료적 관계(래포: rapport)를 형성해야 하며, 동시에 빠른 시간 내에 많은 정보를 얻어 내야 하는 노력 사이에서 균형을 맞추어야 한다. 이러한 임무는 목표를 분명히 하고, 인터뷰를 잘 조직화하고, 노인 문제에 민감해야 달성할 수 있다.

초진 면접을 할 때 주요한 과제 중 하나는, 노인이 진단적으로 DSM-IV의 우울장애에 해당하는지를 결정하는 것이다. 감별 진단해야 할 장애로는 주요우울장애, 적응장애, 기분부전장애, 그리고 병적인 애도 반응 등이 있다. 주요우울장애의 진단 기준에 맞지 않는 노인들도 높은 수준의 우울 증상을 나타낼 수 있으면서 준우울장애의 진단 기준에는 맞을 수 있는데, 이 진단 기준은 DSM에 정식으로 포함시키는 것이 고려되고 있다. 노인이나 젊은 성인들을 진단 면접할 때 확인해야 하는 주요한 영역은 정신과적인 개인사, 의학적 질병 혹은 약물 사용의 과거력, 인지적 기능, 현재 생활상의 스트레스, 사회적 생활사(여기에는 사회적 관계, 지지, 고용, 교육 등), 그리고 기능적 능력 등이 포함된다. 저자들은 이 책을 읽는 독자들의 경우 이미 정신건강 진단과 초진 평가에 익숙할 것이라고 가정하고 있는데(Blazer, 2004), 이 점은 우울증을 앓고 있는 노인들을 평가하고 치료하는 데 특히 중요하다. 노인들은 다양한 건강 전문가에 의하여, 다양한 상황에서 우울증을 평가받게 된다. 여기서는 일반적으로 IPT가 시행되는 외래 상황에서, 정신건강 전문가들이 노인의 우울증을 평가하는 데 초점을 맞추었다. 기본적인 평가 원리는 공통적이지만, 어떤 면은 전문가와 장면에 따라 달라지게 된다. 예를 들면, 일차 진료의사들은 빠르고 정확하게 우울증을 진단하여 환자를 정신건강 전문가에게 의뢰하려고 한다. 장기 요양 기관에서 노인들을 평가할 때는 프라이버시, 비밀 보장, 그리고 인지적 손상 등을 고려해야 하므로 평가 작업이 좀 더 복잡해질 수 있다. 장기 치료 기관의 노인들을 평가하고 치료하는 데 있어 고려해야 할 이슈들을 다룬 훌륭한 자료들도 있다(Molinari, 2000; Reichmen & Katz, 1996).

코호트와 의사소통 문제

대부분의 노인들은 가족 구성원의 권유에 의하여 정신과나 심리클리닉 외래에서 평가나 치료를 받게 된다. 노인들이 스스로 치료나 평가를 받으러 오는 경우는 매우 드문데, 이 경우는 일반적으로 교육수준이 높고, 경제적으로 윤택하며, 정신건강 서비스를 받았던 경험이 있는 노인들인 경우가 많다. 따라서 노인을 평가할 때는 그들이 치료자를 만나기 원치 않았을 수 있다는 점을 염두에 두어야 한다. 이 노인 세대들은 젊은 세대들에 비하여 정신건강 문제에 익숙하지 않기 때문에, 심리적 언어로 생활상의 문제를 표현하지 못하는 경향이 있다. 현재의 노인들이 젊었을 때는 정신건강상의 문제가 있는 경우에 외래치료가 아닌 주립정신병원에 장기 입원(때로는 강제 입원)하는 경우가 많았다. 따라서 어떤 노인들은 외래를 방문하면 강제 입원이 되는 것은 아닌지 두려워하기도 한다. 하지만 앞으로 베이비 붐 세대의 노인들은 자발적으로 정신건강 서비스를 받으러 올 가능성이 높아질 것이며, 생활상의 문제를 심리적인 틀 내에서 이해할 수 있고, 심리치료와 정신과적 약물의 기본적인 이론을 이해할 수도 있을 것이다. 일반적으로 노인들은 의사−환자 관계에서, 의사의 권위는 존중되어야 하며, 의사와의 대화는 진단적이건 치료적 관계이건 일방적인 의사소통이라고 생각하는 경향이 있다. 이러한 생각 때문에, 노인들은 묻지 않은 정보는 중요한 것이라도 자발적으로 말하지 않으려 하고, 치료 시 대안이 될 수 있는 방법을 스스로 제안하지 않으며, 의사가 제시한 치료방법을 보류해 주기를 요청하지 못하며, 의사소통 시 불명확한 것을 명료화시키지 못하는 일이 많다. 반대로, 베이비 붐 세대는 권위가 의심받는 시기에 성인기를 보냈으며 이 시기에 등장한 의료 소비자 운동은 서비스 제공자의 책임을 요구하고, 소비자(수동적인 의미인 환자보다는)는 보건의료서비스 소비자로서 자신의 치료에 적극적인 역할을 하도록 격려하였다.

아동심리학자나 소아정신과 의사들은 아동과 청소년을 평가하고 치료하는 과정에서 노인과 공통점이 있음을 지적하고 있다. 이 양극단의 연령대에서는 평가 단계에서부터 시작하여 치료를 지속적으로 받도록 촉구하는 단계에 이르기까지 가족 구성원들이 매우 중요한 역할을 한다는 점이다. 다만 이들 간의 중요한 차이는 노인이 약자가 아니라는 사실이다. 노년기에는 노인과 성인이 된 자녀 사이의 역할 역전(부모가 아동이 되고 아동이 부모가 된다는)이 일어난다는 주장이 있기는 하지만, 이러한 역할 역전론은 정확하지도 않고 바람직하지도 않다(Brody, 1985). 배우자와 성인이 된 자녀는, 노인이 제공하는 정보가 정확한지를 알려 주는 데 매우 중요한 역할을 한다. IPT의 중간 단계에서, 특히 대인관계 갈등을 다루는 단계에서는 청소년을 치료할 때처럼 가족 구성원이 한두 회기 치료에 참여할 수도 있다. 노인이 심하게 쇠약해져 있는 우울증이거나 인지적으로 손상되어 있는 경우, 가족 구성원들의 정보는 매우 중요하다. 그럼에도 불구하고 노인들을 경시하거나 부정적인 모습으로 정형화하는 경우를 보건의료환경에서 흔히 볼 수 있다(Levy & Banaji, 2002). 우리 클리닉을 방문한 어느 여자 노인은 추가 정보를 얻기 위하여 그녀의 딸을 면담실로 들어오도록 하자 치료자에게 환자는 딸이 아니라 자기라는 것을 잊지 말라고 지적하였다. 젊은 시절에는 매우 성공적인 삶을 살아왔지만 지금은 몹시 쇠약해져 있는 이 노인은, 딸이 방에 들어온 이후 치료자가 자기에게는 말을 걸지 않을 뿐 아니라, 눈도 거의 맞추지 않는다는 것을 알아차린 것이다. 따라서 초진 면접을 할 때 같이 온 가족을 참여시켜도 되는지에 대하여는 먼저 환자의 허락을 받아야 하며, 가족과의 면담 중에도 노인과 적극적인 의사소통을 유지해 가야 한다.

노인과 의사소통을 할 때에는 감각적 혹은 인지적 결함이 있는지 특별한 주의를 기울여야 한다. 1장에서 언급한 바와 같이, 시각 혹은 청각 상실은 노인에게는 흔한 일이다(Whitbourne, 1999). 이러한 손상이 의심된다면, 이에 대하여 질문을 하거나 아니면 조정이 필요하다(예를 들면, "제가 좀 더 가까이 앉거나 좀 더 크게 말할까요?" "블라인드를 열면(혹은 닫으면) 제가 더 잘 보이세요?"). 면담 전에, 노인에게 보청기나 안경이 필요한지를 묻는 것도 현명한 방법이다. 어떤 노인들은 감각적인 장애가 있다는 것을 수치스러워하고, 치료자에게 도움을 구하는 것에 겁을 낼 수도 있다. 상업 시설이나 의료 시설은 장애인들이 접근 가능하도록 점점 더 개선되고 있지만, 보행 장애가 있는 일부 노인들은 아직도 노인 관련 종사자들이 그들을 위한 편이시설을 제대로 갖추지 않고 있다고 말한다. 노인들은 일반적으로 새로운 정보를 습득하는 데 더 많은 시간이 걸리므로, 질문은 간단하고 명확하게 하는 것이 중요하다. 또 명백한 인지 기능 장애가 있는 노인들에게는 분명하게 말하는 것이 매우 중요하며, 보조 정보 역시 마찬가지다.

의학적 문제와 처방

우리는 노인 외래 클리닉에서 표준화된 초진 기록지(intake form)를 사용하고 있다. 병원에서는 연령이나 상황에 관계없이 모든 환자들에게 동일한 초진 기록지가 사용되고 있다. 노인전문 임상가들은 노인 환자들의 의학적 상태 및 약물 사용 내용을 모두 기록하기에는 초진 기록지의 공간이 부족하다고 느끼는 경우가 종종 있다. 이 책 1장에서 언급한 바와 같이, 노년기에는 의학적 문제 및 그와 관련된 이슈들이 가장 중요한 문제가 되는 경우가 많다. 노인을 대상으로 진단 및 평가를 위한 초진 면접을 할 때, 의학적 문제에 대하여 주의를 기울이는 것은 매우 중요하다. 어떤 의학적 조건(예를 들면, 갑상선 이상)은 우울증을 유발할 수 있다. 바탕에 깔려 있는 의학적 조건이 개선되면, 우울증도 좋아지거나 사라지는 경우도 있다. 앞에서 언급한 바와 같이, 의학적 문제를 갖고 있는 사람들은 우울해지기 쉽다. 어떤 의학적 문제의 경우에는 특정 정신과 약물을 처방해야 하거나 혹은 반대로 처방해서는 안 된다. 많은 노인들은 건강상의 문제로 여러 가지 약을 복용하고 있는데 어떤 약은 부작용으로 우울증이 나타날 수도 있다. 약물 사이의 알려지거나 알려지지 않은 상호작용이 행동상의 영향 혹은 정신과적인 영향을 줄 수 있다.

임상가에게 이는 실제적으로 매우 중요하다. 따라서 노인들에게 초기 면접 시 자신의 의학적 상태와 복용하는 약물에 대한 목록을 가져오도록 해야 한다. 필요하다면 다른 방법도 사용할 수 있다. 내담자가 문서로 허락을 한 경우, 내담자의 의학적 상태에 대하여 내담자의 담당의와 접촉하여 기록을 얻을 수도 있다. 어떤 내담자는 일 년 혹은 그 이상 의사를 전혀 만나지 않은 경우도 있다. 그 경우 의사의 진료를 받도록 권해야만 한다. 대부분의 정신과 의사들은 노인의 현재 의학적 문제나 복용하는 약에 대하여 확실히 알기 전까지는 정신과 약물을 처방하지 않을 것이다. 의학적 문제의 발병과 약물 복용 시기가 우울증의 발병 시기와 어떻게 관련되어 있는가를 묻는 것이 도움이 될 것이다.

인지 기능

이 책 1장에서 살펴본 바와 같이, 노인들에게는 치매의 위험이 높으며, 특히 최고령자들의 경우에는 더욱 그러하다. 치매를 앓고 있는 사람들은 우울증의 위험성이 높다. 따라서 적절한 인지적 선별 작업(cognitive screening)이 이뤄져야 한다. 대부분의 임상가들은 진단 면접을 통해서 환자의 인지 기능에 대하여 어느 정도 감을 잡을 수 있을 것이다. 그러나 인지적 장애를 가지고 있는 일부 노인들은 자신의 결함을 감추는 데에 특별한 기술을 가지고 있다. 가족들은 환자의 미세한 혹은 미세하지 않은 인지적 상실에 민감한 경우가 많으며 대개는 좋은 정보 제공자가 되곤 한다(하지만 동시에 가족들은 임상가의 질문에 대답하는 과정에서 환자의 인지적 결함을 숨기는 경우도 있을 수 있다). 정신상태 검사는 인지 기능의 특정한 면들에 대하여 평가한다. 대부분의 노인 정신건강 전문가들은 인지적 상태를 평가하기 위해 간단한 선별도구를 사용한다. 가장 널리 사용되는 선별도구는 Mini-Mental State Examination(MMSE; Folstein, Folstein, & McHugh, 1975)와 이를 좀 더 확장시킨 형태인 Modified Mini-Mental State Examination(3MS; Teng & Chui, 1987)이다. MMSE와 3MS는 실시하기 쉽고, 시간이 많이 소요되지 않는다. MMSE는 연령, 교육수준, 인종별로 각기 다른 규준을 제시하고 있다. 인지적 선별도구에서의 점수가 치매 진단에 결정적인 것은 아니다. 그것은 환자의 인지적 상태에 대하여 추가 평가(즉, 신경과 의사나 정신과 의사에게 의뢰하여 신경심리학적 평가가 필요한지에 대한)가 필요한지 여부를 알려 주는 것이다.

우울의 평가

우울을 정량화시킬 수 있는 평가도구를 사용하는 것은 매우 도움이 된다. 이러한 도구의 각 문항은 우울증을 구성하고 있는 각각의 증상에 대하여 체계적으로 질문한다. 문항들의 총합은 우울증의 심각성에 대한 개략적인 정보를 주며, 치료효과를 평가하는 데 중요한 지침이 되는 기준선을 제공해 준다. IPT 초기 회기에서, 평가도구를 이용하여 우울을 평정하는 것은 환자에게 우울증에 대해 교육을 시킬 수 있는 방법이기도 하다. 우울증 척도는 여러 가지가 있는데, 그중 일부는 노인을 대상으로 사용할 수 있다. 그동안의 연구를 통해서 노인을 대상으로 실시하는 데 적절하다고 입증되어 가장 널리 사용되는 측정도구들은 다음과 같다.

해밀턴 우울증 척도(Hamilton Rating Scale for Depression: HRSD; Hamilton, 1960)는 연구와 임상장면에서 광범위하게 사용되고 있다. HRSD는 처음 개발되었을 당시에는 표준화되어 있는 질문으로 구성되어 있지 않았다. 이 후 좀 더 구조화된 개정판이 개발되었고 추천되었다(Williams, 1988). 그러나 이후 HRSD는 여러 다양한 개정판이 나왔고 이들은 서로 다른 문항들을 포함하게 되었으며, 서로 다른 개정판들을 비교하는 것은 더욱 힘들게 되었다.

노인 우울 척도(Geriatric Depression Scale: GDS; Yesavage et al., 1983)는 '그렇다'와 '아니다'로 대답하게 되어 있는 30개의 문항으로 구성으로 되어 있으며 노인을 위하여 특별히 개발된 설문지다. GDS는 축약형도 있다. 어떤 것은 15문항이고(Sheikh & Yesavage, 1986), 어떤 것은 5문항(Hoyl et al., 1999)이다. 많은 노인들이 의학적 문제를 갖고 있는 점을 고려하여, GDS에서는 정신과적 문제가 아닌 신체적 문제가 점수를 높이지 않도록 신체적 문항은 배제하였다. GDS는 임상가가 실시할 수도 있고 환자가 스스로 실시할 수도 있다. 이 설문지는 http://www.stanford.edu/

~yesavage/GDS.html에서 구할 수 있다.

벡 우울증 척도(Beck Depression Inventory: BDI; Beck, Rush, Shaw, & Emery, 1979)는 많은 연구에서 사용되고 있다. 이 21문항 설문지는 면담자가 실시할 수도 있고 환자가 스스로 실시할 수도 있다. 각 문항은 0~3점으로 평정되는 네 개의 응답이 가능하도록 구성되어 있으며 이를 통해 증상의 심각도를 반영하게 된다. 총점은 경도(mild, 10~19), 중등도(moderate, 20~30), 중증(severe, 31 이상) 우울증으로 평정된다. BDI-II는 1996년도에 발표된 개정판이다. BDI는 노인을 대상으로 하는 연구에서 사용되었으며 임상노인심리학자들이 종종 사용한다. BDI와 BDI-II는 'The Psychological Corporation'[2] 출판사에서 구할 수 있다.

우울증의 치료

젊은 사람의 우울증과 마찬가지로 노인의 우울증도 성공적으로 치료할 수 있다. 주요우울장애 삽화로 치료를 받은 노인 중 60~70%가 항우울제, 정신치료 혹은 둘을 복합한 치료를 통하여 유의미한 호전을 나타내었다(Blazer, 2003). 우울증이 호전되었음을 판단하는 일반적인 기준은 우울 증상이 유의미한 감소(표준화된 평정척도에서 점수가 최소한 반으로 감소하는 것)를 보이거나 내담자가 더 이상 주요우울장애의 진단 기준에 맞지 않게 되는 경우다. 노인을 대상으로 한 치료 반응 연구는 대부분이 단기 연구들이다. 그러나 주요우울장애는 재발하는 경우가 많다. 우울증을 단기 치료한 후, 장기간 동안 노인들의 우울증을 추적한 종단 연구는 별로 없다. 현재까

2. Psychological Corporation, 555 Academic Court, San Antonio, TX 78204; http://www.psychcorp.com

지의 연구에 의하면, 노인도 젊은 사람과 마찬가지로 주요우울장애 삽화를 성공적으로 치료한 후에도 재발되는 경우가 흔했다(Baldwin, 2000). 재발성 우울증을 앓고 있는 노인의 경우, 항우울제, 정신치료, 혹은 둘을 복합한 치료가 지속적으로 이루어지는 경우 재발률이 감소되었다. 노년기 우울증의 지속/유지 치료에서 가장 결과가 좋은 것은 사실 IPT였음이 연구를 통해 발견되었다. 이러한 연구들은 이 책 4장에서 소개되어 있다.

국립보건연구소(National Institutes of Health: NIH)는 1991년에 '노년기 우울증의 진단, 치료를 위한 합의 도출 회의(Consensus Development Conference on Diagnosis and Treatment of Depression in Late Life)'를 소집하였다. NIH는 건강과 관련된 지식의 수준을 검증하기 위하여 정기적으로 전문가들을 초청하여 합의 도출 회의를 개최한다. 1991년의 우울증 합의 도출 회의는 NIH가 전문가들에게 노인의 우울증을 진단하고 치료하는 데 있어 과학적인 증거를 검증해 주기를 요구하여 개최된 회의였다. 결론부터 말하자면 합의 도출 회의는 노년기 우울증의 경우에는 입증된 치료법이 있다고 합의하였다. 노인심리학자들 중에는 이 회의의 일부 결론에 당혹감을 느끼는 사람들도 있었을 것이다. 왜냐하면 이 회의에서 노년기 우울증의 일차치료는 약물치료이고 다음이 정신충격치료, 그리고 세 번째가 정신치료라고 결론지었기 때문이다. 이 회의는 정신치료가 노년기 우울증을 치료하는 데 중등도의 효과가 있다고 보았다. 이 장의 후반부에서는 노년기 우울증에서의 정신치료 효율성에 대한 합의 도출 회의의 결론에 관련된 경험적인 답변을 제시할 예정이다. 1996년에는 1991년 회의의 후속 모임이 열렸다. 이 모임은 노인정신의학협의회(Geriatric Psychiatry Alliance)가 주최하였는데, 이는 노인에게 영향을 주는 정신적 문제에 대한 인식을 증가시키고, 또 노인에게 정신건강의 필요성을 주장하기 위하여 설립된 모임이다. 1996년의 후속 회의에서는, 노년기 우울증과 관련된 논문이 급속도로 많아지고 있다는 사실과 노인 정신건강 및 노화 영역 서비스가 확대, 성숙

되어 가고 있음을 지적하였다. 또한 1991년 회의에 비하여 우울증에 대한 심리사회적 개입의 중요성을 보다 강조하였다. 노년기 우울증 치료에 관한 좀 더 최근의 제안으로는 '노년기 정동장애의 진단 및 치료의 필요성을 지적하기 위한 우울증 및 양극성장애 지원 협의회 권고(Depression and Bipolar Support Alliance Statement on the Unmet Needs in Diagnosis and Treatment of Mood Disorders in Late Life)'가 있다. 이 권고에서는 "항우울제 치료, 대인관계치료, 그리고 약물치료와 정신치료를 혼용하여 사용하는 것이 젊은 사람들과 마찬가지로 노인 환자들에게도 주요우울장애의 재발을 막는 데 효과적인 것으로 알려졌다."라고 주장하였다(Charney et al., 2003, p. 668). 부분적이긴 하지만, 복합 치료에 대한 이와 같은 강력한 추천은 노년기 우울증 치료에 있어서 IPT와 항우울제의 복합 치료에 대한 최근의 대규모 종단 연구에서 바람직한 결과가 얻어졌기 때문일 것이다 (Reynolds et al., 1999).

노인우울증의 약물치료

1991년의 합의 도출 회의 이후, 노인의 중등도 및 중증 우울증을 치료하기 위한 항우울제로 선택적 세로토닌 재흡수 억제제(Selective Serotonin Reuptake Inhibitors: SSRIs)가 가장 선호하는 약물이 되었다(Blazer, 2003; Mulsant & Pollack, 2004). SSRIs가 개발되기 전에는 노인들도 젊은 사람들과 마찬가지로 또 다른 계열의 항우울제인 삼환계 항우울제(Tricyclic Antidepressants: TCAs)를 주로 사용하였다. 그러나 TCAs는, 특히 노인들에게 부작용이 가장 큰 문제였다. TCAs는 심혈관계 부작용이나 기립성 저혈압(혈압이 일시적으로 떨어지는 현상으로, 특히 사람이 갑자기 일어설 때 넘어질 우려가 있음), 항콜린 현상(입마름, 시야가 흐려짐, 변비)과 기타 문제들을 일으킬 수 있다. 또한 TCAs의 과도한 복용으로 사망에 이를 수 있는데, 이것은 우울증 환자들이 자살의 위험성이 높다는 점을 감안해 볼 때, 주요한 고려사항이 될 수 있다. TCAs와 SSRIs는 젊은 성인뿐 아니라 노인에게서도 동일하게 효과적인 것으로 나타났다. SSRIs의 가장 큰 장점은 TCAs에 비하여 부작용이 훨씬 적고 과용을 해도 사망에 이르지 않는다는 것이다. 그럼에도 불구하고 SSRIs를 복용하는 일부 환자들은 부작용을 호소하기도 하는데, 체중 감소, 성기능부전, 항콜린 효과[특히 파록세틴(paroxetine)의 경우], 초조, 수면장애 등이 나타난다. SSRIs는 TCAs에 비하여 부작용이 적기 때문에, 이 약을 먹는 노인의 경우 약물에 대한 순응도가 훨씬 좋은 편이다. 주요우울장애 혹은 지속적인 준우울장애 때문에 약물치료를 하는 경우, SSRI가 가장 선호되는 약물이다. 노인정신과학회의 최근 권고에 의하면 서트랄린(sertraline)과 파록세틴(paroxetine)이 가장 추천할 만한 약물이고 뒤이어 시탈로프람(citalopram)을, 그리고 대안으로서 플루옥세틴(fluoxetine)을 추천하였다. TCAs 중에서는 노르트립틸린(nortriptyline)이 선호되는 약물이고 데시프라민(desipramine)이 대안이 되고 있다(Blazer, 2003 인용). 첫 번째 주요우울 삽화를 경험하고 회복된 노인들에게는 1년 동안 항우울제를 처방할 것을 권유한다. 두 번째 삽화를 경험한 경우에는 2년 혹은 그 이상 동안 지속적으로 약물을 복용할 것을 권한다. 세 번 이상의 경우, 3년 혹은 그 이상 동안 항우울제를 복용할 것을 권하게 된다. SSRI나 TCA가 효과적이지 않은 경우 다른 항우울제를 사용한다. 한 가지 대안으로는 모노아민 산화효소 억제제(Monoamine Oxidase Inhibitors: MAOIs)가 있는데 이것은 노년기 우울증 치료에 유용한 것으로 나타났다(Georgotas et al., 1986). MAOIs의 중요한 결점은 식사 제한이 필요하다는 점인데, 왜냐하면 티라민(tyramine)을 함유한 음식(즉, 치즈나 소시지)은 MAOIs과 상호작용을 해서 고혈압의 위험(즉, 뇌졸중을 일으킬 수 있는 급격한 혈압 상승)을 야기할 수도 있기 때문이다.

심각한 우울증을 치료하는 또 다른 대안으로 전기충격치료(Electro-

Convulsive Therapy: ECT)가 있는데, 이것은 노년기 우울증 치료에 효과적인 것으로 입증되었다(Sackheim, 1994). ECT는 항우울제에 반응하지 않거나, 혹은 자신의 건강을 돌보지 않아 신체적으로 위험해질 수 있는 심각한 우울증을 앓고 있는 사람들에게 주로 사용된다. 정신병적 우울증을 가지고 있는 사람들도 ECT를 통해 호전될 수 있다. 대부분의 경우, ECT 치료 후 약물치료를 하게 된다. 어떤 사람들은 ECT의 첫 번째 코스를 끝낸 후에 유지 ECT를 받기도 한다. 노인들을 대상으로 ECT를 하였을 때의 단점은 기억력 상실이다. 연구 결과들을 보면 기억력 상실은 일시적인 현상이며 ECT 후 몇 주가 지나면 깨끗해진다고 보고하고 있다. 그러나 우리의 임상적 경험에 의하면 일부 노인들은 연구 결과에서 나타나는 것보다 더 오래 기억력 상실이 지속되는 경우가 있었다.

노년기 우울증의 정신치료

1991년 NIH의 합의 도출 회의에서 우울증에 대한 정신치료의 가치를 그리 높게 인정하지 않은 것에 대해 노인심리학자인 Forrest Scogin과 Lisa McElreath(1994)가 반박하였다. 그들은 노인우울증의 심리사회적 치료효과에 대한 17개의 통제된 연구들을 메타 분석하였다. 그 결과 노인우울증에 대한 심리사회적 치료의 개입효과 크기가 0.78임을 입증하였는데, 이는 전체 성인 연령에서 우울증에 대한 정신치료의 효과 크기가 0.73인 것에 비하면 상당히 좋은 결과다. 그들은 또한 심리사회적 개입은 주요우울장애뿐 아니라, 임상전단계(subclinical level)의 우울 증상 치료에도 효과적이라고 결론지었다. 이러한 자료는 정신치료의 효과가 중등도라고 규정한 1991년 회의 결과와는 대조적으로, 노년기 우울증 치료에서 정신치료가 매우 효과적임을 입증하는 것이다. 그 후에 발표된 다른 연구 결과들, 특히 IPT 연구 결과들도 이러한 결론을 뒷받침해 주고 있다.

노인우울증 치료에 사용되는 6종류의 주요한 정신치료 기법들(인지행동치료〔CBT〕), 정신역동치료, 문제해결치료, 가족치료, 생활검토치료(〔life view therapy〕, IPT) 각각에 대해 최소한 몇 개씩의 연구 결과들이 보고되었다. 젊은 성인들을 대상으로 한 IPT의 치료효과에 대한 연구 논문은 이 책 3장에 기술되어 있고, 노인에 대한 연구는 4장에 기술되어 있다.

인지치료, 행동치료, 그리고 이 두 가지가 결합된 치료는 노인우울증에 대하여 가장 좋은 연구 결과를 갖고 있는 치료일 것이다. 가장 많이 인용되는 연구는 Dolores Gallagher-Thompson, Larry Thompson과 Palo Alto 병원에 있는 그의 동료들이 수행한 연구다. 이 독창적인 연구에서 그들은 우울증을 앓고 있는 노인을 대상으로 인지, 행동, 정신역동적 치료를 받은 노인들의 치료효과를 비교하였다. 4개월간의 치료 후(16~20회 개인회기 후), 참여자들 중 52%는 주요우울장애에서 회복되었으며, 치료 양식에 따라 유의미한 차이는 없었다. 1년 그리고 2년의 추적조사 결과 대부분의 환자들은 회복된 초기 상태를 유지하고 있었다(1년, 85%; 2년, 77%; Thompson, Gallagher, & Breckenridge, 1987; Gallagher-Thompson, Hanley-Peterson, & Thompson, 1990). 집단치료에서도 정신역동치료뿐 아니라 CBT도 노인의 우울증을 치료하는 데 효과가 있었다(Steuer et al., 1984). 치매와 우울증을 앓고 있는 환자와 그들의 보호자들을 대상으로 한 매우 흥미로운 연구에서, Linda Teri와 동료들은 가족들에게 행동 전략을 교육하였고, 그것을 적용한 결과, 환자의 우울 증상이 유의미하게 호전되었다(Teri, Logsdon, Uomoto, & McCurry, 1997). 독서 요법(여기서는 참가자들에게 4주 동안 인지 혹은 행동 치료에 대한 책을 읽도록 한다)은 경도에서 중등도의 우울증을 앓고 있는 노인들에게서 우울 증상을 감소시키는 데 단기와 장기 효과가 있음이 입증되었다(Scogin, Jamison, & Davis, 1990; Scogin, Jamison, & Gochneaur, 1989). 독서 요법을 받지 않은 사람들이 19% 호전된 것에 비하여, 받은 사람들의 66%가 우울 증상의 임상적인 호전을 나타내었다. 이러한 호전은 6개월, 그리고 24개월 추적조사 후에도 유지되었다.

단기 개인 정신역동치료의 효율성에 대한 연구 결과는 앞서 언급된 Palo Alto 보훈병원 연구 및 그와 관련된 연구에서 최초로 입증되었다(Gallagher-Thompson & Steffen, 1994). 이 연구들은 역동치료가 인지치료 및 행동치료와 마찬가지이고 우울장애를 치료하는 데 효과적임을 입증하였다. 또한 앞서 인용한 바와 같이, Steuer 등(1984)은 정신역동 집단치료와 인지행동 집단치료 모두 우울증을 앓고 있는 노인을 치료하는 데 동등한 효과가 있음을 발견하였다. 후에 언급하겠지만, 단기 정신역동 집단치료는 쇠약한 노인을 돌보는 가족들에게 나타나는 우울 증상을 감소시키는 데도 CBT에 필적하는 효과를 보였다.

문제해결치료는 환자가 우울증 및 그와 관련되어 있는 문제들에 대처할 수 있도록 돕는다. 문제해결치료에서 환자는 현재의 관심사인 문제를 명시하고, 그 문제들에 대한 해결책을 제시하며, 문제에 대하여 서로 다른 해결책을 적용했을 때의 잠재적 결과들을 평가한다. 또한 문제해결 행동을 시행하고, 마지막으로 문제해결 노력의 실제적 결과를 평가하게 된다. 이와 같이 문제해결치료는 IPT와 유사한 면이 있다. 문제해결치료와 회상치료(reminiscence therapy)는 주요우울장애를 앓고 있는 노인들에게 집단으로 실시할 수 있다. 문제해결치료의 치료효과를 대기 상태에 있는 대조군과 비교한 연구에서, 문제해결과 회상치료를 받은 사람들은 대기자 명단에 있던 우울증 환자들에 비해 유의미한 증상 호전을 나타내었다. 또한 문제해결 집단에 있던 사람들은 회상 집단치료를 받은 사람들보다 유의미한 호전을 나타내었다(Arean et al., 1993). 일차진료 기관에서 의학적 치료를 받고 있는 노인 중 주요우울장애를 가지고 있거나, 기분부전장애를 가지고 있거나, 혹은 두 가지 모두를 가지고 있는 사람들을 대상으로, 우울증을 치료하기 위해 매우 광범위한 다기관 연구를 실시하였는데, 이 연구에서는 일차

진료 기관에서 문제해결 치료기법을 사용하도록 하였다(Unutzer et al., 2002). 비록 이 연구에서 문제해결치료의 독특한 치료효과가 관찰되지는 못하였지만, 환자는 우울증 전문가에게 가서 우울증에 대한 교육을 받게 하였고, 치료에 협조하도록 하였으며, 필요할 경우 일차진료 기관에서 문제해결치료를 제공하도록 하였다. 어떤 환자들은 항우울제를 복용하였다. 일반적인 치료를 받았던 환자들에 비하여, 연구와 관련된 개입을 받은 환자들이 우울과 관련된 임상 증상에서 유의미하게 좋은 결과를 나타내었다.

생활검토치료(Life Review Therapy: LRT)는 유명한 노인 정신과 의사인 Robert Butler(1963)가 처음 고안하였다. 그는 노인에게서 회상이 자기연속성과 자기가치에 대하여 긍정적인 감각을 촉진시킬 수 있다고 하였다. 원래 LRT는 우울증을 치료하기 위하여 개발된 것은 아니고 전반적인 노인의 삶의 질(웰빙)을 향상시키기 위한 방법이었다. 우울증을 앓고 있는 노인을 대상으로 이 방법이 유용한지를 검증한 몇 편의 논문이 있다. 연구 결과는 다소 상반된다. 한 연구는 중증의 우울증을 앓고 있는 지역사회 노인들에게 LRT가 효과적이라고 주장한 반면(Fry, 1983), 또 다른 연구에서는 우울 증상을 변화시키는 데 별 효과가 없었다(Haight, 1988, 1992). 요양원에서 집단 LRT를 실시한 연구 역시 복합적인 결과를 보이고 있다. 65세에서 74세에 이르는 노인우울증 여성들에게서는 우울 증상의 감소를 나타내었으나 74세 이상에게서는 효과가 없었다(Youssef, 1990). 요양원 노인들을 대상으로 한 또 다른 연구에서 회상 집단은, 행복-우울 측정에서 정서적 웰빙을 향상시키기 위해 현재의 주제를 다룬 집단과 동등한 효과가 있었다(Rattenbury & Stones, 1989).

가족 참여는 노인에게 심리적 서비스를 제공하는 중요한 요소가 되곤 한다. 임상 장면에서 가족치료는 보통 두 사람을 대상으로 하여 진행되는데, 노인 환자와 성인 자녀 혹은 배우자다. 노년기의 가족치료에 있어서, 상당히 많은 영역이 아직도 간과되고 있거나 연구되지 않은 반면, 가족에 대한 사회학적 연구는 노인학의 주요한 영역으로 자리 잡고 있다(King, Shields, & Wynne, 2000; Qualls, 1996). 가족에 대한 임상 연구들은 주로 치매나 신체적 건강의 문제가 있는 노인들을 돌보는 성인 자녀나 배우자에 관심을 두고 진행되었다. 이들 보호자에게는 진단 가능한 정도의 우울장애나 우울 증상이 많이 나타난다(Schulz, Visintainer, & Williamson, 1990). 우리는 치매 보호자에 관한 연구를 조사하여, 가족 간병인의 우울을 치료한 9개의 논문을 검토하였다(Karel & Hinrichsen, 2000). 가장 성공적으로 우울 증상을 감소시킨 연구는 인지치료나 행동치료, 혹은 둘을 복합한 치료적 개입을 사용하여(간병인의 심리적 부담을 감소시키는 것과 같은 좀 더 넓은 목표를 잡기보다는) 우울을 감소시키려 한 연구였다. 이러한 연구들 중 Palo Alto 보훈병원 연구 집단에서 나온 연구는 특히 주목할 만하다. 행동주의에 기반한 심리교육 과정 혹은 문제해결 과정은 병약한 노인을 돌보는 간병인의 우울 증상을 유의미하게 감소시켰다(Lovett & Gallagher, 1988). 개인 인지행동치료와 정신역동치료 모두 병약한 노인을 돌보는 보호자의 우울증을 감소시키는 데 효과가 있었다(Gallagher-Thompson & Steffen, 1994). 앞서 언급한 바와 같이, Teri와 그녀의 동료들(Teri et al., 1977)은 치매환자 가족의 우울증을 감소시키기 위한 행동 전략을 가족 간병인에게 교육하였다. 흥미롭게도 이러한 교육은 간병인 자신의 우울 증상을 감소시키는 효과를 나타내었다.

CBT는 노년기 우울증의 단기 치료에 효과가 있음을 입증하는 증거가 가장 많다. IPT는 노년기 우울증의 유지/지속 치료에서 가장 광범위하고 잘 고안된 연구 결과들을 갖고 있다(Reynolds et al., 1999). CBT와 단기 정신역동치료를 비교한 결과, 후자도 CBT에 맞먹는 효과가 있다는 놀라운 결과가 확인되었다. 이러한 결과는 다양한 정신치료 연구에서도 동일하게 관찰되고 있는데, 주요 정신치료들이 모두 효과적이라는 결론을 내릴 수 있다. 응용 심리학 영역에서 경험적으로 효과가 입증된 치료기법을 사용하려는 경향이 늘어나고 있다. 즉, 잘 고안되고 통제된 연구에서 효과가 입증된 치료를 요구하는 경향이 늘고 있다(Chambless et al., 1996; Gatz et al., 1999). 이와 같이 전문화된 치료를 강조하다 보니 치료가 매뉴얼화되는 경향이 있고, 이에 대해 논문을 만들어 내기 위한 정신치료 방식이 치료적 융통성을 제한한다는 비난도 함께 제기되고 있다(Levant, 2004). 임상 연구에 대한 더 큰 비난은 연구 대상이 되는 피험자들이 임상 장면에서 우리가 만나게 되는 개인 환자들의 집단을 대표하지 않는다는 점이다. 연구에서는 정신과적으로 중복 진단을 가지고 있는 환자들을 배제하는 경우가 많으며, 상당한 동기를 가지고 있고, 잘 교육받은 사람들이 주로 연구에 참여하게 된다. 노인 정신치료 연구에서, 아주 고령이고 신체적 질환이 있는 노인들은 연구에 거의 참여하지 않으며, 요양원에 거주하는 고령자들—이 영역이 임상 노인심리학에서 가장 성장하는 영역인데도 불구하고—을 대상으로 정신치료의 효과를 연구한 논문은 거의 없다. 우리는 이러한 비난들이 한 가지를 제외하고는 대부분 맞는 것이라고 생각한다. 우리는 매뉴얼에 의한 정신치료가 치료적 융통성을 제한하지는 않는다고 생각한다. 유능한 정신치료자가 매뉴얼을 통하여, IPT뿐 아니라 경험적으로 효과가 입증된 다른 정신치료의 유용한 이정표를 제시해 주고 여기에 훌륭한 임상가의 판단이 더해지면, 바람직한 결과를 얻을 수 있을 것이다.

또 하나의 이슈는 치료자가 환자 및 자기 자신의 노화에 어떻게 대처하는가다(Genevay & Katz, 1990). Hinrichsen은 초기 임상가로 활동할 때, 노인 환자에 대한 임상 경험이 거의 없는 심리학자가 사적인 자리에서 "우울하고 병약한 노인 환자들은 그렇게 사는 것보다는 죽는 것이 더 나을 수도 있다."고 말하는 것을 우연히 듣고 충격을 받은 적이 있다. 이것은 심리학자 자신이 노화에 대하여 상당히 불편해하고 있음을 시사하는 말이다. 노인을 전공하는 동료이건, 노인을 전공하지 않는 동료이건, 노화에 대하여 토론해 보면, 자신이 경험한 나이가 많은 혹은 사망한 친척들을 성공적이거나 혹은 그렇지 않은 모델("나도 그런 사례가 있어-바로 우리 어머니야!")로 보고 있는 것 같다. 우리는 이와 같은 역전이 현상에 대한 가장 좋은 해결책은 개인적인 통찰뿐 아니라 지식이라고 생각한다. 정상적인 노화에 대한 정확한 지식을 통해, 노화에 대하여 자신이 갖고 있는 생각이 잘못된 정보와 투사의 혼합물이라는 점을 다시 한 번 상기할 수 있을 것이다. 반대로 노인을 영웅시하거나 성스러운 존재로 생각하는 심리학자도 있는데, 이런 생각은 아주 힘든 노인을 만나면 여지없이 깨진다.

정신건강 서비스 이용의 장애물들

대부분의 노인들은 정신건강 시스템의 도움을 받을 수 있다. 하지만 자신의 정신건강에 문제가 있음을 인식하는 노인 중 절반 정도만 일차진료의사나, 정신건강 서비스 제공자의 치료를 받는다. 노인의 3%만이 정신건강 관리 전문가를 만난다(Administration on Aging, 2001). 우울증으로 치료받는 노인의 3분의 1만이 적절한 정신치료 서비스를 받는다(Wei, Sambamoorthi, Olfson, Walkup, & Crystal, 2005). 대부분의 노인이 일차진료의사를 만나는데도 불구하고, 의사들은 이들의 정신적 문제를 제대로 진단하여 치료하지 못하며, 때로는 정신과적으로 손상된 노인들을 정신건강 전문가들에게 의뢰하지도 않고 있다(Higgins, 1994). 정신과적 문제를 갖고 있는 노인들은 외래 환경에서 치료받을 수 있는데도 불구하고 일반 성인 병원의 정신과 병동에서 부적절한 치료를 받아 왔다. 노인에게 나타나는 정신건강 문제를 외래 서비스 상황에서 치료하려는 움직임이 있지만, 아직 지역사회에 근거를 둔 정신건강 서비스에서 노인의 비율은 6%에 불과하다(Administration on Aging, 2001).

노인 정신건강 전문가의 수는 매우 제한되어 있다(Gatz & Finkel, 1995).

노인을 위한 종합적인 정신건강 서비스는 거의 없다. 적절한 치료 프로그램이 이루어지려면 외래, 정신과 낮병원, 입원환자 프로그램, 그리고 지역사회 프로그램이 서로 연계되어 있어야 하며, 연속선상에서 다양한 기관에서의 치료가 가능해야 한다. 만성적이고 지속적인 정신과적 문제를 갖고 있는 노인에게는 한 시스템 내에서 서로 다른 수준의 치료를 옮겨가며 받을 수 있어야 치료효과가 극대화된다. 보훈병원과 연계되어 있는 다양한 건강 관리 시스템은 노인을 연속선상에서 관리하는 모델을 제시하고 있는데, 이 서비스는 남자 퇴역군인들에만 제한되어 있는 반면, 노인 중에는 군대 경험이 전혀 없는 여자들이 더 많다. 일부 통합적인 노인 정신건강 관리 시스템이 존재하는데, 이들은 주로 학문적인 의료센터나 의과대학과 연계되어 있는 경우가 많다. 장기 요양시설들은 적절한 숫자의 노인 정신건강 전문가를 채용할 의향이 없으며, 거주자에게 다차원적 정신건강 관리를 위한 통합 시스템을 운영하고 있는 시설은 극히 소수다.

정신건강 서비스에 접근하는 데 있어 또 하나의 장애물은 역사적으로 65세 이상의 장애를 갖고 있는 사람들에 대한 연방건강보험인 메디케어(의료보장)가 정신건강 관리의 경우에는 제한된 부분만 보장해 준다는 점이다(Gatz & Finkel, 1995). 1980년대까지 외래 정신과 서비스에 대하여는 보장이 매우 제한되어 있었고, 심리적 서비스에 대하여는 보장이 전혀 없었다. 현재 정신과 외래진료에 대한 연간 제한은 없어졌지만 보상은 50%만 해주고 있다. 정신과적 질병에 의한 입원치료에 대한 보상 역시 제한되어 있다. 매우 수입이 적은 노인들은 메디케이드(의료보호)의 적용을 받게 되는데, 이는 가난한 사람들을 위한 연방 그리고 주 정부의 보험이다. 어떤 주에서는 메디케이드 비용 중 노인 환자 부분(50%)을 선택하여 지불하기도 하지만, 이것은 일부 주에서만 이루어지고 있다. 그러므로 가난한 노인들이 정신건강 서비스에 접근하는 것에 제한이 있을 수밖에 없다. 개업한 많은 정신건강 치료자들로서는 메디케어에서 인정한 비용의 반밖에 받을 수 없는 내담자를 보는 데 주저하지 않을 수 없다. 어떤 심리학자들은 지역 메디케어 관리자(그들은 메디케어 프로그램에 대하여 지불거부 조치를 취하기도 한다)들과 갈등을 빚기도 한다. 왜냐하면 메디케어 관리자들은 어떤 환자(즉, 인지적 손상을 가지고 있는)가 받는 심리적 서비스를 인위적으로 제한하기도 하는데, 이러한 환자에 대하여 전혀 보장을 해 주지 않거나 보장받을 수 있는 정신치료 회기를 제한하기도 한다(Karlin & Duffy, 2004). 다행히 미국심리학회 산하 노인진료관리위원회는 이러한 문제를 겪고 있는 심리학자들을 교육하고 옹호하기 위한 적극적인 행보를 보이고 있다. 독자는 메디케어 지침서를 참조할 수 있을 것이며, 또 다른 정보는 미국심리학회의 노인분과위원회에서 만든 자료들을 참조할 수 있을 것이다. 이러한 자료들은 위원회에 요청하거나 http://www.apa.org/pi/aging/lmrp에서 정보를 얻을 수 있다.

노인 정신건강 전문가들의 접근 가능성

노인 인구의 급격한 증가는 소위 '노인 정신건강의 필연적 위기'라고 불리는 현상을 야기하고 있다(Jeste et al., 1999). 약 2500명의 노인 전문 정신과 의사가 있으며, 약 700명의 노인심리학자들이 있지만, 각 영역별로 약 5000명의 전문가가 필요하다. 또 다른 보고서에서는 약 7500명의 노인심리학자가 필요하다고 추정한다(Gatz & Finkel, 1995). 최근 보고에서는 개업한 심리학자 중 노인들을 일차적으로 진료하는 사람은 약 3%에 불과했다(Qualls, Segal, Norman, Niederehe, & Gallagher-Thompson, 2002). 이와는 대조적으로 노인에게 어떤 식으로든 진료 서비스를 제공하고 있다고 주장하는 심리학자는 전체의 69%에 이르고 있다. 그러나 이들 중 노인심리학 분야에서 학위과정을 마쳤거나 지속적인 교육과정을 밟고 있는 사람은 극소수에 불과하다. 미래에는 노인에 대한 심리적 서비스의 대부분은 노인 심리학을 전공하지 않은 심리학자들에 의해서 제공될 수도 있다(Qualls et al., 2002). 이러한 결과는 노인심리학에 대하여 보다 많은 관심을 가질 것을 강조하고 있으며, 모든 혹은 대부분의 심리학자들이 훈련 과정과 인턴 기간 중 노인을 대상으로 하는 진료 서비스를 필수적으로 경험하는 것이 필요하다는 의미가 된다. 이러한 상황에서 노인을 적절히 관리하기 위해서는 지속적인 교육이 매우 중요할 것이다. 미국심리학회(2004)의 『노인 심리치료 지침(Guidelines for Psychological Practice with Older Adults)』은 노인들에게 심리적 서비스를 할 때 필요한 점들을 제시하고 있다.

과거에는 대학원에서 학위과정을 마친 대부분의 심리학자들이 노인들을 대상으로 전문적인 치료 서비스를 제공하는 데 흥미를 보이지 않았다. 그러나 최근의 연구들은 이러한 경향이 변하고 있음을 보여 준다. 우리 기관의 연구에 의하면 심리학 박사과정에 등록되어 있는 인턴 혹은 엑스턴들의 90%가 노인에게 정신치료 서비스를 제공하는 것에 관심이 있었으며, 약 38%는 노인심리학을 전공하고 싶다고 응답하였다(Hinrichsen, 2000).

제 3 장

대인관계치료: 기원, 구조, 연구 그리고 적용

INTERPERSONAL PSYCHOTHERAPY FOR DEPRESSED OLDER ADULTS

제3장

대인관계치료: 기원, 구조, 연구 그리고 적용

INTERPERSONAL PSYCHOTHERAPY FOR DEPRESSED OLDER ADULTS

대인관계치료(IPT)의 기반은 1970년대 초에 Gerald Klerman과 Myrna Weissman에 의하여 정립되었다. Klerman은 미국 정신의학계의 주요 인물이다. 그는 하버드 의과대학, 예일 의과대학, 그리고 코넬 의과대학에서 괄목할 만한 학문적 업적을 이룬 사람이다. 그는 미국 연방정부의 알코올 및 약물 남용 대책기구와 정신보건 행정기관의 수장을 역임하였다. 그는 또한 저명한 정신약물학자이며 저명한 정신치료자였다. 그는 정신치료가 정신과 의사의 매우 중요한 역할이라고 생각하는 세대에 속한다. 그의 동료와 친구들은 그를 매우 창의적인 사람이며, 훌륭한 스승이자 멘토라고 기억한다. 그는 1992년에 사망했지만, IPT를 개발하는 데 핵심적인 역할을 했기 때문에(Cloughetty는 Klerman에게 IPT를 배우고 지도감독을 받았다),

『Comprehensive Guide to Interpersonal Psychotherapy』(Weissman, Markowitz, & Klerman, 2000)의 저자로 표시되어 있다. Klerman과 함께 IPT 개발에 가장 중요한 역할을 한 사람은 Myrna Weissman 박사다. 그는 세계적인 역학자(epidemiologist)이며 현재 컬럼비아 대학교 의과대학에서 정신의학 및 역학 교수로 재직하고 있다. Weissman 박사는 또한 임상사회사업가로서의 훈련도 받았다. Klerman 박사 사망 후 Weissman은 IPT를 다양한 장애, 다양한 대상군으로 확대하여 적용하고 있다.

Klerman과 Weissman은 우울증 환자 치료에 많은 경험을 갖고 있으며, 임상 연구에도 풍부한 경험이 있는데, 이것이 IPT를 개발하는 기반이 되었다. 이러한 재능과 경험은 현재와는 상황이 크게 달랐던 정신건강 영역에서 IPT를 탄생시키고 연구함에 있어 매우 결정적인 요소였다. 1960년대 후반에서 1970년대 초반까지는 우울증에 대한 정신약물학적 치료가 걸음마 단계에 있었다. 당시에는 장기적인 정신분석적 혹은 정신역동적 치료만이 우울증의 치료에 유용하다는 생각이 지배적이었다. 정신역동적 정신치료자들은 현재 문제의 근거가 되는 과거 선행 사건들에 초점을 맞추고 있었다. 선행 사건과 그로 인한 심리내적(intrapsychic) 결과들을 이해함으로써 지속적인 성격의 변화를 일으킬 수 있고, 이것이 우울증을 포함한 정신과적 증상을 경감시키게 된다고 믿고 있었다. 인지치료나 행동치료는 본질적으로 정신치료에 포함되지 않았으며, 단기 정신치료(time-limited psychotherapy)도 매우 드문 상태였다. 단기 정신치료는 유의미한 치료효과를 거의 볼 수 없는, 어쩔 수 없을 때에만 선택하는 치료기법에 불과했다. 그 후 정신약물학을 추종하는 전문가들과 정신치료를 추종하는 전문가들 사이에 논쟁이 격렬해졌다. 정신치료를 추종하는 사람들은 약물로 우울을 치료하는 것이 단순히 증상을 경감시키는 것에 불과하다고 주장한 반면, 정신약물학을 지지하는 사람들은 정신치료가 정말 효과가 있는지에 대해 의문을 제기하였다. 현재 관점에서 본다면, 1970년대 초에 주요우울장애의 치료에서 정신치료나 약물치료의 단기치료 효과를 광범위하게, 다각적으로 살펴본 연구가 없었다는 점을 이해하기 힘들 수 있을 것이다. 중증 우울증의 치료효과에 대한 지식은 좀 더 소규모의 연구나 임상적 관찰에 기초하여 얻어졌다.

약물치료와 심리사회적 치료의 역할에 대한 논쟁은 아직도 계속되고 있지만, 현재는 약물치료와 정신치료 모두 유용하다는 데 대부분의 정신의학자들이 동의하고 있다. 이러한 변화를 초래한 경험적 연구, 전문가적인 노력에는 Klerman과 Weissman, 그리고 그 밖의 IPT 연구가들이 주도한 연구 성과들도 포함되어 있다.

Klerman과 동료들은 IPT의 이론적 근거를 Adolf Meyer가 처음 설립하였지만 Harry Stack Sullivan(1953)의 업적을 통해 더욱 널리 알려진 대인관계학파에 두고 있다. Meyer, Sullivan과 그 밖의 대인관계학파 사람들은 심리적 문제가 발생하고 또 진행되어 가는 중심에는 대인관계의 문제가 있음을 강조하였다. 이러한 접근은 정신분석학적 접근, 즉 초기 발달단계에서의 갈등의 중심에는 생물학적인 충동과 그 충동의 지속적 영향이 있다는 주장과는 거리가 있었다. Sullivan과 대인관계학파 이론가들은 인간의 문제를 연구할 때, 정신생활에 대한 탐구에만 그치지 않고 사회학과 인류학을 그들의 작업에 포함시키려고 했으며, 인간의 정신건강에는 인간과 환경 사이의 상호작용이 더 많은 영향을 미칠 것으로 예상하였다. 대인관계학파 이론가들은 한 개인을 어린 시절에 발달된 대인관계 능력 그리고 심리내적인 장점과 단점을 갖고 생활상의 문제에서 가해지는 압력에 적극적으로 대처하는 존재로 보았다. 이러한 접근 방법과 Hans Selye(1956)의 스트레스 적응에 관한 연구는 오늘날의 대처 방식에 대한 이론, 즉 인간은 많든 적든 간에 심리적 혹은 대인관계적 자원을 지니고 생활상의 문제에 적극적으로 대처하는 존재로 보는 이론의 기초가 되었다(Lazarus & Folkman, 1984). IPT와 관련된 경험적 연구와 개념적 기초를 공부하려면 Klerman,

Weissman, Rounsaville과 Chevron(1984), Weissman 등(2000)을 참조하는 것이 좋다.

IPT 개발 이후 진행된 경험적 연구들은 우울증에서 대인관계 요소가 매우 중요함을 입증하고 있다. Hinrichsen과 한 동료(Hinsichsen & Emery, 2005)는 이 영역에서 최근의 연구 결과들을 검토하였는데, 다음은 혼합된 연령 집단에서 대인관계 요소와 우울의 상관관계에 대한 결론을 요약한 것이다. (a) 잘 구조화된 연구 결과들은 생활 스트레스가 우울증의 위험성을 높이는 것과 관련되어 있음을 보여 준다(Mazure, 1998). 대인관계상의 문제들(즉, 협소한 사회적 네트워크, 친밀한 관계의 부재, 사회적 관계에서 스스로 부적합하다는 지각 등)은 우울 증상과 관련이 있었다(Kawachi & Berkman, 2001). (b) 우울은 사회적 기능을 저하시키고(Judd & Akiskal, 2000), 사회적 관계를 손상시킨다(Coryell, 1993). 그러나 사회적 기능 및 대인관계 기능은 우울이 개선되면 다시 회복된다(Hirschfeld et al., 2000; Judd et al., 2000). (c) 우울을 포함하여 정신과적 문제를 갖고 있는 사람들은 결혼과 가족 기능에 손상을 초래한다(Friedmann et al., 1997). (d) 우울증 환자들은 의미 있는 사람들과의 대인관계 양식에서 많은 문제점이 관찰된다. 이 책 2장에서 언급한 바와 같이, Coyne(1976)은 우울증 환자들이 의미 있는 대상과의 관계에서 점점 더 부정적 상태로 빠져드는 악순환적 대인관계를 형성하게 된다는 모델을 제시하였으며 많은 후속 연구들이 이 모델을 지지하고 있다(Gotlib & Beach, 1995). 또한 우울의 전염성—즉, 우울한 사람과 같이 살고 있는 사람도 따라서 우울해질 가능성이 높다—도 널리 지지받고 있다(Joiner, 2000). (e) 우울 삽화의 경과에는 대인관계 요소가 영향을 미친다. 우울 삽화 중 생활상의 스트레스가 발현되거나, 문제가 많은 결혼생활 혹은 부정적 가족관계는 우울증의 예후를 나쁘게 한다(Keitner & Miller, 1990; Mazure, 1998). 또한 정서적 표현에 관한 연구에서는, 가족 구성원이 정신과적으로 문제가 있는 사람에게 비판적인 언급을 많이 할수록 예후가 나쁜 것으로 나타나고 있다(Butzlaff & Hooley, 1998). 예를 들어, Hooley와 동료들(Hooley, Orley, & Teasdale, 1986)은 우울증으로 치료받고 있는 환자들 중 '감정 표현을 과격하게 하는' 배우자(즉, 비판적인 말을 많이 하는 배우자)와 함께 살고 있는 환자들은 9개월 내에 다시 재발하는 것을 발견하였다. 반면에 '감정 표현을 부드럽게 하는' 가족들(즉, 비판적인 말을 거의 하지 않는 가족들)과 함께 사는 환자는 거의 재발하지 않았다.

요약하면, 여러 이론과 증거들은 우울증의 원인과 경과를 이해하는 데 대인관계 요소가 매우 중요함을 시사하고 있다. 생활 사건, 특히 대인관계와 관련된 사건들이 우울증의 선행 요인이 된다. 지지적인 사회적 관계는 힘든 생활 사건에 부딪혔을 때, 우울증으로부터 보호해 주는 역할을 하는 것 같다. 한 개인이 우울해지면, 우울 증상은 관계를 손상시키는 작용을 한다. 역설적으로 이러한 손상된 관계는 우울로부터 회복되는 과정을 지연시키고 또 다른 우울 삽화를 재발시킬 위험성을 증가시키게 된다.

구 조

정신치료를 대상으로 하는 임상 연구에서는 치료 과정을 매뉴얼화하는 것이 필수적인 일이다. 즉, 정신치료의 목표, 구조, 기법을 명확하고 구체적으로 제시해야 한다. 주어진 매뉴얼에 따라, 치료자는 그 영역의 전문가로부터 정신치료를 실시하는 방식을 훈련받게 된다. 치료자가 매뉴얼에 따라 충실하게 치료하고 있는지를 모니터링함으로써, 의도했던 정신치료를 제대로 수행하고 있는지를 평가하게 된다. 연구 평가자들은 연구에서 치료자들이 동일한 방식으로 해당 정신치료 양식을 실시하였는지를 확인하려고 한다. 임상 연구에서 해당 치료 양식이 정말 효과적인 것으로 드러나면, 임상 상황에서 이 치료 방식을 사용하고자 하는 사람들은 매뉴얼을 통해 치료를 어떻게 실시하는지 공부할 수 있을 것이다. Klerman과 Weissman은 1970년대 초 IPT를 개발할 때부터 이 점을 염두에 두고 연구를 진행하였다. 초기 연구가 발표된 후, IPT는 미국국립정신보건원(National Institute of Mental Health)의 우울증 치료 합동연구 프로그램에서, 약물치료와 정신치료를 대상으로 하는 첫 번째 다기관 연구에서 정신치료 기법 중 하나로 채택되었다(Elkin et al., 1989). 우울증에 대한 이 기념비적인 임상 연구에서, IPT는 이것을 개발한 센터뿐 아니라 다른 지역에 있는 센터에서도 동일한 방식으로 실시되어야만 했다.

이를 위해 IPT 매뉴얼인 『Interpersonal Psychotherapy of Depression』(Klerman et al., 1984)이 출판되었다. 이 책은 IPT를 어떻게 실시하는지를 쉽고, 친절하게 기술하고 있으며, 임상적인 사례도 포함하고 있다. 2000년에는 다시 『Comprehensive Guide to Interpersonal Psychotherapy』(Weissman et al., 2000)가 출판되었으며, 여기에서는 IPT가 적용되었던 우울증 및 다른 임상 조건과 임상 집단에서의 IPT 연구를 요약해서 제시하고 있다.

이 책의 뒷부분에서는 Kleremen과 Weissman이 처음 개발한 IPT에 대해 기술할 것이다. 노인들에게 정신치료를 적용할 때 고려해야 할 일반적 원칙은 노인을 대상으로 IPT를 실시할 때 함께 다룰 예정이며(Knight, 2004 참조), 이를 통하여 독자는 노인에게 일반적으로 나타나는 생활상의 문제를 IPT의 틀 내에서 이해하는 방식을 배우게 될 것이다. 이 책의 임상 사례에서는 노인에게 IPT를 할 때 필요한 노인학 지식을 같이 설명해 줄 것이다. 노인에게 IPT를 쉽게 적용할 수 있다는 사실은 이 치료기법이 매우 융통성 있는 기법임을 시사하는 것이다. 앞서 언급한 바와 같이, IPT를 실시하려면 『Comprehensive Guide to Interpersonal Psychotherapy』(Weissman et al., 2000)를 꼭 읽어야 한다. 이 장에서는 『Comprehensive Guide to Interpersonal Psychotherapy』(Weissman et al., 2000)에서 제시된 내용을 개략적으로 요약하여 설명한다.

IPT는 세 단계의 치료, 즉 치료 초기, 치료 중기, 치료 종결로 구성되어 있다. 치료 중기에서 치료는 네 가지 문제 영역 중 한두 개에 초점을 맞추게 된다. 즉, 애도(grief, 비정상적인 이별에 의한), 대인관계에서의 역할 갈등(의미 있는 다른 사람과의 관계에서의 어려움), 역할 전환(중요한 생활 변화), 대인관계 결핍(관계를 형성하고 유지하는 데 있어서의 어려움)이다. 우울증에 대한 단기 치료에서는 매주 1회씩 16회를 진행하는 것을 기본으로 하고 있다. 또 다른 연구에서는 우울증 치료 단계에서 주 1회씩 IPT를 실시한 후, 회복된 후에는 빈도를 낮춰 IPT를 실시하는 것이(한 달에 한 번 정도) 재발과 다음 번 우울 삽화의 출현을 감소시킬 수 있는지 여부를 검증하였다.

IPT에서는 임상적 우울이 세 가지 요소로 구성되어 있다고 본다. 증상, 사회적 관계 및 대인관계, 그리고 성격과 특성적인 문제들이다. IPT는 치료적 개입 시 처음 두 가지 요소에 초점을 맞춘다. 즉, IPT의 첫 번째 목표는 우울 증상을 유의미하게 감소시키는 것이고, 다음으로 우울의 결과이거나 우울의 발현과 연관되어 있는 것으로 보이는 사회적 관계 혹은 대인관계에서의 문제를 개선시키는 것이다. 사람들이 의사소통을 하는 방식이나 분노, 죄책감, 자존감 등에 대한 다양한 경향성은 지속적인 특성으로서 흔히 성격이라고 부른다. 이러한 성격상의 문제는 우울증의 발병에 영향을 주는 것으로 알려져 있다. 하지만 IPT는 이러한 성격이나 특성을 변화시키려고 하지는 않는다. 우울 삽화 중에는 비생산적이고 지속적인 성격 특성으로 보였던 것들이 사실은 우울증의 일부이며, 우울 삽화가 해소된 후에는 더 이상 나타나지 않는 경우가 많다는 인식이 점점 확산되고 있다. 성격과 관련한 지속적인 문제를 갖고 있는 환자의 경우, IPT를 통해 사회적 기술을 습득함으로써 다른 사람과 관계 맺는 능력을 향상시킬 수 있을 것이다.

IPT에서 중요한 부분은 우울증을 의학적 질병이나 임상적 장애로 규정하는 것이다. 환자의 증상 집합체를 이렇게 규정함으로써, 환자가 그동안 왜 사회적 역할을 하기 힘들었고 사회적 관계에서 어려움을 겪었는지를 이해할 수 있는 틀을 제공하고, 이러한 이해를 통하여 자기비난을 감소시킬 수 있게 된다. 병이라는 틀 속에서, 환자는 우울증에 대한 추가적인 교육을 받고, 증상의 변화 및 대인관계를 모니터링하며, 증상의 호전을 평가하는 방법을 배우게 된다.

대부분의 정신치료들은 일반적 혹은 공통적 요소들을 공유하고 있다(Horvath, 1988). 정신치료에서의 학파 간 차이는 현재 진행 중인 문제의 원인을 어떻게 개념화하는가, 그리고 치료적 변화를 일으키기 위해서 어떤 치료기법을 사용하는가에 따라 달라지게 된다. 정신치료 기법으로서 IPT는 다음과 같은 특징들을 갖고 있다(Weissman et al., 2000).

IPT는 (a) 시간 제한이 없는 다른 정신치료들에 비하여 제한된 시간 내에 끝내는 치료이고, (b) 광범위한 문제보다는 하나 혹은 두 가지 문제 영역에 초점을 맞추며, (c) 오래된 과거의 관계보다는 현재의 관계에 집중하고, (d) 심리내적 문제보다는 대인관계상의 문제를 다룬다. (e) 또한 인지행동치료처럼 인지나 행동을 변화시키려고 하는 것이 아니라, 개인에게 문제가 되는 대인관계 이슈에서 환자의 대처 방식을 변화시키는 것이 치료의 목표가 된다. IPT에서도 성격이 치료를 해 나가는 데 있어 중요한 요소이긴 하지만 치료의 일차적 초점은 아니다.

대인관계치료의 개요

IPT의 기본적인 구조는 〈표 3-1〉에 제시되어 있다. 대인관계치료의 개요에는 각 치료 단계에서 다루어야 하는 이슈들을 열거하고 있으며, 문제 영역별로 목표와 전략을 적어 놓았고, IPT에서 사용하는 특수한 치료기법들이 제시되어 있다. 우리는 IPT를 시행하는 치료자들이 대부분 정신치료를 해 본 경험이 있는 사람들이라고 가정하고 있으며, 이러한 경험들은 IPT 시행에 응용될 것이다. 이 장에서는 IPT의 전반적인 개요를 다룰 것이다. 그런 다음 개요에서 언급한 각 부분들을 다음 장에서 세부적으로 다룰 것이며, 노인에게 IPT를 적용할 때 고려해야 할 요소들도 함께 다룰 것이다.

초기 단계(1~3주째)에서, 치료자는 환자의 우울 증상을 검토하고, DSM의 주요우울장애 진단 기준에 부합하는지를 살펴보아야 한다. 우울 증상 평정 척도는 우울의 심각도를 양적으로 제시해 줄 것이다. 치료자는 그 후 환자에게 우울증에 대하여 교육해 주고, 이것이 의학적인 질병임을 알려 주며, 약물 복용을 포함하여 우울증을 치료할 수 있는 모든 방법을 알려 준다. 주요우울장애는 기능의 손상을 초래할 수 있으므로, 얼마 동안은 책임을 져야 할 일들을 줄여 나가는 것이 도움이 될 것이라는 충고를 해 준다. Klerman과 Weissman은 이를 "환자에게 환자 역할을 할 수 있게 해 주는 것"이라고 표현했다. 임상가는 현재와 과거에 관련된 사람들과의 관계에 대한 설문지(대인관계설문지, interpersonal inventory)를 환자와 함께 검토함으로써, 대인관계에 문제가 있는지, 현재의 우울증 삽화가 발생하는 데 대인관계에서의 촉발 요인이 있었는지, 삽화 후 대인관계에 문제가 생겼는지 등을 탐색한다. 그리고 이에 기초하여, 치료의 초점이 될 수 있는 대인관계 문제 한두 가지를 확정하게 된다. 세 번째 주는 치료 초기의 마지막 회기로서 치료자가 이해하고 있는 환자의 문제, 앞으로의 치료에서 중점을 두게 될 치료 목표, IPT의 구조 등을 환자에게 요약해 준다.

〈표 3-1〉 주요우울장애에 대한 대인관계치료의 개요

I. 치료 초기
- A. 우울증 다루기
  1. 우울 증상에 대해 검토하기
  2. 증상 진단하기
  3. 우울증을 의학적 질병으로 설명하기: 치료에 대하여 설명하기
  4. 환자에게 '환자 역할' 부여하기
  5. 약물치료의 필요성에 대하여 평가하기
- B. 우울증과 대인관계 상황을 연결시키기
  1. 현재의 우울 증상과 관련하여 현재와 과거의 대인관계를 검토하기. 다음 사항들을 평가하기
     - a. 중요한 대상과 상호작용하는 방식
     - b. 환자와 중요한 대상 서로 간의 기대, 그리고 이 기대들이 충족되는지 여부
     - c. 관계에서 만족하는 면, 불만족스러운 면
     - d. 관계에서 변화되기를 바라는 점
- C. 주요 문제 영역을 확인하기
  1. 현재 우울증과 관련된 문제 영역을 결정하고 치료 목표를 설정하기
  2. 대인관계에서 어떤 관계나 어떤 측면이 우울증과 관련되어 있는지를 결정하고 어떤 변화가 가능한지를 결정하기
- D. IPT 개념을 설명하고 계약 맺기
  1. 치료자가 이해하는 환자의 문제를 개괄적으로 기술하기
  2. 치료 목표에 동의를 구하고, 어떤 문제에 초점을 맞출지 결정하기
  3. IPT 절차를 설명하기: '여기 그리고 지금'에 초점을 맞추기, 환자가 가장 우려하는 문제를 다루기, 현재 대인관계 문제를 검토하기, 치료의 실제적인 면을 검토하기-치료 기간, 치료 횟수, 시간, 치료비, 빼먹는 시간에 대한 처리원칙

II. 치료 중기-문제 영역
- A. 애도
  1. 목표
     - a. 애도 과정을 촉진시키기
     - b. 상실한 사람을 대치할 수 있는 새로운 관계를 맺고, 흥미를 다시 찾을 수 있도록 돕기
  2. 전략
     - a. 우울 증상에 대해 검토하기

b. 증상의 발현과 의미 있는 대상의 죽음을 연관시키기
c. 죽은 사람과 환자의 관계를 재구성하기
d. 고인의 사망을 전후해서 벌어진 사건들의 순서와 결과를 기술하기
e. 관련된 감정을 탐색하기(긍정적인 감정뿐 아니라 부정적인 감정도)
f. 다른 사람과 관계를 맺을 수 있는 가능한 방법들을 고려해 보기

B. 대인관계에서의 역할 갈등
1. 목표
a. 갈등 확인
b. 행동 계획 수립
c. 좀 더 만족스러운 해결을 할 수 있도록 잘못된 의사소통 방식이나 기대를 수정하기
2. 전략
a. 우울 증상에 대해 검토하기
b. 환자가 현재 관계를 맺고 있는 중요한 사람들과의 사이에서 드러나거나 드러나지 않는 대인관계상의 갈등을 우울 증상의 발병과 연관시키기
c. 갈등의 단계를 판정하기
i. 재협상(문제를 해결하기 위하여 일단 진정시키기)
ii. 난국(협상을 재개하기 위하여 갈등을 증폭시키기)
iii. 해소(슬픔을 견뎌 내도록 도와주기)
d. 서로에 대한 일방적인 기대가 어떻게 갈등을 일으키게 되었는지를 이해하기
i. 갈등의 주제는 무엇인가?
ii. 기대와 가치관에 있어서 차이는 무엇인가?
iii. 대안은 있는가?
iv. 대안을 찾을 수 있는 가능성은 있는가?
v. 관계에 변화를 가져올 수 있는 자원은 무엇인가?
e. 이러한 대인관계상의 갈등이 다른 사람들과의 관계에서도 나타나는가?
i. 환자가 얻을 수 있는 이득은 무엇인가?
ii. 환자의 행동 뒤에 깔려 있는 표현되지 않은 감정은 무엇인가?
f. 이러한 대인관계상의 갈등이 어떻게 유지되고 있는가?

C. 역할 전환
1. 목표
a. 이전 역할의 상실에 대해 애도하고 수용하기
b. 새로운 역할을 좀 더 긍정적으로 수용할 수 있도록 돕기

c. 새로운 역할에서 요구되는 과제들을 잘 수행할 수 있게 함으로써 환자가 자신감을 회복할 수 있도록 하기

2. 전략

a. 우울 증상에 대해 검토하기

b. 우울 증상과 최근 생활 변화로 인한 어려움을 연결시키기

c. 이전의 역할과 새로운 역할의 긍정적인 측면과 부정적인 측면을 검토하기

d. 상실에 대한 느낌을 탐색하기

e. 변화 자체에 대한 느낌을 탐색하기

f. 새 역할이 줄 수 있는 여러 가지 기회에 대해 탐색하기

g. 상실에 대해 현실적으로 평가할 수 있도록 돕기

h. 감정을 적절히 표현할 수 있도록 격려하기

i. 사회적 지지망을 확립하고 새로운 역할 수행에 필요한 기술을 습득할 수 있도록 격려하기

D. 대인관계 결핍

1. 목표

a. 환자의 사회적 고립을 감소시키기

b. 새로운 관계를 만드는 것을 격려하기

2. 전략

a. 우울 증상에 대해 검토하기

b. 사회적 고립 혹은 충족되지 않은 느낌의 문제와 우울 증상을 관련시키기

c. 과거 의미 있던 사람과의 관계에서 긍정적인 면과 부정적인 면을 검토하기

d. 관계에서 반복적인 면이 있는지를 탐색하기

e. 치료자에 대한 환자의 긍정적인 감정과 부정적인 감정을 다루어 보고 이것이 다른 사람들과의 관계에서도 나타나는지를 검토하기

Ⅲ. 치료 종결

A. 종결에 대해 분명히 논의하기

B. 치료 종결이 슬픔이라는 것을 인정하기

C. 환자가 독립적인 자신감을 갖도록 도와주기

D. 무반응을 다루기

E. 지속/유지 치료

Ⅳ. 특별한 기법들

A. 탐색

B. 감정 격려

C. 명료화
D. 의사소통 분석
E. 치료적 관계의 이용
F. 행동 변화 기법
G. 부수적인 기법들

V. 치료자의 역할
A. 환자를 지지하며 중립적이지 않음
B. 적극적 태도를 유지하고 수동적이지 않음
C. 치료적 관계를 전이로 해석하지 않음
D. 치료적 관계는 우정 관계가 아님을 인식함

참조: M. M. Weissman, J. C. Markowitz, & G. L. Klerman(2000). *Comprehensive Guide to Interpersonal Psychotherapy* (pp. 22-25). New York: Basic Books. Copyright 2000 by Basic Books. Reprinted with permission.

치료 중기(4~13주)에 치료자는 대인관계의 문제 영역에 연계된 목표와 전략 내에서 IPT 치료 과정 전체에 걸쳐 적용할 수 있는 치료기법들을 활용하여 치료를 수행한다. 앞서 언급한 바와 같이, 네 가지 영역, 즉 애도, 대인관계에서의 역할 갈등, 역할 전환, 대인관계 결핍이 여기에 포함된다. 애도 반응을 보이고 있는 환자의 치료 목표는 애도 반응을 촉진시키며, 상실을 보완할 수 있도록 다른 사람과 관계를 맺고 흥미를 갖도록 하는 것이다. 이러한 목표를 달성하기 위해서는, 우울 증상이 상실에 뒤이어 나타났음을 첫 회기부터 지적하고 상실한 대상과 맺었던 긍정적인 감정과 부정적인 감정 모두를 재구성해 주어야 하며, 죽은 사람의 죽음과 연관된 사건들을 살펴보고, 부정적이거나 긍정적인 감정을 촉진시켜 주고, 새롭고 흥미로운 활동이나 다른 사람들과의 새로운 관계를 형성할 수 있는 실질적인 방법을 명시해 주어야 한다.

대인관계에서의 역할 갈등의 치료 목표는, 역할 갈등을 명료화하고, 이와 관련된 문제들을 살펴보며, 역할 갈등을 해소할 수 있도록 관계에서 기대하는 바나 대인관계 행동을 수정하는 것이다. 역할 갈등의 단계와 우울과 역할 갈등 사이의 관련성을 지적하는 전략을 계속해야 한다. 역할 갈등의 단계를 이해함으로써, 치료자는 환자가 상황을 정확히 알도록 도와야 하며, 이 문제와 깊이 관련된 주제가 무엇이고, 대안이나 다른 선택의 여지가 있는지, 가용한 자원이 있는지를 살펴보아야 한다. 다른 관계에서도 동일하게 나타나는 문제를 찾아보고 현재 갈등이 유지되는 방식과 함께 그러한 갈등을 유지시키는 이득 및 가설을 알아볼 수도 있을 것이다.

세 번째 문제 영역인 역할 전환을 IPT에서는 중요한 삶의 변화(major life change)라고 한다. 이 영역에서의 목표는 과거 역할의 상실을 견뎌 내고, 새로운 역할에 숙달되게 함으로써 환자의 자존감을 회복시키는 것이다. 다른 문제들과 마찬가지로, 우울 증상과 치료자가 강조하고 있는 문제와의 관련성을 강조하며, 상실된 역할에서의 긍정적인 면과 부정적인 면, 그리고 이에 관련된 감정을 검토한다. 환자로 하여금 자신이 상실한 것에 대해 현실적인 인식을 할 수 있도록 도와주고, 이와 동시에 새로운 역할에 수반되는 기회를 잡을 수 있도록, 또한 새로운 역할에 필요한 기술과 사회적 지지를 개발할 수 있도록 용기를 북돋아 주어야 한다. 이러한 단계를 밟아 가면서, 치료자는 연관되어 있는 감정들을 환자가 표현할 수 있도록 촉진시켜 주어야 한다.

대인관계가 부족한 사람은 다른 사람들과 일상적인 관계를 맺거나 그 관계를 지속적으로 유지해 나가는 기술이 부족하기 때문에 우울 증상을 겪게 된다. 이 문제 영역에서의 목표는 사회적 고립을 감소시키는 것이고, 새로운 관계를 형성하는 것이다. 다른 문제 영역과 마찬가지로, 치료자는 우울 증상을 살펴보고, 우울 증상과 문제 영역과의 관련성을 검토하게 된다. 임상가는 과거의 중요한 관계에서 긍정적인 면과 부정적인 면을 탐색하고 거기에 반복되는 양상이 있는지를 환자와 함께 검토해 나가게 된다. 앞서 언급한 다른 세 가지 문제 영역과는 대조적으로, 이 영역에서는 환자가 치료자에 대하여 느끼는 감정을 적극적으로 다루어 주고, 치료적 관계와 다른 관계들 사이에 유사점을 끌어내야 한다. 이러한 자료는 환자가 진료실 밖에서도 사회적 기술을 향상시킬 수 있도록 도와주는 데 유용하게 쓰일 수 있다.

IPT를 진행하는 과정에서 앞으로 몇 번의 회기가 더 남았는지를 가끔씩 환자에게 알려 줄 필요가 있다. 세 번째 단계인 종결 단계에서 치료자는 치료 종결에 대하여 분명히 알려 주고 이를 다루어 주어야 한다. 특히 환자가 종결과 관련된 감정을 표현하도록 격려해야 한다. 치료 종결 시 환자는 상실감과 슬픔을 느끼기도 하는데, 이는 정상적인 과정이므로 우울증이 다시 재발된 것으로 혼동해서는 안 된다는 것도 교육시켜야 한다. 또한 환자가 경험하게 될 행복감이나 흥분감도 표현하도록 격려해야 한다. 치료자는 치료 과정과 환자가 그동안 해 왔던 적극적인 역할에 대해 요약해 주고, 앞으로 닥칠 수 있는 문제들을 설명해 주며, 환자가 그러한 문제들을 어떻게 성공적으로 대처해 나갈 수 있는지를 알려 준다.

치료의 각 단계에서는 다양한 치료기법이 사용될 수 있으며 특정 문제 영역에서는 특정 기법이 더 많이 사용된다. 이런 기법들은 대부분 다른 정신치료에서도 사용되는 것이며 IPT에만 특수한 것은 아니다. 치료기법들은 해당 문제에서 기술된 목표와 전략을 수행해 가는 과정에 주로 사용되지만, 어떤 기법은 IPT의 초기 단계와 종결 단계에 사용되기도 한다.

탐색(exploration)은 비지시적인 기법으로, 이를 통하여 치료자는 환자가 말하고 있는 내용을 지지해 주고, 그 문제에 대하여 좀 더 다루도록 격려하거나 조용히 경청하기도 한다. 치료자는 환자가 제공하는 정보를 분명히 하기 위하여 질문을 할 수 있으며, 치료적 가정에 증거를 제공해 줄 수 있는 주제를 추적하기도 한다.

감정 격려(encouragement of affect)는 환자가 자기 자신을 좀 더 잘 이해할 수 있도록 하기 위하여 감정을 표현하고 관리할 수 있게 도와주는 일련의 기법들이다.

명료화(Clarification) 기법은 단기적으로는 환자로 하여금 자신이 이야기하는 것이 무엇인지를 알 수 있게 하는 것이고, 장기적으로는 치료의 초점이 되는 문제와 관련된 정보를 환자로부터 끌어내는 것이다.

의사소통 분석(communication analysis)은 의미 있는 대상과의 의사소통을 좀 더 잘할 수 있도록 돕는 것이다. 이 기법은 환자로 하여금 간접적이고 모호한 방식이 아닌 직접적이고 분명한 방식으로 의사소통을 할 수 있도록 해 준다. 즉, 자신이 잘못 지각되고 잘못 받아들여지고 있다고 환자가 느낀다면 그것은 다른 사람과의 의사소통이 분명하게 이루어지지 못했음을 의미한다는 점을 지적해 주는 것이다.

치료적 관계의 이용(use of the therapeutic relationship)은 치료나 치료자에 대한 환자의 감정을 대인관계 문제 영역과 관련된 주제를 다루는 데 활용하는 것이다. 치료자는 이 기법을 전이를 해석하기 위한(즉, 발달 초기의 일차적 대상과의 역동적 관계를 다시 재현하는) 기법으로 사용하는 것이 아니라, 환자-치료자 간의 문제가 현재 존재하는 대인관계 문제와 대응하는 것임을 지적하기 위한 수단으로 사용해야 한다. 이러한 기법은 치료자 외에는 대인관계가 거의 없는, 즉 대인관계 결핍을 보이는 환자에게 특히 중요하다.

행동 변화 기법(behavior change technique)에는 지시적 기법(directive technique), 의사결정 분석(decision analysis), 역할 연기(role playing) 등 세 가지가 있다. 지시적 기법은 대인관계에서 구체적이고 실제적인 어려움을 보이는 환자에게 교육이나 모델링 등 직접적인 도움을 주는 것이다. 그러나 IPT가 가장 강조하는 것은 환자의 독립적인 기능이므로 이 기법을 사용할 때는 주의가 필요하다. 의사결정 분석은 환자의 문제를 구성하고 있는 요소들을 살펴보고, 대안들을 도출하며, 각 대안들의 장점과 단점을 분석해 보는 것이다. 역할 연기는 환자가, 혹은 환자와 치료자가, 의미 있는 대상과의 상호작용을 미리 연습해 보는 것이다. 역할 연기는 환자의 감정과 행동을 명료화하는 수단이 될 수 있으며(다른 사람의 입장에서 더 잘 이해할 수 있을 뿐 아니라), 의미 있는 대상과의 예상 가능한 토론을 연습하는 수단이 되기도 한다.

부수적인 기법들(adjunctive techniques)은 치료 초기에서 환자와 IPT 치료 계약을 맺는 것(환자의 우울을 치료자가 이해하고 있음을 전달하는 것을 포함하여), 정신치료적 개입으로써 IPT의 한계를 설명하고, 치료 빈도, 시간, 기간 등 치료의 실질적인 면을 분명히 하는 것 등을 포함한다.

IPT는 환자와의 관계에서 치료자 역할의 기본적인 요소를 규정하고 있다. 이는 IPT를 수행할 때 치료자가 가져야 하는 일반적인 태도를 반영한다. (a) 치료자는 환자의 옹호자다. (b) 치료자는 적극적이며 수동적이지 않다. 치료자는 적극적인 역할과 치료 회기 내에서의 최소한의 구조화나 지침 사이에 균형을 맞춰야 한다. 치료자는 설정되어 있는 치료 목표를 항상 인식하고 있어야 하며, 관련된 주제에 초점을 맞춰 다루어 나가야 한다. (c) 치료적 관계는 전이로 해석되어서는 안 된다. 그러나 치료에서 어떤 경우, 예컨대 대인관계 양상에서 분명한 문제가 드러나는 경우, 부적응적인 행동의 이해를 촉진하기 위하여, 이 점을 환자와 공유할 수 있다. 하지만 이러한 기법은 IPT에서는 최소한으로 사용된다. 치료자의 행동이 치료 진행에 방해가 될 것에 대하여 환자가 우려한다면, 환자가 이 점을 논의할 수 있게 격려해 주어야 한다. (d) 치료자는 친구가 아니다. 치료자는 개인적 정보를 공유하는 데 있어서 합리적인 경계를 설정해야 하며, 환자와 사회적 혹은 사업적 관계를 맺어서는 안 된다.

대인관계치료의 연구

IPT가 다양한 정신장애를 치료하는 데 유용함을 검증한 연구들은 많다.

여기서 우리는 간략하게 우울증의 단기 치료에 관한 IPT의 핵심적 연구를 살펴볼 것이고, 또 우울의 재발을 막는 데 있어 IPT의 유용성에 대하여 살펴볼 것이다. 좀 더 자세한 자료는 『Comprehensive Guide to Interpersonal Psychotherapy』(Weissman et al., 2000)에서 찾을 수 있을 것이다. 노년기 우울증 치료에 대한 IPT 연구는 이 책 4장에 기록되어 있다. 우울증에 대한 단기 치료 연구는 치료가 우울 증상을 유의미하게 감소시키는 데 유용하였는지(준거에 따라 증상의 심각도가 50% 감소한 경우), 혹은 환자가 특정 기간 동안 더 이상 우울장애 준거에 맞지 않게 되었는지(좀 더 엄격한 준거)를 통해 검증한다. 추적조사에서는 대개 다음과 같은 질문을 한다. "단기 치료에 반응했던 피험자들 중에서, 차후에도 우울 증상이 나타날 가능성을 감소시킨 것은 어떤 치료인가?" 가장 신뢰할 만한 임상 연구는 피험자를 특정 준거에 맞춰 진단한 후 무선적으로 치료에 분배한 연구로서 여기에는 치료를 전혀 받지 않거나 최소한의 치료만 받는 통제 집단이 포함되어 있어야 한다.

우울증의 단기 치료 연구

개인치료, 단기 치료로 우울증을 치료한 두 개의 통제된 IPT 연구가 발표되었다. 첫 번째 연구는 Boston-New Haven Collaborative Study of the Treatment of Acute Depression(DiMascio et al., 1979; Weissman et al., 1979)이다. 이 연구는 주요우울장애를 갖고 있는 성인 외래 환자를 대상으로 한 16주 연구다. 환자는 네 가지 조건 중 하나에 할당되었다. 매주 IPT를 하는 집단, 항우울제(그 당시 흔하게 처방된 삼환계 항우울제인 amitriptyline) 투여 집단, IPT와 항우울제를 복합 사용한 집단, 그리고 통제 집단이다. IPT와 항우울제를 처방받은 집단은 모두 통제 집단에 비하여 우울증이 호전되었다. IPT와 항우울제를 복합 사용한 집단은 단독 사용한 두 집단보다 더 좋은 결과를 나타내었다. 일 년 후, 연구자는 연구 참여자들을 다시 평가했는데, IPT를 받은 집단(단독이든 약물과 병합해서든)이 약물만 처방받은 집단이나 위약을 사용한 집단보다 사회적으로 잘 기능하고 있음을 발견하였다(Weissman, Klerman, Prusoff, Sholomskas, & Padian, 1981).

급성 우울증 치료에서 IPT의 효율성을 연구한 두 번째 논문은 NIMH Treatment of Depression Collaborative Research Study(Elkin et al., 1989)다. 약물치료와 정신치료의 효율성에 대한 이 기념비적인 연구는 전국에 걸친 연구 사이트에서 시행되었으며 다수의 단극성, 비정신증적 우울증 성인을 대상으로 하고 있다. 피험자는 16주 동안 다음의 연구 치료 조건 중 하나에 무선적으로 할당되었다: CBT, IPT, 항우울제(imipramine), 위약. 초기 분석에서는 치료 조건 간에 어떤 차이도 발견되지 않았다. 가장 심한 우울증 환자의 경우에는, IPT와 항우울제를 병행한 경우가 위약 집단보다 유의미하게 효과가 있었다. 그러나 초기에 회복된 사람들의 재발률이 매우 높았다(30~50%). 이와 같이 높은 재발률은 초기 치료 후에 재발률을 낮추기 위한 지속적인 치료가 필요한 것이 아닌가 하는 우려를 갖게 한다. 하지만 이 연구가 발표된 지 수년 후 원 자료를 다시 분석한 결과, 다소 다른 해석을 하게 되었다(Klein & Ross, 1993).

우울증의 지속치료 및 유지치료 연구

이 연구 및 다른 연구들은 우울의 초기 삽화 시 성공적으로 치료된 사람들이 차후에 또 다른 우울 삽화를 경험하게 되는 것이 문제임을 지적하였다. 재발(relapse)과 관해(remission)라는 단어는 연구자에 따라 다른 방식으로 사용되고 있다. 연구자들은 주로 피츠버그 대학 연구팀에서 개발한 정의를 사용한다. 즉, 우울증이 유의미하게 호전된 후, 지속치료는 재발을 방지하는 데 제공된다는 것이다. 재발은 단기 치료를 통해 증상이 경감된 후 수개월 내에 우울 증상이 유의미하게 악화되는 것을 말한다. 유지치료는 지속적인 호전 후에 제공되는 임상적인 서비스로, 이 치료의 목표는 재발률(즉, 우울의 새로운 삽화)을 낮추는 것이다. 이러한 정의가 다소 인위적인 면이 있으나, 연구자나 임상가 모두에게 우울증이 단기간에 혹은 장기간의 시간을 두고 다시 나타나는 것을 개념화하는 방식으로는 유용하다.

우울증의 단기 치료 후 재발을 연구한 첫 번째 논문은 앞서 언급한 Boston-New Haven Collaborative Study(Klerman, DiMascio, Weissman, Prusoff, & Paykel, 1974)다. 이 연구에서의 대상은 여성 외래 환자로, 대부분 주요우울장애를 가지고 있었으며 항우울제(amitriptyline)로 효과적으로 치료되었다. 이들을 무선적으로 (a) 높은 수준의 대인관계 접촉(high interpersonal contact)이라고 불리는, 초기 IPT 치료방식에 따라 일주일에 한 번씩 1시간 치료받는 집단과 (b) 낮은 수준의 대인관계 접촉(low interpersonal contact)이라고 불리는, 초기 IPT 치료방식에 따라 일주일에 한 번씩 15분간 치료받는 집단에 할당하였다. 이 두 집단의 구성원들은 다시 무선적으로 항우울제 투약 집단, 위약 투여 집단, 그리고 약 없는 집단에 할당되었다. 그 결과, 항우울제 투약 집단이 가장 좋은 임상적 결과를 나타내었다. 그러나 연구 후반부에서의 사회적 기능은 높은 수준의 대인관계 접촉을 한 IPT 집단에서 가장 많이 향상되었다. 따라서 연구자들은 IPT와 약물치료를 병행하는 것이 재발을 막고, 사회적 기능을 향상시키는 데 가장 효과적이라고 결론지었다.

우울증의 지속/유지치료에 대한 또 다른 중요한 연구는 피츠버그 대학의 Ellen Frank와 동료들에 의하여 수행되었다(Frank et al., 1990; Kupfer et al., 1992). 재발성 우울증을 앓고 있는 성인 피험자들은 먼저 우울증이 지속적으로 호전될 때까지 매주 IPT 치료를 받고 항우울제(imipramine)를 복용하는 복합 치료를 받았다. 그 후 피험자들은 다음 5가지 연구 집단 중 하나에 무선적으로 할당되었다. (a) 유지 IPT(IPT-M; IPT는 매주 1회에서 매달

1회로 점점 빈도를 줄여 가게 됨)라고 불리는 치료 빈도가 낮은 형태의 IPT, (b) 위약과 함께 제공하는 IPT-M, (c) 항우울제(imipramine)와 함께 제공하는 IPT-M, (d) 항우울제(imipramine) 단독 투여, (e) 위약 단독 투여. 항우울제 및 위약 단독 투여 집단은 지속적으로 임상 진료를 받았다. 결과를 보면 위약만 투여받은 집단이 가장 높은 재발률(65%)을 보인 반면, 항우울제(imipramine)와 함께 IPT-M을 제공받은 집단이 가장 낮은 재발률(8%)을 보였다. 항우울제만 받거나 IPT-M만 받은 집단은 위약 집단보다 더 오랜 기간 재발하지 않았으나, 항우울제 집단이 IPT-M 집단보다 좀 더 강력한 효과가 있었다. 이 연구에서 흥미로운 또 한 가지 발견은 특화된 IPT를 받은—즉, 치료 목표에 가장 부합되는 치료를 받은—환자들이 임상적으로 가장 좋은 결과를 나타내었다(Frank, Kupfer, Wagner, McEachran, & Cornes, 1991). 이 책의 4장에서 다루겠지만, 피츠버그 대학 연구팀은 노년기 우울증 치료에서의 지속/유지치료에 관한 주요 연구도 수행하였다.

이러한 연구들은 IPT가 급성기 혹은 급성기 이후의 우울증 치료에 효과적임을 강력히 보여 주고 있다. 심각한 우울증을 겪고 있는 사람들에게 항우울제와 IPT 모두가 임상 증상을 호전시키는 데 효과적이라는 점은 매우 인상적이다. 이 연구들의 일반적 결론은 약물치료와 정신치료 모두가 우울증 치료에 유용하다는 것이다. IPT와 약물이 우울증의 재발률을 낮추기는 하지만, 치료를 받고 있는 사람들도 여전히 높은 재발률을 보인다는 사실은 주목할 만하다. 연구자들은 재발률을 낮출 수 있는 좀 더 효과적인 정신약물이나 정신치료를 찾아내야 한다는 도전에 직면하고 있다. 현재의 치료로는 재발을 막을 수 없는 경우가 매우 많으므로 연구 결과에 기초하여 적절한 정신약물을 적정 수준 처방하여야 한다. 정신치료자들 역시 치료 결과를 극대화할 수 있도록 효용성이 입증된 정신치료를 사용해야만 한다.

다른 임상 집단에서의 대인관계치료의 사용

IPT 개발 초기부터 IPT는 다양한 임상 장애와 여러 가지 문제들에 적용되어 왔다. IPT의 적용은 크게 두 가지 범주로 나눌 수 있다. 우울장애 환자와 비우울장애 환자다. IPT를 새롭게 적용하는 작업과 연구를 통하여 초기 IPT 매뉴얼에 대한 크고 작은 수정이 이루어졌고, 여러 가지 형태의 치료 매뉴얼이 개발되었다(이 중 일부는 『Comprehensive Guide to Interpersonal Psychotherapy』〔Weissman et al., 2003〕, 25장에 수록되어 있다). 일부 연구자들은 IPT를 수정 없이 그대로 사용하기도 한다. 연구 결과에 의하면 새롭게 수정된 매뉴얼들은 대부분 효과적이었지만, 예외적으로 약물 남용의 경우에는 IPT의 임상적 효용성을 관찰할 수 없었다. 연구의 질은 연구에 따라 차이가 있다. 일부 연구는 적은 수의 표본을 대상으로 한 시범적 연구에 불과하였지만 대부분의 연구들은 합리적이고 잘 수행된 통제 연구였다. 이런 연구들은 IPT의 단기적 유용성과 장기적 효율성을 지지하는 추가 논문을 통하여 그 가치가 확인될 것이다(피츠버그 대학의 Frank와 그의 동료들이 IPT-M을 이용하여 수행한 연구처럼). 우리는 참으로 어렵고 많은 노력이 요구되는 임상 연구를 시행해 준 연구자들에게 경의를 표하지 않을 수 없다. 임상 연구를 위하여 환자를 모집하고 유지하는 것은 매우 힘든 일이다. 정신치료에 대한 임상 연구는 아무나 할 수 없는 일이다!

앞서 언급한 바와 같이 IPT-M은 주요우울장애의 초기 삽화가 성공적으로 호전된 후 시행되는 장기 치료에 IPT를 적용한 것이다. 부부치료(conjoint treatment IPT-CM)는 IPT 기법을 사용하여 부부 갈등으로 인해 우울증을 앓고 있는 환자들을 치료하기 위해 개발된 것이다(Foley, Rounsaville, Weissman, Sholomskas, & Chevron, 1989). 기분부전장애 환자를 치료하기 위하여 개발된 IPT(IPT-D)는 만성 우울증을 앓고 있는 개인들의 문제를 다룬다(Markowitz, 1998; Mello, Myczowisk, & Menezes, 2001). IPT와 좀 더 간단한 형태인 대인관계상담(IPC)은 여러 연구자들에 의하여 병원 장면에서 사용되었다(Browne et al., 2002; Klerman et al., 1987; Schulberg et al., 1996). 의학적 질병을 앓고 있는 노인들에게 IPT를 사용한 연구는 이 책의 4장에 다루고 있다. 어떤 여성들은 임신 후에 우울해지기도 하는데, 의사와 산모 모두 태아나 모유 수유를 받고 있는 유아에게 미칠 영향을 고려하여 항우울제의 사용을 주저하게 된다. 연구자들은 IPT가 분만 전(Spinelli, 1997; Spinelli & Endicott, 2003), 그리고 분만 후의 우울증(O'Hara, Stuart, Gorman, & Wenzel, 2000; Stuart & O'Hara, 1995)에 유용한지를 검증하였다. 발달 과정상 많은 변화를 경험하는 시기이기 때문에 청소년기에는 우울장애의 유병률이 높다. 따라서 우울증을 앓고 있는 청소년을 대상으로 하는 개인 IPT와 집단 IPT가 개발되었다(IPT-A; Mufson, Gallagher, Dorta, & Young, 2004; Mufson, Pollack Dorta, Moreau, & Weissman, 2004). AIDS 환자들은 주요우울장애에 걸릴 확률이 높을 것이라는 가정하에 Markowitz와 그의 동료들은 이들을 위한 IPT를 개발하였다(IPT-HIV; Markowitz et al., 1999). 피츠버그 대학의 Ellen Frank와 그의 동료들은 IPT와 사회적 리듬 치료(social rhythm therapy)를 결합하여 양극성 장애를 위한 치료법을 개발하였다(Frank et al., 1997).

IPT를 적용한 연구 중 가장 흥미로운 예로는 아프리카에서 처음으로 실시된 무선 할당 통제 연구에서 IPT의 임상 효과가 입증된 것이다. 존스 홉킨스 대학과 컬럼비아 대학 연구자들은 정신건강 분야에서 일한 경험이 전혀 없는 우간다인들을 훈련시켜서 18주 동안 우간다의 우울증 환자들을 대상으로 IPT 치료(2번의 개인 회기와 16번의 집단 회기)를 하게 하였다(Bolton et al., 2003; Verdeli et al., 2003). 통제 집단과 IPT 집단에 있는 피험자 중 주요우울장애를 앓고 있는 사람은 연구 초기에는 각각 94%와 86%였다. 연구 후반부에는 통제 집단과 IPT 집단의 주요우울장애 비율은 각각 54.7%와 6.5%였다. 정신치료가 주요우울장애에 분명하고 확실한 영향을 준 것이다.

서로 다른 우울장애를 대상으로 실시된 IPT 연구들을 메타 분석(meta-analysis)한 최근 연구는 이 영역에서의 연구에 대한 유용한 정보를 제공해 준다(Mello, Mari, Bacaltchuk, Verdeli, & Neugebauer, 2005). 저자들은 엄격한 진단 기준을 적용하여 진단한 정동장애(주요우울장애, 기분부전장애, 그리고 두 가지 장애가 함께 있는 경우를 포함하여)의 치료에서 IPT의 효용성을 알아보기 위한 무선 할당 임상 연구 결과들을 살펴보았다. 이 장의 앞부분에서 언급한 Klerman, Weissman, Frank와 동료들의 연구를 포함하여 13개의 단기 및 장기 연구들을 검토하였다. 메타 분석에 포함된 다른 연구들은 노인(이는 이 책의 4장에서 다룰 것임), 청소년, HIV 환자, 일차진료 환자, 그리고 산후우울증 환자 등에 대해 수행된 연구들이다. 메타 분석의 주요 결과는 IPT는 단기 및 장기 연구에서 항우울제만큼 효과적이고, 급성 연구에서 위약보다 효과적이고, IPT와 항우울제를 혼합하는 경우 항우울제 하나만 쓰는 경우보다 단기 및 장기 치료 연구에서 더 효과적이지 않았으며, 단기 치료에서 CBT보다 효과적이고, 어떤 다른 치료보다 탈락률이 낮았다는 것이다.

IPT는 정동장애가 아닌 다른 정신장애의 치료에도 적용되어 왔다. 우울증을 치료하기 위하여 개발된 정신치료를 다른 정신장애에 적용한다는 것은 다소 혼란스럽게 들릴 수 있을 것이다. 특정 장애를 위하여 개발된 정신약물이나 정신치료를 다른 장애에 적용하는 것은 드문 일이 아니다(Weissman et al., 2000). 대인관계 요소는 다양한 정신장애의 발병과 악화에 관련되어 있으므로, 대인관계 문제를 강조하는 IPT는 많은 임상가들에게 의미 있는 치료로 받아들여진 것 같다. 임상군을 대상으로 정신치료의 효과를 검증하고자 하는 연구자들에게 IPT는 매우 매력적인데, 왜냐하면 이 치료기법은 매뉴얼화되어 있고, 훌륭한 연구 결과들이 있기 때문이다. 매뉴얼화되어 있는 다른 치료기법들도 비슷한 효용성이 있다고 주장하는 사람들도 있을 것이다—사실 연구자들은 서로 다른 정신치료들 간에 효용성의 뚜렷한 차이를 발견하지 못했지만 그럼에도 불구하고, 임상 연구자들은 어떤 특정 문제에 어떤 치료가 효과적인지를 밝히려고 지속적으로 노력할 것이다.

IPT는 물질 남용 장애에도 사용되어 왔고(아편 남용자들에게 효용성을 입증하지 못하였다; Rounsaville, Glazer, Wilber, Weissman, & Kleber, 1983), 섭식장애(Agras, Walsh, Fairburn, Wilson, & Kraemer, 2000; Fairburn et al., 1991; Wilfley et al., 1993)와 불안장애(Lipsitz, Markowitz, Cherry, & Fryer, 1999)에도 사용되었다. 진행되고 있는 다른 예비 연구는 외상 후 스트레스장애(Bleiberg & Markowitz, 2005)를 포함하여 다른 장애군에서의 IPT의 유용성을 검증하고 있다. IPT는 처음에는 개인치료였으나 집단치료로도 시행되고 있으며(Wilfley, MacKenzie, Welch, Ayres, & Weissman, 2000; Wilfley et al., 2002), 전화를 통한 치료도 가능하다(Donnelly et al., 2000; Miller & Weissman, 2002). Weissman(1995)은 환자를 위한 IPT 지침을 개발하였는데, 이것은 개인 IPT의 훌륭한 안내서가 될 것이다. 현재 IPT는 수많은 언어로 번역되었으며, 전 세계에 걸쳐 적용·사용되고 있다.

제 4 장

노년기 우울증의 대인관계치료

INTERPERSONAL PSYCHOTHERAPY FOR DEPRESSED OLDER ADULTS

제 4 장

노년기 우울증의 대인관계치료

INTERPERSONAL PSYCHOTHERAPY FOR DEPRESSED OLDER ADULTS

노화에 대한 학문적 연구를 시작한 초기부터, 노년기의 사회적 스트레스와 그것이 노인의 정서적 안녕에 미치는 영향에 대해 관심이 고조되었다—이것은 대인관계치료가 초점을 맞추는 문제 영역과 정확히 일치한다. 노인사회학자들은 전통적으로 노년기의 사회적 활동 상실에 주목해 왔다. 사회적 역할—주로 결혼생활, 부모 역할, 직업적 역할 등—은 다른 사람들과 관계를 맺고 유지하는 수단이다. 사회적 규준(혹은 적절한 사회적 행동에 관한 기대)은 이러한 역할들과 연계되어 있는 경우가 많다. 노인들은 규준이 되는 지침이나 이를 다룰 기술들이 결여된 채 변화된 대인관계 상황에 맞닥뜨리게 된다(Rosow, 1967). 이러한 문제 때문에 어떤 노인사회학자들은 노년기 생활을 '역할이 없고 규준이 없는' 생활로 특징짓기도 한다.

사회적 역할과 규준이 없는 노인들은 우울증에 걸릴 위험성이 높고, 사회적 아노미(social anomie) 상태에 빠질 가능성이 크다. 20세기 후반에 들어서 노인들이 좀 더 의미 있는 일에 참여할 기회가 증가했지만, 아직도 일부 노인들은 사회적으로 취약한 상태로 남아 있다. 건강의 퇴화로 기동성이 감소되면서, 친구나 가족들에게 접근하기 힘들어지며, 의학적인 문제로 인한 역할 변화가 나타난다. 건강 문제는 노인을 우울하게 할 뿐 아니라 부부 관계에도 부정적 영향을 미치게 되는데, 왜냐하면 배우자는 아픈 사람을 간호해야 하는 책임까지 져야 하기 때문이다. 신체적으로 혹은 인지적으로 손상된 가족을 장기간 돌보는 것이 사회적, 정서적으로 부정적인 영향을 미친다는 많은 연구 보고들이 있다(Schulz, O'Brien, Bookwala, & Fleissner, 1995). 노인들은 배우자나 친척들 혹은 친구들의 사망을 경험하게 되므로, 대인관계 상실 및 이에 수반되는 애도 감정을 겪게 된다. 건강과 사회적 스트레스 역시 부부 관계에 부담을 주게 된다. 이러한 스트레스는 장기적으로 갈등을 겪어 왔던 부부에게 특히 문제가 될 수 있다. 이미 존재하던 사회적 관계가 상실되면서, 노인들은 고갈된 사회적 네트워크를 재건해야 하는 과제에 직면한다. 이것은 필요한 사회적 기술이나 대인관계 기술을 갖고 있지 못한 노인에게는 심각한 도전이 될 수 있다. 1장에서 언급한 바와 같이, 연구 결과에 의하면 초기 노인학자들이 생각한 것보다 노인들은 이러한 사회적 스트레스에 직면해서 훨씬 더 유연성이 있음이 입증되었다. 하지만 노인 중 일부는 여전히 우울 증상, 우울장애 혹은 다른 정신건강 문제를 일으킬 위험성을 갖고 있다(George, 1994; Hinrichsen & Emery, 2005).

성인 발달과 노화에 관한 이론들

노인학 영역에서는 일생에 걸친 연속성과 변화를 이해하기 위해 다양한 시각을 제시하고 있다. 아동과 청소년에 대한 이론적, 경험적 이해를 위한 틀은 Freud 시대부터 발전되어 왔다. Freud의 이론은 초기 발달 과제들이 후기 성인기 경험의 초석이 된다는 것이다. Piaget(1980)도 아동 발달에 대한 이론을 제시하였지만 상대적으로 상당 기간 동안 인생 전체를 이해하는 개념적 틀은 제시하지 못한 상태였다. Erikson(1980)은 인생 주기를 설명하는 광범위하고 포괄적인 견해를 제시하였는데, 여기서 그는 개인과 다른 사람과의 역동적인 상호작용을 단계별로 통합하고 있다. Erikson의 발달 이론과 또 다른 우수한 이론들은 모든 사람들이 동일한 발달 과정을 겪어 간다는 가정에 기반하고 있다는 점 때문에 즉각적으로 비판을 받게 되지만, Erikson의 이론은 오랜 기간, 인생을 총체적으로 보려고 노력하는 학문적 연구와 이론들의 기초가 되어 왔다. Erikson은 심리사회적 발달의 8단계를 제안했는데, 각 단계별로 양극단의 위기를 제시하고 있는 것이 특징적이다. 예컨대, 성인 초기의 위기는 친밀(intimacy) 대 고립(isolation)이다. 성인은 생식(generativity) 대 침체(stagnation)이고, 노년은 통합(integrity) 대 절망(despair)이다. 마지막 단계는 생의 마지막을 정리하는 것을 포함하고 있으며, 한 개인의 삶의 의미를 깨닫고, 생식력이 다음 세대로 이어지도록 하는 단계다. Erikson의 이론보다는 상대적으로 덜 알려진 여러 이론들은 노화를 경험하는 것을 이해하기 위한 다양한 개념적 틀을 제시하고 있다. 노인학자들은 일생에 걸친 자아 개념(life span self-concept)을 연구하였다(Herzog & Markus, 1999). Markus, Hooker, 그리고 동료들은 실현 가능한 자기(possible self), 즉 자신을 미래에 투사해 보는 것의 중요성을 연구하였다(Hooker, 1999; Markus & Nurius, 1986). 정신적 투사는 자신에 대한 희망과 두려움을 모두 포함하고 있다. 이러한 실현 가능한 자기는 인생 전 과정을 통하여 진화하고 또 변화한다. 실현 가능한 자기는 현재의 행동을 인도해 주고 가르치기도 한다. McAdams (1995)는 한 사람의 '개인사(life story)'는 인생과 경험을 이해하기 위한 틀을 조직화하고 변화시키는 과정이라고 보았다. Whitbourne(1987)의 '생애 주기 구조(life span constructs)' 이론에 의하면 사람들은 자신의 삶을 조직화하는 중요한 원칙인 자기의 과거와 현재 그리고 미래에 대한 개념과 감각을 갖고 있다. Levinson(1986)은 성인 발달의 개념적인 틀을 제시하였는데, 이것은 일생에 걸쳐 겪게 되는 많은 변화에 직면할 때 핵심적인 역할을 하게 된다. 이와 같은 다양한 이론에서 대인관계는 정서적 불균형 혹은 균형 상태를 이루어 가면서, 삶의 즐거움이나 갈등을 야기하는 데 핵심적인 역할을 하고 있다.

성인 발달에 대한 Levinson의 개념은 우울증을 이해하고 치료하는 IPT적 접근과 일치하는 점이 가장 많다. 『The Season of a Man's Life』(Levinson, 1978)을 포함한 Levinson의 저서와 Sheehy(1977)의 책, 『Passages: Predictable Crises of Adult Life』는 1970년대와 1980년대에 상당한 인기를 끌었다. 하지만 이 개념은 후속 연구를 통해 지지를 받지 못하였고, 이러한 삶이 세계적으로 동일하다는 그들의 주장에 대해 비판이 제기되었다. 그럼에도 불구하고, 임상적 관점에서 볼 때, Levinson이 제시한 내용은 IPT의 원리와 유사하다. Erikson처럼 Levinson도 성인이 각 단계에 따라 독특한 도전과 보상을 받게 된다고 주장한다. 개인들은 각 시기별로 생활 구조를 구성하며 한 단계가 끝나면 다음 단계로 이행해야 하는데, 이때 현재의 생활 구조는 다음 단계에 맞춰 재구성되어야 한다. Levinson은 생활 구조 이론이란 "지금의 내 인생은 어떠한가? 내 생활에서 가장 중요한 부분은 무엇이고 이것들이 어떻게 서로 관련되어 있나? 내 시간과 에너지의 대부분을 어디에 쏟아 부어야 하나? 내가 좀 더 만족스럽고 의미 있는 삶을 살기 위해 중요한 것—배우자이건, 애인이건, 가족이건, 직업이건, 종교이건, 취미이건 무엇이든 간에—은 어떤 것인가?"와 같은 기본적인 질문에 대답하는 방식이라고 말했다(Levinson, 1986, p. 6). 삶의 가장 큰 도전은 "구조를 만들고, (변화의) 시기에 맞추어 또 다른 구조를 만들어 나가는 반복적인 작업이다……. 구조를 만들어 가는 것은 사실 큰 스트레스를 주는 작업으로서 우리가 생각했던 것만큼 우리 삶이 만족스럽지 못하다는 것을 발견할 수도 있다." (Levinson, 1986, p. 6) 성인 발달과 노화에 대한 대부분의 이론과 마찬가지로, 대인관계와 사회적 역할이 핵심적인 주제가 된다. IPT에서의 역할 전환과 애도는 한 개인에게 현재의 삶의 구조를 바꾸도록 도전장을 던지는 것이다. IPT에서의 대인관계 결핍은 극소수의 사람들과만 만족스럽지 못한 대인관계를 맺고 있는 생활 구조를 말한다. 노인들 역시, 생활 구조는 변했지만 만족스러운 인간관계를 재구성하기 위해 필요한 기술이 없기 때문에 대인관계 결핍을 겪을 수 있다. 주요우울장애는 다른 사람과의 관계뿐 아니라 현재의 생활 구조를 파괴할 수 있고(Weissman & Paykel, 1974), 한 사람의 '생활사'(McAdams, 1995), '생애 주기 구조'(Whitbourne, 1987), 희망하거나 혹은 두려워하는 미래의 자아상(Markus & Nurius, 1986)에도 위협이 될 수 있다. 앞서 언급한 바와 같이, 이러한 위협은 노년기와 관련된 문제들, 즉 건강의 악화, 배우자를 돌봐야 하거나 그로 인하여 배우자와의 관계에서 스트레스를 경험하고 있는 경우, 사별하여 혼자 되거나 친구들의 죽음 등을 겪고 있는 노인들에게는 더욱 힘든 도전이 될 수 있다. 우울이나 대인관계로 인한 손상을 경험한 사람들은 Erikson이 이야기하는 통합을 달성하기 힘들고, 절망의 가능성이 더욱 증가하게 된다.

노인학 영역의 또 다른 틀은 노년기 우울증을 이해하는 데 매우 유용한 조망을 제시해 준다. Lawton과 Nahemow(1973)의 환경 취약 가설(environmental docility hypothesis)은 노인들이 다양한 형태로 능력의 부식(erosion)에 직면한다는 것이다. 능력이 별로 없는 사람들은 환경적인 압력 혹은 스트레스에 더 취약하며, 결과적으로 부정적 감정과 부적응적 행동을 나타낸다. 그들은 또한 대인관계를 맺기 위해서는 어느 정도의 환경적인 압력이 필요하다고 주장하였다. 즉, 환경적 압력이 너무 적은 경우에도 부정적인 정서와 부적응적 행동이 야기된다는 것이다. 그러므로 적절한 환경적 압력(즉, 너무 적지도 않고 많지도 않은)이 필요하지만 적절하다는 범위는 개인의 능력에 따라 달라진다. 능력이 많은 개인일수록 그렇지 않은 개인에 비하여 더 많은 수준의 환경적 압력에 대하여도 긍정적인 감정과 적응적인 행동을 유지할 수 있다. 사람들은 다양한 수준의 대인관계 능력(즉, 관계를 형성하고 유지하는 능력, 갈등을 견뎌 내는 능력, 환경의 변화에 적응하는 능력 등)을 요구하는 생활 환경에 직면하게 된다. Lawton과 Nahemow의 이론에 의하면, IPT에서의 대인관계 문제는 환경적 압력의 맥락에서 살펴볼 수 있다. 약한 환경적 압력이라는 것은, 대인관계 결핍에서 볼 수 있듯이 대인관계가 최소한이거나 거의 없는 상태를 말한다. 강한 환경적 압력이란 역할 전환과 갈등, 그리고 애도 등이 포함될 수 있다. 대인관계에 유능한 사람일수록, 대인관계와 관련된 문제의 대부분에서 우울이 없는 상태를 유지할 수 있으며, 반면 유능하지 않은 사람일수록 주요우울장애나 우울 증상을 경험하게 된다. 그러나 이 책의 2장과 3장에서 언급한 바와 같이, 우울의 고약한 특성은 이미 갖고 있는 능력까지도 침해할 수 있으며, 개인의 취약성을 증가시켜서 주요우울장애를 점점 더 심화시키거나 지속시키게 된다. 생물학적인 우울 성향, 신체적 상태, 기능상의 능력, 그리고 재정적 상태 등이 우울을 야기하는 요인이 되기도 한다.

노년기 우울증에서 대인관계의 중요성은 Hinrichsen이 노인심리학을 처음 시작했을 때부터 분명히 드러났다. 그의 첫 번째 노인 환자는 오랫동안 재발성 주요우울장애를 앓아 온 사람이었다. 그녀는 기혼의 70대 여자 환자로, 첫 아이를 낳은 후부터 주요우울 삽화를 경험해 왔다. 항우울제가 개발된 이후에는 급성적 우울 삽화는 성공적으로 치료되었지만, 2, 3년이 지나면 또 다른 삽화를 경험하곤 하였다. 성인이 된 그녀의 자녀들은 어머니가 지속적으로 우울 삽화를 경험하는 것에 고통받고 좌절하고, 노인들을 위해 특화된 외래 정신건강 프로그램에 어머니를 모셔 왔다. 정신과 의사는 정신치료를 병행하면 환자의 상태가 좋아질 것으로 기대하고 정신치료를 의뢰하였다. 첫 회기에서 그녀는 남편에 대한 불평을 늘어놓기 시작하였다. 그녀는 불행한 결혼생활을 해 왔으며, 남편의 무모한 사업투자로 인해 늘 경제적으로 불안정했던 것이 상황을 더 힘들게 하였다. 그녀의 남편은 노년기에 고리대금업자에게 많은 돈을 빌렸는데, 빌린 돈을 제때에 갚지 않아 고리대금업자로부터 위협을 당하였다. 그녀는 결혼생활 내내 이혼을 심각하게 고민하였지만, 이혼을 금하는 종교와 성장 환경 때문에 주저하였다. 우울 삽화는 예측 가능한 방식으로 시작되었다. 즉, 남편의 재정적 상태가 부부 사이의 갈등을 심화시켰고, 이것이 우울 삽화로 이어졌다. 그녀는 남편을 변화시킬 수 있는 방법이 없기 때문에 덫에 걸린 것 같았다고 말했다. 정신치료는 이 어려운 결혼 상황을 해결하는 데 다른 선택이 있는지에 초점을 맞추었다. 결국 그녀는 자녀들을 동원하여 남편으로 하여금 재정적인 면에서 좀 더 신중해지도록 압력을 가했으며, 남편과의 접촉을 제한하기 위하여 남편이 집의 다른 한쪽에서 지내도록 하였다. 그녀는 남편이 절대 변하지 않을 것이라고 결론짓고 있었으나, 스스로는 마침내 자신의 삶을 어느 정도 통제할 수 있다고 느끼게 되었으며, 그 후로 몇 년이 지났지만 우울 삽화를 보이지 않았다.

다른 초기 임상 경험들에 의하면, 우울한 노인의 가족 구성원들도 대인관계에서 상당한 좌절감을 느끼고 있음을 발견할 수 있었다. 가족 구성원들은 노인의 행동이 우울증으로 인해 변화한 것에 상당히 당혹스러워하며, 우울 삽화가 일어난 것은 가족들이 충분한 노력을 하지 않았기 때문이라고 귀인하는 경향이 있었다. 또한 노인이 우울 증상으로 고통받고 있음에도 불구하고 가족 구성원이 점점 참을성이 없어지는 것에 죄책감을 느끼고 있었다.

노인의 IPT에서 관심을 끄는 연구 결과들

임상 경험을 통한 관찰이 노인의 대인관계 문제를 연구하는 토대가 되었다(Hinrichsen, Hernandez, & Pollack, 1992). NIMH의 지원을 받은 한 연구는 주요우울장애 삽화 때문에 입원한 60세 이상 노인 150명을 대상으로 하였으며 삽화를 겪고 있는 동안 가장 가까이 있었던 배우자나 성인 자녀들을 연구에 포함시켰다. 우리는 1년간 이 환자들이 주요우울장애에서 회복되었는지, 회복되었다면 또 다른 삽화가 재발하지는 않았는지를 체계적으로 평가하였다. 배우자나 자녀에게는 입원 시 면담을 통하여, 환자를 보살피는 데 문제가 있었는지, 그들이 이러한 문제에 어떻게 대처했으며, 정서적으로 어떻게 적응했는지를 평가하였다. 연구 결과, 노년기 우울증에 있어서 대인관계 문제의 중요성이 확인되었고 노인우울증에 대한 IPT의 유용성에 관심이 집중되었다.

가족 구성원들에게 우울증을 앓고 있는 노인 가족을 보살필 때 가장 힘든 점은 무엇이고, 가장 보람 있는 일은 무엇인가를 질문하였다(Hinrichsen et al., 1992). 가장 많이 언급된 문제는 대인관계상의 어려움이었다. 노인들과 대화를 나누려는 노력, 동기를 주려는 시도 등이 힘들었고, 도움을 주려는 노력 자체가 쓸모없고 부적절한 것 같았으며, 도움을 주려는 가족들의 노력을 노인들이 거부하였다. 가족 구성원들은 주로 어려움을 호소하였고, 성과 있는 일은 훨씬 적게 보고하였지만, 가장 빈번하게 보고된 성과는 노인과의 관계가 더욱 친밀해진 것이었다. 우울증이 발병한 이후 관계가 좋아졌다거나, 혹은 자신이 노인을 돕기 위해 노력하고 있다는 점에 만족하는 것 등이었다. 후자의 경우 노인에게 나타나는 우울증과 관련되어 있는 문제를 성공적으로 해결해 줄 뿐 아니라, 우울 삽화를 통해 유대 관계가 강화되기도 한다. 우리가 1년 동안 추적조사를 할 수 있었던 노인 환자 중 72%는 우울 삽화에서 회복되었다(Hinrichsen, 1992). 회복된 사람들 중에서 19%는 또 다른 주요우울 삽화를 경험하였다. 이러한 임상 결과는 젊은 사람들을 대상으로 동일한 방법으로 진단하고, 종단적으로 결과를 평가한, 하나의 대규모 다기관 연구 결과와 거의 동일하였다(Keller & Shapiro, 1981). 본 연구에서 가장 핵심적인 질문은 '우울증으로 정신과에 입원할 때, 1년 동안의 경과를 가장 잘 예측해 줄 수 있는 요소는 무엇인가?' 였다. 우울증 경과의 가장 확실한 예측인자는 가족 요인이었다. 가족 구성원 자신의 정신과적 증상이 많을수록, 노인 환자를 보살피는 데 더 많은 어려움을 호소하였으며, 회복이 잘 되지 않는 환자의 가족일수록 신체적 건강이 나빴다(Hinrichsen & Hernandez, 1993). 가족 요소는 노인우울증 환자들의 자살 시도에도 위험 요소로 작용한다. 정신과적 증상을 갖고 있는 가족 구성원이 많을수록, 간병에 어려움을 많이 호소할수록, 환자와 가족 구성원 사이에서 높은 수준의 스트레스를 경험할수록, 병원 입원 후 일 년 동안의 자살 시도가 더 많았다(Zweig & Hinrichsen, 1993). 가족 구성원의 일부에 대해 축약형 표현 감정(expressed emotion: EE; 3장에서 언급된 지표로서, 환자에 대한 가족 구성원의 중요한 감정 표현들을 지표화한 것이다)의 측정치들을 기록하였다. 결과를 보면 EE의 비율이 높은 것(40%)은 노인 환자들의 1년 후 임상 결과와 관련이 있었다(Hinrichsen & Pollack, 1997). 최근 연구에서는 주요우울장애를 앓고 있는 노인들의 자녀와 배우자의 EE 비율을 가장 포괄적인 EE 측정치인 Camberwell Family Interview로 평정한 결과, 더욱 높은 수치(61%)가 나타났다(Hinrichsen, Adelstein, & McMeniman, 2004).

이러한 결과는 2장과 3장에서 언급되었던, 젊은 사람들과 그들의 가족을 대상으로 한 우울증에 대한 대인관계 역동 연구 결과와 동일하다. 이것은 노인우울증 환자들에게 정신건강 서비스를 제공하는 사람들에게 중요한 임상적 질문을 제기하는 것이다. 노년기 우울증의 경과에 대인관계가 매우 중요하다는 점을 감안할 때, 임상적 결과를 향상시키기 위해 무엇을 해야 할 것인가? IPT가 젊은 사람들의 우울증을 치료하는 데 효과적임은 1990년대 초반에 입증되었지만, 노인을 대상으로 IPT의 유용성을 연구한 결과는 거의 없다. 그럼에도 불구하고, IPT의 구조와 네 가지 대인관계 문제 영역은 노인우울증 치료에도 효과가 있을 것으로 예상된다. IPT는 노인에게 정신치료를 권하는 것과 마찬가지다. 즉, 노인을 정신치료할 때에는 그들이 젊은 사람보다는 정신건강 문제에 익숙하지 않은 세대라는 점을 감안하여, 더욱 문제 중심적이어야 하며 협력적, 심리교육적이어야 한다 (Knight, 2004).

노인우울증에 IPT를 적용한 임상 경험

Hinrichsen는 노인 치료에 적용할 수 있는 공식적인 IPT 훈련 과정을 찾아 다녔다. 그 결과, Clougherty가 New York Hospital-Cornell Medical Center IPT 훈련 프로그램의 일부로서, Hinrichsen이 노인을 대상으로 실시한 초기 세 가지 IPT의 사례를 지도해 주었고, 그 후에도 몇 개의 사례에 대해 자문해 주었다. 지난 10년간 노인을 대상으로 IPT를 실시한 임상 경험에 의하면, 우울증을 앓고 있는 젊은 사람들에게 IPT를 실시한 것과 유사한 결과를 보였다. 우리의 임상 결과는 다음과 같다.

- 초기 기저선에서 단기 IPT 치료 후까지 해밀턴 우울증 척도(HRSD)가 50% 이상 감소된 경우를 임상적으로 유의미한 호전으로 보았을 때, 외래 노인우울증 환자를 IPT로 치료한 결과, 약 74%가 임상적으로 유

의미한 호전을 보였다(Hinrichsen, 1997, 1999, 2004). IPT로 치료한 노인 환자들의 진단은 주요우울장애, 우울증을 동반한 적응장애, 기분부전장애, 그리고 우울증이 있는 치매 등을 포함하고 있었으며, 어떤 환자들은 항우울제를 복용하고 있었고, 어떤 환자는 복용하지 않았다.

- 치료에서 일차적 초점이 되는 문제들을 빈도순으로 보면, 역할 전환, 대인관계 갈등, 애도, 그리고 대인관계 결핍이다.
- 노인을 대상으로 한 IPT는 이 책 2장에서 소개한 '노인을 위한 심리치료 절차 지침서'와 Kerman과 Weissman에 의해 개발된 기본 치료 매뉴얼을 특별한 수정 없이 그대로 사용할 수 있다.
- IPT를 받은 환자들은 극소수를 제외하면 대부분 탈락 없이 단기 치료를 완료하였다.
- 노인들은 IPT를 매력적인 정신치료 방식으로 생각한다. 과거 문제보다는 현재 문제에 초점을 맞추고, 단기 치료를 위한 치료 목표를 설정하는 것이 대부분의 노인들에게 상식적으로 받아들여지는 것 같다. 우울증에 대한 교육 역시 오랫동안 우울증을 앓아 온 사람들로부터 환영을 받는다. 이전의 정신건강 전문가들이 우울증에 대하여 노인들을 거의 교육하지 않았다는 사실은 놀랄 만한 일이다. 단기 IPT 치료를 위한 16회기 틀은 대부분의 노인 환자들이 선호한다.
- 경도의 인지장애(mild cognitive impairment)를 갖고 있는 노인들은 치료를 통해 도움을 받는다. 중등도(moderate)에서 심각한(severe) 수준까지 인지장애를 가지고 있는 노인들은 거의 혹은 전혀 도움을 받지 못한다.
- 우울증을 앓고 있는 노인들은 단기(16주) IPT를 완료한 후, IPT 원리에 기초하긴 하지만 좀 더 치료 빈도가 적은 정신치료—즉, 유지 IPT에 해당하는 치료—에 의해서도 도움을 받을 수 있다(Frank, 1991; Reynolds et al., 1999).

• 수련 중인 치료자 중 상당수는 급성 우울증에 대한 16주 IPT 치료 사례를 갖고 상세한 지도를 받으면 적절한(그리고 때로는 그 이상의) 치료 능력을 갖추기도 한다(Hinrichsen, 2004). 수련생의 임상 치료 결과는 스태프의 결과와 견줄 만하다. 사례 지도는 오디오 혹은 비디오 테이프를 갖고 하며, 16개의 IPT 치료 회기 각각을 검토하고 토론한다. 이와 함께 IPT 워크숍과 IPT 매뉴얼(Weissman, Markowitz, & Klerman, 2000) 강독이 있어야 한다. 세 가지 IPT 사례에 대한 지도가 끝나면 수련생은 IPT 기법을 제대로 수행하고, 이전 사례들에서 분명히 나타났던 문제들을 해결하기 위한 적절한 수준에 도달할 것이다.

이 외에도 임상적 관찰에는 주의가 필요하다. 임상적 관찰에서 치료자는 치료 결과를 객관적으로 평가하기보다는 자신에게 유리한 방향으로 평가하려는 경향이 있을 수 있으며, 그 외에도 다양한 형태의 왜곡이 나타날 수 있다. 임상적 치료 결과는 치료를 받은 특정 하위 집단에만 국한된 것일 수도 있다. 우리가 사례를 인용한 노인 외래 클리닉 내에는 다양한 인종과 민족이 존재하지만, 노인 IPT 내담자의 대부분은 백인 중산층이었다. IPT를 받은 노인들의 치료 초점은 주로 대인관계와 관련된 문제였으며, 동시에 일주일에 한 번씩 시행되는 개인 정신치료에 참석할 수 있는 사람들이었다. 만성 우울증이나 부분적으로 회복된 우울증 환자들, 혹은 성격적인 병리가 확실한 사람들은 IPT에 잘 의뢰되지 않았다. 정신건강 보호 종사자들을 대상으로 IPT 워크숍을 실시할 때, 워크숍 참여자들은 매우 어려운 환자들(하나 혹은 그 이상의 성격장애를 가지고 있는 사람들)도 IPT를 통해서 도움을 받을 수 있는지 의구심을 나타내곤 한다. 우리는 IPT가 노인의 우울증을 치료하는 데 매우 유용하다고 생각하지만, 어떤 사람들을 IPT가 아닌 다른 치료 방식에 의해 도움을 받기도 한다. 또한 일부 환자들은 약물치료나 정신치료에 반응하지 않으며, 둘을 병행한 치료 형태에도 반응하지 않는다.

노인을 대상으로 한 IPT 연구

1980년대 초에 IPT가 노인우울증 환자에게 도움이 될 수 있다는 논문이 발표된 바 있다(Sholomskas, Chevron, Prusoff, & Berry, 1983). 논문의 저자들은 IPT가 노인에게 잘 맞는 치료라고 주장하였다. 그들은 다만 임상 경험에 기초하여 노인용 IPT는 다소 수정이 필요하다고 제안하였다. 각 치료 회기의 시간은 좀 길어지거나(노인들이 말이 많음을 고려하여), 때로는 좀 짧아질 수 있다. 노인은 젊은 사람들보다 의존 욕구가 크기 때문에, 좀 더 많은 충고와 지지가 주어져야 할 것이다. 어떤 노인들은 대인관계에서 만성적인 문제를 갖고 있기 때문에(즉, 부부관계 갈등 등) 근본적인 변화보다는 상황을 좀 더 잘 견딜 수 있도록 하는 것이 좋을 수 있다. 어떤 노인들은 작은 선물을 주는 경향이 있는데, 합리적인 수준이라면 받아도 무방하다. 치료자는 실제적인 문제와 관련하여 노인 환자들에게 도움을 줄 수 있어야 한다(즉, 교통편을 이용하는 방법이나 사회적 서비스를 받는 방법 등).

이 논문에 앞서 동일한 연구팀이 예비 연구를 수행하였는데, 우울증을 앓고 있는 노인을 대상으로 6주간 IPT와 항우울제 치료를 한 결과, 61%가 호전(즉, 치료 초기 HRSD 점수가 20.90이었는데, 치료 종결 시에는 7.18이었음; Rothblum, Sholomskas, Berry, & Prusoff, 1982)을 보였다. 이 논문이 주목받는 이유는 정신치료가 노인에게 도움을 줄 수 있는가에 대한 개방적, 실증적 연구였기 때문이다(즉, 그 전에는 노인을 대상으로 한 정신치료의 유용성에 대하여 잘 설계된 논문이 거의 없었다.). 저자들은 노인에게 IPT를 적용하는 것에 대해 큰 관심을 갖고 있다.

노인을 대상으로 주요우울장애의 단기 IPT에 대한 무선 통제 연구는 단지 하나만 있다(Sloane, Staples, & Schneider, 1985). 이 연구에서 노인들은 IPT 집단, 항우울제(nortriptyline) 집단, 위약 집단에 무선적으로 할당되었다. 6주 후, 세 집단 모두 우울 증상(HRSD와 BDI로 측정)에 유의미한 감소를 나타내었다. 성공적인 변화의 기준점을 HRSD 점수가 30% 호전된 것으로 잡았을 때, IPT 집단과 약물치료 집단이 위약 집단보다 좋은 효과를 나타내었다. 약물치료 집단과 위약 집단에서는 높은 탈락률을 보인 반면, IPT 집단에서는 탈락률이 거의 없었다. 약물치료 집단에서의 높은 탈락률(일차적으로 이는 부작용 때문인 것으로 보이는데)을 고려해 볼 때, 연구자는 IPT가 노인우울증의 치료에 상당한 이점이 있다고 결론지었다. 이 연구의 문제점 중 하나는 IPT의 유용성은 6주 후가 아니라 16주 후에 이루어져야 한다는 것이다. 또한 피험자 수가 상당히 적어, 집단 간에 통계적으로 유의미한 차이를 끌어내기 힘들다는 점이다. 그 당시 연구자들은 노르트립틸린(nortriptyline)의 부작용으로 인한 탈락률에 비하여, IPT는 상대적으로 탈락률이 적다는 것을 중요한 장점으로 꼽았으나, 현재 사용하고 있는 항우울제(즉, SSRI계열)는 당시에 사용되던 삼환계 항우울제(nortriptyline을 포함한)보다 부작용이 훨씬 적기 때문에, 탈락률은 더 이상 중요한 이슈가 되지 않을 수 있다. 그럼에도 불구하고 이 연구는 노인들이 정신치료에 열심히 참여하며, 정신치료를 통해 도움을 받을 수 있음을 시사하고 있다.

노년기 우울증 치료에서 IPT의 유용성을 제시한 가장 확실한 자료는 Charles Reynolds, Ellen Frank, 그리고 그의 동료들(Reynolds et al., 1999)이 피츠버그 대학에서 실시한 노년기 우울증의 유지치료 연구(The Maintenance Therapies in Late-Life Depression study)다. 연구 목표는 노인에게서 주요우울장애의 재발을 지연시키고 막는 데 가장 유용한 치료가 무엇인가를 결정하는 것이었다. 연구에서 재발성 주요우울장애를 앓고 있는 60세 이상 노인 180명을 대상으로 처음에는 IPT와 노르트립틸린을 동시에 치료에 사용하였다. 다음 유지 단계에서는 피험자들을 몇 개의 집단으로 무선 할당하였다. 피험자 중의 반 이상은 단기 치료 기간 중 몇 가지 약물(lithium 혹은 perphenazine)을 추가로 투여받았다. 피험자는 최소한 12주의 IPT 치료를 받았으며, HRSD 점수가 3주 동안 10점 이하가 될 때까지 노르트립틸린의 용량을 조절하였다. 이 시점에서 피험자는 유지 단계 연구로 들어가게 되는데, 노르트립틸린의 용량은 그대로 유지하면서, IPT는 한 달에 두 번으로 줄이게 된다. 유지 단계 연구에 무선적으로 할당되면, 피험자는 16주 동안 주요우울장애 삽화가 지속적으로 경감된 상태에 있는지를 점검 받는다. 피험자는 네 집단에 무선적으로 할당된다. 노르트립틸린과 IPT, 노르트립틸린과 투약 클리닉(증상과 부작용을 살피기 위한 간단한 방문), IPT와 위약, 그리고 위약과 투약 클리닉. 연구는 3년 동안 계속되거나 다른 주요우울장애 삽화가 나타날 때까지 계속되었다.

이 연구에 사용된 노년기 유지 IPT(IPT-LLM)는 젊은 성인 주요우울장애 환자들을 대상으로 진행되었던 과거의 유지치료 연구에서 사용된 IPT-M의 수정본이다(Frank, Kupfer, Wagner, McEachran, & Cornes, 1991). 노인을 위해 수정된 IPT는 Sholomskas 등(1983)이 제기한 문제, 즉 노인을 대상으로 하는 정신치료는 좀 더 유연성이 있어야 한다는 점을 적극적으로 반영한 것이다. 이 연구는 노인들에게도 젊은 성인을 대상으로 할 때와 유사한 형태의 IPT를 실시할 수 있음을 시사한다(Miller & Silberman, 1996). 유지 IPT의 목적은 우울 삽화의 재발을 지연시키거나 막는 것이다. 유지 IPT에서 중점을 두어야 하는 것은 단기 IPT와는 다른데, 단기 IPT에서 사용하는 목표와 전략은 그대로 따르되, 매주가 아닌 매달 치료를 실시한다. 단기 IPT에서는 한 가지 혹은 두 가지의 문제 영역이 치료의 초점이 되지만, 유지 IPT에서의 문제 영역은 내담자가 제기하는 주제에 따라 달라질 수 있다(Frank, 1991). 노인을 위한 유지치료 매뉴얼인 The Manual for the Adaptation of Interpersonal Psychotherapy to Maintenance Treatment of Recurrent Depression in Late Life(IPT-LLM)는 출판되지 않았으므로 관심 있는 사람들을 Ellen Frank[1] 박사에게 연락해야 한다.

이 연구의 노인 피험자들은 심각한 재발성 주요우울장애를 앓고 있었으며, 평균 HRSD 점수가 22점으로, 이는 심각한 우울 상태에 해당한다는 점을 다시 한 번 강조할 필요가 있다. 사실 이들 피험자의 일생에 걸친 우울 삽화 수는 중앙값이 5회이며, 16%는 자살 시도를 한 경험이 있다.

연구 결과는 다음에서 인상적이다.

- IPT와 노르트립틸린를 병행하여 사용했을 때, 78%가 주요우울증 삽화의 관해(remission)를 보였으며, 이는 이러한 치료법이 노인에게 유용함을 입증하는 것이다. 연구의 유지 단계에서 재발률은 다음과 같다. 노르트립틸린과 IPT 20%, 노르트립틸린과 투약 클리닉 43%, IPT와 위약 64%, 그리고 위약과 투약 클리닉 90%.
- 모든 적극적인 치료들은 위약보다 효과가 있었다. IPT와 노르트립틸린를 복합 사용했을 때는 노르트립틸린만 단독 사용했을 때보다 훨씬 좋은 효과를 나타내었다. 위약과 투약 클리닉 집단 노인들의 상당수에서 주요우울장애가 다시 재발한 것을 볼 때, 재발성 우울증에 있어서는 지속적인 치료가 매우 중요함을 알 수 있다.
- 노인 연구 피험자(70세 이상)는 젊은 사람들에 비하여 높은 재발률을 나타내고 있다. 노인들 중에서, 초기 우울 삽화 후에, IPT와 노르트립틸린를 복합하여 치료받은 경우에만 회복 상태를 유지하고 있었다.
- HRSD 점수가 상대적으로 낮은 피험자(20보다 적은 경우)는 유지 IPT(위약과 함께) 상태에서 회복 상태를 유지할 수 있었다. 반대로, 20점 이상인 사람들은 회복 상태를 유지하기 위하여 IPT와 노르트립틸린 복합 치료를 필요로 하고 있었다.
- 회복하는 데 오랜 시간이 걸렸던 사람들은 회복 상태를 유지하기 위하

1. Ellen Frank, PhD, Western Psychiatric Institute and Clinic, 3811 O' Hara Street, Pittsburgh, PA 15213.

여 IPT와 노르트립틸린의 복합 치료를 필요로 한 반면, 급성 삽화에서 급격히 회복된 사람들(4~5주 이내)은 IPT만으로 혹은 노르트립틸린만으로 회복 상태를 유지할 수 있었다.

- 유지 단계에서 IPT와 노르트립틸린의 복합 치료를 받은 사람들은, IPT만 받거나 노르트립틸린만 투여받은 사람들에 비해 사회 적응을 잘함이 입증되었다(Lenze et al., 2002).
- 연구에서 가장 많이 사용된 IPT의 문제 영역 순으로 보면, 역할 전환(43%), 대인관계 갈등(37%), 애도(19%), 그리고 대인관계 결핍(2%)이다. 반 이상의 피험자(57%)가 두 가지 이상의 문제 영역을 갖고 있었다. 치료 결과는 문제 영역과 무관하였다(Wolfson et al., 1997).
- 젊은 성인 우울증 환자의 유지치료 결과와 비교해 볼 때, 노인들의 주요우울장애 급성 증상에서의 회복률은 비슷하였다. 그러나 노인들은 회복될 때까지 더 많은 시간이 걸렸으며, 유지치료 단계에서 재발이 더 흔한 경향이 있었다(Reynolds et al., 1996).

연구 결과를 해석하면서 연구자들이 흥미롭게 느낀 것은 유지 단계에서 IPT는 최소한의 용량(매월 1회)으로 제공된 반면, 노르트립틸린은 최대 용량이 투여되었다는 점이다. 따라서 유지치료 기간에 IPT를 더 자주 하면 더 좋은 효과를 볼 수 있는지 의문이 생기게 된다. 연구자들은 『Journal of the American Medical Association』에 게재한 논문에서, "우리는 재발성 우울증을 앓고 있는 모든 노인들에게 약물치료 외에 정신치료를 실시할 것을 제안한다."고 말했다(Reynolds et al., 1999, p. 45). 저명한 연구자들이 유수한 의학저널에 기고한 논문에서도 노인우울증을 치료하는 데 정신치료의 역할이 중요하다는 확고한 지지를 보내고 있다.

대인관계상담(Interpersonal Counseling: IPC)은 의료 현장에서 사용할 목적으로 개발된 IPT의 축약판이다(Klermen et al., 1987). Mossey와 동료

들은 의학적 질병을 앓고 있는 노인들 중에서 기분부전장애로 진단하기에는 부족하지만 우울감을 느끼고 있는(준기분부전장애) 노인들을 대상으로 IPC 수정판을 적용하였다(Mossey, Knott, Higgins, & Talerico, 1996). 준기분부전장애(subdysthymic depression)란 주요우울장애나 기분부전장애에 해당되지는 않지만 경도에서 중등도의 우울 증상을 겪고 있는 사람들을 의미한다. 이 책의 2장에서 언급한 바와 같이, 노인에게서 우울 증상이 있을 가능성—즉 진단 가능한 우울장애가 있을 가능성—에 대한 관심이 증가하고 있다(Blazer, 2003). 의학적 질병을 앓고 있는 노인들은 건강한 노인들에 비하여 우울장애가 많을 뿐 아니라 우울 증상도 많이 호소한다. 한 연구에서는 의학적인 문제로 입원한 노인들을 IPC 집단과 통상적 관리 집단(이 집단의 피험자들은 공식적인 정신 건강 서비스를 거의 받지 못함)에 무선적으로 할당하였다. IPC는 최고 10회기(60분 단위)까지, 의학적 상태에 따라 융통성 있게 실시되었는데, 대부분의 참여자들은 4회기 이상의 치료를 받았다. 우울 증상은 연구 초기에 노인우울척도(Geriatric Depression Scale: GDS;이 책의 2장에서 다루었음)를 이용해서 평가하였으며, 3개월 후, 6개월 후 재평가하였다. 의학적 질병이 있는 노인들 중 연구 초기에 우울 증상이 거의 없는 노인들이 비교 집단으로 포함되었으며, 이들의 우울 증상도 평가하였다. 3개월째 그리고 6개월째, 비교 집단에서는 변화가 없었으나, IPC 집단과 통상적 관리 집단에서는 증상의 감소가 나타났다. IPC 집단이 통상적 관리 집단에 비해 3개월 후 우울 증상에 많은 감소를 보였지만, 차이가 유의미하지는 않았다(주의할 점은 IPC 집단에 있는 대부분의 노인들에게 이 시점은 IPC가 아직 완전히 완료된 상태가 아니라는 점이다). 그러나 6개월째 IPC 집단은 통상적 관리 집단에 비하여 유의미하게 낮은 정도의 우울 증상을 나타내었다. 6개월째, IPC 집단의 61%는 GDS 점수가 11점 미만이었던 반면에, 통상적 관리 집단 중 11점 미만은 35%에 불과하였다.

요약과 결론

IPT는 노인들에게 특히 적합한 것 같다. IPT의 협조적이고, 교육적이고, 지지적인 치료 정신은 노인을 대상으로 정신치료를 할 때 일반적으로 지녀야 하는 지침과 잘 맞아떨어지는 듯하다. 네 가지 문제 영역, 특히 역할 전환, 대인관계 갈등, 그리고 애도는 많은 노인들이 겪게 되는 문제들을 잘 반영하고 있다. 우리가 노인 정신건강 클리닉 외래에서 IPT를 실시한 경험에 의하면, 임상적 결과는 연구 결과와 거의 일치하며, 탈락자가 거의 없었다. 임상심리학 수련생 대부분은 유능한 수련감독자가 철저한 지도감독을 해 줄 경우 노인우울증 환자를 대상으로 하는 16주 IPT를 성공적으로 수행할 수 있었다.

노년기 우울증에 있어서 가족의 문제에 관한 저자들의 연구에 의하면, 우울한 노인을 돌보는 과정에서 대인관계 스트레스가 존재하며, 우울증의 경과에도 대인관계 요소가 중요한 역할을 하고 있음이 밝혀졌다. 이러한 연구에서 입증된 대인관계 문제를 해결하는 데 IPT를 활용하는 것은, 논리적으로 그리고 임상적으로 필요한 다음 단계가 될 것이다. 노인우울증 환자 치료에서 IPT에 대한 대규모의 잘 설계된 지속/유지치료 연구(Reynolds et al., 1999)나 의학적 질병이 있는 노인들의 우울 증상 치료에 대한 IPC의 유용성 연구(Mossey et al., 1996), 그리고 노년기 우울증의 단기 치료에 있어서의 IPT에 대한 예비 연구에도 불구하고, 노인의 주요우울장애에서의 단기 IPT에 대한 대규모의 잘 통제된 연구가 부족하다는 것은 아쉬운 부분이다. "우울증 치료에서 효과가 증명된 IPT가 노인에게도 역시 효과적일 것이라고 기대하지 못할 이유가 어디 있는가?"(Weissman et al., 2000, p. 214)라고 반문하는 사람들도 있지만, 노년기 급성 우울증에서 IPT의 치료효과에 대한 결정적 연구가 실시되어야 한다. 피츠버그 대학 연구자들은 노인

우울증 환자의 급성 그리고 유지치료에서 항우울제와 함께 IPT를 실시한 결과, 놀랄 만한 결과—물론 이러한 결과는 젊은 성인들의 결과와 다르지 않았다—를 얻어 냈다(Reynolds et al., 1999). 노인 환자들의 우울증 연구의 유지 단계에서, 항우울제 투약과 월 1회씩 실시된 IPT 모두가 재발률을 유의미하게 낮췄으며, 두 가지 방법을 병행해서 사용할 경우 효과가 가장 좋았다.

임상적인 측면에서 볼 때, IPT는 주요우울장애를 갖고 있는 노인들에게 적용할 수 있는 치료일 뿐 아니라, 대인관계 문제와 관련된 적응장애로 우울 증상을 겪고 있는 사람들에게도 적용할 수 있는 치료다. IPT는 잘 정의된 구조를 가지고 있지만, 동시에 임상가들이 애초부터 갖고 있는 치료기술과 대인관계 민감성에 따라 효과가 좌우되는 측면이 있다. 이것은 항우울제 처방에 있어서 전문가가 그 약을 어떻게 설명하는가에 따라 약물 순응도가 달라지는 것과 마찬가지다. IPT는 근거 중심(evidence-based)의 치료를 강조하는 의료계와 정신건강 분야에서의 현대 조류와 맥을 같이하고 있다. 따라서 IPT는 환자 중심의 친절한 치료 수단이다.

다음 장에서 우리는 우울증을 앓고 있는 노인을 대상으로 IPT를 수행하는 실제를 다룰 것이다. 이 과정에서 젊은 성인을 대상으로 원래 고안되었던 IPT의 원리와 지침을 따를 것이지만, 동시에 노인들에게서 나타날 수 있는 임상적 문제에 초점을 맞출 것이며, 그 연령 집단에서 IPT를 실시할 때 주로 나타나는 문제들을 다룰 것이다. 임상 장면에서 IPT를 사용하고자 하는 독자들은 『Comprehensive Guide to Interpersonal Psychotherapy』(Weissman et al., 2000)를 읽기를 권한다. 이 책은 IPT를 실시할 때 일차적인 참고 자료가 될 것이다. 우리의 경우처럼, 노인을 대상으로 IPT를 실시하기로 했다면, 임상적 결과도 향상될 뿐 아니라 노인과 함께하는 정신치료 작업도 풍성해질 것이다.

제 5 장

치료 초기

INTERPERSONAL PSYCHOTHERAPY FOR DEPRESSED OLDER ADULTS

제5장 치료 초기

INTERPERSONAL PSYCHOTHERAPY FOR DEPRESSED OLDER ADULTS

치료자는 치료 초기에 대인관계치료(IPT)를 위한 기초 작업을 해야 한다. 이것은 IPT에서 매우 중요한 단계로, 이를 통하여 클라이언트는 IPT의 용어나 개념, 그리고 대인관계적 초점에 참여하기 시작하는 것이다. 우리 클리닉에서는 노인 환자를 IPT에 의뢰하기 전에 기초적인 평가를 통해 환자의 진단, 정신과 병력, 의학적 문제, 현재 정신과나 그 밖의 과에서 처방받고 있는 약들, 간단한 사회적, 직업적인 개인사, 그리고 AIDS 감염 여부 등을 조사하기 때문에, 임상가는 이러한 기초적인 정보를 갖고 환자를 만나게 된다. 치료자가 환자를 만나기 전에 이미 광범위한 사전 평가를 해 놓지 않는다면, 치료 첫 시간에 이러한 평가를 해야 한다. 노인이 AIDS에 걸릴 확률이 높지 않은 점을 고려하면, 초기 단계에서 AIDS 문제를 다루는 것이 의아하게 생각될 수도 있을 것이다. 우리 클리닉도 AIDS에 감염된 노인 환자는 매우 드물었지만, 스스로를 보호하지 않는 상태로 성관계를 하는 노인들이 있기 때문에 AIDS에 대한 평가가 필요하다. 실제 사례들을 살펴보면 노인들도 ADIS에 대하여 모르고 있지는 않았지만 첫 면접을 통해 ADIS에 대하여 노인들이 알고 있는 정보가 확실하고 완벽한 것인지를 점검해 주는 것이 좋다. 우리는 이 문제를 다루어 주는 것이 치료적 동맹을 맺을 수 있는 기회가 될 수 있음을 알게 되었다. IPT를 실시하기 전에 노인 환자에 대해 평가하지 못했다면 이 책의 2장에서 언급한 평가를 철저히 해야 한다. 이 연령층이 건강 또는 인지 문제가 증가하는 연령대임을 고려해 볼 때, 의학적 문제와 인지적 기능에 대한 평가는 특히 중요하다. 노인 환자에게 복잡한 의학적 문제가 있을 경우, 혹은 우울증이 의학적 문제와 관련되어 있거나 처방된 약과 관련되어 있을 경우에는 환자의 주치의와 서면이나 기타 방법으로 정보 교환을 하는 것이 더욱 중요하다. 정신과 약을 먹는 환자의 경우, 그 약을 처방한 의사와 협조하여 치료하는 것은 매우 중요한 일이다. 또한 감각 기능의 결함(주로 시각이나 청각)이 있는지 여부를 아는 것도 노인들에게는 매우 중요하다.

우울증 다루기

첫 회기에서는 우울증에 초점을 맞추어야 한다(〈표 5-1〉 참조). 일반적으로 첫 회기(혹은 늦어도 두 번째 회기)에 HRSD 같은 우울증 평정척도를 실시하지만, 다른 우울증 척도를 사용해도 무방하다. 우울증 평정척도를 사용하면, 증상에 바로 초점을 맞출 수 있을 뿐 아니라, 증상의 심각도에 대한 객관적인 지표가 되어, 증상 변화에 대해서 환자와 논의할 수 있는 근거가 된다. 노인들은 자신의 증상을 정량화시키는 것을 좋아한다. 노인들은 건강상의 문제가 많기 때문에, 자신의 건강 상태가 숫자로 표시되는 것에 익숙해져 있었다. 그들은 콜레스테롤 수치, 혈압 수치 등을 잘 알고 있으며, 이러한 지표의 변화를 통하여 약물치료의 효과를 점검하고 건강 상

〈표 5-1〉 주요우울장애에 대한 대인관계치료의 개요

I. 치료 초기
- A. 우울증 다루기
  1. 우울 증상에 대해 검토하기
  2. 증상 진단하기
  3. 우울증을 의학적 질병으로 설명하기: 치료에 대하여 설명하기
  4. 환자에게 '환자 역할' 부여하기
  5. 약물치료의 필요성에 대해 평가하기
- B. 우울증과 대인관계 상황을 연결시키기
  1. 현재의 우울 증상과 관련하여 현재와 과거의 대인관계를 검토하기. 다음 사항들을 평가하기
     - a. 중요한 대상과 상호작용하는 방식
     - b. 환자와 중요한 대상 서로 간의 기대, 그리고 이 기대들이 충족되는지 여부
     - c. 관계에서 만족하는 면, 불만족스러운 면
     - d. 관계에서 변화되기를 바라는 점
- C. 주요 문제 영역을 확인하기
  1. 현재 우울증과 관련된 문제 영역을 결정하고 치료 목표를 설정하기
  2. 대인관계에서 어떤 관계나 어떤 측면이 우울증과 관련되어 있는지를 결정하고 어떤 변화가 가능한지를 결정하기
- D. IPT 개념을 설명하고 계약 맺기
  1. 치료자가 이해하는 환자의 문제를 개괄적으로 기술하기
  2. 치료 목표에 동의를 구하고, 어떤 문제에 초점을 맞출지 결정하기
  3. IPT 절차를 설명하기: '여기 그리고 지금'에 초점을 맞추기, 환자가 가장 우려하는 문제를 다루기, 현재 대인관계 문제를 검토하기, 치료의 실제적인 면을 검토하기－치료 기간, 치료 횟수, 시간, 치료비, 빼먹는 시간에 대한 처리원칙

참조: M. M. Weissman, J. C. Markowitz, & G. L. Klerman(2000). *Comprehensive Guide to Interpersonal Psychotherapy* (p. 22). New York: Basic Books. Copyright 2000 by Basic Books. Reprinted with permission.

태의 호전 여부를 평가하는 것도 잘 알고 있다. 치료자는 우울증 평정척도 점수의 의미를 환자에게 설명해 주어야 한다("당신의 점수에 의하면, 현재 당신은 중등도로 심각한 우울증 상태를 보이고 있습니다.").

치료자는 우울 증상에 대해 진단을 하게 된다. IPT에서 우리가 만난 대부분의 환자는 주요우울장애 환자이거나, 불안 혹은 우울, 아니면 둘 다 나타내고 있는 적응장애 환자였다. 주요우울장애가 기분부전장애와 함께 나타나는 경우도 있다. 이러한 경우를 이중우울(double depression; Keller & Shapiro, 1982)이라고 한다. 노인을 대상으로 하는 IPT의 지속/유지 연구는 주로 주요우울장애에 초점을 맞추고 있었지만, 또 다른 연구에서는 우울 증상으로 일차진료를 받는 노인에게 IPT가 유용한지를 다루었다(Mossey, Knott, Higgins, & Talerico, 1996). 우리는 적응장애 환자를 치료할 때도, 주요우울장애 환자를 대상으로 개발된 전형적인 IPT 프로토콜을 따른다. 나이가 많은 환자일수록 그들이 경험하는 우울 상태를 질병으로 생각하지 않고 좀 더 일상적인 경험으로 치부하는 경향이 있다(신경과민이나 울적한 상태, 스트레스 등). 이것은 오랜 기간 우울증을 앓아 온 노인의 경우도 마찬가지다. 이전의 임상가가 진단에 대해 전혀 언급하지 않았거나, 처음에 한 번만 언급하고 다시는 말하지 않았기 때문일 가능성이 크다. 우리는 많은 노인들이 자신의 의학적 상태에 대하여 정확히 명명할 수 있으며 상당수는 의학적 문제에 대한 정보를 적극적으로 찾고 있다는 점에 놀라는 경우가 많다. 우리는 『정신장애의 진단 및 통계 편람(DSM-IV)』을 사용해서 진단을 하는데, 이때 DSM-IV를 읽어 가면서 증상의 특징을 환자에게 설명해 주기도 한다. 때로는 DSM-IV를 사용해서 증상을 살펴보는 것 자체가 매우 강력한 치료적 개입이 되기도 한다. 즉, 노인들은 자신이 겪고 있는 어려움이 자기만의 문제가 아니며, 전문가가 자신의 증상의 속성을 잘 이해하고 있다는 점에서 놀라움과 안도감을 느끼기도 한다. 노인에게 나타나는 우울증의 빈도 및 이 경우 어떤 위험 요소가 있는지를 간단히 설명해 주기도 한다.

우울증은 의학적 질병으로 정의할 수 있다. 우울증을 의학적 질병으로 정의하면, 정신과적 문제를 도덕적 결함이나 의지 박약, 심약함으로 간주하던 시대에 성장한 노인들은 몹시 당황할 수 있다. 그러나 대부분의 노인은 한두 가지의 의학적 문제를 지니고 있고, 따라서 의료 패러다임에 익숙해져 있기 때문에 약간의 설명만 해 주면 대부분 이를 수용하게 된다. 좀 더 많은 설명과 논의가 필요한 경우도 있다. 신체적 질병과 마찬가지로 우울증도 정상적 기능을 힘들게 하며, 수면과 식욕 같은 생리적 증상을 야기한다는 점을 알려 주면서 신체와 정신의 상호 연관성을 설명해 줄 때, 노인들이 좀 더 쉽게 받아들이는 모습을 볼 수 있다. 우울증을 치료하는 방법, 즉 약물치료와 정신치료 모두에 대해 알려 준다. 환자가 전기충격치료(ECT)를 받은 경험이 있거나 권유 받은 경우에는 이에 대해서도 다루어 준다. 이 책의 3장과 4장에서 언급한 임상 연구 결과들을 인용하면서, 정신치료 자체만으로, 혹은 정신과 약물치료를 병행한 경우, 대부분의 우울증이 호전되었다는 연구 결과를 설명해 주고, 노인우울증을 치료한 치료자 자신의 임상 경험에 대해서도 이야기해 준다.

환자에게 '환자 역할(sick role)'을 부여한다. 앞서 언급한 것처럼, 환자 역할은 병에 걸려 아픈 사람이 회복할 때까지 매일의 의무 사항들을 일시적으로 유예할 수 있는 기준을 세우자는 사회학자의 주장에서 유래된 개념이다(Klerman et al., 1984). 일부 노인들은 자신이 제대로 기능하지 못하는 이유를 이해하지 못하며, '좀 더 열심히 노력하지 않는' 혹은 '게으른' 자기 자신을 비난하기도 한다. 이렇게 귀인함으로써 죄책감 혹은 자기비난에 빠지게 된다. 기능상의 문제를 점검해 보고, 이러한 기능장애를 겪는 것이 의학적 질병의 한 증상이라는 점을 다시 설명해 주는 것이 도움이 될 수 있다. 우울증이 회복되면 기능도 다시 돌아올 것임을 알려 주면 노인들은 희망을 갖게 된다. 또한 노인 환자에게 스스로 감당하기 힘든 일들을 일시적으로 줄이거나, 하지 않도록 권유한다. IPT 초심자들은 이와 같은 전략으로 인해 환자가 스스로 좋아지려는 노력을 적극적으로 하지 않을까 봐 걱정할 수도 있다. 그러나 앞으로 다루겠지만, 치료 중기에서는 정상적으로 기능하기가 얼마나 힘든지를 이해하면서도 상황을 호전시키기 위해 어떻게든 활동량을 늘려 나가도록 격려하는 방법을 통해, 환자가 문제가 되는 이슈들을 감수하면서 실제적으로 할 수 있는 일이 무엇인지에 초점을 맞추게 된다.

다음 단계로 치료자는 정신과 약물의 필요성을 평가하게 된다. 우리 클리닉에서는 초기 평가 단계에서 정신과 약물이 필요하면 바로 알려 준다. 아직 평가를 못했다면 약을 처방을 할 수 있는 임상가가 이 평가작업을 해야 한다. 처방을 할 수 없는 치료자가 약물 복용이 도움이 될 것으로 판단했다면, 의학적 평가를 의뢰해야 한다. 어떤 노인들은 '이미 너무 많은 약을 복용하고 있기 때문에 약에 중독될 것이 두려워' 혹은 '스스로 극복해야 한다고 생각하기 때문에' 약물 복용을 거부하기도 한다. 심각한 우울증을 겪고 있는 노인 환자에서 항우울제가 꼭 필요하다고 판단된다면 약물 복용에 대하여 더 많은 시간을 할애하여 설득하고 약에 대한 거부감을 없애도록 노력하며 치료 회기 중 반복해서 약을 먹지 않겠다는 생각을 재고하도록 권유해야 한다.

우울증과 대인관계 상황을 연관시키기

일반적으로 두 번째 회기에 치료자는 현재 및 과거의 대인관계에 대한 개괄적 정보를 얻기 위해 대인관계 설문지를 실시한다. IPT 개요에 제시된 질문들은 이에 관한 정보를 얻는 데 유용하다. 대인관계 정보를 얻는 데 대체로 한 회기 이상은 할애하지 않으므로, 목표 지향적인 질문을 해야 할 필요가 있다. 우리는 노인에게 시간 제한을 하지 않을 경우, 각 관계를 지나치게 자세히 기술하여, 할당된 시간 내에 대인관계 설문지를 마치기 힘들다는 것을 알게 되었다. 따라서 다음과 같이 말함으로써 제한된 시간 내에 대인관계 상황을 검토해야 한다는 신호를 노인 환자에게 보낼 수 있다. "저는 당신의 인생에서 중요한 사람들에 대하여 전반적으로 알아보고자 합니다. 하지만 지금은 그들과의 관계에 대해서 너무 자세히 말씀하실 필요는 없습니다. 당신이 중요하다고 생각되는 사람들에 대해서 각각 5분에서 10분 이내로 말씀해 주십시오."

노인이 전 생애에 걸쳐 대인관계를 맺어 왔다는 점을 감안하여, 주로 현재의 대인관계에 초점을 맞추도록 하는 것이 중요한데, 그러면서도 현재 환경에 영향을 준, 즉 현재와 연관성이 있는 과거의 관계를 다루는 것이 중요하다. 대인관계 설문지는 현재의 대인관계와 관련된 문제에 대하여 중요한 정보를 줄 수 있으며(이것이 치료의 초점이 된다), 대인관계에서 환자의 약점과 장점을 알려 줄 수 있다. 어떤 사람들은 만성적으로 대인관계에 문제가 있었으며 이미 이러한 관계에 적응이 되어서 이를 정상으로 보기 때문에, 설문지를 실시하지 않으면 치료 초기에는 이 문제가 잘 드러나지 않을 수 있다.

주요 문제 영역을 확인하기

대인관계 설문지와 함께 환자가 자신의 우울증과 관련 있는 주변 환경에 대하여 자유롭게 진술한 내용들을 통해서, 환자의 문제 영역이 무엇인지, 무엇이 치료의 초점이 되어야 하는지에 대한 중요한 정보를 얻을 수 있다. 우리는 특히 우울증이 발병하기 직전 환자의 생활에서 어떤 일이 발생했는지에 주목해야 한다. 환자가 이전에도 우울 삽화를 경험했다면, 이전 우울 삽화의 촉발 요인이 되었던 심리사회적 요인을 밝히는 데도 관심을 기울여야 한다. 촉발 요인이 분명한 경우에는, 환자를 우울증에 빠지게 하는 취약한 부분, 즉 대인관계 중 어떤 영역이 문제가 되는지가 좀 더 구체화된다. 예를 들어, 우울증 발병 직전에 건강상의 문제가 있었거나 중요한 대상과의 갈등이 있었을 수 있다. 분명한 촉발 요인은 없었지만 중요한 다른 사람과 지속적인 갈등이 있는 경우에도 우울증이 발병하거나 악화될 수 있다. 치료 초기에 환자가 대인관계와 관련된 사건을 떠올리기 힘들어할 수도 있는데, 이 경우에는 IPT가 바람직한 치료기법이 아닐 수 있다. 임상적으로 볼 때, 불안 수준이 높거나 심각하게 부적응적인 인지를 지니고 있는 경우, (2장에서 언급한) 인지행동치료가 더 효과적일 수 있는데, 인지행동치료는 노년기 우울증에도 좋은 치료효과를 보이고 있다. 대인관계 영역에서의 문제를 확인한 후, 치료자는 환자와 치료 목표를 구축하는 작업을 해야 한다. 모든 환자에게 적용되는 치료 목표 중 하나는 우울 증상을 현저하게 낮추는 것이다. 또한 확인된 문제 영역에 기초하여, 이 문제 영역들을 치료 목표에 분명히 반영할 수 있어야 한다. 예를 들어, 남편과 불화가 있는 노인의 경우 치료 목표는 ‘남편을 좀 더 잘 이해하고 남편과의 관계에서 생기는 어려움을 잘 다루게 되기’가 된다. 사별한 아내에 대해 애도하고 있는 환자의 치료 목표는 ‘아내의 상실을 이겨 내고 자신의 삶을 영위하기’가 된다. 역할 전환의 문제를 갖고 있는 환자는, ‘남편이 알츠하이머 치매로 진단받은 이후 내 삶에서 변화된 부분을 다루고 남편을 돌보기 위해 부여될 많은 의무들을 어떻게 해결해 나갈지 탐색해 보는 것’이 치료 목표가 될 수 있다. 대인관계 결핍을 보이는 노인의 경우, 치료 목표는 ‘고립되어 있다고 느끼지 않도록 새로운 친구를 만들어 나가는 것’이다.

치료 시 다루어야 할 문제 영역이 두 개인 환자도 있다. 이 경우 우울증 발병에 더 많은 영향을 주고, 정서적으로 더욱 두드러진 문제에 치료의 초점을 맞추게 된다. 우울증의 단기 치료에서 IPT의 시간이 제한되어 있다는 점을 고려해 볼 때, 16회기 내에 두 가지 이상의 치료 목표를 설정하기는 어렵다. 또한 많은 경우 두 번째 문제 영역은 첫 번째 문제 영역에서 유래된다. 예를 들면, 역할 전환 혹은 애도로 인하여 우울해진 환자는 중요한 사람들과 갈등을 일으키기 쉬운데, 우울한 사람은 주변 사람들과의 대인관계에서 긴장감을 증가시키기 때문이다.

IPT 개념을 설명하고 계약 맺기

치료 초기의 세 번째 혹은 네 번째 회기에서 치료자는 환자의 대인관계를 도식화하여 설명해 주어야 한다. 또한 환자가 우울증이라는 의학적 질병을 가지고 있음을 다시 한 번 설명해 주어야 한다. 우울증을 촉발한 것으로 보이는 대인관계 사건을 환자가 이해할 수 있도록 설명해 주고, 우울로 야기된 대인관계상의 문제가 있다면 이것도 설명해 주어야 한다. 문제가 되는 영역을 분명히 하고, 이 영역이 치료의 초점이 되며, 치료 목표가 될 것임을 알려 준다. 이렇게 구조적으로 설명을 해 준 후에, 환자로부터 "이제 나도 확실히 이해할 수 있게 되었다."라는 말을 들을 수 있어야 한다. 대부분의 노인은 치료자의 요약 설명에 동의하며, 치료자가 정확하고 간결하게 자신의 문제를 설명해 준 것을 기뻐한다. 때로는 환자가 한두 가지 측면에 대하여 동의하지 않을 수도 있다. 이 경우 좀 더 논의할 필요가 있지만, 치료 목표에 대해서는 최소한 잠정적인 동의가 있어야 한다. 어떤 노인은 16주간의 치료로 도움을 받을 수 있다는 말을 믿지 못하고 때로는 정신치료를 통해 자신의 문제를 해결할 수 있다는 점에 의심을 품고 치료에 동의하지 않는다. 이전에 정신분석학적 혹은 정신역동적 정신치료를 받았던 노인들 중에는 이러한 치료법이 IPT보다 낫다고 생각하는 사람도 있을 수 있다. 환자가 강력히 원한다면 다른 종류의 정신치료를 선택할 수 있는 기회를 주어야 한다. 하지만 우리 경험에 의하면 우리가 치료하려고 했던 대부분의 노인 환자들은 IPT를 실시하는 데 동의하였다.

세 번째 회기에 치료자는 IPT의 구조에 대하여 설명한다. 연구 결과에 의하면 IPT가 대부분의 경우에서 효과적이었으며, 환자의 치료 결과도 좋았으면 한다고 말해 줄 수 있다. 동시에 IPT에 대해 설명하면서 IPT는 주로 현재에 초점을 맞춰 나가지만, 현재 문제와 관련되어 있는 과거 사건도 다룰 수 있음을 알려 준다. 특히 환자가 주로 관심을 갖는 문제를 다루는 것이 중요하다는 점을 강조한다. 동시에 치료자는 16주라는 치료 시간을 언급하며, 일주일에 한 번씩, 만날 날짜와 시간을 정한다. 병이 나거나, 날씨가 아주 나쁘거나, 예기치 못한 생활상의 사건을 제외하고는 매주 오는 것을 원칙으로 한다. 정신치료에 익숙하지 않는 노인은, 가끔씩 단지 몇 번만 병원을 방문하면 되었던 의학적 치료와 비교하면서 치료 횟수가 많은 것에 놀라기도 한다.

요약하면, 치료 초기에 치료자는, 환자의 문제를 이해하였고 그 문제를 해결할 계획을 가지고 있으며 치료가 효과가 있기를 희망한다는 메시지를 환자에게 전달해 주어야 한다. 이러한 설명을 통해 환자들은 모든 것이 좋아질 수 있다는 희망을 갖게 되며, 그것만으로도 증상이 호전되는 경우도 있다.

사 례

이 장의 나머지 부분에서는 애도, 대인관계에서의 역할 갈등, 역할 전환, 대인관계 결핍 등 네 가지 주요 문제에 대한 치료 초기 사례들을 다룰 것이다. 이 사례들은 우리 클리닉에서 노인 환자를 대상으로 실시한 사례들이다. 각 사례들은 개인의 비밀 보호를 위해 일부 내용을 변경하거나 수정하였지만, 본질적인 내용은 그대로 전달하려고 하였다. 우리는 이 사례들이 노인을 대상으로 하는 IPT의 목표, 전략, 기법 등을 설명하는 데 유용하리라 생각한다. 독자는 각 사례를 처음부터 끝까지 연속성을 가지고 이해해 주기 바란다. 사례들은 이후 해당 문제 영역을 다룰 때, 좀 더 자세히 다루어질 것이다. 주요 문제 영역별로 추가 사례를 제시하였다.

애도: 글로리아 존슨의 사례

글로리아 존슨은 69세의 기혼 여성이고, 백인 기독교인이며, 클리닉의 다른 임상가가 초기 평가를 통하여 경도의 주요우울장애, 단일 삽화로 진단한 후에 의뢰하였다. 그녀는 고혈압으로 혈압약을 복용하고 있었고, 인지장애를 보인다는 증거는 없었다. 일 년 전 그녀의 오빠와 올케가 연이어 사망한 후 이를 극복하기 힘들어하여 정신치료에 의뢰되었다. 그들이 사망한 이후, 환자는 매우 우울해졌으며, 친구들을 만나는 데 흥미가 없어졌고, 매일 일상적인 일을 하는 것도 상당히 힘들어하였다. 첫 시간에 해밀턴 우울증 척도(HRSD)를 실시하였는데 18점(중등도의 우울증)이었다. 그녀에게 증상과 주요우울장애에 대해 설명해 주고, 주요우울장애가 의학적 질병임을 설명하였다. 그녀는 주요우울장애에 대하여 이미 알고 있었는데, 왜냐하면 올케가 죽어갈 때 주요우울장애로 치료받고 있었으며, 이 병에 대한 신문기사를 읽은 적이 있기 때문이다. 치료자는 존슨에게, 일상적인 일을 하기가 힘든 것은 주요우울장애 때문일 수 있으며, 이는 주요우울장애의 전형적인 증상이므로, 당분간은 부담이 된다면 사회적 활동을 줄이고, 집안일을 도와줄 사람을 고용할 것을 제안하였다. 정신과 의사에게 항우울제 처방을 받을 것도 권했지만, 존슨은 정신치료를 통해 증상이 좋아지기를 희망하기 때문에 현재는 약물 복용을 원하지 않는다고 하였다. 치료자는 약의 유용성에 대하여 다시 설명하고, 특히 우울증의 신체적 증상을 경감시키는 데 도움이 된다고 하였다. 그녀는 증상이 호전되지 않으면, 그때 다시 약 복용을 고려해 보겠다고 하였다.

치료자는 그녀의 오빠와 올케가 사망한 상황에 대하여 질문하였다. 그녀는 그들이 '오래 앓다가' 죽었다고 대답했지만, 어떤 병 때문에 죽었는지에 대해서는 분명히 말하지 않았다. "점점 약해지더니 더 이상 병마와 싸우지 못했어요." 치료자가 구체적으로 어떤 병이었는지 계속 질문하자, 존슨은 말이 없더니 흐느끼기 시작하였다. "그건 악몽이에요, 정말 악몽이에요. 어떻게 그런 일이 일어날 수 있는지, 나에게도 일어나선 안 될 일이었고, 그들에게도 안 될 일이었어요." 그녀는 오빠가 원인을 알 수 없는, 설명할 수 없는 여러 가지 병을 앓게 되었다고 천천히 얘기했다. 그러더니 올케도 점점 약해져 갔고 결국 폐렴에 걸리고 말았다고 하였다. "이 말을 어떻게 할 수 있겠어요? 오빠와 올케 모두 AIDS에 걸렸어요." 그녀는 그들이 왜 AIDS에 걸렸는지 이해할 수 없다고 하였다. "내가 두 사람을 간호했어요. 오빠가 먼저 죽었고, 이어서 올케가 죽었어요. 이 일을 어떻게 친구들에게 말할 수 있었겠어요? 난 못해요. 물론 남편에게는 말했죠. 남편도 나만큼 놀랐고 당황했어요."

다음 회기에 치료자는 대인관계 설문지를 실시하였다. 설문지에 의하면, 오빠와 올케의 병이 깊어질수록, 남편과의 긴장감이 심해졌고, 갈등이 커질수록 그녀는 더욱 우울해졌다. 그녀가 오빠 부부를 잃고 비탄에 빠져 있으면 있을수록, 남편의 지지도 점차 사라져 간다는 사실을 알게 되었다. "친구들은 물론이고 남편에게도 점점 더 AIDS의 악몽에 대해 말하고 싶지 않아졌어요." 그녀는 남편과 원만한 결혼생활을 해 왔지만, 성격이나 취미는 서로 잘 맞지 않았다고 했다. 그녀는 남편과의 관계에서 문제를 일으키는 것을 원치 않았다. 아들, 딸과의 관계도 좋은 편으로, 결국에는 그들에게도 삼촌 내외의 사망 원인을 말해 주었다. 그들은 지지적이었지만 멀리 떨어져 살았기 때문에 큰 도움이 되지는 못했다. 과거에는 친구들과 적극적이고 만족스런 사회적 관계를 맺고 모임에도 열심히 참여했지만, 오빠 내외의 죽음의 원인에 대하여 '거짓말'을 한 후에는 친구들로부터 동떨어진 것 같은 느낌이 들었고, 6개월 전 우울증이 발병한 후에는 거의 만나지 않고 있었다.

환자의 첫 번째 문제 영역은 애도였고 두 번째 문제 영역은 남편과의 관계에서의 역할 갈등이었다. 애도를 첫 번째 문제 영역으로 본 이유는 주요우울장애의 가장 중요한 촉발 요인이었으며 그녀 스스로 이것을 가장 중요한 이슈로 느꼈기 때문이다. 남편과의 관계 악화는 우울증이 대인관계상의 문제를 야기한다는 연구 결과(Joiner, 2000)와 일치한다. 주요우울장애의 해소, 오빠 내외의 죽음으로 인한 충격을 이겨 내는 것, 남편과의 관계 개선 등을 포함하여, 어떤 것을 치료 목표로 삼을지 환자와 함께 의논하였다. 그녀는 오빠의 죽음에 대하여 솔직히 이야기할 기회를 갖는 것이 도움이 된다고 느꼈고, 다음으로는 남편과의 관계에서 갈등을 감소시키는 것이 자신의 삶을 좀 더 편안하게 만들 것이라고 느꼈다.

세 번째 회기에 치료자는 그녀에 대하여 이해하는 바를 제시하였다. "당신은 주요우울장애를 앓고 있으며, 이것은 의학적 질병입니다. 무엇보다도 이것이 사회적 활동을 힘들게 하고, 매일매일의 일상적인 일도 힘들게 합니다. 당신의 우울증은 오빠 내외의 발병과 죽음 이후에 나타났는데, 친구들이나 다른 사람에게 그들의 죽음이 AIDS 때문이었다고 솔직하게 말할 수 없었기 때문에 더욱 힘들었던 것 같습니다. 당신은 스스로 적절히 대처하지 못한 것에 대하여 상당히 강렬하고 복잡한 감정을 지니고 있는 것 같습니다. 남편과의 관계가 이상적이지는 않았지만, 오빠 내외의 병으로 인한 스트레스와 당신 자신의 우울증 발병 때문에 남편과의 갈등이 증폭된 것 같으며, 이로 인해서 당신은 더 이상 남편에게도 의지할 수 없다고 느끼는 것 같습니다. 제가 정확히 이해했나요?" 존슨은 그렇다고 대답하였지만, 가장 중요한 이슈는 오빠 내외의 사망을 이겨 내지 못한 것이라고 강조하였다. 그녀는 이 문제가 해결된다면 남편과의 관계도 좋아지겠지만, 자신의 결혼에 대하여 좀 더 생각해 보아야 한다는 점에는 동의하였다.

치료자는 IPT의 기본 요소에 대하여 설명하였다. "IPT는 당신과 같은 문제를 가지고 있는 사람에게 도움을 주기 위하여 개발된 정신치료입니다. 연구 결과와 나의 개인적인 임상 경험에 의하면, IPT를 받은 대부분의 사람은 치료 후 상당한 호전을 보입니다. 우리는 현재 당신 삶에서 진행되고 있는 이슈에 초점을 맞출 것이며, 동시에 오빠 내외의 죽음과 관련되어 있던 어려운 상황들을 다룰 것입니다. 약속된 시간은 당신을 위한 시간이며, 16주 동안 매주 계속될 것입니다. 당신이 다른 사람들과 나눌 수 없었던 걱정거리들을 나와 함께 솔직히, 그리고 개방적으로 다루어 보시기 바랍니다." 치료자는 다시 한 번 항우울제를 사용할 것을 제안하였으며, 환자도 생각해 보겠다고 대답하였다.

대인관계에서의 역할 갈등: 메리 라이언의 사례

메리 라이언은 79세의 미망인으로 가톨릭 신자다. 언니와의 관계가 틀어진 것 때문에 정신치료를 받게 되었고, 진단은 주요우울장애, 재발성, 중등도였다. 관절염 때문에 수년간 약을 복용해 왔지만, 스스로 전반적으로는 건강한 상태라고 기술하고 있었다. 인지장애를 시사하는 면은 없었다. 라이언은 '뭔지 모르게 신경이 예민해져서' 의사를 방문했는데, 정신치료에 의뢰되어 다소 당황하고 있었다.

그녀는 혼자 시간을 보내는 것이 점점 힘들게 느껴졌는데, 왜냐하면 혼자 있으면 언니와의 문제를 자꾸 생각하게 되기 때문이었다. "때로는 내 자신으로부터 도망치기 위해 집 밖으로 뛰쳐나가고 싶다."고 하였다. 지난 6개월간 그녀의 신경은 점차 예민해졌고, 이와 함께 수면에도 어려움을 겪었으며 체중도 줄었다고 했다. 그녀를 진찰한 내과 의사는 이러한 증상을 설명할 만한 의학적 문제를 발견하지 못했으며, 따라서 그녀를 우리 치료센터에 의뢰하였다.

HRSD 점수는 22점으로, 심각한 우울 상태였지만, 메리 라이언은 자신이 우울하다고 생각하기보다는 '예민해졌다.'고 생각하고 있었다. 또한 그녀는 중등도의 불안 수준을 나타내고 있었으며, 그녀의 증상은 주요우울장애의 전형적인 모습이었다. 치료자는 DSM-IV에서 주요우울장애에 해당하는 증상을 읽어 주고는 "이러한 문제를 겪고 있습니까?"라고 질문하였다. 그녀는 "당신이 읽은 책에 어쩌면 그렇게 내 증상이 그대로 적혀 있죠?"라며 놀라움과 감탄을 표시하였다. 그녀는 어쩔 수 없이 자신이 우울증을 겪고 있으며, 상당한 정도의 불안 증상도 갖고 있음을 인정하였다. 치료자는 우울의 속성에 대해 자세히 설명하였다. 즉, 이것은 의학적 질병이며, 심장병이나 암과 마찬가지로 심각한 기능의 장애를 초래한다고 말해주었다. 그녀는 수년 전 남편이 사망했을 때에도 비슷한 경험을 했던 것을 기억해 내었다. 치료자는 주요우울장애의 치료에 대해서도 설명했는데, 이에 대해 라이언은 '단지 누군가와 이야기하는 것만으로' 언니와의 관계 같은 어려운 상황이 해결될 수 있다는 것을 믿기 힘들다고 말했다. 그녀는 억지로 사회적 관계를 맺게 되면 모든 상황이 더 힘들어지는데, 왜냐하면 그녀와 언니는 같은 교회에서 같은 모임에 속해 있기 때문이라고 설명했다. 치료자는 그녀의 말이 맞으며 '책에서 기술하는 바와 같이' 주요우울장애는 하루아침에 좋아지는 병이 아니라고 말했다. 정신과 의사는 불안을 치료하기 위해서 벤조디아제핀을 단기 처방하였을 뿐 아니라 SSRI 항우울제를 처방하였다. 그녀는 정신과 약물 복용을 환영하였다.

대인관계 설문지는 언니에 관한 것부터 시작하였다. 그녀는 언니와 일생에 걸쳐 가깝게 지냈다. 그들은 정기적으로 만나는 확대 가족에 속해 있었다. 그녀와 언니는 일주일에 몇 번씩 만나며 규칙적으로 전화를 통해 대화를 나누는 사이였다. 앞서 언급한 바와 같이, 그들은 사회적 모임에도 같이 참석하여 함께 많은 친구들과 어울리고 있으며, 활동도 같이하고 있었다. 언니는 항상 "밀어붙이는" 편이었고, 항상 그녀를 "자기 지배하에 놓으려고" 하였으며, "어린 여동생" 취급을 하였다. 최근까지 그녀는 이런 종속적인 관계를 받아들이고 있었지만, "점점 말대답을 하기 시작했고, 언니는 그것을 싫어했다." 그러다 지난해 아일랜드에 여행 갔을 때 문제가 터졌다. 여행 중 언니가 발목이 접질리는 사고를 당했고, 언니는 라이언에게 여행을 중단하고 함께 집으로 돌아가자고 주장하였다. 그러나 라이언은 집으로 돌아갈 만큼 심각한 부상은 아니라고 생각했기 때문에 이를 거부하였다. 그들은 함께 여행을 계속했으며, 라이언은 여행 중 언니를 계속 도와주었지만, "언니는 결코 나를 용서하지 않았다." 집으로 돌아왔을 때, 언니는 라이언이 자신을 버렸다고 심하게 불평을 늘어놓았으며, 사회적 모임에서는 그녀에게 거의 말을 걸지 않았고 가족 모임에서도 그녀를 아는 척하지 않았다. "언니와 대화를 하려고 했지만 결국 싸움으로 끝나곤 하였다." 지난 4~5개월 동안 언니와 화해하는 것은 점점 불가능해졌고, 그녀는 마침내 주요우울장애에 빠지게 되었다.

다른 관계들도 살펴보았다. 그녀는 죽은 남편과는 대체로 만족스런 관계를 맺어 왔다고 기술하였다. 남편이 죽은 후, 그녀는 집안일을 모두 맡아 하느라고 상당히 힘들었다고 하였다. 그녀는 일에 압도되어 우울해지곤 하였다. 그녀는 치료를 받지 않고 우울증에서 회복되었는데, 이것은 그녀에게는 놀라운 일로, 과거에 스스로 생각해 왔던 것보다 자신이 훨씬 독립적이고 자원이 있다는 것을 자각하게 되었다. 그녀는 딸이 셋 있는데, 모두 가까운 곳에서 살며, 대체로 관계가 좋은 편이다. 또한 마음이 맞는 남자 형제와 여자 형제도 많아서 좋은 관계를 맺고 있었다. 수년 동안 그녀는 사회적 관계를 많이 맺어 왔으며 이를 즐기고 있었다.

세 번째 회기에 그녀와 관련된 이슈를 살펴보았다. "우리가 살펴본 것처럼, 당신의 병은 주요우울장애이며, 이것은 의학적 질병으로서 당신이 정상적으로 기능하는 것을 매우 힘들게 합니다. 주요우울장애에서 흔히 나타나는 증상이지만, 당신은 상당한 정도의 불안을 경험하고 있는데, 당신은 이것을 '신경과민'이라고 표현하는 것 같습니다. 우울증에서 회복되면, 우울한 기분이 감소될 뿐 아니라 불안감 역시 감소됩니다. 저는 당신의 병이 아일랜드에서 언니와 갈등을 겪은 후 발병한 것이 분명하다고 판단합니다. 당신은 언니와의 관계를 개선하려고 애쓰고 있지만, 당신의 노력이 오히려 사태를 악화시키고 있다고 생각하는 것 같습니다. 저는 당신에 대한 정신치료에서 몇 가지 목표를 설정할 수 있을 것 같습니다. 목표 중 하나는 치료 후에 당신의 우울 증상이 개선되는 것입니다. 또 다른 목표는 언니와의 관계를 개선하기 위해 노력하는 것입니다." 라이언은 언니가 매우 완고하기 때문에 관계가 좋아질 것이라고 기대하기 힘들며, 언니와 관계를 개선하려고 했지만 언니가 몇 번이나 거절해 왔음을 이야기하였다. 그녀는 언니가 성당 모임이나 가족 모임에서 좀 더 친절하게 대해 주기만 한다면 만족할 것 같다고 하였다. 가족들은 그들의 행동에 대하여 상당히 당황하고 실망하고 있었으며, 그 나이에 서로 반목하는 것을 '이상하게' 여기고 있었다. 이 회기에서는 치료 형식을 IPT로 하기로 결정하였으며 현재에 초점을 맞추고, 치료자와 함께 환자의 중요한 관심 영역을 살펴보고, 치료 횟수에 대하여 논의하였다. 또한 치료 기간은 16주가 될 것이라는 점을 강조하였다. "한번 해 보죠. 다른 방법이 없으니까요." 라이언이 말했다.

역할 전환: 메이 바튼의 사례

메이 바튼은 74세 백인 여성으로, 센터 스태프가 초기 면접을 한 후 정신치료에 의뢰되었다. 그녀의 진단명은 주요우울장애, 재발성, 경도였다. 그녀는 골다공증을 앓고 있었는데, 최근 들어 상태가 더 나빠졌으며, 약을 복용하고 있었고, 상태 호전에 도움이 된다고 해서 비타민 식이요법을 병행하고 있었다. 그녀는 골다공증으로 인해 집안일을 하기 힘들고, 사회 활동에도 제약을 받고 있다고 느끼고 있었다. 기억력 문제를 호소하고 있기는 하지만, 의미 있는 인지장애가 있다는 증거는 없었다. 수년 전 2, 3년간 지속된 중증 우울장애 삽화로 치료를 받은 적이 있었다. 그녀는 여러 종류의 항우울제를 처방받았지만, 별 도움이 되지 않았으며, 이후 정신치료를 받고 우울증이 호전되었다. 가장 최근의 삽화는 4개월간 지속되었다. 젊은 시절 또 다른 우울 삽화가 있었을 가능성도 있었다.

첫 회기에 치료자는 초기 평가자료를 검토하였고, HRSD를 실시하였다. HRSD 점수는 14점으로 경도에서 중등도의 우울증에 해당한다. 메이 바튼은 주요우울장애라는 용어는 처음 들어 보았지만 우울증이 질병이라는 사실은 쉽게 받아들였다. "과거에 내가 우울해졌을 때, 심각한 문제에 직면했음을 알 수 있었어요. 아침에 침대에서 일어나기도 힘들었고, 설거지를 할 수도 없었어요. 그 누구도 만나고 싶지 않았고, 모두들 내게 왜 그러냐고 물었지만 나는 나도 모른다고 했어요." 그녀는 우울증의 분명한 촉발 요인은 없었다고 말했다. 또한 분명한 것은 이번 우울 삽화가 이전 삽화만큼 심하지는 않은 것 같다고 하였다. "그렇지만 나는 지난번처럼 다시 심해질까 봐 두려워요." 바튼은 정신과 약물과 정신치료가 우울증을 치료하는 데 도움이 된다는 것을 알고 있었다. 그러나 "나는 항우울제는 먹지 않을 거예요. 전에 먹었을 때도 도움이 되지 않았고 오히려 좀비처럼 되었어요." 바튼의 내과 주치의는 전에 삼환계 항우울제를 처방했는데, 그 약은 변비, 시야 흐림, 입 마름, 기립성 저혈압과 같은 항콜린성 부작용이 심했다. 치료자는 새로 나온 약들은 과거에 그녀가 복용했던 약보다 부작용이 적고, 대부분의 노인들이 훨씬 편안해 한다고 설명해 주었지만, 그녀는 "죄송합니다. 하지만 나는 항우울제는 먹지 않을래요."라고 말했다.

바튼의 주된 호소는 뇌졸중 후유증을 앓고 있는 남편을 보살피기가 점점 더 힘들어진다는 것이었다. "하루하루 살아가기가 힘들어요." 주요우울장애가 기능을 저하시킨다는 점을 그녀는 쉽게 받아들였다. 그녀는 골다공증으로 인해 집안일을 하기가 더 힘들어졌는데, 그중 가장 큰 문제는 남편을 돌봐주는 문제였다. 그녀의 남편은 최근 뇌경색이 있은 후 자주 잊어버리고, 시간이나 장소에 대한 감각을 자주 잃곤 하였다. "그이를 어떻게 해야 할지 모르겠어요. 때로는 나도 정신이 없어요."

두 번째 회기에 치료자는 대인관계 설문지를 실시하였다. "지난 50년간 남편과의 결혼생활은 만족스러웠어요." 그녀 남편의 이름은 피터이고, 퇴직한 소방관이다. 최근 들어 남편이 당뇨를 앓게 되었지만, 약과 식이요법으로 잘 조절하고 있었다. "그러다 뇌경색이 왔어요. 약 3년 전이에요. 이후 몸 한쪽의 힘이 약해졌고, 한동안 보조기를 사용해서 걸었어요. 하지만 물리치료를 받고 상당히 좋아졌어요. 물리치료사는 좋아지려면 열심히 훈련을 해야 한다고 말했는데, 남편은 그대로 해냈어요." 그럼에도 불구하고 남편의 장애로, 그녀는 집안일을 대부분 도맡아 하게 되었다. 골다공증 때문에 힘들긴 했지만 그녀는 해낼 수 있을 것 같다고 생각했다. 그 당시에는 바튼이 우울증에 빠지지 않았다는 점에 주목해야 한다.

"그리고 6개월 전에 두 번째, 세 번째 뇌경색이 연이어 왔어요. 그래도 그가 죽지 않고 살아서 우리 가족은 몹시 기뻐했지요. 하지만 예전의 그가 아니었어요. 무슨 이야기를 듣고도 금방 잊어버려요. 왜 면도를 하지 않았냐고 하면, 했다고 대답하지만 실제로는 하지 않았어요. 그러면 나는 그에게 미친 듯이 화를 내요. 남편은 하루 종일 TV 앞에만 앉아 있고 내가 어떤 일을 해 달라고 말하면 "알았어." 하고는 계속 TV를 보고 있는 거예요. 그러면 남편에게 화를 내게 되고 그렇게 화를 낸 나 자신에 대해 좋지 않은 감정이 들어요." 치료자는 바튼에게 남편이 치매가 온 것 같다고 이야기하고는, 치매 환자를 돌보는 가족들이 좌절하고 또 분노하게 되는 것은 매우 흔한 일이라고 말해 주었다. "치매요? 제 남편은 교과서에 나오는 것과는 달라요." 치료자는 그녀에게 왜 남편의 행동이 변한 것 같냐고 질문하였다.

그녀는 최근의 뇌경색 때문이며, 의료진이 치매라는 말을 언급했던 것을 알고 있었다. 그들은 치매에 관한 안내서를 주었지만 그녀는 읽지 않았다. 왜 읽지 않았는지 그녀에게 묻자, "나도 그 병에 대해서는 알고 있어요." 라고 대답하였다. 그러나 그녀는 그의 상태가 더 나빠졌을 때 남편을 어떻게 돌봐주는 것이 바람직한지는 알고 싶지 않다고 하였다.

다른 사람들과의 관계도 살펴보았다. 그녀는 성장기에 가족들과 좋은 관계를 가지고 있었던 것 같으며, 친구들과의 관계도 좋은 편이었다. 딸을 키울 때 즐거웠던 점에 대하여 이야기하였는데, 딸과의 관계는 좋고, 전화를 통해 규칙적으로 대화를 하고 있기는 하였지만, 현재 딸은 멀리 떨어진 다른 주에서 살고 있었다. 그럼에도 불구하고 위급 상황에서는 딸에게 의지할 수 있고, 딸이 도움이 될 것이라고 느끼고 있었다. 그녀는 몇몇 친구들과의 관계에 대해서도 이야기하였는데, 그들은 대부분 어려서부터 알고 지내던 친구들이었다. 다른 사회적 관계에 대하여 묻자, "원래 사람들과 어울리는 것을 좋아하는 타입이 아니에요."라며, '교회나 기타 모임'에 가면 마음이 편하지 않다고 하였다. 그러나 남편은 클럽과 모임을 좋아한다고 하였다. 그 외 다른 중요한 관계에 대하여 질문하자, 그녀는 한숨을 쉬며 말했다. "우리 남편을 간병해 주기 위해 도우미 아주머니가 매일 집에 오는데, 그게 그리 쉽지 않아요." 남편이 최근에 뇌경색을 일으킨 후에, 가정방문 건강 도우미가 매일 와서 남편을 돕고 있는데, 그녀는 도우미가 있는 것이 오히려 불편하다고 하였다. "그녀는 게으르고, 필요할 때 어떻게 도와달라고 해야 할지 모르겠어요. 아마도 문화적인 차이 그런 거겠죠. 그녀는 러시아에서 왔는데, 액센트 때문에 무슨 말인지 이해하기 힘들어요. 더구나 결혼도 하지 않았는데, 아이가 있다는 거예요."

세 번째 회기에서 치료자는 바튼에게 대인관계에 대해 구조화를 해 주었다. "우리가 이미 얘기한 것과 같이, 당신은 주요우울장애를 앓고 있어요. 당신이 겪고 있는 우울증은 수년 전에 경험한 것처럼 심하지는 않고, 가벼운 정도의 우울증인 것 같습니다. 우울증은 당신의 남편 피터가 최근 뇌졸중을 경험한 후 나타났어요. 당신은 지금 이 상황—특히 남편이 기억력 장애를 보이고 있는 것—에 어떻게 대처해야 할지 모르는 것 같습니다."(이 시점에서 치료자는 바튼 부인이 치매라는 용어를 사용하는 데 상당히 민감해 있다는 점을 이해해야 하며, 현재 상태에 대하여 다루는 것은 치료적 관계가 좀 더 발전할 때까지 기다리는 것이 바람직할 것이다). "우리는 이 정신치료에서 역할 전환이라고 부르는 상황에 직면해 있습니다. 당신의 역할은 건강상의 문제를 갖고 있는 사람을 돌보는 역할에서, 기억력 문제와 신체적 장애를 함께 갖고 있는 사람을 돌보아야 하는 역할로 전환되었습니다. 남편의 행동에서 나타나는 새로운 변화에 어떻게 대처할지 알아야 하는 새로운 과제가 당신에게 부여되고 있습니다." 바튼은 치료자의 말에 대해 이해하겠다고 하였다. "또한 당신과는 다른 건강 도우미가 당신의 집을 매일 방문하고 있습니다. 당신은 지금 자신이 고용주라는 사실에 직면해 있는데, 원하는 바를 도우미에게 시키려면 어떻게 해야 하는지를 확실히 알지 못하고 있습니다." 바튼은 치료자에게 자신은 전업주부였으며, 직장생활을 해 본 경험이 없음을 주지시켰다.

"정신치료에는 두 가지 중요한 목표가 있습니다. 첫 번째 목표는 치료가 끝날 때 우울증이 감소되는 것입니다. 두 번째 목표는 건강 도우미를 관리하는 문제를 포함해서, 당신 남편을 돌보는 문제를 좀 더 효율적으로 할 수 있게 되는 것입니다. 이것이 합리적인 목표라고 생각됩니까?" 바튼은 치료 목표는 이해가 되지만, 여전히 항우울제는 먹지 않겠다고 말했다. "이 점에 대하여 당신의 생각이 대단히 확고하다는 것을 알겠습니다. 나는 치료가 끝날 때쯤에는 당신이 덜 우울해지고, 이 문제들을 좀 더 잘 다룰 수 있을 것으로 생각됩니다." 마지막으로 치료자는 IPT의 시간 계획을 알려 주고, 현재 문제에 초점을 맞출 것임을 설명한 후, 치료에 대하여 바튼이 갖고 있는 궁금증을 다뤄 주고, 다음 면담 일정을 잡는다.

대인관계 결핍: 레이첼 그린버그의 사례

레이첼 그린버그는 62세의 유대인 미혼 여성으로, 실업 상태이며, 클리닉 스태프에 의해 주요우울장애, 단일 삽화, 중증으로 진단받았다. 그녀는 척추측만증이 있었으며, 백내장, 그리고 청력 상실의 개인력이 있었다. 건강 상태와 관련하여 복용하고 있는 약은 없었고 인지적 손상도 없었다. 그녀의 일차진료 기관에서 우리 클리닉에 의뢰하였는데, 거기서 항우울제를 복용하기 시작했지만, 우울 증상이 호전되지는 않았다. 척추측만증이 매우 심해서, 환자가 회기 내내 긴 겨울 코트를 입고 있었음에도 불구하고 금세 눈에 띄었다. 처음에 그녀는 상당히 예민해져 있었고, 시선을 거의 마주치지 않았다. 그녀의 어머니는 6개월 전에 숙환으로 돌아가셨다고 하였다. 그녀가 너무 불편해 하였으므로 치료자는 HRSD를 두 번째 시간에 실시하기로 하였다. 어머니의 병에 대하여 질문하자, 환자는 어머니가 점점 더 여러 가지 의학적 문제를 일으키더니 나중에는 치매 증세를 보였다고 하였다. 그린버그 씨는 어머니를 간병하기 위해 사무직으로 일하던 직장을 그만두었으며, 마지막에는 어머니를 보살피기 위해 가정 간병인을 고용하였다. 그녀는 간병인의 부주의로 어머니가 넘어졌다고 생각하고 있었으며, 그로 인해 어머니는 병원에 입원하게 되었다. 그러나 얼마 후 어머니는 골절의 합병증으로 사망하였다. 그린버그 씨는 어머니 간병에 대하여 이야기하다가 울음을 터뜨렸다. "어머니가 아프고 나서야 나도 늙어 가고 있다는 것을 깨달았어요. 내가 병들면 누가 나를 돌봐 줄까요?" 그린버그 씨는 치료 시간이 끝나갈 때쯤에는 다소 긴장이 풀어졌으며, 돌봐 줄 수 있는 누군가에게 부탁하는 것이 도움이 될 것 같다고 말했다.

두 번째 회기에 치료자는 초기 평가 보고서에 기초하여 우울 증상을 살펴보았고, HRSD를 실시하였는데 점수가 27점으로 심각한 우울증이 시사되었다. 환자는 과거에도 '낙담하고' '기분이 가라앉는' 느낌을 경험하기는 했지만, 이렇게 심한 것은 처음이라고 했다. 치료자는 다음과 같이 설명하였다. "당신은 지금 주요우울장애를 앓고 있으며, 이것은 우리 모두가 정상적으로 경험하는 것과 같은, 기분이 좋아졌다 나빠졌다 하는 것과는 다른 것입니다. 최근 몇 달간 당신에게 나타난 변화들—우울감, 불안, 수면장애, 체중 증가, 업무능력 저하, 낙담, 절망감—은 당신이 앓고 있는 의학적 질병의 일부입니다." 치료자는 우울증의 치료에 항우울제와 정신치료가 유용하다고 말해 주었고 환자는 이전 의사가 처방한 항우울제가 도움이 되지 않아 실망했었다고 말했다. 그린버그 씨는 항우울제를 한 달간만 복용했다고 하였고, 따라서 치료자는 항우울제의 효과가 나타나기까지는 좀 더 시간이 걸릴 수도 있다고 설명하였다. 또한 항우울제는 여러 가지 종류가 있으므로, 환자가 복용했던 약이 효과가 없었다면, 정신과 의사가 다음 번에는 다른 약을 처방해 줄 수도 있다고 설명해 주었다.

그린버그의 기능 상태를 살펴보았을 때, 그녀가 자신의 삶에서 최소한의 의무 혹은 최소한의 활동만 해 왔음을 알 수 있었다. 그럼에도 불구하고 그녀는 자신의 집을 예전의 수준 정도로도 유지하기 힘들어하고 있었다. 이에 치료자는 기분이 호전될 때까지는 집이 이전보다 깨끗하지 않아도 스스로 이를 허용하도록 하였다. "기분이 좋아질 수 있다면," 그녀는 치료자의 말을 수정하였고, 치료자는 다시 "기분이 좋아질 때,"라고 바로잡아 주었다. "나는 당신이 생각하는 것보다 훨씬 희망적으로 생각합니다. 당신은 지금 우울하고, 우울한 사람은 비관적인 경향이 강하므로, 당신이 그렇게 말하는 것을 이해합니다. 하지만 우울증은 치료할 수 있는 질병입니다."

대인관계 설문지는 두 번째 회기 끝부분에서 세 번째 회기까지 계속되었다. 그린버그는 결혼한 적이 한 번도 없었다고 말했다. 치료자는 그린버그가 과거에 동성인 여성들과 친밀한 관계를 가졌을 가능성을 고려하여, 성적 취향을 속단하지 않으면서 조심스럽게 질문하였다. "결혼한 적은 없지만, 매우 친밀한 관계를 맺어 온 사람은 있습니까?" 그녀는 어릴 때 남자

아이와 키스한 적은 한 번 있지만, 그 외 어느 누구와도 신체적 접촉을 가져 본 일이 없다고 하였다. 그린버그는 성적으로나 사회적으로나 친밀한 관계를 가져본 경험이 없는 것 같았다.

"엄마가 내 삶의 전부였어요." 항상 엄마와 함께 살았고, 서로 상당히 가까운 사이였다. 그들은 전반적으로 좋은 관계를 유지하고 있었지만, 어머니가 병든 마지막 몇 년 동안, 환자가 좀 더 인내심을 가지지 못했던 것을 후회하고 있었다. "엄마는 늘 내게 용기를 북돋아 주셨어요. 엄마는 사람들과 어떻게 사귀고 또 어떻게 지내야 하는지를 내게 알려 주셨지만 사람들은 항상 나를 힘들게 했어요." 어린 시절의 생활을 탐색해 본 결과, 다른 사람들과 소원한 것은 고등학교 시절부터 시작되었다. "고등학교 때, 다른 아이들이 나의 문제를 분명히 알게 되었어요." 치료자는 그녀가 말하는 문제가 무엇인지 질문하였다. 그녀는 "아시잖아요." 하며 자신의 등을 가리켰다. "척추측만증이요?" "네, 척추측만증이요." 그녀는 고등학교 시절 척추측만증으로 인한 기형 때문에 동료들로부터 받은 모욕감에 대하여 장황하게 늘어놓았다. 또래들은 그녀에게 나쁜 별명을 붙여서 불렀고, 여자 애들은 그녀를 못생겼다고 말하면서 밀어 넘어뜨렸으며, 남자애들이 얼굴에 침을 뱉었던 사건들을 자세히 이야기하였다. "내가 원하는 것은 오로지 사람들로부터 멀어져서, 엄마와 함께 있는 것이었어요." 젊은 시절 그녀는 취직을 하였는데, 점원으로서의 능력은 우수하였다. 하지만 그녀는 다른 동료들과 거리를 두고 있었다. 직장에서의 작은 사건들을 떠올렸는데, 동료들이 그녀의 외모와 수줍음을 비난하는 것들이었다.

그럼에도 불구하고, 그녀는 친척들과는 규칙적으로 만나 왔으며 거기서는 편안하게 느끼고 있었다. 현재 그녀가 직면한 문제는 친척 중 상당수가 이미 사망하였거나, 아프거나, 멀리 떠났고, 아니면 자식이나 손주에 매달려 있느라 만나기가 힘들다는 것이었다. 그녀에게는 오빠가 한 명 있었는데 둘 사이는 좋았다. 하지만 오빠는 그녀가 못마땅해 하는 여자와 결혼을 했고, 올케는 가끔 그녀에게 실례가 되는 말을 하곤 하였다. "올케는 내가 애처롭다고 말한 적이 있어요." 어머니가 사망한 후 그녀는 오빠에게 정서적으로나 실제적으로 많은 의지를 했는데 올케는 오빠와 그녀가 만나는 것을 좋아하지 않는 것 같다고 말했다.

그린버그는 자신의 딜레마에 대해 이야기하였다. "내 인생의 전부는 엄마였어요. 이제 더 이상 내 인생은 없어요. 나도 내가 수줍음이 많아서 사람들을 피하고 있다는 걸 알고 있고, 그건 좋은 게 아니란 것도 알아요. 지금 내 인생에 좀 더 많은 사람이 필요하다는 것도 알고요. 하지만 사람들과 있는 것이 편하지 않아요. 나는 매우 내성적이고 다른 사람들은 나를 좋아하지 않는 것 같아요. 내가 더 늙었을 때 사람들이 나를 보살펴 줄 것인지 염려돼요. 그것만 생각하면 아주 우울해지고, 어찌해야 할지 모르겠어요."

세 번째 회기에 치료자는 대인관계에 대한 구조화를 실시하였는데, 이것은 그린버그가 제시한 정보를 그대로 반영한 것이었다. "어머니의 죽음은 당신 생활에 커다란 변화를 가져왔습니다. 상실감을 느끼게 되었으며, 더 중요한 것은 당신의 세계에 사람들이 별로 없다는 것을 직면하게 되었다는 것입니다. 당신에게는 좀 더 많은 사람들이 필요합니다. 고등학교 시절에 겪었던 일들을 생각하면, 당신이 다른 사람들을 경계하는 것은 충분히 이해가 갑니다. 친구들이 당신을 괴롭히고 잔인하게 대했고, 그런 경험은 상당히 고통스러웠을 것 같습니다. 당신은 할 수 있는 최선의 방법으로 적응해 온 것 같은데, 어머니가 돌아가신 다음에는 새로운 관계를 맺어야 하는 상황에 직면하고 있습니다. 이러한 자각이 들면서, 주요우울장애를 겪게 되었고, 이것이 사람들을 당신의 세계에 끌어들이려는 노력을 방해하고 있는 것 같습니다. 오빠와의 관계를 견고히 하고 싶어 하지만, 올케를 좋아하지 않고, 올케도 당신을 좋아하지 않는다고 생각하기 때문에 이것 역시 쉽지가 않습니다. 제가 올바로 이해한 것 같습니까?" 그린버그 씨는 제대로 이해한 것 같다고 말했다.

"자, 당신의 대인관계치료에서 가장 중요한 목표 중 하나는 우울증과 관련된 증상들을 현저하게 감소시키는 것입니다. 앞서 말한 바와 같이, 이 증상들은 기능을 상당히 저하시킵니다. 나는 당신의 주치의와 가끔씩 만나, 약 처방에 변화가 필요한지 여부를 알아보겠습니다. 두 번째 목표는 당신 주위에 가까이 지내는 사람들의 수를 늘려 가는 것으로, 여기에는 오빠와의 관계를 돈독히 하는 것도 포함됩니다. 힘든 일인 것은 알지만 나는 희망적이라고 생각합니다." 그 후 치료 기간, 현재에 초점을 맞추기, 환자가 우려하는 점들을 다루는 것이 중요하다는 점, 약속 시간 등 세부적인 사항들을 검토하였다. 그린버그 씨는 치료자의 이해와 위로에 감사의 마음을 표현하였다.

제 6 장

애 도

INTERPERSONAL PSYCHOTHERAPY FOR DEPRESSED OLDER ADULTS

제 6 장 애 도

노년기 여성 중 상당수는 독신이며, 여성이 노년에 혼자 남게 되는 비율은 남성보다 약 세 배 정도 많다. 남자 노인은 사망 전 약 7년간 독신으로 지내지만 여자 노인은 약 14년간 혼자 생활한다. 노인의 40%는 형제나 자매의 죽음을 경험한다. 노년기에는 오랫동안 함께 살아온 배우자나 성인 자녀와의 사별을 경험할 수 있다. 나이가 많아질수록, 더 많은 가족과 친척, 그리고 친구들의 죽음을 겪게 된다(Gallagher-Thompson & Thompson, 1996; Moss, Moss, & Hansson, 2001). 말 그대로 '너무 오래 살아서' 가까운 사람들을 모두 잃은 노인들을 종종 만나게 된다.

사별(bereavement) 반응은 사랑하는 사람을 잃은 후 나타나는 자연스런 반응이다(Bonanno & Kaltman, 2001). 중요한 대상의 죽음에 대해 사람들이 '일반적으로' 나타내는 정서적, 신체적, 인지적 반응의 집합체를, '정상적인' 애도 혹은 사별 반응의 기준으로 본다. 배우자와 사별한 사람은 배우자 사망 후 2~6개월간 급성적인 정서적 고통을 겪게 된다. '정상적' 사별 반응을 규정할 수 있는 애도의 단계나 시간에 따른 변화 유형이 정해져 있는 것은 아니지만, 대부분의 노인들은 배우자 사망 후 1년 정도 경과하면 정서적으로 상당히 회복된다. 그러나 일부 노인들의 경우에는 상실감이 무한정 계속되기도 한다(Gallagher-Thompson & Thompson, 1996; Hanson & Hayslip, 2000).

사별 후 심한 정신적 고통을 느끼는 노인들도 있다. 정상적인 애도와 병리적 애도를 구분하는 기준에 대해서는 연구자들 사이에 논란이 있지만, 일부 연구에서는 배우자를 잃은 후 애도 반응이 1년 이상 지속될 때 병리적 애도라고 규정하며, 배우자와 사별한 사람의 약 15%가 주요우울장애에 해당되거나(Zisook & Shuchter, 1991), 심각하고 만성적인 애도 반응을 보이는 것으로 보고하고 있다(Bonanno & Kaltman, 2001). 특히 사별로 인한 고통으로 기능이 저하되거나, 고통이 강렬하고 지속적으로 나타나는 경우—주로 주요우울장애에 해당하는 증상을 보이는 경우—약물치료와 정신치료적 개입이 필요하게 된다. 일부 학자들은 정상적인 사별 반응의 일부로서 정서적 고통을 경험하는 노인의 경우에도 항우울제가 도움이 될 수 있다고 주장한다.

애도의 강도 및 병리적 애도 발생에 영향을 줄 수 있는 요소들은 여러 가지가 있다. 흥미로운 점은 젊은 사람에 비해 노인들이 배우자 사별에 더 잘 적응한다는 사실이다. 한편 배우자가 사망한 후 본인도 뒤이어 사망할 위험은 남성 노인들이 여성 노인에 비해 훨씬 높다. 이렇게 위험이 증가하는 것은 아마도 사회적 관계를 촉진시키고 건강을 향상시키는 행동을 하도록 도와주던 아내의 역할이 사라졌기 때문으로 추측된다.

사별 반응은 사랑하는 사람이 사회적 낙인이 찍힌 병, 예컨대 AIDS나 자살 등의 이유로 사망한 경우에는 더욱 심각해지는 경향이 있다. 배우자 사망 후 첫 2개월 내에 임상적으로 유의미한 증상이 나타나면 예후가 나쁠 가능성이 높다. 충분한 사회적 지지를 받는 사람은 사별 반응의 예후가 좋다. 이상에서 언급된 요소들이 병합되어 나타나는 경우에는 사별 반응의 지속 기간이 길어지며, 주요우울장애의 위험 요소가 될 수 있다(Gallagher-Thompson & Thompson, 1996). 한꺼번에 여러 사람을 잃는 것이 병리적 사별 반응의 위험 요소가 되는지에 대해서는 아직 잘 알지 못한다.

Bonanno 등(Bonanno & Kaltman, 2001)의 최근 연구는 대인관계상 상실로부터 성공적으로 회복하려면 정신적으로나 정서적으로 상실이라는 상황을 충분히 겪어 내야만 한다는 기존 가설에 의문을 제기한다. 사망한 이에 대한 감정 표현을 거의 하지 않고 인지적 관심이 별로 없음에도 불구하고 성공적인 사별 반응을 하는 사람들도 있다. 성인 발달과 노화의 관점에서, Hanson과 Hayslip(2000, p. 351)은 보다 복합적인 자아감(sense of self)을 갖고 있는 사람이 배우자 사별에 더 잘 적응한다는 놀랄 만한 주장을 하였다. 잠재적으로 보다 복합적인 자아 개념을 갖고 있는 사람은 더 복합적 현재의 자아, 그리고 실현 가능한 자아를 갖고 있으며, 따라서 자신의 여러 중요한 자아(identity) 중 하나(배우자)를 상실하는 것이 덜 위협적으로 느껴지게 된다는 것이다.

애도에 대한 IPT

병리적 애도 반응을 보이는 노인들은 대부분 배우자를 상실한 경우다. 장기간 지속되어 온 결혼생활에서의 문제와 배우자에 대한 양가감정으로 사별이 더욱 큰 심리적 고통을 주고, 그 결과 애도 과정에서 헤어나오지 못하는 사람도 있다. 신체적 장애나 인지적 장애를 앓고 있던 배우자를 오랫동안 간병해 온 노인들도 병리적 애도 반응을 보일 수 있다. 사망한 배우자에게 매우 의존적이었던 노인들은 현실을 이겨 내거나, 새로운 삶을 개척해 가는 데 어려움을 겪는다. 때로는 가족과 친구들이 남들보다 오래 애도 반응을 보이는 노인을 비난하거나, 돌아가신 분에 대하여 이야기하기를 거부함으로써, 노인이 상실감을 극복할 기회를 차단시켜 버리기도 한다. 최근 혹은 오래전에 발생한 성인 자녀나 손주의 죽음 때문에 병리적 애도에서 벗어나지 못하는 노인들도 있다. 중증 우울증으로 우리 클리닉을 방문한 어느 노인 여성은 자동차 사고로 사망한 손녀의 죽음을 받아들이지 못하고 있었으며, 이에 사로잡혀 있었다. 여자 형제의 죽음도 심리적 고통을 주는 경우가 많은데, 매우 가까운 사이였거나 반대로 어린 시절부터 사이가 나빴고 사망 전까지 관계가 회복되지 않은 경우에 더욱 힘들어한다.

애도 치료에서의 IPT의 목표와 전략

〈표 6-1〉의 개요에서 볼 수 있듯이, 병리적 애도 반응을 치료하는 데 있어 IPT는 두 가지의 분명한 목표를 갖고 있다. 애도 과정을 촉진시키는 것과 상실한 대상을 대체할 수 있는 새로운 인간관계를 맺게 하고 흥미를 복원시키는 것이다. 치료 중기에 이르면 치료자는 애도를 촉진하는 데 초점을 맞추게 된다. 이 영역에서 진전이 있을 경우, 환자는 새로운 삶의 구조를 형성하기 시작한다. 치료 중기에 우울증이 현저히 호전되면, 환자는 보다 수월하게 사회적 활동과 참여를 하게 된다. 그러나 치료가 완전히 끝날 때까지 애도 과정은 새로운 삶의 구조와 섞여서 나타나곤 한다.

〈표 6-1〉 주요우울장애에 대한 대인관계치료의 개요
I. 치료 중기-문제 영역 A. 애도 1. 목표 a. 애도 과정을 촉진시키기 b. 상실한 사람을 대치할 수 있는 새로운 관계를 맺고, 흥미를 다시 찾을 수 있도록 돕기 2. 전략 a. 우울 증상에 대해 검토하기 b. 증상의 발현과 의미 있는 대상의 죽음을 연관시키기 c. 죽은 사람과 환자의 관계를 재구성하기 d. 고인의 사망을 전후해서 벌어진 사건들의 순서와 결과를 기술하기 e. 관련된 감정을 탐색하기(긍정적인 감정뿐 아니라 부정적인 감정도) f. 다른 사람과 관계를 맺을 수 있는 가능한 방법들을 고려해 보기

참조: M. M. Weissman, J. C. Markowitz, & G. L. Klerman(2000). *Comprehensive Guide to Interpersonal Psychotherapy* (pp. 22-23). New York: Basic Books. Copyright 2000 by Basic Books. Reprinted with permission.

전략 2a: 우울 증상에 대해 검토하기

심리치료 전 과정을 통하여, 치료자는 우울 및 그와 관련된 증상들이 있는지, 그리고 그것들이 얼마나 심각한지를 살펴보아야 한다. 정상적인 애도 반응과 주요우울장애 증상 사이에는 개념적으로 겹치는 부분이 많다. 치료자는 다음과 같이 말할 수도 있다. "당신은 애도 반응뿐 아니라, 주요우울장애도 함께 겪고 있군요. 그 점 때문에 배우자를 잃었다는 현실에 직면하기가 더 힘든 것 같습니다."

전략 2b: 증상의 발현과 의미 있는 대상의 죽음을 연관시키기

중요한 대상의 죽음과 우울증 발현과의 관계는 치료 초기에 다루어야 하지만, 치료 중기에도 이 관계를 다시 한 번 다루어 주어야 한다. 노인들은 때때로 너무 우울해져서 자신이 이렇게 우울해진 실제 이유가 있었다는 사실을 잊어버린다. 우울 증상에 원인이 있다면 그 원인을 제거함으로써 증상을 감소시킬 수 있을 것이다. 원인이 있다는 것은 치유할 수 있음을 의미한다.

전략 2c: 죽은 사람과 환자의 관계를 재구성하기

IPT의 일차적 치료 목표는 '여기 그리고 지금(here and now)'이지만, 병리적 애도 반응을 치료하는 경우에는 죽은 사람과의 과거 관계를 탐색하는 데 많은 시간을 투자해야 한다. 치료자는 치료 초기에 망자와 노인 환자와의 전반적 관계에 대한 개괄적인 정보를 얻는다. 환자가 고인에 대하여 진술하는 방식을 통해 애도 과정의 어느 부분에 고착되어 있는지에 대한 힌트를 얻을 수 있다. 사람들은 애도 과정 중 고인의 바람직하지 않은 모습을 최소화하여 표현하는 경향이 있지만, 치료자는 최소한으로 표현된 내용을 조심스럽게 탐색해 보아야 한다. 노인 환자가 고인과의 관계 중 중요한 항목들에서 회피적인 태도를 보인다면, 이것은 환자가 자신의 감정이나 우려를 인정하기 힘들어한다는 신호일 수 있으며, 따라서 이를 좀 더 다루어 줌으로써 애도 과정을 촉진시킬 수 있다. IPT의 특별한 치료기법인 탐색, 감정 격려, 명료화 등이 특히 도움이 된다(이 기법에 대해서는 이 책 3장을 참고할 것). 세부적인 사항을 질문하는 것은 관계에서 드러나는 문제들을 명료화하는 데 많은 도움이 된다. 세부적 질문을 통해 환자는 고인과의 관계를 상투적으로 진술하는 단계를 넘어서서, 과거와 현재의 사건을 좀 더 정확히 진술하게 되며, 결과적으로 고인에 대한 솔직한 감정이 드러날 수 있다. 어떤 노인들은 배우자와의 복잡했던 관계가 폭로되는 것이 사회적 수치라고 생각하고 두려워해서, 배우자에 대한 자신의 감정만을 반복적으로 말하기도 한다.

또한 일부 노인들은 가족의 문제를 타인에게—그 사람이 정신건강 전문가라 할지라도—솔직히 털어놓는 것은 가족의 신뢰를 배신하는 것이라고 믿는다. 4장에서 언급한 바와 같이, 노인의 '생활사(life story)'(McAdams, 1995), '생애의 구조(life span construct)'(Whitbourne, 1987), 혹은 '자신의 미래 모습 투사(projection of future self)'(Markus & Nurius, 1986)에는 사별한 배우자가 포함되어 있으며, 그것은 그 사람이 이 세상을 이해하는 방식의 일부인 것이다. 어떤 사람들의 경우에는 그러한 이야기나 구성이 과거나 현재의 현실을 고려하지 않은 것일 수 있다. 정신치료는 좀 더 정직한 방식으로 그것이 무엇인지, 무엇이었는지, 그리고 무엇이 될 것인지 살펴보도록 용기를 주는 것이다. 병리적 사별 반응을 보이는 사람들 중에는 죽은 사람에 대하여 양가감정을 갖고 있는 사람이 많은데, 이것이 애도 과정과 그다음 단계로 나가는 것을 힘들게 한다.

전략 2d: 고인의 사망을 전후해서 벌어진 사건들의 순서와 결과를 기술하기

어떤 사람들은 애도를 외상 후 스트레스장애(PTSD)의 변형된 형태라고 주장한다(Schut, Stroebe, de Keijser, & van den Bout, 1997). 사실 사랑하는 사람이 죽어 가는 과정에서(그것은 짧은 시간일 수도 있고, 긴 시간일 수도 있다), 노인들은 여러 가지 고통스러운 장면을 목격하게 된다. 가족 중 누군가가 심각한 병을 앓게 되면, 나머지 가족 구성원도 병원이나 요양시설을 방문하며, 거기서 가족들은 자신이 사랑하는 사람뿐 아니라, 다른 사람들의 병든 모습도 보게 된다. 노인 환자들은 의료적 처치, 불친절한 의료진, 다른 환자들의 섬망 행동, 환각, 대소변을 못 가리는 행동, 신체적으로 손상된 모습 등을 보고 공포감을 느낀다. 단순히 존재론적 입장에서 본다 해도, 죽음에 이르는 심각한 건강상의 문제는 인간이 얼마나 취약한 존재인지, 그리고 죽음이 피할 수 없는 것이라는 현실에 직면하게 한다. 이러한 문제를 누구에겐가 이야기해 보려고 해도 다른 가족들 역시 정서적 고통을 함께 겪고 있기 때문에 그 이야기를 들으려 하지 않는다. 때로는 인생의 가장 고통스러운 경험을 함께 나누었던 사람이 다름 아닌 죽어 가는 가족일 수도 있다. 노인 환자들의 말에 의하면, 친구나 주변 사람들 역시 배우자의 사망을 이미 경험하였거나, 그러한 경험을 할 것을 두려워하고 있기 때문에, 고통스러운 죽음의 과정에 대해 자세히 듣고 싶어 하지 않는다. 따라서 노인들이 자신의 고통을 호소할 사람은 거의 없는 것이다.

이와 같은 이유로 치료 과정에서 노인 환자에게 사랑하는 사람의 죽음과 관련된 상황들을 세부적으로 이야기할 수 있도록 기회를 주는 것이 매우 중요하다. 앞서 언급한 바와 같이, 치료자는 이 문제를 기꺼이 다루어 줄 수 있는 유일한 사람일 것이다. 그러므로 치료자는 노인 환자에게 가족이 죽어 가던 과정에 대하여 말해도 좋다는 신호를 전달해 주어야 한다—이러한 신호는 부드러운 그러나 구체적으로 사실에 근거한 질문들을 함으로써 보낼 수 있다. "남편이 병에 걸려 돌아가실 때까지의 모습은 어떠셨나요?" "그분이 고통스러워 보였나요? 고통을 받고 있다는 것을 어떻게 알았습니까?" "부인의 인공항문주머니를 바꾸어 주실 때 어떤 느낌이었습니까?" "부인이 숨을 거두실 때 옆에 계셨나요?" 장례식 과정 역시 중요하며, 그것에 대해 말하는 과정에서 정서적으로 의미 있는 정보를 얻을 수 있고, 치유가 일어날 수 있다.

전략 2e: 관련된 감정을 탐색하기(긍정적인 감정뿐 아니라 부정적인 감정도)

이 전략은 고인과의 관계, 그리고 죽음과 관련된 환경과의 관계를 재건하고, 또한 사별한 고인을 대체할 수 있는 새로운 대안을 탐색해 가는 통합적 과정의 일부다. 고인과의 관계에서 불편했던 점을 인정하기 힘들어하는 환자에게는 다음과 같은 질문이 도움이 된다. "모든 관계에는 문제가 있을 수 있습니다. 당신과 당신 배우자 사이에는 어떤 문제가 있었습니까?" "두 사람 사이에 가장 갈등이 심했던 때는 언제입니까?" "그때 그렇게 하지 말았어야 했다고 후회하는 일들이 있습니까?" 고인의 임종 과정을 검토하는 과정에서 환자는 고인의 죽음에 대해 자신이 안도감을 느꼈다는 사실을 인정하기 힘들어할 수 있다. 이때 치료자는 다음과 같이 말함으로써 이 문제를 다룰 수 있다. "어떤 분들은 남편이 죽은 후 안도감을 느끼기도 합니다. 결국에는 겪어야만 할 일이었으니까요. 당신은 어떤 감정이었습니까?" "때로는 아내 때문에 더 이상 고통을 받지 않아도 되고, 이제 아무것도 안 해 주어도 된다는 점에서 안도감을 느낄 수 있는데, 바로 이 안도감 때문에 혼란을 겪는 사람들도 있습니다." 애도 과정에 있는 사람들은 갈등을 느끼는 경우가 많은데, 이 갈등들을 하나하나 명료화하여, 정서의 각 부분을 이해하고 수용한 후에야 그들 자신의 삶으로 옮겨갈 수 있다.

전략 2f: 다른 사람과 관계를 맺을 수 있는 가능한 방법들을 고려해 보기

사랑하는 이의 죽음을 받아들이기 시작하면 노인의 우울증은 호전되고, 새로운 사람들과 관계를 맺는 것에 대해 좀 더 편안하게 생각하기 시작한다. 홀로 된 사람들이 특별히 힘들어 하는 점은, 배우자가 살아 있을 때는 다른 사람들과 부부끼리 사회적 관계를 맺어 왔다는 것이다. 특히 홀로 된 여자 노인의 경우, 다른 부부들과 함께 있으면 마음이 불편하다는 말을 자주 한다. "나는 꿔다 논 보릿자루야." "혼자 사는 여자는 딴 여자의 남편을 가로챌지 모른다는 의심을 받는 경우가 많아요." "나의 존재는 그들에게 자신들도 언젠가는 홀로 될 수 있음을 상기시키는 것 같아요." 이러한 우려는 환자가 변화된 사회적 상황을 받아들이는 것을 힘들어하고 있음을 나타내는 것이지만, 노인 부부들이 혼자된 사람과 어울리기보다는 또 다른 부부들과 어울리기를 좋아하는 것도 사실인 것 같다. 치료자는 노인이 기존의 관계를 잘 유지해 가면서 동시에 새로운 가능성을 탐색하도록 격려해야 한다. 사회적 관계를 맺을 수 있는 기회를 제공하는 활동에 보다 적극적으로 참가하는 것도 합리적인 대안 중 하나다(예를 들면, 종교 활동이나 관련된 사회적 활동에 참여하기, 아이들이나 손주, 형제, 다른 친척들의 가족 행사에 참여하기, 노인시민센터, 자원봉사, 사회교육 과정, 단체여행 등). 치료자는 환자가 과거에 갖고 있던 사회적 삶의 방식 및 대인관계 방식을 염두에 두어야 하며 모든 노인들이 노인센터에서 소일하기를 좋아할 것이라고 단정해서는 안 된다. 이성교제를 다시 해 보기 원하는 노인들도 있으므로 가능한 수단에 대해서도 탐색해야 한다. 교회나 YMCA, 노인단체, 상업단체, 인터넷 등에서 개최되는 독신 노인들을 위한 공식, 비공식 모임들은 상당히 많다. 미국의 일부 대도시에는 노인 동성애자들을 위한 사교단체도 있다.

글로리아 존슨의 사례 계속

이 사례의 초기 치료는 이 책 5장에서 이미 다루었다. 다시 요약하면, 존슨은 그녀의 오빠와 올케가 AIDS로 사망한 후, 경도의 초발 주요우울장애로 진단받았다. 부부 사이의 갈등은 오빠 내외가 사망한 후 심화되었으며, 그녀의 우울증이 심해지면서 더욱 악화되었다. 확인된 문제 영역은 애도와 대인관계에서의 역할 갈등이었다.

치료 중기

4, 5, 6회기 치료자는 존슨에게 오빠 내외와 그녀와의 관계에 대해 말해 보도록 격려하였다. 그녀는 오빠에 대해 깊은 애정을 갖고 있었으며 매우 현명하고, 고상하며, '대단한 유머 감각'을 가진 성공한 사람이었다고 회상하였다. 남매의 어린 시절은 가족이 경제적으로 매우 힘든 시기였다. 그녀가 기억하고 있는 사건 중 하나는 발레 교습 받기를 간절히 원했지만 부모님들은 교습비를 대줄 능력이 없으셨는데, 오빠가 신문 배달로 모은

돈을 기꺼이 내준 것이었다. “오빠는 정말 최고였어요.” 그녀는 올케도 좋아했다. 아이들이 어릴 때는 존슨의 가족과 오빠네 가족이 함께 놀러 가곤 하였다. 치료자는 치료 회기 마지막 부분에 우울 증상 중 변화가 없는 것들이 무엇인지 질문하였다. 존슨은 자신이 여전히 집안일들을 제대로 해내지 못하고 있으며, 친구들이 모임에 나오라고 권유해도 응하지 않고 있다면서 자기 자신을 끊임없이 비난하였다. 치료자는 그녀에게, 아직은 우울증을 앓고 있고 적절한 시기가 되면 좋아질 것이지만, 당분간은 일을 좀 적게 하는 것도 괜찮다고 말했다. 그녀는 마지못해 ‘당분간만’ 파출부를 쓰기로 동의하였다.

치료자는 존슨이 오빠 내외가 병을 앓기 전, 오빠 내외와 자신과의 관계에 대해 말하는 것은 매우 편안해 하는 반면, 그들이 건강이 나빠진 이후의 사건들에 대하여 다루려고 하면 주제를 바꾸는 경향이 있음을 발견하고 그 점을 지적하였다. 그러자 존슨은 자기도 알고 있었으며 그 문제를 다루는 것이 매우 고통스럽다는 점을 인정하였다. “저도 이 주제가 당신에게 대단히 고통스러울 것이라는 점을 이해합니다. 하지만 이 힘든 시기를 다루는 것이 아주 중요합니다. 제가 이 문제를 다룰 수 있도록 도와드리겠습니다. 만일 너무 힘들면 제게 알려 주세요. 그러면 속도를 좀 더 늦출 수 있을 것입니다.” 치료자에게는 그 주제를 더 이상 다루기 주저하는 환자를 존중해 주는 것도 중요하지만, 환자가 우울의 원인에 접근할 수 있도록 대화를 계속하는 것 역시 중요하다.

7회기 존슨은 오빠 내외의 병으로 인해 겪어야 했던 고통스러운 과정을 자세히 이야기하기 시작했다. “올케의 건강이 안 좋아 보였어요. 나는 올케에게 병원에 가서 진료를 받아 보라고 계속 말했지요. 결국 올케는 진찰을 받게 되었고 임파선이 부어 있다는 것을 알았지만 그 원인은 찾지 못했어요. 그때 오빠도 몸이 점점 약해지는 것 같다는 말을 하기 시작했어요.

처음에는 오빠가 그저 관심을 끌려고 그러는 줄 알았어요. 그런데 체중이 빠지기 시작하더군요. 오빠는 심장 전문의에게 갔어요. 몇 년 전에 심장 수술을 받은 적이 있기 때문에 심장에 또 다른 문제가 생겼는지를 걱정했지요. 의사는 심장에는 문제가 없다고 했어요." 치료자는 그녀에게 그 당시 어떻게 느꼈는지를 질문하였다. "나는 그들이 Mayo 클리닉에 가 보아야 한다고 생각했어요." "그런 당신의 기분은 어땠나요?" 치료자는 다시 질문하였다. "무서웠어요."

8회기 치료자는 해밀턴 우울증 척도를 실시하였다. 결과는 20점으로 치료 초기보다 더 높아진 점수였다. 그녀는 점수가 상승한 이유가 지난주에 남편과 갈등이 있었기 때문이라고 말했다. 치료자는 갈등 상황에 대해 자세히 말해 보도록 하였다. "나는 교회에서 열리는 모임에 우리 부부가 꼭 가야 한다고 생각했어요. 왜냐하면 내가 그 모임을 준비하는 위원회의 한 사람이거든요. 하지만 남편은 그런 모임이 싫다고 불평했어요. 나는 남편에게 나를 위해 간 적은 한 번도 없었다고 하면서 그가 했던 실망스러운 행동들을 나열하기 시작했죠. 그는 똑같은 옛날 일들을 반복적으로 듣고 싶지 않다면서 차를 타고 어디론가 가 버렸어요. 결국 우리 둘 다 모임에 가지 않았죠." 치료자는 그녀가 아직 우울증을 앓고 있다는 점을 감안해 볼 때, 이런 상태에서 스스로 모임에 가려고 하는 것이 매우 힘든 일이었을 것이라 말해 주었고, 또한 남편이 모임에 가지 않으려 하자 매우 실망스럽고 좌절했을 것 같다고 하였다. IPT 의사소통 분석 기법을 사용하여, 치료자는 존슨 부인이 '어디에서 대화가 단절되었는지' 알 수 있게 해 주었으며, 또한 과거에 그녀가 남편과의 갈등을 어떻게 성공적으로 해결했는지를 살펴보았다. 다음으로 역할 놀이를 통해서 갈등을 야기하지 않는 방식으로 상황을 다시 재연하였다. "남편은 자기를 비난하면 입을 다물어 버린다는 것을 알고 있어요. 이렇게 말하는 편이 나았을 것 같아요. '나도 당신이 이런 모임을 좋아하지 않는다는 것을 알고 있어요. 그럼에도 불구하고 그동안 함께 가 주었던 것을 고맙게 생각해요. 오늘 밤에도 같이 가 주겠어요? 거기 한 시간 정도만 있어요. 그다음에 둘이서 외식을 하면 어떨까요?" 존슨은 우울증 발병 이후 자신이 좀 더 신경질적이 되었으며, 남편과의 갈등을 원만히 해결하기가 힘들다는 것을 스스로 인정했다.

9, 10, 11회기 존슨은 남편에게 자신이 화를 낸 점에 대하여 사과했다고 말했다. "남편은 내 사과를 진심으로 고마워했고, 우리는 한 주일 동안 정말 잘 지냈어요." 이 회기에서, 부부 사이의 갈등 상황을 다시 한 번 검토한 후, 치료자는 존슨에게 오빠 내외의 병에 대하여 자세히 이야기할 것을 권하였다. 그녀는 매우 힘들어했지만 최선을 다하였다. "누군가가 그들에게 감염 전문의를 찾아갈 것을 권유하였어요. 오빠는 남미에 여행을 간 적이 있었고, 아마도 거기서 병에 걸렸다고 생각하는 것 같았어요. 오빠 부부가 AIDS에 걸렸다는 올케의 전화를 받았을 때, 나는 바로 기절했었어요. 나는 뭔가 오류가 있을 것으로 생각했어요." 치료자는 그들이 어떻게 감염되었는지를 질문하였다. "그게 미스터리에요. 오빠는 수혈과정에서 감염된 것 같다고 말하고 있지만 의사는 혈액이 HIV 검사를 거쳐서 수혈되었으므로 그런 일은 있을 수 없다고 주장하고 있어요." 존슨은 그의 오빠와 올케가 신체적으로 쇠약해지는 과정을 기술하면서 매우 고통스러워하였다. 치료자는 말을 계속하도록 그녀를 격려했으며, 그 사건과 관련된 세부적인 주변 상황에 대하여 어떻게 느끼는가를 말하도록 하였다. 이러한 대화는 몇 회기 동안 계속되었으며, 존슨이 직면하기에는 분명히 고통스러운 것들이었다.

그녀는 오빠 내외의 병의 경과와 건강상의 위기를 겪은 일들을 기억해내면서 자주 눈물을 보였다. 그 당시에는 프로테아제 억제제(protease inhibitor)가 상용화되기 이전이었기 때문에, AIDS 치료제는 거의 없었다. "오빠의 병은 정말 빨리 진행되는 것 같았어요. 입원과 외래 진료를 계속했었죠. 정말 끔찍해 보였어요. 체중이 아마도 18kg은 줄어든 것 같았어요. 오빠가 쇠약해져 가는 것을 보는 일은 정말 가슴 아팠어요. 마지막에는 붉은색 반점이 온몸을 뒤덮었어요. 죽을 때가 다 되어서도, 오빠는 유머를 잃지 않았죠. 반점에 대해서도 농담을 했는데 나는 차마 쳐다볼 수가 없었어요. 나는 오빠를 만지는 것조차 꺼렸어요. 그랬던 내 자신이 부끄러워요. 하지만 사실이에요."

"그리고 결국 종말이 왔어요. 장례식장에서 사람들마다 오빠가 왜 죽었는지 물었는데 나는 거짓말을 했어요. 나는 오빠가 희귀한 혈액 질병에 걸렸다고 말했어요. 거짓말을 한 내 자신이 미워요. 그런 질문을 한 그 사람들도 미워요. 이런 일이 우리에게 닥치게 한 하나님도 미워요. 올케는 휠체어를 타고 장례식에 왔어요. 상상이 되세요? 상상이 되세요?"

"물론 그것으로 끝이 아니었어요. 올케도 점점 악화되고 있었어요. 몇 달 후 올케도 죽었고 또 다른 장례식이 거행되었죠. 나는 또다시 거짓말을 했어요. '그렇게 짧은 기간에 두 사람 모두를 잃은 게 그렇게 끔찍하게 부끄러운가?' 사람들은 말할지 모르죠. '당신들은 제대로 몰라요' 나는 소리치고 싶었어요. '아니, 당신들은 아무것도 몰라요.'" 치료자는 그녀에게 그 많은 일들을 어떻게 그렇게 오랜 기간 견뎌 왔는지 물었다. 존슨은 생각하지 않으려고 애썼으며 세월이 가기만을 기다렸다고 말했다.

12회기 존슨은 남편과의 문제가 다시 발생했다고 말했다. 치료자는 문제들, 즉 남편에 대한 그녀의 기대와, 상황을 변화시킬 수 있는 가능성 등을 명료화하였다. 반복적으로 나타나는 문제는, 남편은 그녀가 함께 참석하기를 원하는 모임에 가기를 원치 않는다는 것이다. 그녀는 최근 몇 주간 우울 증상이 호전되었기 때문에 다시 사회적 활동에 참여하려고 준비하고 있었다. "나는 놀러 가고 싶은데 그는 원하지 않았어요. 그래서 싸움이 되었죠." 이 문제를 탐색하면서 존슨 부인은 남편이 항상 놀러 가는 것을 싫어했으며 그녀가 간청할 때만 마지못해 가주곤 하였음을 인식하였다. 또한 그녀의 강요에 의해서 저녁 사교 모임에 가면 두 사람 모두 즐겁지 않았다. "하지만 남편은 어딜 가든지 아내와 동반해 주어야만 해요, 그렇지 않아요?" 이 점에 대한 그녀의 기대를 탐색하였고, 결국 다른 방법, 즉 혼자 가거나 아니면 친구나 친척과 함께 가는 대안을 생각하기 시작하였다. 그녀는 또한 남편이 그녀와 함께하는 일 중 즐기는 일, 예를 들면 함께 나가서 저녁을 먹는 일 등을 생각해 냈다. 이제 그녀는 남편이 싫어하는 모임에 억지로 가도록 남편을 강요하기보다는 그가 즐기는 일을 하려고 노력하겠다고 말했다.

13회기 존슨은 남편과의 관계가 순조롭게 이뤄지고 있으며, 우울증도 좀 더 나아졌고 희망이 생기는 것 같다고 말했다. "하지만 사실 오빠 내외의 AIDS 발병 드라마에 관해서 아직 말하지 않은 비밀이 있어요. 지난번에 오빠가 AIDS에 감염된 것은 심장 개복 수술 때문이라고 들었다는 말을 했었죠. 나는 그 말을 믿고 싶었고, 수혈할 때 혈액의 HIV 검사를 한 것이 100% 믿을 수 있는 것은 아니라고 내 자신에게 끊임없이 말했었죠. 마음 한 구석에는 그랬기를 바라고 있었던 거예요. 그렇지만 올케가 죽은 후, 올케의 딸과 나는 오빠 집을 팔기 전에 여러 가지 물건들을 처분하기 시작했어요. 오빠의 옷을 정리하다가 성냥갑을 여러 개 발견했는데, 거기에는 선정적인 그림들이 그려져 있었고, 술집 이름이 쓰여 있었어요. 그것들을 조카에게 보여 주었지요. 집 정리를 끝내고 며칠 후 조카가 전화를 해서는 성냥갑에 있는 술집은 회원제 사교 클럽인데 회원들 간에 성관계를 주선해 주는 곳이라고 했어요. 조카는 이 점 때문에 매우 흥분했고 화가 나 있었죠. 우리는 이 문제에 대해서는 더 이상 말하지 않았어요."

치료자는 존슨에게 이 점에 대하여 어떻게 느끼는지 질문하였다. "나는 오빠에게 무척 화가 났어요. 그가 다른 여자들과 성관계를 맺었고, 그래서 AIDS에 걸렸고, 그것을 아내에게 옮겼다고 생각해 보세요. 나는 오빠가 미웠어요. 정말 미웠어요. 나는 남편에게도 이 이야기를 했지만 남편은 이 점에 대해 말하기를 원치 않았어요. 나는 오빠를 미워함과 동시에 그를 그리워했어요. 나는 그런 짓을 한 오빠가 죽어서 기뻤지만 한편으로는 오빠가 살아 있었으면 하고 정말 많이 바랐어요. 너무 혼란스러웠어요. 나는 이 문제에 대해서 더 이상 생각하지 않으려 했고, 그리고 우울해졌어요." 존슨은 한 편의 연속극 같았던 'AIDS의 비밀'을 털어놓으면서 감정이 상당히 누그러졌다. "이제 당신의 우울증은 훨씬 호전될 것입니다." 치료자가 말했다. "왜냐하면 당신은 당신이 느꼈던 복잡한 감정과 당신이 직면한 고통스러운 현실을 솔직하게 받아들였기 때문입니다."

치료 종결

14회기 존슨은 오빠에 대한 그녀의 감정을 좀 더 이야기하였다. 그녀는 오빠가 올케에게 진실했었는지를 항상 걱정했었다. "선생님도 남자가 어떤지 알잖아요." "오빠가 어떻게 HIV에 감염되었는지를 나에게 말하고 난 후에 기분이 어땠습니까?" 치료자가 물었다. "안도, 슬픔……. 나는 오빠를 사랑했어요. 그는 잘못된 결정을 했어요. 나는 그가 좀 더 조심했었으면 하고 바랐어요." 치료자는 존슨에게 이제 두 회기가 남아 있음을 상기시켰으며, 치료 종결에 대하여 어떻게 느끼는지 질문하였다. 그녀는 끝나는 것이 너무 많아 힘들다고 하였다. 치료자는 정신치료를 종결하는 것도 또 다른 종류의 애도 반응을 일으킬 수 있으며 치료 종결에 대해 그러한 반응을 보이는 것은 정상적이라고 말했다. "선생님하고 저는 많은 어려움을 함께 극복해 왔잖아요." 존슨이 말했다.

15, 16회기 존슨은 남편과의 관계가 더욱 순조로워졌다고 말했다. "남편이 제게 더 편안해 보인대요." 존슨은 치료가 끝나는 것에 대해 상당히 민감해졌으며 어떻게 자신의 문제를 해결해 나갈지 걱정했다고 말했다. 치료자는 이러한 반응이 정상적임을 다시 말해 주었다. 16회기를 시작하면서 HRSD를 다시 실시하였으며, 점수는 6점이었다. "기억하시겠지만, 처음 치료를 시작할 때 당신의 점수는 18점이었고, 지금은 6점으로 내려갔어요. 이것은 당신이 더 이상 우울 상태에 있지 않다는 의미입니다. 증상이 좋아졌기 때문에, 당신은 더 이상 주요우울장애 환자가 아닙니다." 존슨 자신도 상태가 좋아졌으며, 주요우울장애에서 벗어났음을 인정하였다.

치료자는 정신치료 과정을 검토해 주고, 그녀가 우울 및 그에 수반된 문제들을 이겨 내기 위해 보여 준 적극적인 노력을 칭찬하였다. "당신의 우울증은 아주 힘든 생활 사건에 뒤이어 나타났습니다. 사회적인 낙인이 찍혀 있는 치명적 질병으로 당신에게 매우 중요한 두 사람을 잃었습니다. 당신 오빠는 혼외정사로 인해 AIDS에 감염된 것으로 생각되며 그로 인해 애도 과정이 더욱 힘들었을 것입니다. 특히 남편이 가장 필요한 시점에 우울 증상으로 결혼생활에도 갈등이 초래된 것이 상황을 더욱 힘들게 하였습니다. 당신은 스스로 'AIDS의 비밀'이라고 이름 붙인 고통스런 과거사의 실타래를 풀려고 노력했습니다. 당신은 이 정신적 외상을 기억해 내고 그와 관련된 정서를 처리함으로써 일상생활로 돌아갈 수 있었습니다. 당신의 결혼생활 문제도 살펴보았습니다. 당신이 남편에게 어떤 기대를 하고 있는지, 남편과의 의사소통은 어떤지를 살펴보았고, 약간의 변화를 통하여 부부 생활에 변화를 가져왔습니다. 당신은 과거 즐겨 왔던 사회 생활을 다시 시작하려고 합니다. 당신이 이제까지 보여 준 노력은 매우 용감했고, 나는 이에 대해 깊은 존경을 보냅니다."

사례 해설

존슨의 사례는 매우 드라마틱한 병적 애도에 관한 이야기다. AIDS가 노인들의 삶에 이렇게 강력한 영향을 준 사례는 우리 외래에서 거의 볼 수 없었다. 존슨의 비정상적 애도에서 나타난 역동(다이나믹)은 젊은 AIDS 환자의 우울증 치료에 관한 Clougherty의 연구 논문과 유사하다(Markowitz et al., 1999). AIDS 환자의 부모들은 자녀의 병으로 인한 정서적 결과물들, 즉 다 성장한 자녀를 잃는 것, 사회적 수치심, AIDS에 대하여 주변 사람들에게 솔직히 말하지 못함으로써 초래되는 사회적 고립 등을 견뎌 내야 했다. 이 사례에서 IPT의 목표는 애도 과정을 촉진시키고 상실한 대상을 대체할 수 있는 새로운 관계나 흥미를 재구성하는 것이었다. 애도 과정은 치료자가 환자의 오빠와 올케의 신체적 약화 및 죽음에 대하여 세부적인 질문을 하면서 촉진되었다. 비판단적인 치료적 관계의 맥락 안에서, 존슨은 점차 그녀가 겪은 일들에 대해 솔직하게 표현하게 되었고 결국에는 'AIDS의 비밀'의 고통스러운 비밀, 즉 그녀의 오빠가 혼외정사를 통하여 AIDS에 감염된 것 같다는 비밀을 치료자와 공유하게 되었다. 오빠와 올케를 대신할 수 있는 새로운 관계를 만들 수는 없겠지만, 우울증이 회복된 후 환자는 이전에 그녀에게 중요했던 사회적 관계를 다시 맺기 시작하였다. 두 번째 문제 영역은 대인관계에서의 역할 갈등으로, 존슨은 남편이 자신의 사교 모임에 늘 동행해 주기를 기대하고 있었는데, 치료 후 이러한 기대를 수정하였으며, 의사소통의 양식을 바꾸어서 결혼 관계가 더욱 바람직한 모습으로 진전되었다.

피터 오브라이언의 사례

오브라이언은 75세 백인 남자로 가톨릭 신자이고 6개월 전에 아내를 잃었다. 그는 약 두 달 전부터 중등도의 재발성 주요우울장애를 보이기 시작하였다. 그는 첫 부인과 사별한 후 딸 하나를 키우다 재혼하였으며 그의 아내 역시 첫 결혼에서 세 명의 자녀를 두고 있었다. 그의 우울증은 아내가 남긴 토지를 둘러싸고 아내의 세 자녀들과 갈등을 겪은 후 발병하였다. 의학적 문제도 있었는데, 전립선 비대증과 고콜레스테롤증, 그리고 초기 고혈압을 앓고 있었으며 불안증 때문에 벤조디아제핀을 복용하고 있었다. 그의 주치의는 항우울제 복용도 권했지만 오브라이언은 이를 거절하였고 다만 자신의 우울증이 호전되지 않으면 그때 우울증 약을 복용하겠다고 하였다. 대인관계 설문지에 의하면 그는 죽은 아내와 관계가 좋았으며, 아내는 3년 동안 유방암을 앓다 사망하였다. 그의 첫 부인은 간암으로 30년 전에 사망하였다. 누이가 한 명 있지만 서로 왕래가 거의 없으며, 성인이 된 그의 딸은 서부 해안지역에 살고 있었다. 딸과는 규칙적으로 통화를 하고 있었으며, 상당히 가까운 사이라고 하였다. 최근에 죽은 아내는 이전 결혼에서 세 자녀를 두고 있었다. 오브라이언은 아내가 죽을 때까지 그들과 '우호적인' 관계를 맺고 있었지만 아내가 죽은 후 급격히 관계가 나빠졌다. 또한 아내의 투병 기간 중에는 그에게 도움을 준 이웃의 여성과 가깝게 지내 왔다. 전반적으로 볼 때, 대인관계 설문지에서 그는 주로 아내 및 딸과 정서적 관계를 맺고 있었으며, 그 외 다른 친구나 가족들과는 친밀한 관계가 이뤄지지 않고 있었다. 첫 회기에 시행한 HRSD는 23점으로 심각한우울증 상태로 확인되었다. 오브라이언의 문제 영역은 애도와 대인관계에서의 갈등이었다.

치료 중기

4회기 치료자는 오브라이언의 우울 증상을 검토하였다. 그의 우울 증상은 지난주에 죽은 아내의 자녀들이 고용한 변호사로부터 편지를 받고 더욱 악화되었다. 편지는 아내 소유로 되어 있었던 해변의 집을 비우라는 것으로 이 집은 이제 그녀의 자녀들 소유라는 것이었다. "그것은 내 집이기도 해요. 결혼하기 전에 아내가 산 집인 것은 사실이지만, 나는 몇 년에 걸쳐 그 집을 다시 리모델링했어요." 오브라이언은 편지 때문에 화가 나고 흥분해 있었다. "그들이 해변 집이 자기네들 것이라고 말했을 때는 아내를 땅에 막 묻고 난 직후였어요. 나는 정말 믿을 수가 없어요. 첫째, 그들에게 지금은 그런 말을 할 때가 아니라고 했죠. 하지만 그들은 나를 계속 괴롭혔어요. 마침내 나는 그들에게 지옥에나 가라고 소리쳤죠." 그는 그들이 왜 해변 집을 요구하는지 이해하지 못하고 있었다. 치료자가 보기에는 대인관계에서의 역할 갈등이 야기되면서 아내의 죽음에 대한 애도 과정이 더욱 힘들어진 것 같았다. 역할 갈등을 다루는 것이 치료의 첫 목표가 되어야 할 것으로 생각되었기 때문에, 치료 중기의 초반부 몇 회기 동안은 이에 초점을 맞추었다.

IPT 이론에서 볼 때, 아내의 자녀들과의 갈등 단계는 재협상(renegotiation) 단계로, 환자를 진정시켜 해결책을 찾을 수 있도록 치료적 전략을 사용해야 한다. 갈등의 첫 번째 문제는 해변 집에 대한 소유권이었지만, 치료자는 다른 문제도 있는지 탐색하였다. 자녀들이 다른 자산에 대해서도 소유권을 요구했는지, 과거에도 자녀들과 돈으로 인한 갈등이 있었는지, 해변 집을 둘러싼 문제가 야기될 만한 대인관계상의 문제가 있었는지에 대해서도 탐색하였다. 오브라이언은 아내가 죽은 후 그녀의 자녀들이 요구하면 그들 어머니의 개인적인 물건들을 기꺼이 내주었다고 말했다. 그의 말에 의하면, 아이들은 다른 자산을 요구하지 않았으며 과거에도 아이들과 돈

문제로 다툼을 벌였던 적은 없었다. 치료자는 최근에 아이들과 대화를 나눈 적이 있는지 질문하였다. 오브라이언 씨가 아이들에게 '지옥에나 가라'고 소리를 질렀기 때문에, 아이들이 자신의 전화를 받지 않을 것이라고 말했다. 치료자는 여러 가지 방법(즉, 계속 침묵을 유지하거나, 아이들과 직접 대화를 나누거나, 변호사를 통하여 접촉을 하는 것 등)을 환자와 함께 검토하였고, 오브라이언은 변호사를 고용하는 것을 선택하였다.

5회기 오브라이언은 변호사를 만났고, 그의 변호사는 아이들의 변호사가 보낸 편지를 검토하였다. 변호사는 오브라이언이 배우자이기 때문에, 아내의 자녀들이 요구한다 하더라도 해변 집은 오브라이언의 소유라고 말했다고 한다. 치료자는 오브라이언에게 이 시점에서 어떻게 행동할지를 선택하도록 하였다. 그는 아이들 중 한 명에게 전화해서 이 상황을 해결하기 위하여 비공식적인 만남을 갖기로 결심하였다.

6회기 오브라이언은 자녀 중 한 명과 만나서 이야기를 나눴는데 아내는 생전에 그 집을 자녀들에게 물려주기로 약속했었다고 하였다. 그는 더 우울해 보였고, 희망이 없으며, 실망한 것 같았다. 오브라이언은 아내가 아이들에게 해변 집을 주기로 약속했다는 말을 한 적이 없었기 때문에 매우 놀란 것 같았다. 치료자는 아내가 죽기 전에 법적인 문제에 대하여 준비를 해 놓은 것이 있는지를 질문하였다. "전혀 없어요, 아내는 그런 일들에 대하여 말하고 싶어 하지 않았어요. 나는 사실 이 문제를 어떻게 끄집어내야 할지 모르겠더라고요. 그리고 내가 이 문제를 거론해도, 아내가 의논하길 원치 않았어요. 나는 몇 번 이야기를 꺼내 보았지만 그때마다 아내는 자기가 회복될 것이기 때문에 이 문제를 다룰 필요가 없다고 했어요." 치료자는 아내가 죽기 전에 자녀들과 해변 집에 대하여 이야기했을 것 같은지를 질문하였다. 그는 잘 모르겠다고 대답하였다. 치료자는 오브라이언에게 갈등을 다룰 수 있는 여러 가지 방법들을 살펴보도록 하였다. 오브라이언은 자신의 변호사와, 아내의 자녀들이 고용한 변호사, 그리고 아내의 자녀들과 모임을 갖기로 결정하였다.

7회기 자녀들은 원하지 않았지만 모임은 성사되었다. 자녀들은 해변 집이 자신들에게는 매우 중요하다고 말했다. 그들은 해변 집에서 여름에 보냈던 즐거웠던 기억들을 가지고 있었는데, 이 기억들은 어머니와 관련되어 있을 뿐 아니라 처음 해변 집을 지었던 아버지와도 관련되어 있었다. 그들은 말하기를 어머니가 죽어 가면서 그들에게 자신이 죽으면 집은 너희들 것이라고 말했다고 하였다. 사실 그녀가 이에 대하여는 여러 번 반복적으로 말했다고 하였다. 두 변호사 모두 법적으로 해변 집은 오브라이언에게 속해 있음에 동의하였으며, 자녀들은 이를 수용할 수밖에 없었다. 모임이 끝날 때쯤 아이들은 분명히 실망하기는 하였지만, 오브라이언에게 정중하게 행동하였다. 회기 후반부에, 오브라이언은 아내가 죽음 후에 대하여 준비를 하지 않으려 한 것과, 자신이 얼마나 심각한지를 받아들이려고 하지 않아 매우 힘들었음을 이야기하기 시작하였다. "두 번째 화학치료를 한 후에, 의사는 암이 호전되는 모습을 보이지 않으니 더 이상의 치료는 할 필요가 없다고 말했어요. 나는 그것이 무엇을 의미하는지 알 수 있었지만 아내는 계속 나에게 모든 것이 좋아지고 있다고 말하곤 했어요." 치료자는 아내가 친구나 친척들에게는 어떻게 말했는지를 질문하였다. "저, 아내는 자녀를 포함해서 모든 사람들에게 자신이 나아지고 있으며 잘 치료되고 있다고 말했어요. 하지만 사실이 아니었죠." 치료자는 그가 이러한 상황에 대하여 어떻게 느꼈는지를 질문하였다. "좌절했죠." "아내의 이러한 행동에 대하여 당신이 짜증이나 화를 내지 않았나요?" 치료자가 질문하였다. "죽어 가는 사람에게 어떻게 화를 낼 수 있겠어요?" 치료자는 중병을 앓고 있는 사람을 간병하는 사람들이 느끼는 복잡한 감정에 대하여 몇 가지 교육을 하였다. IPT에서는 환자가 죽어 가는 가족에 대해 분노를 느낄 수 있다는 점을 다루는 것을 치료자가 피해서는 안 된다는 점을 강조한다. 환자는 처음에는 분노 감정을 다루는 것을 힘들어하지만, 애도를 해소하기 위해서는 반드시 다루어야 할 필요가 있다.

8회기 오브라이언의 우울 증상은 유의미하게 감소되었다. HRSD 점수는 11점으로, 이는 가벼운 정도의 우울에 해당된다. 그는 기분이 좋아졌으며, 아내의 자녀들과의 법적 문제가 거의 마무리되었다는 점에 안도하고 있었다. 하지만 아이들에게는 아직도 나쁜 감정을 가지고 있었다. 아직도 아내가 정말 해변 집을 아이들에게 물려주겠다고 말했는지 의심을 품고 있었다. 아내는 그에게는 좋아진다고 말했으면서, 왜 아이들과는 죽음에 대하여 공개적으로 이야기했을까? 아이들에게 이렇게 말하고 그에게는 다르게 말했을까? 이 점에서 그는 분노감을 느끼고 있었다. "왜 아내는 나를 이런 상황에 몰아넣고 떠나갔을까요? 나는 아내에게 계속 사후 계획을 세우라고 했지만 그녀는 그러려고 하지 않았어요." 그의 말에 의하면 아내는 그녀가 실제로 얼마나 심각한지를 주변 사람들에게 이야기하지 못하게 했다. "아내는 나의 딸에게조차 자신이 암에 걸렸다는 말을 하지 못하게 했어요." 매우 절망적이었던 어느 날, 그는 간호사인 이웃에게 불쑥 사실대로 말해 버렸다. "갑자기 모두 밝히게 되었어요. 나는 그녀에게 모든 것을 말했지요. 그녀는 매우 참을성 있게 내 말을 들어 주었어요. 그리고는 이 상황을 내가 좀 더 잘 대처하기 위해 어떻게 해야 할지를 알려 주었어요. 내가 이웃에게 말을 했다고 얘기했을 때, 아내는 매우 화를 내면서, 내가 아내를 배반했다고 했어요. 나는 죄책감을 느꼈지만 이웃에게 계속 이야기를 하였지요. 나는 누군가에게 말하는 것이 필요했어요."

9회기 치료자는 오브라이언에게 아내와의 관계에 대하여 좀 더 이야기하도록 하였다. 그들의 결혼생활은 만족스러웠으며 그는 아내에게서 정서적 지지를 기대하고 있었다. 사실 그는 지금의 아내를 사별자 모임에서 만났는데, 그들은 모두 각자의 배우자를 잃은 직후였다. 그는 또다시 암을 앓고 있는 아내를 돌봐야만 한다는 사실을 알게 되었을 때, 자신이 쇼크상태에 빠졌었다고 말했다. "한자리에 벼락이 두 번 내리치는 일은 없어야 하는 것 아닌가요." 그의 첫 부인은 암 진단을 받은 후 얼마 안 지나 사망하였다. 그는 일에 몰두함으로써 자신을 다스릴 수 있었으며, 아내가 죽은 후 바로 새 파트너를 만나서 편안해질 수 있었다. 치료자는 오브라이언에게 아내를 간병하는 일이 어떠했는지 물어보았다. "처음에는 그리 나쁘지 않았어요. 우리는 그녀가 암을 이겨 낼 수 있을 거라는 희망을 가지고 있었지요. 하지만 시간이 갈수록 점점 더 힘들어졌어요." "아내를 돌볼 때 가장 힘든 점은 무엇이었습니까?" 치료자가 물었다. 그는 의사들과의 관계, 치료비 부담, 그리고 집안일 하기 등이라고 애매하게 대답하였다.

10, 11회기 다음 회기에 치료자는 말기 암환자였던 아내를 돌보는 일에 대하여 좀 더 세부적인 사항을 질문하였다. 아내는 집에 있었나요? 침대 밖으로 나올 수 있었나요? 아내는 어떻게 보였습니까? 오브라이언은 아내가 집에서 삶의 마지막 시간을 어떻게 보냈는지를 조금씩 말하기 시작하였다. 아내는 체중이 많이 빠졌고, 대소변 가리기를 힘들어했으며, 가끔 정신이 흐려지기도 하였다. 그는 방에서 '죽음의 냄새'가 났다고 기억하고 있었으며, 아내의 성인용 기저귀를 바꿔 주는 일이 정말 싫었다고 말했다. 그는 이러한 일들을 이야기할 때 감정이 북받쳐 오르는 듯하였고, 눈물을 감추려고 애쓰고 있었다. "아내는 어디서 돌아가셨습니까?" 치료자가 물었다. "집에서 죽었어요. 숨쉬기가 힘들어 보여서 내가 의사를 불렀지요. 아내의 손을 잡고 아무 걱정하지 말라고 말해 주었어요. 눈을 뜨고 나를 보더니 더 이상 숨을 쉬지 않았어요. 갑자기 조용해지면서, 나는 그녀가 죽었다는 것

을 알았어요. 나는 아내 침대 옆에 앉아 의사가 오기를 기다렸어요."

12회기 오브라이언의 우울증은 8주째보다 훨씬 좋아 보였다. 그는 서부 해안에 있는 딸의 집을 방문할 계획을 세우기 시작하였으며 그쪽으로 이사 갈 가능성이 있다고 말했다. 그는 해변 집으로 인한 갈등을 해결할 방법도 생각했는데, 아내의 자녀들이 원한다면 '좋은 가격'에 그 집을 팔 생각이라고 하였다. 그에게 치료 회기가 4회 남았음을 상기시켰다.

다음 회기 전에 그는 전화를 걸어, 딸과 통화를 했고 딸을 보기 위해 서부로 갈 예정이라고 하였다. 그의 딸은 비행기 표를 싸게 예약했다고 하면서 지금이 방문하기 좋은 시점이라고 말했다고 한다. 정신치료 약속은 그가 딸의 집을 방문하고 돌아온 후에 잡기로 하였다.

13회기 오브라이언은 딸네 가족과 즐거운 시간을 보냈다고 말했다. 그는 아내의 병과 죽음에 대하여 말했으며, 딸은 엄마를 잃었을 당시 자신의 심정이 어떠했는지를 이야기하였다고 한다. 그들은 새 아내의 자녀들과 해변 집으로 인한 갈등도 이야기하였다. "나는 아내가 모든 사람을 즐겁게 해 주고 싶어 했다는 것을 알게 되었어요. 아마도 해변 집이 아이들에게 얼마나 중요한지 알고 있었기 때문에 자신이 죽은 후에는 아이들에게 그 집을 주겠다고 말했겠죠. 그녀는 모든 일을 엉망진창으로 만들어 놓고 떠났지만, 나와 함께 이 문제를 해결하고 싶지 않았을 거라는 생각이 들어요. 아내는 아마도 자신이 죽어 가고 있다는 사실로부터 나를 보호하려고 애썼을지 모릅니다. 나는 아내가 아프다는 사실만으로도 화가 났었다는 것을 인정합니다." 그와 그의 딸은 해변 집의 공정한 시세에 대해 알아보았고, 아내의 자녀들에게 팔 금액을 제시하였다. 그들은 생각해 보겠다고 하였다.

치료 종결

14회기 이 회기에서 치료자는 두 회기가 더 남았음을 상기시켰다. 오브라이언은 플로리다로 여행을 갈 예정이기 때문에 나머지 두 회기를 진행할 수 없다고 하였다. 그래서 출발 전에 만날 수 있도록 다음 약속을 재조정하였다. 치료자는 오브라이언에게 치료가 끝나는 것에 대하여 어떻게 느끼는지 질문하였다. 그는 치료가 도움이 된 것 같고, 스스로 잘 지낼 것이라는 자신감이 생겼다고 하였다. 기분이 훨씬 좋아졌고, 아내의 자녀들과도 원만한 해결을 할 수 있었으며, 치료자뿐 아니라 자신의 딸에게도 아내를 간병하는 것에 대한 스트레스를 이야기할 기회를 갖게 되었다고 하였다.

15회기 마지막 회기에서 오브라이언의 HRSD는 4점으로 전혀 우울하지 않은 상태임을 보여 주었다. "당신의 우울 점수는 23점에서 4점이 되었으며, 이는 당신이 주요우울장애 상태에서 완전히 회복되었음을 말해 주는 것입니다. 당신은 치료 과정에서 아내의 자녀들과 해변 집 문제를 해결하기 위해 정말 열심히 노력하였고, 아내를 돌보는 과정에서 겪었던 스트레스와 고통에 대하여 이야기하였습니다. 아내의 죽음을 맞은 상태에서, 아내의 자녀들과 해변 집 문제로 갈등이 있었고, 또 아내가 죽음에 대해 준비를 하지 않았기 때문에 당신이 더 힘들었을 것입니다. 아내는 자신이 얼마나 아픈지도 비밀에 부쳤습니다. 아내는 자신의 건강상의 문제에 대하여 다른 사람들에게 말하는 것도 원하지 않았기에 당신이 더욱 어려웠을 것입니다. 이런 비밀은 후에 문제를 낳게 됩니다. 당신이 바로 그 문제들을 겪어 나갔지요." 오브라이언은 치료를 완전히 끝내는 것은 '다소 불안'하므로 필요하면 돌아와서 한 번 더 만날 수 있는지 질문하였다. 치료자는 그럴 수 있다고 확신을 주었다. 오브라이언은 다음 약속을 잡지는 않았다.

사례 해설

오브라이언은 애도 과정에서 아내의 자식들과 재산상의 문제를 겪으면서 더욱 힘들고 당황스러웠다. 그러한 갈등은 아내가 자신의 죽음에 대하여 계획을 세우지 못했거나 세울 의사가 없었고, 오브라이언의 표현을 빌리자면 '엉망진창인' 상태로 남겨 놓고 사망함으로써 생겨나게 되었다. 아내의 자녀들과의 갈등을 성공적으로 해소함으로써 오브라이언은 정서적 압박감에서 벗어날 수 있었고, 우울증도 점차 호전되었다. 그러나 죽은 아내의 자녀들과 대화하는 과정에서, 그녀가 죽기 전에 아이들에게 무슨 말을 했는지 상당한 의구심을 갖게 되었고, 그녀가 자신의 죽음에 대하여 전혀 계획을 세우지 않은 것에도 신경을 썼다.

치료자는 오브라이언이 아내와의 관계를 이야기할 수 있도록 돕는 방식으로 애도 과정을 촉진시켰는데, 가장 중요한 것은 그녀가 죽어 가는 동안 그가 아내를 간병했다는 사실이다. IPT의 탐색 기법, 환기, 명료화 등이 이 과정에 통합되었다. 이 과정을 통해서 아내를 향한 긍정적 감정뿐 아니라 부정적 감정도 분명히 드러났다. 오브라이언은 아내의 죽음과 관련된 문제들을 해결해 내면서 우울 증상이 호전되었고, 아내 없이 새로운 삶을 재구성해 갈 가능성에 대해서도 고려하기 시작하였다.

결 론

임상 장면에서 대인관계에서의 역할 갈등은 비정상적인 애도 과정의 한 부분을 이루고 있는 경우가 많다. 해결되지 않은 대인관계의 문제, 가족 간의 문제가 남겨진 사람들로 하여금 고통스럽고 힘든 시기를 겪게 한다. 사랑하는 이가 죽은 이후 사람들은 정서적으로 정화되지 않은 상태에 있게 된다. 어떤 사람들은 다른 사람에게 평상시라면 하지 않았을 상처 주는 말을 하기도 하고, 이러한 말들이 원래 의도와는 달리 부정적인 방식으로 해석되기도 한다. 죽은 사람의 재산을 둘러싸고 오랫동안 해결되지 않았던 문제가 다시 촉발되기도 한다. 오브라이언의 경우에는 죽어 가는 과정에서 아내가 했던 행동이 사후 갈등의 원인이 되었다. 존슨 부인의 경우는 애도 과정으로 인해 우울해져 있는 환자와 그에게 중요한 사람인 남편 사이에 생겨난 긴장감을 보여 준다. 일부 환자들은 자신의 애도 과정이 지속되는 것을 자기 연민이나 정서적 취약성의 증거로 보기도 한다. 정신치료는 이러한 문제들을 솔직히 다룰 수 있는 기회를 제공한다. 어떤 사람들은 비정상적인 애도 과정과 관련된 고통스러운 감정들을 드러내기 부끄러워하지만, 치료자는 친절하게 그러나 엄격하게 환자가 이 과정을 겪어 나가도록 도와주어야 한다. 이를 통하여 환자는 정서적으로 치유되고, 우울 증상이 호전되며, 죽은 사람이 곁에 없어도 의미 있는 삶을 새롭게 만들어 가게 될 것이다.

제 7 장

대인관계에서의 역할 갈등

INTERPERSONAL PSYCHOTHERAPY FOR DEPRESSED OLDER ADULTS

제 7 장

대인관계에서의 역할 갈등

INTERPERSONAL PSYCHOTHERAPY FOR DEPRESSED OLDER ADULTS

1장에서 언급한 바와 같이, 대부분의 노인들은 만족스러운 가족 관계 및 사회적 관계를 맺고 있다. 이는 노인을 사회적으로 고립되고, 외롭고, 자녀들로부터 버림받은 사람들로 묘사해 온 정형화된 모습과는 대조적인 것이다(Shanas, 1979). 물론 일부 노인들은 만성적인 대인관계 문제를 갖고 있다. 만성적인 대인관계 문제를 갖고 있는 노인들은 성격장애자일 수 있다(Rosowsky, Abrams, & Zweig, 1999). 대부분의 노인들은 가족이나 친구들과 일시적인 문제를 일으킬 수 있지만, 이를 잘 해결하고 관계를 유지시켜 나간다. 중요한 사람들과의 갈등은 매우 스트레스를 주는 일이며 우울 증상과 불안 증상을 일으키기도 하지만, 전형적인 우울장애나 적응장애를 야기하지는 않는다. 그러나 일부의 경우에서는 대인관계 갈등이 임상적으로 유의미한 우울을 야기하기도 한다(Hinrichsen & Emery, 2005). 우울에 선행되는 대인관계상의 문제에 대하여는 이 책의 2장과 3장에 기술되어 있다.

우리의 임상 경험에 의하면, 노인들이 경험하는 대인관계에서의 역할 갈등은 주로 배우자나 성인 자녀 및 형제들과의 갈등이다. 때로는 친구나 고령의 부모와 갈등을 빚기도 한다. 오랜 기간 결혼생활을 해 온 부부들의 경우, 만성적인 부부 문제가 노년의 스트레스로 인하여 더욱 악화되기도 한다. 관계가 늘 좋았던 부부들이라 할지라도 은퇴나 병든 배우자를 간호하는 일과 같이 새로운 의무가 추가될 경우, 혹은 성인 자녀나 손주와의 문제 등으로 갈등이 야기될 수 있다. 어떤 경우에는 주요우울장애를 앓고 있는 배우자와의 문제를 견뎌 내는 것이 가장 중요한 대인관계 문제일 수도 있다. 앞서 언급한 바와 같이, 연구 결과에 의하면, 젊은 사람들에 비하여 노인 부부는 갈등을 감소시키는 방식으로 부부간의 문제를 해결하는 경향이 있으며, 갈등이 일단 생겨도 이를 감소시켜 원만한 부부 관계를 복원하려고 애쓰는 경우가 많다(Carstensen, Gottman, & Levenson, 1995). 이성 파트너와 결혼은 하지 않은 상태로 오랜 기간 관계를 유지하는 노인들도 있다. 지난 수년간 우리는 결혼하지 않은 채 동거하는 노인들이 많아지고 있음을 알게 되었고, 아마도 베이비 붐 시대의 사람들이 노년기에 들어서면 이러한 형태는 더욱 흔해질 것으로 생각된다. 결혼하지 않은 커플 중에는 이성 커플도 있지만 게이나 레즈비언 커플도 있다(Kimmel, 2002). 어떤 노인은 이미 결혼한 사람과 오랫동안 관계를 유지해 오기도 한다. 어떤 경우에는 새로운 관계를 만들어 가는데, 새로 커플이 된 사람들에게서 임상적으로 유의미한 문제들이 나타나기도 한다. 심각한 치매를 앓고 있는 배우자를 두고 다른 사람과 교제를 시작하고는, 새로 만난 사람과 가까워지고 싶은 욕구와, 치매 배우자가 죽기 전에 새로운 관계를 시작했다는 죄책감 사이에서 괴로워하는 노인을 만난 경우도 있다.

성인이 된 자손과 갈등을 겪는 노인들은, 과거에도 문제가 있었던 관계의 연장선상에서 다시 문제가 불거져 나오기도 한다. 이에 속하는 전형적인 문제들로는 자녀 집 방문 횟수나 손주를 키우는 방식, 병든 배우자를 돌보는 나이 많은 부모를 도와주는 정도에 대한 의견 차이 등이 있다. 노인에게 정신과적인 장애가 있는 경우 대인관계에서의 긴장감은 더욱 증가될 수 있다. 자녀가 정신과적 문제나 약물 남용 문제, 의학적 문제, 불안정한 고용상태가 지속되는 문제, 만성적인 재정 문제, 그리고 현재 혹은 과거 법적인 문제 등을 갖고 있는 경우에도 갈등이 생길 수 있다. 때로는 이러한 문제가 있는 성인 자녀들이 노인 부모와 함께 사는 경우도 있는데, 이러한 상황은 스트레스를 증가시킨다. 우리 병원 노인 정신과 외래에서는 정신과적 문제나 다른 생활상의 문제가 있는 자녀들과 함께 사는 노인들만을 위한 집단치료를 시행하고 있다.

대인관계 역할 갈등에서 IPT의 목표와 전략

〈표 7-1〉에 정리한 것과 같이, 이 문제 영역에서 IPT의 목표는 갈등을 구체화(identification)하고, 갈등의 단계를 명료화(clarification)하며, 갈등을 다룰 수 있는 행동 계획(plan of action)을 선택하여, 관계(relationship)에 대한 기대를 수정하거나 혹은 해결(resolution)하는 데 장애가 되는 의사소통 행동을 변화시키는 것이다. 예를 들어, 부부 갈등 사례에서 초기 치료 회기가 끝나갈 때, 우리는 "치료의 주요 목표 중 하나는 당신의 부인과의 문제를 좀 더 잘 해결하는 것이 될 것입니다."라고 말함으로써 목표를 좀 더 포괄적으로 전달하곤 한다. 문제 영역을 공략해 나감으로써, 우리는 다양한 결과들을 도출해 낼 수 있는 여지를 마련하게 된다. 즉, 생산적인 의사소통 방식을 재구성할 수 있으며, 여러 구성원들 간의 협력관계를 만들어 낼 수 있고, 상대방을 변화시킴으로써 변화될 수 없는 관계, 혹은 끝장

〈표 7-1〉 주요우울장애에 대한 대인관계치료의 개요

B. 대인관계에서의 역할 갈등
  1. 목표
    a. 갈등 확인
    b. 행동 계획 수립
    c. 좀 더 만족스러운 해결을 할 수 있도록 잘못된 의사소통 방식이나 기대를 수정하기
  2. 전략
    a. 우울 증상에 대해 검토하기
    b. 환자가 현재 관계를 맺고 있는 중요한 사람들과의 사이에서 드러나거나 드러나지 않는 대인관계상의 갈등을 우울 증상의 발병과 연관시키기
    c. 갈등의 단계를 판정하기
      i. 재협상(문제를 해결하기 위하여 일단 진정시키기)
      ii. 난국(협상을 재개하기 위하여 갈등을 증폭시키기)
      iii. 해소(슬픔을 견뎌 내도록 도와주기)
    d. 서로에 대한 일방적인 기대가 어떻게 갈등을 일으키게 되었는지를 이해하기
      i. 갈등의 주제는 무엇인가?
      ii. 기대와 가치관에 있어서 차이는 무엇인가?
      iii. 대안은 있는가?
      iv. 대안을 찾을 수 있는 가능성은 있는가?
      v. 관계에 변화를 일으킬 수 있는 자원은 무엇인가?
    e. 이러한 대인관계상의 갈등이 다른 사람들과의 관계에서도 나타나는가?
      i. 환자가 얻을 수 있는 이득은 무엇인가?
      ii. 환자의 행동 뒤에 깔려 있는 표현되지 않은 감정은 무엇인가?
    f. 이러한 대인관계상의 갈등이 어떻게 유지되고 있는가?

참조: M. M. Weissman, J. C. Markowitz, & G. L. Klerman(2000). *Comprehensive Guide to Interpersonal Psychotherapy* (p. 23). New York: Basic Books. Copyright 2000 by Basic Books. Reprinted with permission.

난 관계 등 내담자를 끊임없이 좌절시키는 반복적인 문제들을 줄여 나갈 수 있다. 이 문제 영역에서 IPT가 강조하는 것은, 내담자가 적극적인 역할을 하도록 함으로써 관계에서의 문제를 해결할 수 있는 가능성을 극대화시킨다는 점이다. 이러한 적극적인 자세가 중요한 이유는 우울한 상태의 내

담자 대부분이 중요한 관계에서 문제가 생겼을 때 수동적인 패배자의 느낌에 사로잡혀 있기 때문이다. 문제가 되는 관계를 해결하기 위해 최선을 다했음에도 불구하고 상황이 나아지지 않은 경우라 할지라도, 문제를 해결하기 위해 노력하는 행동 그 자체가 치료적인 경우가 많다. 대인관계에서 갈등을 겪고 있는 사람들 중 일부는 치료 초기에 상대방을 격렬하게 비난하기만 해서, 과연 이런 사람들이 현명하고 사려 깊고 주의 깊게 대인관계 문제를 해결할 수 있을지 의문이 드는 경우가 있다. 이 경우 IPT의 목표는 '가능한 한 유리한 방향으로 이끌어 가는' '최선을 다하는' '하는 데까지 해 보는' 것이다.

전략 2a: 우울 증상에 대해 검토하기와, 전략 2b: 환자가 현재 관계를 맺고 있는 중요한 사람들과의 사이에서 드러나거나(overt), 드러나지 않는(covert) 대인관계상의 갈등을 우울 증상의 발병과 연관시키기

우울 증상과 갈등과의 관련성은 치료 초기에 확인해야 하지만 치료 중기에도 자주 반복해서 우울의 발병과 갈등을 연결시켜 준다. 관계상의 문제가 나빠지거나 좋아짐에 따라, 우울 증상에 변화가 있는 경우에도 이 점을 분명하게 지적해 주어야 한다. 즉, 내담자에게 '사람들과의 관계가 당신의 기분에 영향을 미친다.'는 메시지를 주어야 한다.

전략 2c: 갈등의 단계를 판정하기

갈등의 단계를 판정하는 것은 치료의 길잡이가 된다. 갈등을 재협상하는 단계에서 빈번한 논쟁이 있다는 것은 두 사람의 입장에 심각한 불일치가 있다는 증거다. 이 단계에서 서로 다투는 내용이 가장 핵심적인 문제일 수도 있고, 아니면 좀 더 큰 문제와 관련된 또 다른 문제일 수도 있다. 양쪽 모두 다른 사람의 말이나 행동에 특히 민감해질 수 있으며, 이것이 다툼을 일으킬 수 있다. 최근 일을 다시 하나하나 열거하거나 상대방의 잘못을 나열하는 것은 분노감과 관련이 있다. 이 단계에서 가장 좋은 전략은 내담자의 분노 감정이나 행동을 진정시켜, 그의 행동이 상대방에게 분노를 일으키지 않도록 하는 것이다. 갈등이 난국 단계에 이르면, 한쪽 혹은 양쪽 모두가 관심이 되는 문제에 대하여 더 이상 언급이나 대화조차 하지 않으려고 한다. Klerman과 Weissman은 이러한 상황의 예로 '식어 버린 결혼(cold marriage)'을 들고 있다(Klerman, Weissman, Rounsaville, & Chevron, 1984). 현재의 노인 세대가 젊었을 때에는 이혼이 쉽지 않았기 때문에, 임상 장면에서 우리는 오랜 기간 불행하게 결혼생활을 지속해 온 노부부들을 자주 보게 된다. 결혼생활이 한 번도 만족스럽지 못했지만 종교적, 사회적, 경제적 이유로 이혼을 심각하게 고려하지 못한 노인들이 많다. 노인들에게 이혼으로 인한 경제적인 타격은 재앙이며, 중류 수준의 생활을 유지하던 사람이라 할지라도 이혼을 하게 되면 재정적으로 불안정한 상황에 몰리게 된다. 따라서 일부 노인들은 서로 맞지 않는다는 것을 알면서도 경제적인 이유로 이혼하지 못하고 함께 살기도 한다.

노인과 성인 자녀 사이에도 오랫동안 지속되어 온 갈등이 존재할 수 있다. 우리 내담자 중 일부는 자녀들과 거의 왕래를 하지 않는다. 해묵은 여러 가지 갈등 때문에 한쪽에서 혹은 양쪽 모두 서로 만나지 않으려고 하는 것이다. 한 내담자는 딸과 25년간 소원하게 지내 온 것이 '아픈 상처'라고 말하면서, 서로 간의 반목에도 불구하고 죽기 전에 관계가 치유되기를 원하고 있었다. 난국 단계에 있는 사람들에게 가장 좋은 전략은 갈등을 초래한 문제에 대하여 대화를 나누도록 하는 것이다. 이 문제들을 다루기 시작하면 필연적으로 양쪽 모두 분노감과 실망감의 표현이 증가한다. 이러한 상황에서 분노감을 조심스럽게 다루어 더 심각한 난국으로 몰아가지 않도록 해야 하지만, 때로는 이러한 갈등이 대화를 이끌고 나가서, 공통적으로 관심을 가지고 있던 문제들을 해결하기 위한 또 다른 노력을 하게 할 수도 있다. 우리가 만난 어떤 노부부는 수년간 난국 상태에 있었기 때문에, 결혼

생활은 갈등의 연속이었다. 관계를 개선시키려는 그동안의 노력이 효과를 보지 못한 데 실망하여, 노부부는 각자 자신만의 사회적 모임과 여가 활동을 해 나가고 있었다. 두 사람 사이의 접촉이 줄어드니까 자연히 갈등도 적어졌다. 그러나 은퇴를 하게 되거나, 둘 중 한 사람 혹은 둘 다 건강상에 문제가 생기면 수년간 피해 왔던 문제들이 다시 불거져 나와 갈등을 야기하게 될 것이다. 예를 들어, 외래에서 만난 한 노부부는 남편이 병을 앓게 되어 지속적인 접촉을 하자 오랜 기간 난국 상태에 머물러 있었던 부부 사이가 폭발하게 되었다. 아내는 자신이 남편을 간병해야 한다는 사실에 화를 내고 있었으며, 어느 날은 부부 싸움 중 남편이 아내를 바닥에 눕히고 목을 조르기까지 하였다. 그들은 이전의 난국 상태로 돌아가기를 원하여 치료를 시작하였다. 그러나 두 사람 사이의 갈등은 오랫동안 지속되어 왔던 문제들을 다루는 원동력이 되었으며, 이상적인 관계는 아니지만 결과적으로 좀 더 나은 방향에서 서로를 조정하게 되었다.

내담자 중에는 문제가 되는 관계는 끝내 버려야 한다는 생각으로 정신치료를 통하여 관계를 정리하는 데 도움을 얻고자 하는 사람들이 있다. 이 경우 IPT 치료자는 두 사람 사이의 관계에 전혀 개선 가능성이 없을 것이라는 내담자의 확신이 우울증에서 흔히 나타나는 절망감과 무력감의 반영일 수 있음을 치료 초기에 경고해 주어야 한다. 치료자는 둘 사이 관계에 내담자가 고려하지 않았던 면이 있었는지 조심스럽게 살펴보아야 한다. 어떤 내담자들은 관계상의 문제가 성공적으로 해결되리라는 희망을 갖고 치료를 시작했지만, 결론적으로는 관계를 해소(dissolution)하는 것이 유일한 방법이라는 것에 도달한다. 문제가 많은 관계를 어떻게 유지해 갈지는 내담자의 결정에 달려 있다. 관계를 끝내기로 내담자가 결정한 경우에도, 이러한 결정을 내리기까지의 과정이 내담자에게 힘을 줄 수 있다는 사실을 우리는 알게 되었다.

전략 2d: 서로에 대한 일방적인 기대가 어떻게 갈등을 일으키게 되었는지를 이해하기

이러한 전략은 대인관계 갈등에 관해 IPT를 할 때 가장 핵심적인 부분이다. 대인관계 갈등에서 진짜 문제는 무엇인가? 때로는 이러한 질문에 대한 답이 치료 초기에서부터 매우 분명한 경우도 있다. 그러나 어떤 경우에는 치료 과정에서 많은 토론을 거쳐야 명료화되는 경우도 있다. 관계상의 문제가 중요한 대상의 의도 혹은 부정적인 성격 특성과 섞여 버리는 경우가 흔하다. 어떤 내담자는 상대방에게 상처받았다고 느끼는 여러 에피소드들을 나열하는 수준에서 벗어나기 힘들어한다. 어떤 관점에서 보면, 노인들은 수없이 많은, 해결되지 않은 문제들의 부유물로 뒤덮인 바다에서 헤엄치고 있는 것과 같다. 관계가 난국에 빠져 있는 노인은 그러한 난국을 초래한 문제들이 무엇인지를 분명히 지적하기 힘들어한다—이전에 사용한 비유를 다시 사용하자면 그들은 실망한 기대(disappointed expectation)의 바다 한가운데에 얼어붙어 있는 것이다. 어떤 내담자들은 여러 가지 문제들을 장황하게 제시하기 때문에, 치료자가 그중에서 가장 중요한 문제가 무엇인지를 파악해야만 한다. 갈등과 관련된 이슈가 분명해질수록, 치료자는 기대와 가치에 있어서 양쪽의 차이를 이해할 수 있게 된다. 기대(expectation)와 가치(value)는 중립적인 용어이므로, 서로 다른 태도, 서로 다른 삶에 대한 기대, 서로 다른 대인관계에서의 장점과 약점을 가지고 있는 두 사람이 갈등을 야기했다는 점을, 어느 누구도 비난하지 않고, 치료적 논의로 이끌어 갈 수 있게 해 준다. 때로 내담자는 그들의 표현에 분명히 함축되어 있는 기대나 가치에 대하여 분명히 표현하지 못하기도 한다. 치료자가 "따님이 어떤 식으로 행동했어야 한다고 생각합니까?"라고 질문하면, "도대체 어떤 딸이 그런 식으로 행동합니까?"라고 말을 한다. 어떤 내담자는 상대방에게 자신의 기대를 직접적이고도 분명하게 표현한 적이 한 번도 없다. "그걸 모르는 사람이 어디 있어요." 치료자는 다른 사람이 원하는 것이 무

엇인지를 듣지 않고도 알 수 있는 사람은 없다고 설명해야 한다. 치료자는 또한 내담자가 다른 사람의 가치와 기대를 이해할 수 있도록 도와주어야 한다.

사람들은 다른 사람의 기대에 대해서 자기 자신의 입장에서 판단하는 태도를 보이기 쉽기 때문에, 가치와 기대를 명료화하기가 쉽지 않을 수 있다. "기대요? 그 사람은 내가 항상 자기 뒤만 따라다니기를 원해요. 그는 지저분하거든요." 치료자는 상대방의 기대와 가치를 명료화하기 위한 방법의 하나로 내담자에게 상대방은 자기 자신에 대하여 어떻게 말할 것 같은지 질문할 수 있다. 결혼생활의 어떤 시점에서 서로가 알지 못하는 사이에 기대와 가치의 변화가 생겼을 수도 있다. "나는 평생 쇼핑을 하고 요리를 하고 청소를 했어요. 그 사람은 지금은 일을 하고 있지 않아요. 근데 왜 나를 돕지 않는 거죠?"

갈등에 결정적인 역할을 했던 이슈들, 기대, 가치 등을 명료화한 후에, 치료자는 가능한 해결방법을 탐색하게 된다. 우리는 이것이 갈등에 대한 IPT의 핵심이라고 생각한다. 가능한 방법들을 탐색하게 하는 것은 내담자에게 힘을 부여하는 전략(empowering strategy)으로, 갈등에 대하여 어떻게 대처했어야 하는지를 검토하도록 하게 하는 것이다. 내담자가 갈등의 대상과 좀 더 많이 대화하는 방법을 선택한다면, IPT의 의사소통 분석 기법이 특히 도움이 될 수 있다. 입장이 다른 사람과의 대화를 효과적으로 촉진시킬 수 있는 기본적인 의사소통 기법은 다음과 같다.

문제에 대하여 대화를 할 수 있는 적절한 시간과 장소를 선택하기(반대: 화가 나서 논쟁 중에 있을 때 더욱 자극하기), '나는'이라는 단어를 사용하여 말하기(반대: 상대방이 어떻게 했는가에 대해 비판적으로 말하기), 토론 중에 화난 감정을 살펴보고 이를 조절하며, 상대방이 제기하는 자극적인 이슈에 대하여 건설적이고 감정을 추스를 수 있는 반응을 하도록 계획하기(반대: 무슨 일이 일어날지 보고만 있기) 등이다. 치료자는 때때로 사람들, 특히 대인관계에 문제를 가지고 있는 사람들이 의사소통의 기본 원칙을 모두 알지는 못한다는 사실을 간과한다. 현재의 노인 세대들은 베이비 붐 세대나 그 이후의 세대들과는 다른, 심리적인 면이 덜 강조된 문화적 환경에서 성장하였다. 이들은 자조(self-help) 서적과 대인관계에 대한 토크쇼가 거의 없었던 세대다. 때로는 대인관계 문제에서 생산적인 대화를 하는 방법이 매우 분명한 경우에도, 어떤 노인들에게는 그것이 그렇게 분명하지 않을 수 있다.

위에 언급한 방법들과 함께 사용할 수 있는 또 하나의 기법은 역할 연기(role-playing)이다. 처음에는 역할 연기를 매우 힘들어하는 노인들이 많지만, 지속적으로 하다 보면 대부분이 잘할 수 있게 된다. 노인들은 역할 연기를 하는 것을 쑥스러워하거나, 이 기법을 통해 자기 자신이 드러나는 것에 대하여 당황스러워하기도 한다. 역할 연기를 통해 최근의 다툼을 다시 재현할 수도 있고, 관심이 되는 이슈에 대하여 상대방과 대화를 하는 것을 실행해 볼 수도 있다. 역할 연기는 노인 내담자의 의사소통상의 결함이나 기술상의 문제점을 잘 드러낼 수 있을 뿐 아니라, 스스로 자각하지 못했던, 수반되어 있는 감정을 드러나게 한다. 이와 유사한 기법 중에는 치료자가 내담자로 하여금, 최근 다툼에서 서로 간에 오고 간 말을 자세히 기술하도록 하는 것이 있다. 어떤 내담자는 최근 사건에 대하여 모호하게, 그리고 자신의 입장에 치우친 내용을 말하기도 한다. "맨날 반복되는 똑같은 일이지요. 그는 나를 비난하기 시작하였고, 나는 그냥 방에서 나와 버렸어요." 이러한 경우 우리는 그 일에 대해 좀 더 자세히 이야기하도록 한다. "그가 정확히 무슨 말을 했습니까? 그의 말을 그대로 말해 보면요?" "그다음에 당신은 뭐라고 말했습니까?" 그리고 "말할 때 목소리의 톤은 어땠습니까?"

또 다른 방법은 상대방을 IPT의 한 회기 혹은 두 회기에 참가시키는 것이다. 상대방을 만난다는 것은 치료자가 상대방의 관점을 이해하고, 둘 사이에 의사소통이 어떻게 이뤄지는지를 이해하는 데 매우 도움이 될 수 있다. 이 책의 3장에서 언급한 바와 같이, IPT에서는 대인관계에서의 역할 갈등 해결을 위하여 갈등의 상대방과 함께 치료에 참여하는 형식(Foley et al., 1989)을 제공하고 있다. 차후 개인 회기에서 치료자는 상대방과 함께한 회기에서 관찰한 내용을 통하여 내담자가 문제에 좀 더 잘 대처할 수 있도록 도움을 줄 수 있을 것이다. 일반적으로 환자와 관련된 모든 사람들은 IPT 회기에 참여시킬 수 있다.

대안을 찾을 가능성을 높여 주는 것은 무엇인가? 어떤 자원이 관계에서 변화를 가져오는 데 도움이 될 것인가? 대인관계에서의 역할 갈등의 IPT 전략은 내담자가 할 수 있다고 느끼는 것과, 상대방이 할 가능성이 있는 것이 무엇인지를 정확하게 예측하는 것도 포함하고 있다. IPT의 목표는 역할 갈등을 잘 다룰 수 있도록 개인의 자원을 최대한 활용하는 것이지만, 대인관계 능력이나 대인관계에서 필요한 기술을 습득하는 능력에는 사람마다 차이가 있다. 갈등이 생긴다는 것은 일상적인 문제가 발생했을 때 생산적인 대화로써 문제를 풀어 나가는 능력에 제한이 있음을 시사하는 것이다. 어떤 관계는 복구가 불가능하여 해소가 가장 바람직한 해결방법일 수 있다. 치료자는 갈등을 해소하는 것을 돕고 싶지만, 궁극적으로 문제를 해결하는 것은 내담자의 결정에 달려 있다. 이때 치료자는 내담자가 해소에 회의적인 태도를 갖는 것이 상황을 객관적으로 본 것인지, 아니면 우울증으로 인하여 지나치게 부정적으로 본 것인지 주의 깊게 살펴보아야 한다.

전략 2e: 이러한 대인관계상의 갈등이 다른 사람들과의 관계에서도 나타나는가?

치료 초기에서의 대인관계 설문지는 다른 사람과 관계를 맺는 내담자의 특징적 패턴에 대하여 중요한 단서를 제공해 준다. 내담자는 특정 대상과 겪고 있는 현재의 문제들을 다른 사람들과의 관계에서도 그대로 나타내고 있을 수 있고, 그렇지 않을 수도 있다. 다른 관계에서도 유사한 문제가 있다면, 치료자는 그 점을 지적해 주어야 한다. 일단 치료적 관계가 형성되면, 대부분의 노인 내담자들은 유사한 문제가 다른 관계에서도 나타난다는 치료자의 지적을 비난받는다는 느낌 없이 받아들인다. 다른 사람에 대하여 끊임없이 비난을 하는 내담자들도 많은데, 이러한 행동은 대인관계에서 마찰을 야기하는 불씨가 된다. IPT가 현재에 초점을 두고 있기는 하지만, 다루고 있는 문제와 관련되어 있다고 생각되면 과거 선행사건을 탐색해 볼 수도 있다. 예를 들어, 어느 노인 내담자는 요양원에 있는 자신의 남편을 딸이 자주 방문하지 않는 것 때문에 딸과 갈등이 있었다. 그녀는 또한 요양원 직원들이 남편과 좀 더 많은 시간을 보내지 않는 것에 화가 나 있었으며, 아들이 아버지를 자주 방문하지 않는 것에, 손주들이 할머니의 생일을 잊어버린 것에, 그리고 그 외 여러 가지 실망한 일들에 대하여 화가 나 있었다. 대인관계 설문지를 한 결과, 그녀는 어린 시절 부모를 모두 잃었으며, 나이 많은 언니가 마지못해 내담자를 맡게 되었는데, 치료자는 이러한 어린 시절의 기억이 그녀의 노년 생활에 어떠한 의미가 있는가에 대하여 탐색하였다. 내담자는 어린 시절의 생활을 통해 그녀가 배운 것은, 원하는 것을 얻으려면 '그것을 위해 싸워라.'였다고 말했다. 그녀는 자신을 배려해 주는 사람은 아무도 없으므로, 원하는 것을 얻을 수 있는 유일한 방법은 강하게 요구하는 것이라고 믿고 있었다. 하지만 그녀의 요구적인 태도는 역설적으로 그녀에게 중요한 사람들이 그녀를 배려하지 않게 만들었다. 그녀가 원하는 것을 얻을 수 있는 대안적인 방법들이 치료 과정에서 다뤄졌다.

전략 2f: 이러한 대인관계상의 갈등이 어떻게 유지되고 있는가?

이 질문의 초점은 의사소통상 문제가 되는 행동뿐 아니라, 대인관계 문제(그리고 그에 기저하는 가정들)를 야기하고 지속시키는 내담자의 기대와 가치들을 좀 더 잘 알 수 있도록, 앞에서 언급된 여러 가지 전략들을 통합하는 것이다. 이러한 이해를 통하여, 치료자는 내담자가 갈등을 성공적으로 해소할 수 있도록 기대와 행동을 변화시킬 수 있게 격려한다. 치료자는 갈등이 유지되는 방식을 확인하기 위하여 갈등 상황에 있는 상대방과 내담자가 매주 어떻게 상호작용했는가를 세밀하게 따져 보아야 한다. 시간이 지나면서, 갈등이 유지되는 방식을 입증할 수 있는 패턴이 드러날 것이다. 내담자는 자신의 이러한 패턴을 알지 못하는 경우가 많으며, 치료자가 이를 지적할 경우 놀라움을 표시하기도 한다. 내담자가 스스로의 패턴을 인식함으로써, 둘 사이 관계에 변화를 시도할 수 있을 것이다.

메리 라이언의 사례 계속

이 사례의 치료 초기에 대한 내용은 5장에 기술되어 있다. 요약하면 라이언은 79세 미망인으로 언니와 함께한 아일랜드 여행 중에, 언니와 갈등을 겪고 그 후 주요우울장애가 발병하였다. 정신치료 초기, 그녀는 해밀턴 우울증 척도가 22점(심각한 우울)으로 평가되었다. 언니는 여행 중 발목을 삐어 라이언에게 집으로 돌아가자고 했지만, 그녀는 이를 거절하였다. 집으로 돌아온 후, 언니는 가족 모임에서 라이언에게 한마디 말도 하지 않았고 교회의 사교 모임에서도 최소한의 말만 하였다. 라이언은 언니가 자기에게 화가 나 있음이 분명하고, 관계를 회복하려는 자신의 노력을 언니가 거절하고 있다고 느끼고 있었다.

치료 중기

4회기 치료자는 먼저 라이언에게 증상에 대하여 질문하였다. 그녀는 불안한 것은 좀 줄어들었지만 치료 초기에 보고하였던 우울과 관련된 증상들은 대부분 지속되고 있다고 하였다. 라이언은 지난주 교회의 사교 행사에서 언니와 같은 테이블에 앉아 있었는데, 언니는 그녀에게 말을 하지 않았을 뿐 아니라, 눈맞춤조차 하지 않았다고 불평하였다. 그녀는 언니의 행동에 대하여 심하게 비난하였다. "어떻게 언니가 그런 행동을 할 수 있어요?" "도대체 어떤 사람이에요?" "어떻게 나한테 그런 행동을 할 수 있어요!" 라이언은 언니가 잘못하고 있음을 치료자가 인정하게 하려고 애쓰고 있었다. 치료자는 갈등에 있어서 이슈가 된 것이 무엇인가를 좀 더 잘 이해할 수 있게 하려고 애썼으며, 두 사람 사이의 기대와 가치에 어떤 차이가 있는지를 살펴보고자 하였다. 라이언은 다른 내담자들처럼, 처음에는 상대방의 입장에서 갈등을 보는 것을 힘들어하였으며, 언니에 대한 불평만 늘어놓았다. 치료자는 갈등을 해소하기 위하여 그녀가 어떤 노력을 했는지를 질문하였다. 그녀는 관계를 '회복하기' 위한 노력으로 몇 달 전 가족 모임에서 언니에게 말을 붙이려고 노력하였노라 대답했다. 내담자가 모호하고 일반화된 방식으로 언니와의 만남에 대해 이야기하는 경향("언니는 정말 불가능해요.")이 있었으므로, 치료자는 대화 내용을 좀 더 구체적으로 이야기하도록 조심스럽게 밀고 나갔다. 그 결과, 라이언이 방어적이고 비판적인 방식으로 언니에게 말했음이 분명히 드러났다. "나는 언니에게, '도대체 뭐가 문제야? 왜 이런 식으로 행동을 하는 거야?'라고 물었어요." 언니는 이에 대해, "내가 뭘 어쨌는데? 너는 뭐가 문제니? 너는 이기적이고 너 자신 외에는 아무에게도 관심이 없어."라고 대답하였다. 치료자는 라이언에게 언니에게 다른 방식으로 접근했다면 둘 사이의 대화가 또 다른 갈등을 야기하지 않을 수 있었을 가능성이 있는지 질문하였다. 라이언은 당황하면서, 치료자에게 거꾸로 질문하였다. "당신은 도대체 누구 편인가요?" 그녀는 치료자의 질문에 자신을 비난하는 의미가 내포되어 있다고 느꼈다. "라이언 부인, 저는 당신 편입니다. 당신에게 질문한 이유는 당신과 언니가 의사소통하는 방식을 좀 더 잘 이해하기 위해서입니다. 당신과 언니가 어떤 점 때문에 서로 갈등을 겪게 되는지 제가 이해할 수 있는 유일한 방법이기도 합니다. 나는 당신 편입니다. 왜냐하면 나는 당신의 우울증이 나아지도록 당신과 함께 노력하고 있으며 당신과 언니가 현재의 갈등 상황을 해소할 수 있도록 노력하고 있기 때문입니다. 무슨 일이 일어났는지 세부적인 사항을 이해해야지만, 우리가 상황을 변화시키려는 노력을 할 수 있습니다." 하지만 그녀는 확신하지 못하는 것 같았다.

5회기 치료자는 치료자가 언니의 편을 드는 것이 아닌가 하는 라이언 부인의 걱정을 다시 다루었다. 라이언은 치료자가 한 말을 곰곰이 생각해 보았으며 이 상황에 다르게 대처해야 한다는 점을 인정하게 되었다고 말했다. "그러나 당신도 우리 언니가 얼마나 고집스러운지 알게 될 거예요. 그렇지 않아요?" 치료자는 둘 사이에 강한 감정의 골이 있으며 이러한 감정의 골 때문에 양쪽 모두 둘 사이의 문제를 차분히 이야기하기 힘든 것 같다고 말했다. 많은 내담자들의 사례와 마찬가지로, 라이언은 치료자가 그녀의 편을 들어주기를 원하고 있었으며, 그것은 라이언이 언니 입장을 이해할 수 없다는 것을 의미한다. 치료자는 과거 라이언과 언니와의 관계를 탐색하였다. 그녀의 말에 의하면, 언니는 어려서부터 둘 사이에서 항상 지배적인 위치에 있었다고 하였다. 라이언은 언니에 대해 '자기 확신에 차 있는' '주도권을 가진' 사람으로 묘사한 반면, 자신에 대해서는 '자신감이 부족한' '자신에 대해 확신이 없는' 사람으로 기술하였다. 성인기 대부분에서도 그녀는 나이 많은 언니에 비하여 상대적으로 어린 동생으로 느끼는 것을 편안해 하였지만 때로는 언니의 행동에 화가 나기도 했다는 점을 인정하였다. "하지만 나는 입을 다물고 있었어요. 나는 평화를 원했으니까요." 언니와의 관계는 라이언의 남편이 사망한 후 서서히 변하기 시작하였다. "선생님께 말했던 것처럼, 남편의 죽음을 극복하는 것은 매우 힘든 일이었어요." 그녀와 남편과의 관계는, 그녀와 언니와의 관계와 비슷하였다. 그녀는 대체로 남편이 원하는 대로 따라 주었으며, 중요한 의사결정을 해야 할 경우에는 남편에게 의지하였고, '솔직한 심정'을 말하는 데에는 주저하였다. 치료자는 이러한 관계 양상을 환자에게 말했고, 환자는 전 생애에 걸쳐 다른 사람들에게 '2인자의 역할'을 해 왔음을 인정하였다. 남편이 사망한 후, 그녀는 언니와 형부의 도움과 가르침을 받게 되었으나, 어떤 시점부터는 어쩔 수 없이 많은 일을 그녀 스스로 해결하게 되었다. "세금을 내고, 돈을 관리하고, 수리공을 부르는 일 등 필요한 모든 일들을 나 혼자 해낼 수 있다는 것을 알고 스스로 놀랐어요." 그녀는 자기 확신이 생기기 시작했으며 자신을 다르게 보기 시작하였다. 동시에 언니와의 관계에서 어떤 긴장감을 느끼기 시작하였다. "나는 더 이상 어린 동생이 되기를 원하지 않았어요. 나는 때로 말대답을 하기도 하였는데, 언니는 그것을 좋아하지 않았어요."

6, 7회기 다음 두 회기에서 치료자는 언니와의 관계를 좀 더 탐색하였으며, 수년에 걸쳐 서로 간의 역할 관계가 어떻게 변화되어 왔는지 살펴보았다. 언니는 동생이 항상 그래 왔던 것처럼, 자신에게 복종적인 태도를 보이기를 기대하고 있었다. 라이언은 좀 더 동등한 관계를 원하고 있었는데, 언니는 이러한 관계를 환영하지 않았다. 그녀는 노년기이지만 한 인간으로서 자신이 변했다는 것을 인정하고 있었다—즉, 스스로 더 독립적인 되었으며 자기 확신을 갖게 되었고, 언니에게 반대 의사를 더 많이 표현하게 되었다. 그녀는 주로 침묵을 통해 반대 의사를 표시하였지만, 언니가 날카롭게 지적하면 양보하기도 하였다. 둘 사이에 긴장감이 쌓여 가기 시작하였다. 언니와의 갈등 중 심각하고 공개적인 첫 번째 갈등은 2년 전 형부가 사망한 후 발생하였다. "나는 처음에는 가능하면 언니에게 도움이 되려고 노력했어요. 그러나 언니는 나에게 모든 일을 해 주기를 끊임없이 요구했어요. 어느 시점부터 나는 '아니야.'라는 말을 하기 시작하였고, 언니는 화를 냈어요. 언니는 내 남편이 죽었을 때 언니와 형부가 나를 도와줬었고, 지금은 내가 언니를 도울 차례라는 거예요. 언니는 내가 은혜를 모른대요. 나는

평화롭게 지내기 위하여 사과를 하기는 했지만 정말 사과하고 싶지는 않았어요. 나는 언니가 나를 이용하고 있다고 느꼈어요." 라이언은 아일랜드에서의 사건은 오랫동안 변화되어 온 둘 사이 관계의 정점이라고 느꼈다. "나는 언니가 요구한다는 이유만으로 바로 집으로 돌아가지는 않으려고 했어요. 언니도 마침내 그 점을 알게 되었고, 지금 언니는 나를 벌하고 있는 거예요." 치료자는 둘 사이의 관계에 대한 내담자의 기대는 점진적으로 중요한 변화를 보였지만, 언니의 기대는 변하지 않고 있다는 점을 지적하였다. 라이언은 자신의 독립성을 중요시하게 되었다. "두 사람의 관계에 문제가 있다는 점은 충분히 이해가 갑니다. 당신 자신의 걱정뿐 아니라 언니의 걱정도 인정해 주면서, 둘 사이의 관계를 개선시킬 방법이 있는지 찾아보도록 합시다." 치료자가 말했다. "좋아요, 나도 그러고 싶어요. 하지만 나는 길잡이가 필요해요." 라이언이 대답하였다. 치료자는 "다음 몇 주 동안은 당신의 전략을 상세히 계획해 봅시다."라고 말해 주었고, 라이언은 안도하는 것 같았다.

8회기　치료자는 라이언의 HRSD를 다시 평가하였다. 결과는 11점으로, 이는 가벼운 정도의 우울에 해당한다. 그녀는 점수가 낮아진 것에 만족하였으며, 기분이 훨씬 좋아졌다는 사실—덜 우울하고, 덜 불안해졌으며 잠도 더 잘 자고 입맛도 점차 돌아왔다—을 인정하였다. "지금부터 계획을 세울 건가요?" 라이언이 질문하였다. 치료자는 어디서부터 계획을 짤지 질문하였다. "나는 언니가 나에게 좀 더 정중했으면 좋겠어요. 언니가 나에게 말을 하지 않으려고 하는 것이 미워요. 그건 너무 당황스러워요." 라이언은 다른 사람들과 의견 차이가 있을 때 이를 협상해 본 경험이 거의 없는 것 같았다. 갈등에 대처하는 그녀의 주된 방법은 피하거나 아니면 항복하는 것이었다. 그녀에게는 아주 기본적인 의사소통기술 훈련이 필요하였다. 치료자는 먼저 그녀가 언니에게 말하고 싶은 것이 무엇인지를 질문하였다.

"언니가 나를 매우 심하게 대해 왔고 그런 행동을 내가 좋아하지 않는다는 것을 언니가 알았으면 좋겠어요. 나는 언니를 바꾸고 싶어요." 치료자는 그 방식이 언니와의 생산적인 대화를 이끌어 낼 수 있는 최선의 방식이 아닌 것 같다고 지적하였다. 그리고 내담자가 말할 때의 목소리가 화난 것 같이 들린다는 점도 지적하였다. 치료자는 라이언에게 언니와 대화를 시작할 수 있는 다른 대안이 있는지를 생각해 보도록 권유하였다. 그녀는 아무 생각도 할 수 없었다. 그래서 치료자는 내담자가 시도해 볼 수 있는 '몇 가지 아이디어'를 제시하였다. 치료자는 대부분의 사람들은 자신의 행동이 잘못되었다고 비난을 받으면, 방어적이 된다는 점을 알려 주었다. 내담자도 그러한 경우 자신도 '반격하고' 싶어진다는 점을 인정하였다. 치료자는 내담자와 일련의 역할 연기를 수행하였는데, 치료자가 언니 역할을 하였다. 역할 연기에서 처음에 내담자는 매우 힘들어 하였지만, 점차 덜 비판적이고 더 달래는 듯한 언어를 사용하기 시작하였다. 처음에 그녀가 달래는 듯한 언어를 사용할 때는, 그녀가 '굴복'하는 것으로 느끼고 있었다. 치료자는 굴복(즉, 자신의 관심에 대해 정확히 의사소통하는 데 실패하는 것)과 관심을 갖고 있는 문제에 대하여 대화로 풀어 나가는 것(즉, 양쪽의 우려를 인정하고 존경심을 가지고 의사소통을 하는 것) 사이에 차이점을 이해할 수 있도록 도와주었다.

9회기 라이언이 놀라운 소식을 가지고 왔다. 수년 동안 병을 앓아 왔던 남동생이 죽었는데 이 남동생은 형제들 중 자매 간의 불화를 가장 가슴 아파했었다고 한다. "그는 우리가 화해하기를 원했어요." 장례식장에서 언니는 그전에 비하여 자신에게 좀 더 따뜻하게 대해 주었다고 말했다. 그녀는 남동생의 죽음이 언니와 다시 화해하는 기회가 될 수 있을 것 같다고 말했다. "남은 기간 동안 우리 모두 잘 지내야죠." 라이언과 치료자는 언니와 하게 될 가능성이 큰 대화를 주제로 역할 연기를 계속하였으며, 언니와 대화를 시작할 수 있을 만큼 의사소통 능력이 향상되었음을 알 수 있었다. 그녀는 다음 주에는 언니와 대화를 할 준비가 된 것 같다고 말했다.

10회기　다음 주 라이언은 더 우울해졌다고 불평하였다. 치료자는 지난주에 어떤 일이 발생했는지를 질문하였다. 언니를 교회의 사교 모임에서 만났는데, "언니는 이전과 마찬가지로 냉정했다."고 말했다. 그녀는 상황이 변할 수 있을 것이라는 희망을 잃었으며 용기도 상실하였다. 치료자는 이번 사건과 그녀의 기분 사이의 관계에 대하여 지적하였다. 또한 치료자는 우울은 사람으로 하여금 희망이 없는 것으로 느끼게 한다는 점을 다시 반복하여 말해 주었다. 그녀는 언니와 대화를 할 계획을 세워 놓았지만, 막상 언니와 대면하면 아무 이야기도 못할 것 같다고 말했다. "나는 혀가 굳어지고 우리가 얘기했던 것은 하나도 생각이 안 나고, 언니는 나를 깔보게 될 거예요. 나는 선생님 같지 않아요. 선생님은 어떻게 말하는 것이 옳은지 생각할 수 있겠지요." 라이언과 치료자는 그녀가 편안하게 언니와 대화를 할 수 있는 다른 방법들은 살펴보기 시작하였다. 예를 들면, 중간에 다른 가족 구성원을 중재자로 세우는 방법, 혹은 언니에게 편지를 쓰는 방법 등이었다. "우리가 말한 내용들을 선생님이 글로 써 준다면, 도움이 될 것 같습니다." 라이언이 말했다. 라이언은 내가 써 준 메모를 들고 있으면 언니와 대화를 할 수 있을 것 같다고 말했지만, 언니와 만나는 자리에서 무엇을 말하고 싶었는지 기억해 내거나, 손에 있는 메모의 내용을 보는 것도 곤란할 것임을 인정하였다. 그녀가 말하고 싶은 내용을 작성해 놓았다가 대화 도중 참고할 수 있으려면, 언니에게 전화로는 이야기할 수 있을 것이라고 결론을 내렸다.

11, 12회기　다음 회기 동안에 치료자는 라이언과 함께 언니에게 말하고 싶은 내용들을 정리하여 작성하였다. 첫 항목은 언니가 둘 사이의 갈등

에 대하여 대화를 나누도록, 대화를 시작하는 것과 관련된 내용이었다. 즉, "알다시피, 남동생은 우리가 좀 더 잘 지내기를 항상 바라왔지요. 나 역시도 그러고 싶어요." "우리 모두 지난 일 때문에 상처를 받았고 화가 났다는 것을 알고 있어요." 그리고 "나는 우리 둘 사이가 좀 더 좋아지기를 바라요." 대화를 시작하려 한다는 언질을 준 다음, 갈등에서 문제가 되었던 이슈들을 언급하는 내용을 나열하였다. "나도 언니가 아일랜드에서의 일 때문에 실망했다는 것을 알아요. 나 역시 그래요. 우리가 비록 서로 다른 의견을 가지고 있다 하더라도, 함께 극복해 갈 수 있기를 희망해요." 언니가 라이언을 비난하려고 할 경우에 말할 내용도 작성하였다. "나도 우리 모두 화가 났다는 것을 알아요. 그래도 나는 우리 관계가 좀 더 나아지는 쪽으로 노력하고 싶어요." 또는 "언니가 그렇게 느끼고 있다는 것을 나도 알아요. 그리고 그 점에 대하여는 나도 좋지 않다고 생각해요. 나도 그 점에 대해서는 좀 더 노력할게요." 다음 회기에 라이언은 자신의 메모에 기초하여 얘기하면서 상대방의 반응을 보기 원했기 때문에, 치료자가 언니 역할을 하면서 역할 연기를 하였다. 라이언은 이제 노트가 완성되었으므로 수일 내로 언니에게 전화를 걸겠다고 하였다.

13회기 다음 주에 라이언은 언니에게 전화를 했으며, "최선을 다했다."고 하였다. 그녀는 대화를 할 때 서툴기는 하였지만, 언니가 아일랜드 일 때문에 자신을 비난하는 말을 했어도 언니를 비난하지 않았다고 하였다. 내담자는 다음 주에 어떤 일이 일어날지 확신하지 못하고 있었으나, 아주 잘되리라는 희망을 가지고 있었다.

치료 종결

14회기 라이언은 지난주 교회의 사교 모임에서 언니를 만났는데, 과거만큼 따뜻한 모습은 아니었으나, 그래도 훨씬 '정중한' 태도였다고 말했다. 라이언은 좀 더 편안해졌으며, 문제가 잘 해결될 것이라는 희망을 갖게 되었다고 말했다. 치료자는 이제 두 회기가 남았다고 말했다. "단지 두 회기요? 어떻게 하나, 이 문제를 나 혼자 어떻게 하나?" 치료자는 라이언이 혼자 이 일을 다 처리해 왔으며 치료자는 단지 코치의 역할만 했음을 지적하였다. 그녀는 다시 우울해질 것을 걱정하였다. 치료자는 치료가 끝나면 내담자들은 치료가 끝나는 것에 다소 불안해지기는 하지만, 이것은 정상적인 반응이지 우울증이 다시 재발하는 것은 아님을 지적하였다. 그녀는 치료가 끝난다는 것이 슬프며, 처음에는 정신치료가 도움이 될 것이라는 것에 상당히 회의적이었다고 하였다. 치료자는 다음과 같이 말했다. "당신이 슬프게 느끼는 것 역시 매우 자연스러운 것입니다. 우리는 당신이 우울증으로 힘들어하는 시기에, 매우 중요하고 개인적인 일들에 대하여 이야기를 나눴습니다."

15회기 라이언은 가족 모임에서 언니를 다시 만났는데, 형제들은 둘 사이가 훨씬 우호적이 되었다고 말했다. "형제들은 죽은 남동생이 우리를 자랑스러워할 것이라고 말했어요." 치료자는 라이언에게 정신치료가 끝나는 것에 대하여 어떤 감정을 느끼는지를 다시 질문하였고, 그녀는 스스로 문제를 헤쳐 나갈 수 있다는 확신을 좀 더 많이 표현하였다.

16회기 마지막 회기에 치료자는 HRSD를 실시하였는데, 결과는 4점으로 우울하지 않은 상태였다. 그녀는 치료자의 도움에 감사해 하며 다음과 같이 말했다. "선생님 없이는 잘 해내지 못했을 거예요." 치료자는 라이언 에게 그녀 자신의 노력이 없었다면 해내지 못했을 것이라고 말했다. 치료자는 그녀가 해 온 적극적인 역할을 강조하며 치료 과정을 검토해 주었다. "당신은 언니와의 중요한 갈등을 겪은 후에 주요우울장애로 치료를 시작하였습니다. 당신은 처음부터 항우울제를 복용하는 것에 동의하였습니다. 하지만 정신치료를 받는 것을 처음에는 주저하였으나, 결국 하게 되었습니다. 당신은 언니와의 갈등에서 당신이 했던 역할을 포함하여, 여러 어려운 점들에 대하여 이야기를 하고자 하였습니다. 당신은 언니와 대화를 할 수 있는 새로운 방법들을 알게 되었고, 당신이 작성한 노트의 도움을 받아 용감하게 언니와 대화를 하였습니다. 당신은 자신의 의견을 표현할 수 있도록 언니와의 관계가 변화되기를 원한다고 말했습니다. 그리고 지금 당신은 더 이상 주요우울장애가 아니며 우울증과 관련된 증상들은 거의 없는 상태가 되었습니다."

사례 해설

이 사례는 서로 다른 역할 기대가 어떻게 갈등을 야기하는지를 보여 주고 있다. 라이언의 사례에서, 언니와의 갈등은 둘 사이에 맺어 왔던 관계에서 기대하는 바가 변화되면서 나타났다(내담자의 남편이 죽은 후, 그녀가 독립적이 되면서 변화가 일어났다). 라이언은 처음에는 언니의 성격을 비난하였지만, 점차 서로에 대한 기대가 달랐던 것이 충돌로 이어진 점을 이해하게 되었으며, 재협상을 굴복으로 보지 않으면서, 언니와의 대인관계 이슈를 좀 더 생산적인 방식으로 풀어 나가는 데 참여할 수 있게 되었다. 과거 언니와 상호작용을 맺었던 방식과, 남편과의 관계, 그리고 다른 사람들(예를 들면, 그들에게 종속적인 역할을 수행했던 사람들)과 상호작용을 맺었던 방식 사이의 유사점을 치료자가 지적하자, 내담자는 자신이 과거 다른 사람들과 어떻게 상호작용했는가를 전반적으로 이해하게 되었다. 의사소통 분석과 역할 연기는 라이언이 언니와의 문제를 좀 더 잘 다룰 수 있는 기술을 개발하도록 도와주는 데 결정적인 역할을 하였다. 라이언은 결국 언니와 얼굴을 맞대고 의사소통을 하는 것이 불가능하다고 결론 내렸으나, 자신이 참고할 수 있는 노트를 미리 작성해서 언니와 전화통화를 하였다. 비록 치료 종결 시점에도, 둘 사이의 관계는 이상적인 관계와는 거리가 있었지만, 언니와 의사소통을 하려고 시도한 그녀의 노력은 그녀에게 힘을 준 것 같았고, 우울 증상이 경감되도록 이끌어 준 것 같았다. 스스로 새롭게 자각하고 있는 독립심 때문에, 라이언은 언니와의 관계를 다르게 맺고 싶어 하였다. 의사소통 관련 기법은 치료 중기에도 사용되었다. 언니 역시 같은 것을 원하고 있는지 여부는 알 수 없다. 하지만 라이언이 성취할 수 있었던 것은, 언니와 의사소통을 할 수 있게 되었고, 그 과정에서 둘 사이에 긴장감이 감소되었고, 차후 추가적인 의사소통이 가능해졌다는 것이다.

마리아 헤르난데스의 사례

헤르난데스는 69세 기혼 여성으로, 푸에르토리코인이며 중역 비서로 은퇴하였다. 우울 증상은 노인 클리닉에서 평가를 받기 몇 달 전에 시작되었는데, 당시 그녀는 우울 증상과 배우자와의 갈등을 겪고 있는 적응장애로 진단을 받았다. HRSD 점수는 16점으로 가벼운 정도에서 중간 정도의 우울을 시사하고 있었다. 과거력상 주요우울장애 삽화가 최소한 1회는 있었던 것 같았다. 우울 증상은 만성적이던 부부 갈등이 더욱 악화되고 다른 남자를 사귀기 시작하면서 나타났다. 그녀를 평가한 정신과 의사는 SSRI계열 항우울제를 처방하였다. 그녀는 심장병을 앓은 경력이 있으며 작년에 판막교체 수술을 받았다. 헤르난데스는 심장 때문에 몇 가지 종류의 약을 복용하고 있었다. 대인관계 설문지에서 헤르난데스는 남편과 오랜 기간 동안 지속적인 문제가 있었다고 기술하고 있었는데, 결혼 기간 내내 남편의 언어적 혹은 비언어적 학대를 받아 왔다고 보고하였다. 신체적 폭행 때문에 그녀는 경찰을 불렀고, 남편은 수차례에 걸쳐 체포되고 접근금지 명령도 받았었지만 아직 그녀는 남편과 함께 살고 있다. 심장 수술을 받은 몇 달 후, 병원 진료를 받고 집으로 가던 중 남편과 싸움이 있었는데, 남편은 그녀를 움직이는 차 밖으로 밀어 버렸다. 그녀는 타박상을 입기는 하였지만 크게 다치지는 않았다. 몇 달 전부터 그녀는 교회에서 알게 된 카를로스와 연애를 시작하였다. 카를로스와 사귀면서 그녀는 남편과의 이혼을 고려하기 시작하였고, 이때부터 그녀는 점점 죄책감을 느꼈으며, '혼란스러웠고' 우울해졌다. 헤르난데스의 두 아들은 근처에 살고 있었지만 아들과의 관계는 모두 좋지 않았으며 그중 한 아들은 약물중독자였다. 그러나 푸에르토리코에 살고 있는 딸과의 사이는 아주 좋아서 규칙적으로 전화통화를 하고 있고 일 년에 두 번은 딸네 집을 방문하고 있다. 그녀는 푸에르토리코에서 자랐으며, 아버지는 강압적이고 비합리적인 사람이었다. 어머니는 좋은 엄마였지만 아버지의 빈번한 언어폭력으로부터 딸을 보호해 주지는 못했다. 그녀의 어머니는 아버지로부터 신체적 폭력을 당하며 살았지만 결코 이혼은 하지 않을 것이라고 딸에게 말했다. 왜냐하면 "한번 결혼하면 끝까지 함께 살아야 하는 것"이라고 생각했기 때문이었다. 그녀의 부모는 모두 돌아가셨다. 그녀는 미국으로 이주하여 대학에 등록하였고, 성공적인 경력을 쌓아 나갔다. 그녀는 동료들과 좋은 관계를 유지하였다. 결혼 후 남편은 그녀의 친구들을 좋아하지 않았고, 그녀가 바람을 피우는 것이 아닌지 의심하기도 하였다. 그럼에도 불구하고 그녀는 아직도 친구들과 교류하고 있으며 그중 대부분은 그녀가 다니는 교회 사람들이었다.

치료 중기

4회기 치료자는 적응장애란 스트레스를 야기하는 생활 사건 후에 우울 증상이 나타나는 상태라고 설명하였다. 헤르난데스는 남편과 이혼하고 카를로스와 함께 푸에르토리코로 떠나기로 결심했기 때문에, 기분이 훨씬 좋아졌다고 말했다. 그녀와 남편 모두 교회에서 카를로스를 알고 지냈었다. 카를로스의 적극적 구애를 받아들여 최근 몇 달간 만남을 유지하면서 두 사람은 육체적 관계로까지 발전하였다. 카를로스는 그녀가 남편에게는 '과분한' 사람이며, 언어적, 신체적으로 그녀를 학대하는 것은 있을 수 없는 일이라고 말했다. 그녀는 카를로스가 자신을 위해 주고 있다는 느낌을 받고 있었으며, 그와 함께 여생을 보낼 생각을 하고 있었다. IPT의 관점에서 본다면, 헤르난데스는 남편과의 관계를 해소시키는 쪽으로 움직이고 있었다. 치료자는 그녀에게 이전에도 남편을 떠날 생각을 한 적이 있는지 질문하였다. 그녀는 이전에도 여러 차례 이혼을 생각해 봤고, 남자들과의 관계도 여러 번 있었다고 말했다. 그러면 왜 이제 와서 남편과 관계를 끝내려고 하고 있는지를 물었더니, 그녀는 자신의 나이와 건강 때문이라고 대답하였다. "나도 행복해질 권리가 있어요." 치료자는 헤르난데스와 남편의 관계에서 과거와 현재 이슈들과, 그들의 기대와 가치가 어떻게 변화되었는지를 명료화하는 것이 중요하다고 생각했다. 헤르난데스는 남편을 떠나려는 결심이 확고했기 때문에 이러한 작업들이 필요한지에 대하여 확신하지 못하고 있었다.

5회기 다음 회기 시작 시점에, 헤르난데스는 자신이 더욱 우울해졌다고 말했다. 치료자는 그 주에 있었던 일들을 질문하였으며, 그녀는 남편과 다퉜다고 이야기하였다. 그녀는 밤에 가슴에 통증이 있어서 남편에게 병원에 데려가 줄 것을 요구하였다. "남편이 거절해서 나는 스스로 구급차를 불러야 했어요. 믿어져요?" 비록 응급실 의사는 그녀의 상태가 입원을 할 만큼 심각한 상태는 아니라고 했지만, 그녀는 남편이 자신을 도와주지 않은 것에 화가 나 있었다. 그 주의 말에, 약물중독자인 아들이 찾아와서 돈을 요구하였다. "항상 그러는 것처럼, 또 나를 위협했어요. 나는 아들에게 이미 돈을 충분히 많이 주었다고 말했어요. 돈을 좀 주고 나서야 아들이 돌아갔어요." 카를로스는 그 주에 자녀를 방문하기 위해 도시에서 떠나 있었다. 그녀는 딸에게 전화를 했는데, 딸은 엄마가 아들에게 단호하게 행동하지 못하는 점과 아버지와 이혼할지 여부에 대하여 망설이기만 하고 결정을 내리지 못하는 것에 좌절감을 표현하였다.

6회기 헤르난데스는 우울감이 조금 나아졌다고 말했다. 지난주에는 남편이 자신에게 특히 잘해 주었고 몇 차례 병원 진료 시 운전을 해 동행해 주었다고 말했다. 그들은 또한 만족스러운 성관계를 가졌다. 그녀는 사실, 남편을 떠나 카를로스와 함께 살지 여부를 망설이고 있었다. 치료자는 헤르난데스에게 그녀는 어떻게 할지에 대하여 복잡한 감정을 가지고 있는 것이 분명하므로, 남편과의 관계에서 만족스러운 부분과 만족스럽지 않은 부분을 좀 더 잘 이해하는 것이 도움이 될 것 같다고 말했다. "그를 처음 만났을 때, 그는 정말 신사였어요. 그는 나보다 나이가 많았어요. 나는 그 큰 뉴욕 시에서 의지할 사람 없는 어린 여자아이 같은 기분이었어요. 그는 아는 것이 많아 보였어요. 나는 아버지로부터 도망치기 위해 푸에르토리코를 떠났고, 나를 보호해 줄 것같이 느껴지는 누군가를 만났지요." "그가 그렇게 했습니까?" 치료자가 물었다. "처음에는. 하지만 약 일 년이 지난 이후에는, 내가 할 수 있는 것과 해서는 안 되는 것을 말하기 시작했어요. 결혼 초기에 거리축제에서 그는 집에 가기를 원했고, 나는 싫다고 했어요. 그는 모든 사람들 앞에서 내 뺨을 때리고는 길에서 끌고 갔어요." 헤르난데스 부인은 수시로 겪어야 했던 남편의 신체적, 언어적 폭력과 가정법원 출두, 남편이 의무적으로 출석해야 했던 분노 관리 교실, 그녀가 참석했던 가정폭력 희생자들의 모임, 그리고 수많은 법원의 접근금지 명령들에 대해 연대별로 이야기하였다. "왜 남편 곁에 남아 있는 것을 선택했습니까?" 치료자가 질문하였다. "왜냐하면 나는 그가 변할 수 있을 거라 생각했으니까요. 나에게 상처를 준 다음에는, 그는 상당히 친절해지고, 우리는 매우 멋진 성관계를 갖습니다. 나는 매번 '이제는 달라질 거야.' 라고 생각했어요." 결혼 초기에, 헤르난데스 부인은 대학을 졸업하고, 여러 회사에서 중역 비서로 일했다. 남편이 그녀의 직장 생활을 용인해 준 것은 월급이 꽤 많아서 그들이 안정적인 중류 생활을 영위할 수 있었기 때문이다.

7회기 헤르난데스는 남편을 떠나야겠다는 결심을 굳히고 있다고 말했다. 카를로스가 돌아왔는데 그는 남편이 그녀를 병원에 데려다 주지 않은 것에 대하여 화를 내며, 그런 식으로 행동하는 것을 용납하지 않겠다고 말했다. "그는 달려가 남편을 때리려고 했지만 나는 그렇게 하면 사태가 더 나빠질 뿐이라고 말했어요." 그들은 푸에르토리코로 이사할 계획을 세우기 시작하였다. 치료자는 헤르난데스에게 남편과의 관계에서 벌어지는 문제들을 좀 더 다뤄 보자고 권유하였다. "남편은 나를 대도시에 홀로 남겨진, 보살핌을 받아야 할 상처받은 어린애로 생각해요. 나는 더 이상 어린 여자아이가 아니에요. 나는 자신의 삶을 영위할 수 있는 성공적이고 독립적인 여성이에요. 누군가가 내게 어떻게 할지를 알려 줄 필요는 없어요." 그녀의 저항에도 불구하고, 이 시점에서 치료자는 남편과의 관계에 내담자가 양가적이고 혼란한 감정을 느끼고 있으며, 부부 사이의 관계에 대한 그녀의 생각과 감정을 좀 더 탐색하고 명료화하는 것이 도움이 될 것임을 분명히 알 수 있었다.

8회기 치료자는 회기 초에 HRSD를 실시하였다. 헤르난데스의 점수는 18점(중간 정도의 우울)으로 처음 클리닉에 왔을 때보다 더 높았다. 우울 증상의 변화에 대하여 그녀와 대화를 나누었다. 그녀는 이번 주 초에 정신과 의사를 만났는데, 정신과 의사 역시 그녀의 증상이 심해졌기 때문에 항우울제의 용량을 증가시켰다. 지난주 그녀는 카를로스와 심한 갈등이 있었다. 남편이 그녀의 핸드폰 비용을 조사하였고, 카를로스와 빈번히 통화한 사실을 알아내었다. 남편은 카를로스에게 전화해서 자신의 아내와 혼외 관계를 가진 것에 대하여 비난하였고, 카를로스는 이를 부인하였다. 헤르난데스가 카를로스를 만났을 때, 그는 서로 자주 만나지 않는 것이 최선일 것 같다고 말했다. "나는 정말 그에게 화가 나요. 얼마나 겁쟁이인지! 그는 남편이 싸움을 거는 것을 두려워해요." 헤르난데스는 카를로스에게 관계를 끝내자고 말했다. "남편은 내게 나랑 카를로스 사이에 어떤 관계가 있는 것 같다고 말했지만, 나는 그에게 아니라고 말했어요. 카를로스와 나는 친구라고 말했어요. 하지만 카를로스와의 관계를 기분 나빠한다면, 나는 그를 교회에서만 만나겠다고 말했어요."

9회기 치료자는 헤르난데스와 남편과의 관계에서 바탕에 깔려 있는 기대와 가치를 좀 더 잘 이해하려는 노력을 계속하였다. 보호라는 주제가 관계역동의 중심인 것은 분명한 것 같았다. 그녀는 독립적인 존재가 되기 위하여 노력하고 있었고, 동시에 그녀를 신체적으로 학대하는 남자에게 의존적인 면도 강하게 나타내고 있었다. "헤르난데스 부인, 당신은 어떤 면에서 매우 독립적인 사람 같아요. 하지만 또 어떤 면에서는 보호를 받아야 한다는 생각을 강하게 느끼고 있는 것 같습니다. 무엇으로부터 보호를 받아야 하는 거죠?" 그녀는 다시 아버지의 거친 성격을 피해 푸에르토리코로부터 뉴욕에 도착했을 때, 상처받기 쉬웠던 자신의 모습에 대하여 이야기하였다. 아버지로부터 신체적 학대를 받은 일이 있었는지 걱정되어, 이에 대해 치료자가 질문하였다. 그녀는 아니라고 말했지만, "어릴 때 어떤 일이 있었어요."라고 말했다. 헤르난데스는 이 문제를 다루고 싶어 하지 않았으나, 치료자는 계속 말해 보도록 하였다. 눈물을 흘리며, 그녀는 자신이 어릴 때 삼촌에게 성폭행을 당했음을 털어놓았다. 이 사실을 아버지에게 말하자, 아버지는 그녀의 뺨을 때리며 그녀가 거짓말을 하고 있다고 말했다. 아버지가 삼촌에게 무슨 말을 했는지는 모르지만 삼촌은 더 이상 성폭행을 하지 않았다. 하지만 이전과 똑같을 수는 없었다. "아버지는 나를 믿지 않았고 나 또한 아버지를 믿을 수 없었어요." 헤르난데스는 가정폭력 희생자 모임에서 자신이 성폭행 당했던 일을 이야기한 적이 있었는데, 다른 여자들도 비슷한 경험이 있음을 알고 놀랐었다고 말했다.

10회기 헤르난데스는 우울한 기분이 훨씬 나아졌다고 하였다. 어린 시절 성폭행을 당한 일에 대해 이야기하는 것은 힘든 일이었지만, 말하고 나니 훨씬 기분이 나아진 것 같다고 하였다. 그녀는 카를로스를 교회에서 만났는데, 서로 한마디도 하지 않았으며, 둘 사이가 완전히 끝났음을 느꼈다고 하였다. 남편은 지난주에는 친절했지만, 다시 성질을 부리는 것은 시간문제라고 하였다. "내가 정확히 이해하고 있다면, 헤르난데스 부인, 당신과 남편 사이의 중요한 문제는 남편은 당신을 처음 만났을 때처럼 당신이 행동하기를 기대한다는 것입니다—즉, 남편이 지시하는 그대로 행동하기를 기대하는 것 같습니다. 당신은 상처받고 위험해지는 것으로부터 남편이 당신을 보호해 주기를 기대했고요—마치 당신이 어린아이인 것처럼요. 맞습니까?" 그녀는 어떤 면에서 그는 좋은 남편이라고 하였다. 합리적이고 좋은 부양자였고, 부부 관계도 만족스러웠고, 아이들에게는 적절한 부모였다. 하지만 그녀를 혼란스럽게 하는 것은 그녀가 남편을 보호자로 보고 있었지만 사실은 남편이 그녀에게 가장 상처를 주는 사람이라는 점이다. "지금 당신은 어떤 점에서 가장 보호받고 싶습니까?" 치료자가 질문하였다. "나는 건강 때문에 걱정이 돼요. 의사는 상태가 나빠질 것이라고 말하고 있어서, 나는 더욱더 많은 도움이 필요할 거예요." "건강 문제가 더욱 심각해지면 남편이 도움을 줄 것으로 생각하세요?" 그녀는 고개를 떨구고는 "아니요."라고 대답하였다. 그녀는 심장 수술을 한지 얼마 되지 않아 자동차 밖으로 밀려 떨어졌던 고통스러운 기억을 가지고 있었다. 남편은 그녀가 가슴에 통증을 호소할 때 응급실에 데려가는 것을 거부하였다. 또한 돈을 아끼기 위해 의사가 처방한 것보다 약을 적게 먹으라고 권하고 있었다. "그는 때로 나를 도와주기는 하지만, 내가 더 나빠지면 그에게 의지할 수 있을 것이라고 생각하지는 않아요."

11회기 헤르난데스는 덜 우울하기는 하였지만, 남편과의 관계를 어떻게 해야 할지 알지 못하고 있었다. 치료자는 다른 방법이 없는지 찾아보기를 권하였다. 그녀는 다른 방법들이 있는지 생각하지 못하고 있었다. 카를로스와의 관계는 끝났고, 따라서 그와 함께 세웠던 계획 역시 끝났다. 남편과의 이혼 가능성도 생각해 보았지만 엄마의 목소리—"한번 결혼했으면, 영원해야 한다."—와 종교적 신념 때문에 이혼을 결심하기 힘들어했다. 더구나, 이혼은 자신과 남편 모두를 경제적으로 힘들게 할 것이다. 그녀는 잠시 별거해 보는 것도 생각했지만 그것이 문제를 해결해 줄 것으로 보이지는 않았다. 그녀는 미래의 계획을 세울 때 점점 나빠져 가는 자신의 건강을 고려하지 않을 수 없다고 하였다. "건강이 더 나빠졌을 때 당신이 의지할 수 있는 사람이 있습니까?" 치료자가 질문하였다. "네, 딸이요." 딸은 헤르난데스 부부에게 푸에르토리코로 오라고 권하였다. 헤르난데스는 고향으로 돌아가는 것이 좋았지만, 남편은 원래 그 지역 출신이 아니기 때문에 좋아하지 않았다. "하지만 나만 혼자 옮겨가고 남편은 여기에 있을 수도 있어요. 그 방법을 생각해 보아야겠네요."

12회기 다음 방문 때, 헤르난데스는 푸에르토리코에 가는 문제에 대하여 남편과 이야기를 나누었다고 하였다. 남편은 푸에르토리코에 가기를 원치 않는다고 하였다. 그녀는 남편에게 딸이 그립고 좀 더 많은 시간을 딸과 손주들과 보내고 싶다고 하였다. "그는 '당신은 가도 좋아. 하지만 나는 뉴욕에 남을 거야.'라고 말했어요." 그들은 일주일 내내 푸에르토리코에 관하여 이야기를 나누었고, 주말이 가까워졌을 때, 그녀는 대부분의 시간을 딸과 함께 보내고 가끔 뉴욕으로 돌아오거나, 남편이 가끔 푸에르토리코를 방문하는 것은 어떤지를 제안하였다. "나는 그가 좋은 생각이라고 해서 깜짝 놀랐어요." 헤르난데스는 남편이 아마도 아내의 건강상의 문제를 돌보는 책임을 벗어나서 '자기만의 집을 갖는 것'을 좋아하는 것 같다고 하였다. 헤르난데스는 딸 역시 이 생각을 반겼으며, 마침내 엄마가 행복하지 않은 결혼을 해결할 수 있는 결정을 내려 안심이 된다고 하였다.

13회기 헤르난데스는 매우 희망에 차 있는 것 같았다. 푸에르토리코로 가는 계획은 진행되고 있었다. 그녀는 딸 집 근처에 집을 지을 만한 여력이 되는 것 같다고 생각하였다. 딸은 조만간 직접 와서 건축 공사할 사람을 만나라고 하였다. 남편은 푸에르토리코에 집을 짓는 것을 좋아하지는 않았지만, 생각해 보기로 하였다. 치료자는 헤르난데스가 푸에르토리코로 이주하는 것과 관련된 실제적 문제들을 생각해 보도록 하였고, 문제들을 어떻게 해결할지를 탐색하도록 하였다. 치료자는 이주에 대하여 헤르난데스가 양가감정이 있는지를 탐색하였다. 그녀는 멋진 뉴욕, 교회의 친구들, 남편과의 대체로 만족스러운 성생활을 그리워할 것 같다고 하였다. 하지만 전반적으로 그녀의 결심은 확고하였다.

치료 종결

14회기 헤르난데스가 푸에르토리코에 다녀오기로 결정했었기 때문에 만나는 일정이 연기되었다. 푸에르토리코에서 그녀는 건축업자를 만났는데, 그 사람이 맘에 들지는 않았다. 하지만 딸의 집 근처에 땅을 찾아서 거기에 그녀가 원하는 집을 지을 수 있게 되었다. 남편은 여전히 푸에르토리코에 집을 짓는 것을 내켜 하지 않았으나 딸이 아버지를 설득하려고 애쓰고 있었다. 치료자는 내담자에게 두 회기가 남았음을 상기시켰다. 그녀는 치료가 곧 끝난다는 것을 잊고 있었으며, 이후에 남편과 문제가 생기면 그 문제를 이야기할 사람이 없는 것에 대하여 걱정했다. 헤르난데스는 치료가 끝나는 것을 불안해했으며, 앞으로 치료자와 규칙적으로 만날 수 없음을 슬퍼하였다. 치료자는 치료 종결에 대하여 그녀가 어떻게 느끼는지 이야기해 보도록 격려하였다. 그녀는 어린 시절의 성폭행에 대하여 이야기할 만큼 치료자를 믿게 되었다는 것을 알았기 때문에 더욱 힘들다고 하였다.

15회기 치료 종결과 푸에르토리코 이주로 예상되는 실제적인 이슈들에 대하여 계속 다루었다. 전 주에 남편이 다시 그녀에게 공격적인 행동을 보이는 사건이 발생하였으나 그녀가 다치지는 않았다. "그 사건 때문에 나는 이사를 가고 싶다는 마음이 더 확고해졌어요."

16회기 치료자는 HRSD를 실시하였고, 내담자는 4점을 기록하였다. "헤르난데스 부인, 당신은 더 이상 적응장애 진단기준에 맞지 않습니다. 이 척도에서 점수가 4점이라는 것은, 우울하지 않다는 것을 의미합니다." "박사님은 정말 저를 많이 도와주셨습니다." 그녀가 대답하였다. 치료자는 다음과 같이 요약하였다. "우리가 만났던 수 주 동안 당신은 정말 많은 일을 하셨습니다. 당신은 우울했고, 우울증 약을 복용하고 있었습니다. 그리고 매주 여기에 와서 남편과 카를로스와의 관계를 해결하기 위하여 노력하였습니다. 당신은 카를로스와의 관계를 끝내기로 결정하였습니다. 당신은 남편과의 관계에서 오랫동안 지속되어 온 문제에 대하여도 심사숙고하였고 서로 다른 기대가 당신을 혼란스럽게 했습니다. 당신은 여러 가지 가능성에 대하여 생각하고, 당신에게 바람직한 대안을 찾아냈습니다. 당신은 남편과 협상을 하였고, 지금은 차후 건강상에 문제가 생겼을 때 당신을 도울 수 있고 갈등 없이 신뢰가 가는 사람과, 남은 여생을 보낼 희망을 가지고 당신의 인생을 바꾸는 계획을 적극적으로 시행하고 있습니다." 헤르난데스는 푸에르토리코에 갈 때까지 치료 회기를 계속할 수 있는지를 질문하였다. 치료자는 도움이 된다면 할 수 있다고 동의하였다. 그들은 헤르난데스가 이사를 가기 전에 한 달에 두 번씩, 나중에는 한 달에 한 번씩 회기를 계속하였다. 치료자는 푸에르토리코에 있는 정신건강센터에 헤르난데스를 연결시켜 주었다.

사례 해설

주요우울장애의 치료를 위한 IPT가 다양한 장애에 대한 치료에도 적용되고 있지만, 아직 적응장애에 유용하다는 연구는 없다. 임상 현장에서, 우리는 이 치료 기법이 노인들에게 유용함을 발견하였다. 적응장애에서는 주요우울장애에서 나타나는 신체적 증상들과 일상적 기능의 심각한 손상이 수반되지 않기 때문에, 우리는 적응장애를 주요우울장애만큼 의학적으로 중요하게 인식하지 않고 있다. 따라서 우리는 내담자에게 적응장애 역시 심각한 우울 증상(그리고 어떤 경우에는 불안 증상)을 초래하는 정신장애로 적절한 기능을 하는 것이 힘든 상태임을 강조한다.

헤르난데스 사례는 힘든 사례였다. 그녀는 오랜 기간 동안 계속된 가정폭력의 희생자였다. 신체적 상태가 악화되면서, 그녀는 더욱 취약해졌다. 심장 수술을 받은 지 얼마 되지 않아 남편이 그녀를 차 밖으로 밀어 버렸다는 것은 정말 충격적인 일이다. 그녀는 갈등 단계 중 재협상, 난국, 해소 사이에서 망설이고 있었다. 배우자와의 관계에서 양가감정을 느끼는 것, 그리고 신체적 손상을 당하는 환경에서 여전히 벗어나지 못하고 있는 것이 학대받는 사람들의 공통적인 문제다. 상호 합의되지 않은 역할 기대에 초점을 맞추는 IPT 전략을 사용하여, 헤르난데스가 남편을 떠나지 못하고 있는지를 스스로 명료화하는 데 도움을 줄 수 있었다. 이러한 전략은 어린 시절 학대로 인하여 스스로를 취약하고 보호를 받아야 하는 존재로 지각하게 되고, 보호에 대한 이러한 기대가 후에 성인기의 생활과 결혼생활에 어떻게 영향을 미치는가를 추정할 수 있게 해 준다. 성인기의 발달과 노화의 관점에서 볼 때, 노년기에 나타나는 건강상의 문제는 신체적으로 취약해지는 것에 대한 우려와 함께 더 이상 남편에게 의지할 수 없을 것이라는 불안감을 야기하였다. 정신치료는 그녀가 자신의 삶에 집중할 수 있는 기회를 주었고, 어떤 선택을 할 때 실제적인 우려와 가치 사이에 균형을 찾도록 하였으며, 선택한 것을 이행하는 노력을 시작하게 하였다. 결국 그녀는 가정을 해체하지는 않았지만 남편과 그녀가 최소한만 접촉할 수 있도록 중요한 변화를 만들어 냈다. 이렇게 적극적이고 힘 있는 결정은 우울 증상의 유의미한 감소로 이어졌다. 비록 치료자들은 오랜 기간 동안 지속되어 온 노인의 대인관계 문제가 쉽게 변화될 수 있다는 것에 회의적이기는 하지만, 우리 클리닉에서의 치료 결과를 보면, 이 사례뿐 아니라 다른 사례에서도 변화가 가능하였다. 그럼에도 불구하고 남편에게 신체적 학대를 받아 온 개인적인 경험 때문에, 헤르난데스는 심리적으로 또 정서적으로 외상 상태에 있을 가능성이 크므로 지속적으로 정신건강 서비스를 받는 것이 도움이 될 수 있을 것이다(Wolkenstein & Sterman, 1998).

결론

IPT를 받는 노인들 중에는, 대인관계에서의 역할 갈등이 정신치료의 첫 번째 혹은 두 번째 목표가 되는 경우가 많다. 고집스럽고 변화하기 힘든 것으로 알려져 있는 노인들의 전형적인 성격 특성에도 불구하고, 많은 노인들은 최근의 혹은 오래 지속된 대인관계 문제를 해결하기 위해 새로운 방법을 찾으려고 노력하는 것을 알게 되었다. 치료를 시작한 노인들은 갈등으로 인한 정서적 고통을 감소시키거나 갈등을 다룰 수 있는 새로운 방법을 찾을 수 있기를 희망하고 있었다. 건강이 나빠지고 있다든지 혹은 건강이 나빠질 수 있다는 예상 때문에, 노인들은 신체적 · 정서적으로 지지해 줄 사람들에게 의지하고, 그들과의 관계를 개선하려고 노력하게 된다. 우리에게 인상적이었던 것은 노인 내담자들이 아주 기본적인 의사소통 기술만 익히게 되어도 바람직한 결과로 이어진다는 점이다. 이 책 2장에서 언급한 바와 같이, 노인들은 일반적으로 젊은 사람들만큼 대인관계 개념이나 심리적 개념에 익숙하지 않다. 하지만 오랜 세월을 살아온 대부분의 노인들은 모든 갈등에는 양면이 있으며 평화—양쪽 입장 모두를 인정하는 것—가 전쟁보다 좋다는 것을 알고 있다.

제 8 장

역할 전환

제 8 장

역할 전환

INTERPERSONAL PSYCHOTHERAPY FOR DEPRESSED OLDER ADULTS

이 책 2장과 4장에서 지적한 바와 같이, 노년기의 전환기적 특징은 노인학자들의 오래된 관심거리였다. 노인사회학자들은 특히 사회적 역할의 상실—즉, 부모로서 혹은 직장인으로서의 역할—로 사회적 기회가 감소되고 규준과 가치가 없는 노년기의 생활을 하게 되는 것에 관심을 가져왔다(Rosow, 1967). 규준과 가치가 없다는 것은 노인들에게 도덕심을 고갈시키고, 삶의 만족도를 감소시키며, 우울증의 위험을 높이게 된다. 그러나 연구에 의하면 노인들은 일반적으로 노년기의 역할 전환에 잘 적응하며, 정서적 안녕감을 유지하고 있는 것으로 나타났다. 보다 최근의 연구 결과는 노년기에 새로운 역할을 획득하는 것이 역할을 상실하는 것만큼, 혹은 그 이상의 스트레스를 준다고 한다(Schulz, O'Brien, Bookwala, & Fleissner,

1995). 건강과 관련된 새로운 역할 획득에는 환자로의 역할 전환이나 환자가 된 배우자의 보호자로서의 역할 전환 등이 있다. 어떤 노인들은 여러 가지 이유로, 부모 의무를 제대로 할 수 없는 자녀를 대신하여, 손주를 양육하는 역할 전환을 하게 된다(Pruchno, 1999). 생활의 전환은 노인에게만 특징적인 것은 아니다. 사실 성인기는 지속적으로 새로운 생활 구조를 쌓아나가는 과정이며, 각 기간별로 전환을 겪게 되고(Levinson, 1986), 자아정체성에도 지속적인 변화를 경험하게 된다(Markus & Nurius, 1986). 이러한 전환 시기는 사람의 삶에서 가장 스트레스가 많은 시기인데, 왜냐하면 여태까지 살아온 삶을 정서적으로 청산해야 하고, 새로운 삶의 영역으로부터의 요구를 만족시켜야 하며, 삶의 구조를 재정립해야 하는 도전에 직면하기 때문이다.

임상에서는 건강과 관련된 역할 전환이 가장 흔히 접하게 되는 전환의 유형이다. 대표적인 사례로는 노인 여성이 치매를 앓기 시작한 남편을 돌보게 되는 경우를 들 수 있다. 연구에 의하면 치매를 앓고 있는 사람을 간병하는 것은 스트레스가 매우 크고 장기간 지속되어 결과적으로 보호자에게 정신적, 신체적으로 부정적인 영향을 미치게 된다(Aneshensel, Pearlin, Mullan, Zarit, & Whitlatch, 1995; Schulz et al., 1990). 보호자들이 겪는 또 다른 예는 배우자가 신체적으로 병약해지거나 정신적인 문제가 생기는 경우다. 노인 내담자들이 심각한 병에 걸린 자녀나 형제를 돌보는 경우는 거의 없다. 배우자가 치매에 걸린 경우, 보호자 역할을 하게 된다는 것은 결혼 상대자로서의 역할은 이제 끝났음을 의미한다. 노인학자들은 부모나 직장인으로서의 역할을 상실하면서 수반되는 정서적 상실감에 대하여 많은 우려와 관심을 가져왔지만 실제 임상 장면에서 '빈둥지 증후군'이나 은퇴가 주요한 이슈가 되는 경우는 그리 많지 않다. 연구 결과에 의하면 대부분의 사람들은 은퇴로 인한 역할 전환을 별 어려움 없이 받아들이고 있으며 빈둥지 증후군이 흔한 현상은 아니라는 자료들이 축적되고 있다(Crowley,

Hayslip, & Hobby, 2003).

역할 전환을 위한 IPT의 목표와 전략

목표는 세 가지다. 애도와 오래된 역할의 상실을 수용하는 것, 환자로 하여금 새로운 역할을 좀 더 긍정적으로 받아들이도록 돕는 것, 새로운 역할에서 요구되는 것들을 제대로 해냄으로써 자존감을 회복시키는 것(〈표 8-1〉 참고)이다. 대부분의 사람에게 생활 구조가 변화되는 것은 정서적으로 혼란스러운 일이다. 이미 구축되어 있는 기존 생활의 친숙함과 예측 가능함—사회학자들이 주장하는 것처럼(예, Rosow, 1967), 하나 혹은 몇 개의 역할을 통해 중재되는—은 편안함을 준다. 한 사람이 자기 자신, 다른 사람, 세상을 보는 방식은 현재의 역할과 서로 연관되어 있다. 역할의 상실은 슬픈 감정과 연계되는 경우가 많다. IPT에서 상실을 명백히 인정하는 것은, 이와 연계된 감정을 점검해 가는 과정을 수반하게 된다. 내담자로 하여금 좀 더 긍정적으로 새로운 역할을 지각하게 하려는 치료 목표는, 내담자가 역할 변화를 상실이 아닌, 미처 고려하지 못했던 기회로 볼 수 있도록 조망을 변화시키는 것이다.

치료자가 긍정적인 자세를 갖는다는 것은 노인과 일해 보지 않은 사람이나 초보 치료자에게는 상당히 힘든 일이 될 수 있다. 더욱이, 아픈 사람을 돌보는 데서 보상을 얻을 수 있다는 것을 이해하는 것은 노인과 일해 본 경험이 없는 사람들에게는 이해하기 힘든 면일 수 있다. 건강 문제는 반가운 일은 아니지만, 때로는 역경도 개인적인 만족과 성장을 가져올 수 있다. 우리는 문화적으로 건강과 관련된 문제에 관하여는 그것을 긍정적으로 귀인시키는 준비가 되어 있지 않다. Clougherty는 우울증이 있는 HIV 양성 반응자들을 대상으로 IPT를 실시하였는데 이들은 대부분 게이였다(Markowitz

〈표 8-1〉 주요우울장애에 대한 대인관계치료의 개요
C. 역할 전환 1. 목표 a. 이전 역할의 상실에 대해 애도하고 수용하기 b. 새로운 역할을 좀 더 긍정적으로 수용할 수 있도록 돕기 c. 새로운 역할에서 요구되는 과제들을 잘 수행할 수 있게 함으로써 환자가 자신감을 회복할 수 있도록 하기 2. 전략 a. 우울 증상에 대해 검토하기 b. 우울 증상과 최근 생활 변화로 인한 어려움을 연결시키기 c. 이전의 역할과 새로운 역할의 긍정적인 측면과 부정적인 측면을 검토하기 d. 상실에 대한 느낌을 탐색하기 e. 변화 자체에 대한 느낌을 탐색하기 f. 새 역할이 줄 수 있는 여러 가지 기회에 대해 탐색하기 g. 상실에 대해 현실적으로 평가할 수 있도록 돕기 h. 감정을 적절히 표현할 수 있도록 격려하기 i. 사회적 지지망을 확립하고 새로운 역할 수행에 필요한 기술을 습득할 수 있도록 격려하기

참조: M. M. Weissman, J. C. Markowitz, & G. L. Klerman(2000). *Comprehensive Guide to Interpersonal Psychotherapy* (pp. 23-24). New York: Basic Books. Copyright 2000 by Basic Books. Reprinted with permission.

et al., 1999). 흥미로운 것은 이들 내담자가 HIV를 젊은 시절에 내려진 사형선고로 보는 대신에, 다른 사람들과 좀 더 의미 있는 관계를 맺을 수 있고, 인생에 대하여 새롭고 더 향상된 철학을 형성할 수 있으며, 새로운 활동과 관심을 만들어 갈 수 있는 기회로 바꿔 생각하게 되었다는 것이다. 치료 후반부에 그들은 우울 증상에 있어서도 상당한 감소를 보였다. 이 연구는 생명을 연장시켜 주는 HIV 약물이 나타나기 전에 실시되었으며, 그 당시 HIV에 감염된 사람들은 현실적으로 죽음을 기다리고 있었다. IPT 치료자들 역시 건강으로 인해 역할 변화를 겪는 내담자도 의미 있는 삶을 살 수 있다는 믿음이 확고한지에 대하여 도전을 받게 될 것이다.

세 번째 목표는 새로운 역할의 요소들을 살펴보고 기술을 습득하여 새로운 역할에서 요구되는 과제들을 잘 수행할 수 있게 함으로써 자존감을 회복하는 것이다. 건강 관련 문제로 역할 전환이 있는 경우, 과거에는 혼자서 해결할 수 있었던 여러 종류의 요구에 직면하게 된다. 우리는 건강 관련 역할 전환과 새로운 직업을 시작했을 때 나타나는 가파른 학습 곡선을 비교하기도 한다. 예를 들면, 어느 노인 내담자는 당뇨병 발병으로 초기에는 매우 힘들어했지만 음식 제한, 혈당 측정, 처방약 복용에 점차 익숙해지면서 우울 증상이 감소하였다. 의학적 문제가 있다는 사실에 낙담하기는 하였지만, 현실적인 측면에서는 스스로 건강을 증진시키는 행동을 함으로써 힘을 얻어 가고 있었다. 노인 간병과 관련된 연구에서도 간병 시 다루어야 하는 문제를 완벽히 습득하게 되면, 간병인의 정서적 안녕감이 증가함을 보여주고 있다(Aneshensel et al., 1995). 예를 들면, 치매 간병인은 치매에서 자주 나타나는 행동상의 문제를 통제하려는 노력이 실패할 때 좌절감을 느끼게 된다고 하였다. 많은 간병인들은 치매에 걸린 가족을 돌보는 일이 가장 어려운 일이라고 하였는데, 왜냐하면 그들이 학습해야 하는 기술들이 너무 많기 때문이다.

전략 2a: 우울 증상에 대해 검토하기와, 전략 2b: 우울 증상과 최근 생활 변화로 인한 어려움을 연결시키기

IPT의 다른 문제 영역과 마찬가지로, 우울 및 우울과 관련된 증상들을 공식적인 절차에 맞춰 검토한다. 치료 초기에 치료자는 생활 변화와 우울 증상의 발현을 연관시키려 노력하지만, 내담자들은 둘 사이의 연관성을 알지 못하는 경우도 있다. 연관을 짓는 작업은 치료 중기까지 반복된다.

전략 2c: 이전의 역할과 새로운 역할의 긍정적인 측면과 부정적인 측면을 검토하기

내담자는 새로운 역할이 주어지기 이전 생활의 긍정적인 면만 보려고 할 수 있다. 예를 들면, 건강상의 문제로 일을 그만둔 여자 노인 내담자는 일을 하면서 즐거웠던 일들만 이야기하였다. 그녀는 행복했던 동료들과의 관계, 많은 일에 도전해 성취해 냈던 만족감, 회사에 대한 애사심 등을 하나씩 열거하였다. 긍정적인 면만을 강조함으로써 직장을 떠나면서 느끼는 상실감은 더욱 심화되었다. 치료자는 그녀에게 직장 생활을 하면서 즐겁지 않았던 경우, '매사가 제대로 돌아가지 않았던' 경우 등을 포함하여 직장 생활에서의 세부적인 상황들을 기술하게 하였다. 그녀는 맘에 들지 않는 동료들도 있었으며, 때로는 해야 할 일이 많아 압도 당한다는 느낌을 받았으며, 늦게까지 일하는 바람에 친구들 혹은 가족들과 충분한 시간을 보내지 못하는 경우도 있었다고 하였다. 사실 일을 그만두게 되면서 가족들과 더 많은 시간을 보낼 수 있게 되었으며, 늦잠을 잘 수도 있고, 일과 관련된 스트레스를 겪지 않아도 되었다. 이러한 치료 전략을 사용하여, 일에 대하여도 좀 더 균형 잡힌 안목을 가질 수 있었고, 또한 현재 건강상의 문제가 있는 사람으로서 자신의 인생에 대하여도 균형 있는 시각으로 긍정적인 면과 부정적인 면을 종합적으로 살펴볼 수 있도록 도와줄 수 있었다.

앞서 언급한 바와 같이, 건강상의 문제로 인한 역할 변화에서 내담자(초보 치료자도 마찬가지)가 긍정적인 면을 보기란 쉽지 않다. 예를 들면, 치매 간병의 스트레스에 대한 초기 연구에서는 주로 가족 간병인들이 직면하는 문제에 초점을 맞추었다. 후기 연구에서는 간병을 받는 사람과의 관계 호전, 간병 역할로 인한 자기효능감 증진, 가족 결속력의 강화, 병든 가족을 돌봐 줌으로써 '옳은 일을 하고 있다.'는 만족감 등 가족 간병인 역할의 긍정적인 면에 대해서도 언급하고 있다(Beach, Schulz, Yee, & Jackson, 2000). 물론 간병인들은 간병을 보상으로 보는 경우보다 문제로 보는 경우가 훨씬

많지만, 다른 사람을 돕는다는 것이 중요한 보상이 될 수 있다는 점을 잊지 말아야 할 것이다. IPT에서 치료자는 내담자가 자신에게 주어진 새로운 역할의 플러스 요인과 마이너스 요인을 모두 살펴볼 수 있도록 도와주어야 한다. 노인들이 손주의 부모 역할을 하게 되면(Pruchno, 1999) 여가를 즐기고, 사회적 활동을 할 시간이 감소된다고 말하지만, 대신에 손주들과 친밀한 관계를 맺을 수 있고 확대 가족에서 더 큰 책임을 완수한다는 만족감을 얻을 수 있다.

전략 2d: 상실에 대한 느낌을 탐색하기와, 전략 2e: 변화 자체에 대한 느낌을 탐색하기

전략 2d와 2e는 전략 2c(오래된 그리고 새로운 역할의 긍정적인 면과 부정적인 면을 검토하는 것)와 관련되어 있다. 느낌을 촉진시키는 것은 고통스러운 감정을 치료적으로 방출시키는 효과가 있을 뿐 아니라, 생활 변화에 대한 정서적 충격을 내담자가 충분히 이해할 수 있도록 해 준다. 이 단계에서, 점진적으로, 또 치료자의 인도에 따라, 내담자는 상실한 역할에 대하여 충분히 애도할 수 있도록 하며, 변화된 현재 역할과 타협해 가도록 한다. 이러한 전략은 IPT 문제 영역 중 애도에서 사용한 것과 동일한 것으로, 애도에서 치료자는 내담자가 상실을 정서적으로 처리하도록 도왔다—상실은 역할과 관련된 관계, 활동, 그리고 생활 방식 등과 거미줄처럼 엮여 있다. 중요한 사람의 사망은 상실에 대한 정서적 과정을 필요로 할 뿐 아니라, 역할의 전환을 필요로 한다(Levinson, 1986). 한 노인 IPT 내담자는 관절염 때문에 신체적인 장애를 가지고 있었는데, 자신이 젊은 시절 수상스키를 타면서 카메라를 향해 손을 흔들고 있는 사진을 가지고 왔다. 그녀는 사진을 찍었던 휴가 기간에 일어난 일들을 하나씩 헤아려 보는 과정에서 웃음을 짓다가 울음을 터트렸다. 그녀는 현재 자신이 걷기 위하여 사용하고 있는 삼발이 지팡이를 가리키면서, 이 지팡이에 끌려 다닌다고 하였다. 그녀는 자신이 장애가 있다는 사실이 싫으며 다시 수상스키를 타던 젊은 시절로 돌아가고 싶다고 하였다. "아, 아름다운 날들이었어요." 그녀는 그러한 생각이 비현실적이라는 것을 알고 있었지만 "그게 내가 느끼고 있는 거예요."라고 말했다. 이러한 정서적인 청산을 한 후에, 그녀는 장애의 한계 내에서 최대한 독립적으로 생활하려는 노력을 하게 되었다.

전략 2f: 새 역할이 줄 수 있는 여러 가지 기회에 대해 탐색하기

이 전략은 오래된 역할과 새로운 역할의 긍정적인 면과 부정적인 면을 검토해 보는 전략 2c와 함께 사용할 수 있다. 기회라는 것은 이전 역할에서 요구하던 것에서 자유로워졌다는 것과 과거 역할에서는 가능하지 않았던 관심거리나 관계에 도전해 볼 수 있다는 것 모두를 포함한다. 한 내담자는 장님이 된 후에 발병한 우울증 때문에 IPT를 받게 되었다. 그녀는 상실한 것 때문에 절망적이었는데 왜냐하면 그녀는 전 생애에 걸쳐 책 읽는 데 몰두하고 있었기 때문이다. "이것은 나에게 나타날 수 있는 가장 최악의 일입니다." 다른 방법으로 책을 읽을 수 있는 방법을 그녀와 함께 탐색하였고 그녀는 테이프를 통해서 책을 읽기 시작하였다. 그녀가 이전에 책임지고 있었던 집안일을 지금은 가족들이 맡아서 하고 있기 때문에, 실제적으로는 책에 빠져 있을 수 있는 시간이 매주 몇 시간 늘어나게 되었다.

전략 2g: 상실에 대해 현실적으로 평가할 수 있도록 돕기

이 전략은 전략 2c(이전의 역할과 새로운 역할의 긍정적인 측면과 부정적인 측면을 검토하기)와 함께 사용할 수 있다. 한 역할에서 다른 역할로 전환하면서 정확히 무엇을 상실했는지를 구체적으로 살펴봄으로써, 감정 표현을 촉진하고, 이전 역할에서 가장 중요한 것이 무엇이었는지를 분명히 하면서 상실한 것 중 새로운 역할에서도 얻을 수 있는 것이 무엇인지를 살펴볼 수 있게 한다.

전략 2h: 감정을 적절히 표현할 수 있도록 격려하기

적절히 감정을 표현하도록 격려하는 것은 이상의 모든 전략들과 함께 사용할 수 있다. 전체적인 사항을 자세히 이야기하는 것보다는 특별히 문제가 되는 주제에 한해 자세히 이야기하도록 하는 것이 내담자의 감정을 더 잘 끌어낼 수 있다. 어떤 회기에는 내담자가 감정으로 격해지면서 이야기가 홍수처럼 쏟아져 나온다. 이 경우 치료자는 내담자가 진정할 수 있도록 이야기를 중단시키고, 다음 회기에 다시 그 주제를 다루어 줄 수 있다.

전략 2i: 사회적 지지망을 확립하고 새로운 역할 수행에 필요한 기술을 습득할 수 있도록 격려하기

새로운 역할은 새로운 기술을 필요로 하는데 내담자는 자신이 그러한 기술을 전혀 갖고 있지 않거나 일부만 갖고 있다고 느끼는 경우가 많다. 건강상의 문제가 있는 내담자는 자신이 원하는 것을 얻기 위해 의료서비스 제공자와 효과적으로 협상하는 방법을 알지 못할 수 있다. 치료자는 먼저 가능한 방법들을 탐색하기 위한 대화를 나누게 되고, 다음에는 내담자가 필요한 기술을 개발하도록 격려해 주어야 한다. 가능한 방법들을 탐색하는 것을 힘들어하는 내담자에게는, 치료자가 방법을 제안해 줄 수도 있다. 치매 환자 간병인은 다양한 간병 기술을 배우는 것이 필요한 경우가 많다. 그러한 기술 중에는 불안해하는 환자를 안정시키는 방법, 반복적인 질문을 다루는 방법, 위험을 초래할 수 있는 행동으로부터 환자를 보호하는 방법, 가정방문 도우미를 고용하고 관리하는 방법, 그리고 환자의 사회적 활동이나 오락 활동을 촉진시키는 방법 등이 포함된다. 치매 환자를 돌보는 일은 힘든 일이기 때문에, 간병인은 정서적으로 압도되기도 하고, 할 수 있는 일이 아무것도 없다는 회의적 태도를 보일 수도 있다. 때로는 간병하는 일을 몇 가지 중요한 과제와 그와 관련되어 있는 기술들로 구분해 놓는 것도 도움이 될 수 있다. 그러면 치료자는 내담자에게 특정 기술을 습득할 것을 권할 수 있으며, 이러한 기술을 성공적으로 습득하여 수행했는지 여부를 다음 회기에서 검토해 볼 수 있다.

새로운 역할은 현재의 사회적 지지망을 확대하거나 재구조화하는 것을 필요로 할 수 있다. 환자들은 친구나 가족에게 도움을 구하는 것을 원하지 않을 수 있다. 치료자는 내담자를 도와주고 지지해 줄 수 있는 잠재적 자원들을 확인하도록 격려해야 한다. 도움을 구하기 주저한다면, 주저하는 이유를 탐색해야 하며, 필요하다면 도움을 요청하는 역할 연기를 해 볼 수도 있다. 쇠약한 노인의 간병인들은 가족들이나 서비스 제공자들이 도움을 줄 수 있는데도 불구하고, 도움을 요청하지 않는 경우가 많다. 연구에 의하면 간병인들은 사용 가능하고 또 경제적으로 여유가 있는데도 불구하고 공공지원 서비스를 신청하기 주저하는 경우가 많다(Cox, 1997). 그 이유로는 자신(특정 간병인)만이 치매 환자를 잘 돌볼 수 있다고 확신하는 것, 다른 사람에게 부담을 줄 것에 대한 두려움, 자신(특정 간병인)이 없으면 뭔가 끔찍한 일이 발생할 것이라는 불안감, 그리고 가정방문 도우미를 고용하면 비용이 많이 들 것에 대한 두려움 등이 있다. 이와 관련되어 있는 또 다른 이슈로는 간병하는 역할만이 간병인 삶의 유일한 관심거리가 되는 경우다. 사회학자들은 이러한 현상을 역할 블랙홀 현상(간병인 역할이 한 개인의 삶 모두를 차지해서 다른 역할이나 이전에 즐겼던 사회적 활동이나 오락 활동 모두를 배제시키는 현상)이라 부르기도 한다. 또한 정신역동적 심리학자들은 이 현상을 간병인 공생(간병인과 환자, 혹은 가족이나 친척 사이의 경계가 사라지기 시작하여, 간병인의 정체감과 안녕이 환자의 정체감과 뒤엉켜 버리는 것, Rose & DelMaestro, 1990)이라고 명명하였다. 치료자는 내담자가 우려하는 것들을 현실적으로 평가하는 작업을 하게 된다. 또한 치료자는 내담자가 지지를 받을 수 있고, 다른 사람들과 관계를 맺을 수 있으며, 정서적 안녕감을 향상시킬 수 있는 방법을 찾도록 도와야 한다.

메이 바튼의 사례 계속

요점을 다시 정리하면, 바튼은 74세 기혼 여성으로 남편 피터는 3년 전 뇌졸중으로 신체적인 장애를 갖게 되었다. IPT를 시작하기 6개월 전, 한 차례 더 뇌졸중이 왔으며, 그로 인하여 인지적 손상이 생겼는데, 이후 바튼은 주요우울장애에 걸렸다. 그녀는 과거에 최소한 한 번 혹은 두 번의 주요우울장애 삽화를 경험한 것 같았다. 그녀는 자신의 남편이 치매라는 사실을 인정하기 힘들어했으며, 동시에 남편의 변화된 행동에 대처하기 힘들어했고, 가정방문 도우미를 관리하는 일도 힘겨워했다.

치료 중기

4, 5회기 바튼은 자신의 집이 '쓰레기 더미'이고, 집을 치울 의욕이 생기지 않는다고 투덜거렸다. 그녀는 가정방문 도우미가 일하는 방식에 실망했으며, 해야 할 일을 하지 않고 있는 자기 자신에게도 실망하였다고 했다. "나에게 뭐가 문제인가요?" 치료자는 주요우울장애는 제대로 기능하기 힘들게 하므로, 그 기간 동안에는 가정에서 처리해야 하는 일의 양을 우울증이 감소할 때까지 줄여 주는 것이 현명하다고, 내담자에게 다시 반복하여 말했다. 가정방문 도우미에 관한 문제에 대하여, 치료자는 먼저 남편과 집안을 돌보는 일에서 도우미에게 기대하는 바를 어떻게 의사소통하였는지를 살펴보았다. "그녀가 처음 왔을 때 해야 할 일을 말해 주었는데, 지금 그녀는 내가 말했던 일을 제대로 해내지 않고 있어요." 이 문제를 탐색해 보니, 바튼은 도우미가 첫날 말했던 내용을 그대로 기억하고 있을 것이라는 가정하에, 도우미와 의사소통하는 것을 피하고 있었다. 그녀는 도우미와 그 문제에 대해 직접 다루기를 두려워하고 있었으며, 자신의 걱정을 도우

미가 알게 되면, 그녀가 남편에게 친절하지 않게 대할 것을 우려하고 있었다. 바튼은 남편이 아프기 전에는, 집에 가사 도우미를 써 본 적이 없었으며 그녀 스스로 집안일을 모두 처리하였다. 치료자는 바튼에게 그녀가 현재 고용주이며, 그녀의 역할 중 하나는 도우미를 관리하는 것이라고 하였다. 치료자는 내담자가 도우미에게 원하는 바를 전달할 수 있는 방법을 생각해 볼 것을 제안하였다. 그녀는 도우미를 보내 주는 용역회사에 전화를 해서 불만을 얘기하는 방법이 있고, 또는 도우미에게 하루 동안 마무리할 일을 목록으로 작성해서 줄 수도 있을 것이라고 하였다.

6회기 바튼은 자신이 더 우울해졌다고 하였다. 지난주에는 도우미가 몇 번이나 늦게 왔으며, 집안일을 하는 것도 여전히 맘에 들지 않는다고 하였다. 치료자는 다시 지난주에 언급하였던 내담자가 제시한 방법들을 상기시켰다. 그녀는 어떻게 할지를 생각해 보겠다고 하였다. 치료자는 우울 증상이 악화되었으며, 이러한 악화는 도우미의 문제와 연관되어 있는 것 같다고 하였다. "정말 내가 무언가를 해야만 되겠군요." 바튼이 말했다. 치료자는 그녀가 도우미와 하게 될 가능한 대화들을 역할 연기를 통하여 시연하도록 하였다. 그녀는 자신이 걱정하는 바를 도우미에게 어떻게 전달할지 애쓰고 있었다. 역할 연기 후반부에, 그녀는 직설적인 의사전달 방식과 외교적인 의사전달 방식 사이에 균형을 찾을 수 있는 전략을 찾은 것 같았다. "나는 당신이 지난 수개월 동안 남편에게 여러 가지 도움을 준 것에 감사하고 있습니다. 그도 당신을 좋아하고 있습니다. 나는 지금이 현재 돌아가는 상황에 대하여 점검하기 적절한 때라고 생각했습니다. 당신 자신의 생활도 매우 바쁘다는 것은 알지만, 제시간에 맞춰 오도록 좀 더 노력했으면 좋겠습니다. 또한 집안에서 해야 할 일들이 제대로 다 되지 못하는 것 같습니다. 제가 매일 해야 할 일들을 적어 놓겠습니다. 함께 문제를 해결해 갈 수 있겠습니까?"

7회기 바튼은 다음 주 미소를 띠고 나타났다. 그녀는 도우미와 미리 계획했던 대화를 나누었고, 놀랍게도 도우미는 사과를 하고 제시간에 올 것을 약속하였다. 그들은 해야 할 일들을 처리해 나갔다. 그럼에도 불구하고, 바튼은 남편의 행동 때문에 더욱 좌절하게 된다고 하였다. 남편은 대부분의 시간을 비디오를 보면서 지낼 뿐 아니라, 같은 비디오를 보고 또 보고 한다는 것이다. "그는 더욱 식물인간처럼 되어 가는 것 같아요. 앉아서 비디오만 보는 것은 그에게도 좋지 않아요." 치료자는 그녀에게 남편이 어떻게 행동하기를 기대하는지 질문하였다. "신문을 읽거나 최소한 다른 비디오를 봐야죠." 최근의 뇌졸중이 다시 오기 전에, 피터는 신문의 광적인 구독자였다. 뇌졸중 후에, 그는 흥미를 잃은 것 같았다. "왜 그러는 것 같습니까?" 치료자가 물었다. 바튼은 모르겠다고 하였다. 치료자는 두 번째 뇌졸중으로 남편의 집중력이 더욱 저하되었을 가능성을 생각해 볼 것을 부인에게 부드럽게 권유하였다. "맞아요. 하지만 그가 더 노력해야죠. 첫 번째 뇌졸중을 일으켰을 때, 물리치료사는 그에게 열심히 걷도록 강요하였죠. 나도 그가 신문을 읽도록 강요해야죠, 그렇지 않나요?" 치료자는 신체적 장애와 정신적 장애는 다르며, 사실 두 번째 뇌졸중은 다른 방식으로 대처해야 하는 문제들을 야기하였다고 하였다. 바튼은 치료자에게 남편의 치매 문제를 평가하기 위하여 다른 의사를 방문할 필요가 있다고 생각하는지 질문하였다. 남편은 최근에 신경과 전문의의 진료를 받은 적이 없었으므로, 치료자는 신경과 전문의를 추천해 주었다. 남편이 계속 동일한 비디오를 보고 또 보는 것에 대한 환자의 걱정을 다시 다루면서, 치료자는 남편이 그 비디오 보는 것을 좋아하는 것 같아 보이는지를 질문하였다. "그럼요. 그 영화는 '오클라호마'예요. 그것은 남편이 제일 좋아했던 영화예요." "그러니까 남편보다는 당신에게 문제라는 의미인가요?" "남편은 동일한 비디오만 봐서는 안 돼요. 다른 영화도 봐야 해요."

8회기 8회기 초기에, 치료자는 다시 해밀턴 우울증 척도(HRSD)를 실시하였다. 점수는 9점(경도 우울)으로 우울 증상에 다소 호전을 보였다. 바튼은 기분이 다소 좋아진 것은 인정하고 있었지만, 아직도 간병인의 의무에 압도 당하고 있다고 느끼고 있었다. 도우미와의 대화에도 불구하고, 도우미는 지난주에 또 지각을 하였다. "도우미에게 그 점에 대하여 말했습니까?" 치료자가 질문하였다. 그녀는 이번에는 말하지 않았지만 또 지각을 하면 말할 것이라고 하였다. 그녀는 또한 도우미와 이야기했음에도 불구하고, 도우미가 적어 놓은 일들 중 일부는 여전히 해내지 못한다고 투덜거렸다. 바튼은 남편과 함께 신경과 의사를 방문할 약속을 하였다고 하였다.

9회기 바튼은 회기에 와서는, "나는 그녀를 해고했어요!"라고 선언하였다. 도우미는 지난주에 두 번 지각을 하였으며, 그래서 에이전시에 전화를 걸어 또 다른 도우미를 보내 달라고 하였다. 에이전시는 그녀가 좋아할 사람을 바로 보내 주었다. 그녀는 새로운 도우미에게 만족하고 있었고, 이전 도우미에 비하여 일을 잘해 모든 일이 잘 돌아가길 희망하고 있었다. 그녀는 신경과 의사도 방문하였다. "그는 당신과 같은 말을 하더라고요. 남편이 치매래요." 그러나 그녀는 신경과 의사가 틀린 것이 아닌가 생각하고 있었다. 그러나 또 다른 문제가 있었다. 남편은 당뇨가 있어서, 식사를 상당히 조심해야만 했다. 하지만 지난주에 남편은 냉장고로 가서 치즈 케이크를 통째로 먹어 버렸고, 곧바로 혈당이 상승했다. 치료자는 바튼에게 남편이 어떤 음식에는 접근하지 못하게 금지시키는 방법을 생각하도록 격려하였다. 그녀는 "남편이 원하는 것이 거의 없기 때문에" 이러한 행동을 하는 것을 매우 가슴 아프게 생각하였다. 마침내 그녀는 냉장고에 있는 음식 중 일부는 포장해 놓기로 하였으며, "배가 고파도 냉장고에 포장되어 있는 음식은 절대로 열지 마세요!"라고 하였다. 또한 남편이 배고플 때 하루 동안 먹을 수 있는 간식으로 제한된 양의 과일만을 꺼내 놓았다.

10회기 바튼은 매우 화가 나 있었다. "나는 남편이 정신과 약을 먹을 필요가 있다고 생각해요." 바튼 자신이 항우울제를 복용하는 데 상당히 거부적이었던 것을 생각해 보면 이 말은 주의를 기울일 필요가 있는 발언이었다. 바튼은 피터가 새로 온 가정 건강 도우미에게 성적 표현을 하기 시작했다는 것이었다. 남편이 도우미에게 이러한 표현을 하는 것을 우연히 듣고는 바튼은 매우 기분이 상했으며, 너무 당황스럽다며 말한 내용을 치료자에게 전하기를 거부하고 있었다. "나는 그가 약을 먹을 필요가 있다고 생각해요." 치료자는 바튼에게 성적인 언급이 어떤 상황에서 자주 나타나는지 세부 상황을 말하도록 격려하였다. 처음에 바튼은 '아무 때나'라고 말했지만, 좀 더 탐색해 보다가 도우미가 목욕을 시킬 때와 도우미가 아침에 깨울 때라고 하였다. "그러니까, 성적인 표현은 목욕탕과 그의 침대에서 나타났네요. 맞습니까?" "네, 아마도 물이 자극을 하였거나 뭔가가 그를 자극한 것 같네요." "네, 그리고 당신 남편은 매력적으로 느껴지는 젊은 여자 앞에서 옷을 입고 있지 않는 상황이었네요."

바튼은 남편이 '여성들을 지분거리기는' 하였지만 추잡한 행동을 한 적은 없다고 하였다. "당신 생각에 지금은 왜 그러는 것 같습니까?" 치료자가 질문하였다. 그녀는 대답하였다. "뭔가 머리에서 부서진 것 같아요. 언젠가 우리 아파트에서 전기 상자를 보고 있었던 적이 있어요. 거기에는 많은 전선들이 있었어요. 그리고 내 자신에게 생각했어요. '마치 피터의 뇌 같구나. 이 중 일부는 잘린 것 같은데, 아마도 다시는 복구가 될 수 없겠지. 그가 그런 말을 할 때는, 전선이 엉클어져서 그 자신도 스스로를 통제하기 힘들었을 거야." 치료자는 바튼이 치매에 대하여 좀 더 직접적으로 다룰 준비가 되어 있다고 느꼈으므로, 다음과 같이 언급하였다. "상황을 잘 정리해서 설명해 주셨습니다. 그것이 치매에서 나타나는 현상입니다." "그러면 성적인 언급에 대하여 제가 어떻게 해야 합니까?" 그녀가 질문하였다. 다양한 방법들을 살펴보았다. 그녀는 남편이 성적인 언급을 한 다음 도우미와 이야기를 나누었다. 도우미는 그러한 내용을 개인적인 것으로 받아들이지 않고 있었으며, 남편이 '아픈 사람'이기 때문에 이해한다고 하였다. 바튼은 남편이 성적인 표현을 하여도 그녀가 들을 수 없게, 도우미가 남편을 목욕시킬 때는 멀리 떨어져 있기로 결정하였다. "도우미보다는 당신을 더 화나게 하는 것 같군요." "사실 그렇습니다. 나도 그가 자신을 통제할 수 없다는 것은 알아요. 망가진 전선 같으니까요." 그녀는 또한 도우미에게 그런 말을 할 기회를 주지 않기 위하여, 아침에 남편을 침대 밖으로 나오게 하는 일은 내담자가 직접 하기로 결정하였다. 회기가 끝나 갈 때, 바튼은 다음과 같이 결론을 내려 말하였다. "내 생각에 그는 진짜 약을 필요로 하지는 않는 것 같아요. 진정하기 위해 약을 필요로 하는 사람은 아마도 나인 것 같아요!" "이 상황에 대처할 당신의 계획이 당신을 진정시켜 줄 수 있을 것 같습니다."

11회기 남편의 치매를 은유적으로 표현하며 받아들인 이후에, 남편에게 최근의 뇌졸중이 생기기 전의 결혼생활에 대하여 이야기하면서 회기를 시작하였다. 그들은 서로 사랑하는 결혼생활을 하였다고 하였다. 바튼은 남편이 소방관이었고 제2차 세계대전의 참전 용사라는 사실을 자랑스러워하였다. 그녀는 결혼 사진을 가져와서는 남편이 얼마나 잘생겼는지를 보여주었다. "그는 항상 나의 힘의 원천이었어요. 나는 동반자를 잃은 것 같아요." 수년 전 그가 은퇴했을 때도, 그들은 더 많은 시간을 함께할 수 있어서 즐거워하였다. "첫 뇌졸중이 온 이후에도 그리 나쁘지는 않았어요. 우리는 서로 이야기할 수 있었고, 공유할 것도 많았으니까요. 지금은 그가 사라진 것 같아요. 어떤 때는 그가 그대로인 것 같고, 똑같이 보이기도 해요. 그의 모습이 희미하게 보여요. 그의 모습이 희미하게 보일 때, 나는 슬프기도 하고, 동시에 기쁘기도 해요." 그녀는 울기 시작하였다. "나는 괜찮을 거예요. 그의 두 번째 뇌졸중 이후 내가 무엇을 잃었는지를 받아들이는 것이 정말 힘들었어요."

12회기 바튼은 '많이 좋아진' 것 같다고 하였다. 새로운 도우미는 일을 잘 해내고 도우미에게 직접 피드백을 주는 것이 훨씬 편안해졌다고 하였다. "아직도 피터가 제한된 수의 비디오만 보는 것은 신경이 쓰이지만 그것이 그에게는 즐거움을 주는 일이라는 것을 이해하고 있어요. 하지만 같은 비디오 소리를 수없이 반복해서 듣는 것에 때로는 지쳐요! 그래서 나는 침대에 가서 책을 읽어요." 그녀는 최근에 딸과 대화를 하였다. 딸은 바튼이 아버지가 치매라는 사실을 인정한 것과 어머니가 정신치료를 계속 받고 있다는 사실에 안심을 하였다. 딸은 부모님을 초대하였지만, 바튼은 남편이 잘 행동할 수 있을지 확신이 서지 않아 방문하는 것을 주저하고 있었다. 그러나 그녀 역시 휴가가 필요하다고 생각하고 있었으며, 딸이 자신의 집에 오면, 아버지를 전적으로 자신이 책임질 것이므로, 엄마는 '진정한 휴식'을 할 수 있을 것이라는 말에 매우 기뻐하고 있었다. 바튼은 다시 피터와의 젊은 시절에 대하여 자세히 열거하기 시작하였고 가족 앨범을 가져와서는 치료자와 함께 살펴보았다. "지금의 그는 과거의 그가 아니지만, 나는 그가 일생 동안 많은 사람을 도와주었던 것을 자랑스럽게 생각해요. 그가 제2차 세계대전 동안 포로 수용소 중 하나를 해방시키는 데 도움을 주었던 것을 말했었나요? 그는 그것에 대하여는 별로 말하고 싶어 하지 않는데, 내가 알기엔 그에게 매우 힘들었던 경험이었던 것 같아요." 그녀는 이에 대하여 이야기하다 다시 눈물을 흘렸다.

13회기 바튼은 힘든 한 주를 보냈다고 말했다. 그녀의 관절염이 '다시 심해져' 통증이 심해졌고, 걷기가 더욱 힘들어졌다. 그녀는 도우미에게 더 의지해야 했다. 그녀는 전주보다 좀 더 우울해졌다. 피터는 냉장고로 달려가서는 그녀가 포장하기를 깜박 잊어버린 소시지 한가득을 먹어 치웠으며,

평상시보다 더 혼란스러워 보였다. 어떤 날은, 도우미가 슈퍼에 쇼핑하러 간 사이에 집 밖으로 걸어 나가기도 하였다. "그의 뇌에서 또 다른 전선이 잘라진 것 같아요." 회기에서는 최근의 문제들을 다룰 수 있는 방법들에 초점을 맞추어 다루었다.

치료 종결

14회기 치료자는 바튼에게 두 회기가 남았음을 상기시켰다. 그녀는 치료가 끝나는 것에 대한 슬픔을 표현하였다. "박사님은 정말 좋은 친구였어요. 저, 친구라는 말은 적절하지 않네요. 박사님은 정말 내가 솔직히 말할 수 있는 사람이었고, 좋은 친구처럼 대해 주었어요." 그녀는 치료가 끝난 후에도, 스스로 문제를 해결해 갈 수 있을지를 걱정하고 있었다. 치료자는 내담자가 치료 종결을 슬퍼하고 앞일을 걱정스러워하는 것은 정상적인 반응임을 강조하였다. 그녀는 자신도 이해는 하지만 여전히 끝내는 것이 힘들다고 말했다. 그녀는 피터와 함께 딸의 집에 방문하기로 결정하였다. 그녀는 어떻게 남편을 데리고 공항에 가고, 또 비행기를 탈지 걱정하고 있었다. 여러 가지 방법들을 검토하였고, 바튼은 도우미에게 공항까지 가는 일을 도와 달라고 부탁하기로 결정하였다. 그녀는 또한 휠체어를 준비해 달라고 공항에 미리 전화를 걸 계획도 세웠다.

15회기 이 회기에서는 치료 종결에 대한 검토가 계속되었다. 그녀는 지난주에 치료 종결에 대하여 생각하면서 더욱 불안해졌으며, 더 우울해질 것이 걱정된다고 하였다. 우울 증상을 검토해 보았으나, 더 우울해지지는 않았다. 치료자는 치료 종결 시 이러한 느낌을 갖게 되는 것이 일반적이라는 사실을 다시 반복하여 말해 주었다. 그녀는 치매를 가지고 있는 가족을 돌보는 가족 구성원들을 위한 지지 집단에 가입하는 것이 가능한지를 질문하였다. 그런 집단 모임은 클리닉에서 가능했기 때문에, 치료자는 그녀가 그 모임에 가입할 수 있도록 준비해 놓겠다는 약속을 하였다. 다음에는 딸의 집에 여행 가는 계획과 여행과 관련하여 걱정하는 문제를 해결하는 데 초점을 맞추었다.

16회기 치료자는 마지막 회기에 HRSD를 실시하였는데 바튼은 3점으로 이는 우울하지 않은 범위에 속하였다. "우울증을 평가하는 이 척도에서 당신의 점수는 3점입니다. 3점이라는 것은 우울과 관련된 증상이 거의 없다는 것을 의미합니다. 즉, 당신은 더 이상 주요우울장애가 아닙니다." 바튼은 이 말에 안도감을 표현하였으며, 이번 삽화보다 훨씬 심했던 이전의 삽화를 떠올렸다. "내가 이번에 우울해지기 시작할 때 나는 전문가의 도움을 받아서 더 이상 우울해지지 않는 것이 현명하다고 생각했어요." "저도 매우 현명한 결정이었다고 생각합니다." 치료자가 대답하였다. "확언할 수는 없으나, 치료를 받지 않았다면 상황이 더욱 나빠졌을 것입니다." 그녀가 대답하였다. "오, 저도 그렇게 생각해요. 지난번에는 내가 어땠는데요. 지난번 우울했을 때는 침대 밖으로 나올 수도 없었어요. 나와 피터 모두 병들어 있으면 어떻게 될지 상상이 되세요?" 바튼은 치료가 끝나는 것에 대한 불안감을 다시 표현하였다. 치료자는 다음과 같이 언급하였다. "나는 당신이 문제에 대처하는 데 지금은 훨씬 유리한 위치에 있다고 생각됩니다. 남편에게 두 번째 뇌졸중이 왔을 때, 당신의 역할이 변했습니다. 신체적 장애를 가지고 있는 사람을 돌보는 역할에서 신체적 장애와 정신적 장애 모두를 가지고 있는 사람을 돌보는 역할로 바뀌었습니다. 당신은 남편이 치매라는 사실을 받아들이기가 무척 힘들었습니다." "사실입니다." 바튼이 말했다. "내가 전기 상자를 보고, 또 전선이 끊어진 것을 보고 생각했던 것을 기억하세요? 어떤 일이 일어났는지를 내가 받아들이기 시작한 때가 바로 그때였어요." "저도 기억합니다. 당신은 남편을 간병할 때 생기는 문제들을 해결하기 위하여 많은 노력을 해 왔습니다. 당신은 기대한 만큼 제대로 일을 하지 못하는 도우미 문제도 해결했습니다. 당신은 피터가 도우미에게 성적인 언급을 하는 것에 당황하였지만, 이 문제도 당신이 덜 당황할 수 있도록 적절히 해결하였습니다. 또한 당신은 피터가 먹어서는 안 되는 음식을 덜 먹도록 조치도 취했습니다." "네. 하지만 그가 한가득이나 되는 소시지를 먹은 것을 기억하시죠?" "네. 그러나 이전에 비하여는 문제가 훨씬 적어졌죠. 당신은 피터가 두 번째 뇌졸중을 겪은 후에 당신이 잃어버린 것과 타협해 가고 있는 것 같습니다." 치료자가 말했다. 바튼이 대답하였다. "나는 아직도 타협 중인 것 같아요. 그러나 점차 나는 장애를 가진 남편을 가지고 있으며, 그래도 아직 남편이 있다는 사실에 감사하고 있어요. 제 친구들 중에는 남편을 잃은 사람들이 많아요. 피터가 많은 문제를 가지고 있기는 하지만, 그가 희미하게 옛날 모습을 보일 때는 함께 있는 시간을 즐기게 됩니다. 나는 내가 자랑스러워하는 남편을 가지고 있다는 것을 알거든요." "저는 당신이 치료 기간에 이루어 낸 노력들에 대하여 스스로 자랑스러워해도 좋다고 생각합니다." "네, 저도 기쁩니다. 그리고 당신 말대로, 나는 문제에 대처하는 데 더 좋은 입지에 서게 된 것 같아요. 아직도 나는 배우고 있지만, 그래도 전보다는 훨씬 나아진 것 같아요." 치료자는 바튼에게 딸의 집을 방문하고 돌아온 후에, 매주 갖는 치매 지지 모임을 시작할 수 있을 것이라고 하였다. 그녀는 노인 클리닉에 다닐 것이므로, 치료자에게 가끔 전화해도 좋은지 질문하였다. 치료자는 좋다고 대답하였다.

사례 해설

역할 전환에서 IPT의 세 가지 목표가 이 사례에서 잘 드러나고 있다. 바튼은 치매의 시작으로 남편과 가지고 있었던 관계를 상실하는 것에 대한 정서적 문제를 해결하기 위하여 내원하였다. 그녀는 남편의 장애에도 불구하고 남편과 잘 지내는 방법을 배우게 되었고, 간병인으로서의 역할을 좀 더 잘 해낼 수 있게 되었다. 자신의 역할에 자신감을 갖게 되면서, 그녀는 남편을 돌보는 일과 관련된 문제를 더욱 잘 해결할 수 있다는 느낌도 갖게 되었다. 치료 기간 중 간병과 관련된 문제를 해결하는 것이 커다란 이슈였으며, 행동 변화 기법을 사용하였다. 탐색, 감정 격려, 그리고 명료화 기법을 사용하여, 남편이 치매이며 그들의 관계에 변화가 있다는 사실을 바튼이 정서적으로 받아들일 수 있도록 하였다. 그녀는 도우미를 좀 더 잘 이용하고 관리할 수 있는 방법을 배우게 되었으며, 치료 종결 시 간병인 지지 모임에 합류하였다.

칼 루이스의 사례

루이스는 은퇴한 66세의 흑인 독신 남성으로, 침례교도이다. 임상 평가에 의하면, 루이스는 중등도의 주요우울장애 단일 삽화로 진단할 수 있었다. 그의 HRSD 점수는 22점이었는데, 이는 심각한 우울 상태를 시사한다. 루이스의 신체적 건강 상태는 전반적으로 좋은 편이었다. 그는 고혈압이 있었고, 혈압약을 복용하고 있었다. 아내는 2년 전 오래 앓지 않고 사망하였다. 그는 상실에 합리적으로 잘 대처한 것 같았다. 딸이 두 명 있는데 첫째 딸과는 별로 접촉이 없으며, 관계가 소원하였다. 소원한 관계는 맏딸이 어렸을 때 마약 복용을 했던 것과 관련이 있는데, 그때 루이스는 딸에게 집을 떠나라고 말했었다. 루이스의 아내가 살아 있을 때는, 아내가 맏딸과 지속적인 만남을 유지하고 있었다. 딸은 이후로는 마약 복용을 중지하였으며, 결혼하여 아이를 낳았다. 그러나 딸이 아버지를 보지 않으려고 했기 때문에, 그는 손주를 본 적이 없었다. 루이스는 이 점에 대하여 씁쓸하게 이야기하였다. 약 일 년 전, 막내 딸 캐리가 아들을 낳은 직후 다시 그의 집에 돌아왔는데, 이혼을 해서 경제적으로 어려웠기 때문이었다. 딸이 낮에는 일을 해야 했기 때문에 루이스는 전적으로 아이를 돌보는 일로 역할 전환을 하게 되었다. 그는 이 책임감 때문에 점점 더 좌절하게 되었다. 이전에는 딸과 대체로 좋은 관계를 유지하고 있었으나, 아이를 돌보는 문제로 부녀는 자주 다투게 되었다. 캐리가 집에 온 지 6개월 후에, 루이스는 우울해지기 시작하였다. 그는 체중 감소와 수면상의 문제 때문에 내과 의사를 방문하였다. 내과 의사는 항우울제를 처방해 주었으나, 상태는 좋아지지 않았다. 결과적으로 내과 의사는 그를 노인 클리닉에 의뢰하였다. 클리닉의 정신과 의사는 다른 종류의 항우울제로 바꾸었다. 대인관계 설문지에서 루이스 씨는 항상 도움이 필요했던 병약한 엄마와 대체로 좋은 관계를 유지하고 있었다고 말했다. 그에게는 형과 누나가 있었다. 형과는 별로 접촉이 없었는데, 그는 형에 대해 '잘 지내기 힘든 성격'이라고 표현하였다. 누나와의 관계는 좀 더 좋았지만 엄마를 보살피는 문제로 가끔 다툼이 있기도 하였다. 루이스는 이전 직장에서 사귄 몇 명의 친구들과 규칙적으로 볼링을 하고 있었다. 그는 교회 일에도 적극적이었다. 치료 초기에 루이스의 문제 영역은 역할 전환(즉, 손주를 돌보는 역할로의 전환)과 대인관계에서의 역할 갈등(즉, 딸 캐리와의 갈등)으로 확인되었다.

치료 중기

4회기 루이스는 안절부절못하는 모습으로 클리닉에 도착하였다. 치료자는 이 점을 지적하면서, 그에게 기분이 어떤지를 질문하였다. "나는 딸에게 질렸어요. 도대체 무슨 엄마가 그래요? 지난 밤에는 딸이 아이를 돌보기로 되어 있었지만 저녁에 갑자기 친구들과 나가 버렸어요. 내가 아이를 볼 수밖에 없었지만 사실 나는 볼링장에 가고 싶었어요. 나는 '그래, 가라 가.'라고 말했지요. 아이는 기분이 좋지 않았고 밤새 울다 그치다 했어요.

나는 어찌할 바를 몰랐지요." 루이스는 자신이 더 우울해졌다는 사실을 인정하지 않으려고 하였다. 치료자는 아이를 돌보는 일에 대한 책임을 둘 사이에 어떻게 나누었는지를 질문하였다. "모두 딸아이 맘대로예요." 이 이슈를 좀 더 명료화하려는 노력을 여러 번 했음에도 불구하고, 루이스는 애매모호하게 대답하였다. 딸이 아이를 낳은 후 왜, 그리고 어떻게 딸과 함께 사는 것에 동의하게 되었는지에 대해 물어보아도, 루이스는 역시 모호한 태도였다. "내가 해야만 하는 일이 더 있나요?" 루이스는 대화에 초점을 맞추는 것이 힘들어 보였으며, 회기를 시작했을 때처럼 혼란스러운 모습으로 치료 상황을 떠났다.

5회기 다음 회기에 루이스는 훨씬 안정되어 보였다. 딸이 손주를 소아과에 데리고 갔는데, 소아과 의사는 아기의 귀가 감염되었다고 말했다. 손주는 항생제로 치료를 받은 후, 상태가 좋아졌고, 돌보기도 훨씬 수월해졌다. 지난주에 그는 친구들과 볼링을 하러 갔었으며, 즐거웠다고 하였다. 치료자는 그의 기분이 나아진 것은 아이의 상태가 좋아진 것뿐 아니라 친구들과 더 많은 시간을 보낼 기회가 있었던 것과 관련 있어 보인다고 하였다. 치료자는 손주를 돌보는 역할이 어떨 것이라고 생각했었는지를 다시 그에게 질문하였다. 그는 딸이 싱글맘으로 힘든 시간을 보내고 있었기 때문에 딸을 불쌍하게 생각했다고 하였다. 그는 또한 딸을 돕는 것이 가족의 의무라고 느꼈다. "딸이 당신에게 집으로 들어가도 괜찮겠냐고 물었나요?" 치료자가 물었다. "아니요, 내가 딸애에게 물었어요. 때로 나도 그 점을 후회하고 있지만요." 치료자가 구체적으로 기술하기를 강하게 요구하자, 딸이 루이스 씨의 집으로 돌아왔을 때 아이를 돌보는 문제에서 두 사람이 어떻게 책임을 나눌지를 구체적으로 다루지 않았음이 밝혀졌다. 딸이 처음 집으로 돌아왔을 때는 아이를 돌보는 순서를 정하겠다고 말했지만 지키지 않았다. 그는 자신이 생각했던 것보다 아이를 돌보는 데 더 많은 책임을 지게 되었음을 발견하였다. 또한 손주를 양육하는 데 스스로 부적합감을 느끼고 많은 좌절감을 겪고 있었다. "내가 아이에 대하여 어떻게 알겠어요? 아이가 울면 어떻게 해야 할지 내가 어떻게 알겠어요? 아내가 모든 일을 했거든요." 그는 "아내는 어떻게 해야 할지 알았을 텐데."라며 아내가 죽은 것에 대하여 애도를 나타내었다. 루이스는 아내는 좋은 엄마였으며, 그가 감탄할 만큼 아이들을 잘 다루었다고 하였고, 만약 아내가 살아있었다면 상황이 훨씬 좋아졌을 것이라고 하였다. 그가 딸과 함께 이 문제를 이야기해 본 적이 있는지 질문하였더니, 그는 이야기하려고 했지만 항상 싸움이 된다고 하였다. 치료자는 다시 루이스의 우울증은 손주 양육이라는 새로운 역할, 그리고 딸과의 갈등과 관련이 있다고 반복하여 말했다. 그는 이러한 관점에 동의하였다.

6회기 루이스는 다시 초조한 모습으로 나타났다. 지난주 딸은 아이에게 규칙적으로 충분한 시간 간격을 두고 수유하지 않았다면서, 제대로 수유하지 못한 것에 대하여 그를 비난하였다. 결과적으로 딸과 다투게 되었고, 그 와중에 아이가 울기 시작하였다. "내 딸이 말하기를, '아빠가 무슨 짓을 한지 아세요? 아빠가 아이를 울렸잖아요.' 딸아이는 아이를 데리고 집을 나갔어요. 그리고는 친구 집에서 하룻밤을 자고 왔어요. 다음 날 돌아와서는 집을 나가겠다며, 다시는 나를 보지 않을 거라고 했어요. 나는 딸에게 미안하다고 했고, 집에 머무를 것을 간청했죠. 딸은 아무 말도 하지 않았고, 긴장감이 흘렀어요." 치료자는 큰딸과 손주가 그를 보지 않고 있기 때문에, 딸이 떠나겠다는 위협이 그를 매우 당황하게 한 것 같다고 하였다. 특히 두 자녀 모두와 관계가 끊어진다는 것은 그를 매우 힘들게 했을 것이다. 이 시점에서 루이스는 눈물을 참으려고 애쓰고 있었다. 치료자는 맏딸과 소원해지는 데 어떤 일이 있었는지를 말하도록 하였다. 처음에 그는 딸의 약물 사용에 대하여, '스스로 선택한 자신의 삶'이라며 화가 난 듯이 말했다. 결과적으로 그는 맏딸과 좀 더 잘 지낼 수 있었다는 것을 인정하였으며, 아내가 딸과 화해할 것을 간청했을 때, 그가 거절하였다고 하였다.

7회기 치료자는 루이스의 증상을 살펴보았는데, 우울이 다소 경감된 것 같았다. 그는 이전 회기에 다루었던 내용을 곰곰이 생각해 보았는데, 맏딸과의 관계에서 일어난 일을 후회하고 있다는 것을 인정하였다. 그는 손주를 한 번도 보지 못한 것을 무척 가슴 아파 하고 있었다. 치료자는 이러한 후회가 캐리를 집으로 돌아오게 한 것과 관련이 있는지를 질문하였다. 그는 손주를 양육하는 역할을 하면서 '이번에는 모든 일을 제대로 하기'를 원했다고 말했다. 치료자는 새로운 역할을 통하여 그가 얻은 것은 무엇이고, 그가 잃은 것은 무엇인지를 질문하였다. 그는 혼자 있던 시간이 그립고, 친구들과 더 많은 시간을 보내고 싶고, 교회에 더 많이 참여하고 싶다고 하였다. "내 생활은 여유가 있었어요. 하지만 아내가 죽은 이후로, 좀 외롭기도 했어요." 루이스 씨는 손주를 양육하면서 맏딸의 아이와 경험해 보지 못했던 것을 경험해 보기를 원했다고 하였다. 그는 아이와 있는 시간이 즐겁기도 하지만, 어떻게 하는 것이 최선의 방법인지 모르는 경우에는 힘들게 느껴진다고 하였다. 그의 딸은 '좀 더 천성적으로' 어떻게 해야 할지를 아는 것 같은데도 불구하고, 그녀 역시 부모가 되는 법을 배우고 있다고 하였다. 그는 손주를 양육함으로써 딸과 손주와 가까워지기를 원하지만, 반대의 경우가 될까 봐 두려워하고 있었다. "나는 정말 어떻게 해야 할지 모르겠어요." "거기가 출발점으로 가장 적합한 곳입니다. 가능한 방법들을 생각해 보고 당신이 어떻게 할 수 있는지 생각해 봅시다."라고 치료자는 말했다.

8회기 치료자는 HRSD를 실시하였고 점수는 16점(중등도 우울)이었다. 우울과 관련된 증상의 호전이 두드러졌다. 루이스는 호전되었다는 것을 인정하였지만, 여전히 양육을 힘들어하고 있었고 딸과의 문제로 고민하고 있었다. 치료자는 루이스에게 사람들이 어떻게 좋은 부모가 되는 것을 배우는 것 같은지를 질문하였다. 그는 여자들은 어느 정도 본능적으로 알고 있는 것 같지만, 첫 아이가 어렸을 때 아내는 문제가 생길 때마다 친정엄마에게 어떻게 할지를 묻고는 했다는 점을 기억했다. 치료자는 양육에 대하여 자문을 구할 수 있는 사람이 있는지를 질문하였다. 그는 아무도 생각해 내지 못하였다. "당신 어머니는 어때요?" 루이스 씨는 잠시 당황하였는데 왜냐하면 그녀가 너무 나이가 많기 때문이었다. 하지만 그는 생각해 보겠다고 말했다. 다시 아이를 돌보는 책임을 그와 딸이 어떻게 나누었는지를 질문하였을 때, 루이스는 딸에게 자신이 아이를 매일 돌보는 것은 너무 힘들다고 말했다고 하였다. 그러나 딸과의 의사소통을 분석해 본 결과, 그는 주로 싸움이 한창 진행 중일 때, 의사 표현을 하였다. 싸움이 끝나면, 또 다른 싸움으로 이어질 것이 두렵고 '평화를 유지하기 위하여' 그는 더 이상 그 문제에 대해 이야기하지 않았다. "뭐라고요?" 치료자는 기본적인 의사소통 전략을 다시 다루어 주었다. 즉, 관심거리에 대해서는 싸움을 하지 않을 때 다룰 것, 나라는 진술문을 사용할 것(반면 너라는 딸을 향하는 진술문은 비난으로 이어짐), 딸뿐 아니라 그 자신의 바람도 고려한 실현 가능한 양육 계획을 생각할 것, 토론 중에는 분노 감정을 억제할 것 등이다. 루이스 씨는 자신이 사람들을 다루는 데 능숙하지 않다는 것을 인정하지만, 한번 노력해 보겠다고 말했다.

9회기 루이스는 덜 우울해 보였다. 그는 어머니에게 손주를 양육하면서 발생하는 많은 문제들에 대하여 어떻게 해야 하는지 알려 줄 것을 요청하였다고 하였다. 놀랍게도, 어머니는 그가 도움을 요청한 사실을 매우 좋아하면서, 수유, 기저귀 가는 법, 아이를 침대에 눕히는 법, 떼 쓸 때 달래는 방법 등 도움이 되는 많은 방법들을 알려 주었다. 치료자는 딸에게 문제가 되는 이슈를 어떻게 제기할 생각인지를 물었다. 그는 아무 생각이 없다고 하였다. 치료자는 딸과 관련된 의사소통 문제에 대하여 좀 더 다루기를 권하였고, 간단한 역할 연기로 가능한 대화를 해 보았다. 그가 역할 연기에서 바로 딸을 비난하는 말을 하는 것으로 미루어 이 작업이 그에게는 상당히 힘들어 보였다. 치료자는 이 점을 부드럽게 지적하였다.

10회기 루이스는 딸과 힘든 주말을 보냈다고 하였다. 아이를 돌보는 문제로 딸과 또 다투었으며, 딸이 잘못했다고 생각하면서도 그가 다시 사과하였다. 치료자는 루이스가 양육 책임을 어떻게 나누는 것이 정당하다고 느끼지를 구체화하도록 도와주었다. 그는 딸이 일하는 낮 동안에는 자신이 손주를 돌보지만, 저녁이나 주말에는 딸이 아이를 돌봐야 한다고 생각한다고 말했다. "물론 나도 딸이 저녁 때 때로는 친구들을 만나고 싶어 할 수도 있다고 생각해요. 딸애는 친구가 필요하겠지만, 그건 나도 마찬가지에요. 딸이 가끔 나가는 것은 좋아요. 하지만 매일 저녁은 안 돼요." 딸과 대화하는 것에 대해 역할 연기를 하였으며, 루이스는 의사소통 기술이 다소 나아진 것 같았다. 회기가 끝나갈 때, 루이스는 어머니의 조언으로, 손주를 좀 더 잘 다룰 수 있게 되었으며, 좌절감도 훨씬 감소하였다고 하였다. 사실 지난주에는 어머니의 충고를 얻기 위해 수차례 전화를 하였다. 딸도 그가 아이를 더 잘 보살피게 된 것 같다고 말했다.

11회기 루이스는 아이를 돌보는 책임을 분할하는 문제 때문에, 여전히 좌절감을 표현하고 있었다. 그는 주말을 여동생의 집에서 보내려고 계획하고 있었는데, 마지막 순간에 딸은 주말에도 일을 해서 추가 수당을 받기 원하므로 그에게 아이를 돌봐 달라고 부탁하였다. 그는 주말여행을 기대하고 있었지만, 딸에게는 아무 말도 하지 못하였다. 왜냐하면 딸에게 돈을 좀 모아 둘 것을 권했었기 때문이다. "나는 괜찮다고 했지만, 주말 내내 딸에게 화가 나 있었지요." 치료자와 루이스는 딸에게 자신이 걱정하고 있는 것을 전달하여, 그가 주말에 외출을 할 수 있게 하는 방법들을 찾아보았다. 그는 딸에게 너무 돈을 많이 쓴다고 불평을 했었기 때문에, 그가 집에 있을 수 없다고 하면, 딸은 '나에게 이 문제로 대들 것'이라며 난처해하였다. 딸이 추가로 버는 돈을 정말 저축하고 있는지를 묻자, 그는 그녀가 그러기를 바란다고만 대답하였다. 분명한 것은 루이스와 딸은 서로 재정적인 문제에 대하여도 논의를 한 적이 없었으며, 루이스 씨가 대부분의 고지서를 계산하고 있었다. 그는 '잠시 동안' 그렇게 하려고 했다고 말했다. 딸이 돈을 어디에 쓰는지를 물었더니, 그는 잘 모르겠다고 하였다. 루이스는 딸과 의무와 책임을 나누는 방법에 대하여 다룰 필요가 있다고 느끼고 있으며, 회기 나머지 부분은 의사소통하는 방법을 역할 연기하였다.

12회기 루이스에게는 힘든 한 주였는데, 손주가 또다시 귀에 감염이 되었으며, 다시 의사를 찾아가야 했다. 손주는 여러 날 동안 잠을 자지 못했고 루이스도 잠을 잘 자지 못하였다. 그럼에도 불구하고, 어머니에게 수차례 전화를 걸어 조언을 구하기보다는 스스로 아이를 좀 더 잘 다룰 수 있게 되었다고 느끼고 있었다. 그는 딸과 아이를 돌보는 문제로 대화를 나누었으며, '잘된 것' 같다고 느꼈다. "나는, '캐리, 얘기할 것이 있는데. 지금 괜찮니?'라고 말했어요. 딸이 좋다고 해서 내가 말했어요, '보자, 너도 알다시피 나는 애기와 너를 사랑한단다. 하지만 낮 시간 동안과 저녁, 그리고 주말까지 아이를 돌보는 것은 나에게는 힘든 일이다.' 내 딸은 바로 저녁과 주말에는 주로 자신이 돌본다고 소리를 지르더군요. 나는 진정하려고 애썼지요. 나는 딸에게 말했어요. '대체로 네가 돌본다는 것은 알지. 그리고 하루 종일 일을 하고 집에 와서 아이를 돌보는 일이 너에게도 힘들 거야. 나도 내 시간이 필요하고, 나는 우리가 다른 해결책을 찾았으면 한다.'" 결과적으로 루이스와 딸은 둘 다 양육 역할을 하는 것이 얼마나 힘든 일인지에 대하여 공통분모를 느끼고 있음을 발견하게 되었다. 그들은 모두 아이로부터 떨어져 있는 시간이 필요하다는 것에 동의하였다. 그는 캐리의 초기 제안으로 돌아가서, 낮 동안 아이를 탁아소에 맡기는 문제를 의논하였다. 딸은 자신이 처음 그 말을 꺼냈을 때는 탁아소가 얼마나 비싼지를 알지 못했으며, 비용 때문에 다시 그 문제를 아버지와 이야기하지 못하였다고 하였다. "그래서 우리는 비용이 얼마나 들지를 이야기하였고, 딸의 말대로 상당히 비쌌습니다. 그래서 내가 제안하기를 딸이 반을 내고 내가 반을 내면 어떻겠냐고 했지요. 그러면 나는 낮 동안에 친구들을 만날 수 있으니 저녁 시간이나 주말에 좀 더 아이를 돌봐줄 수 있겠지요. 캐리도 생각해 보겠다고 말했어요." 전반적으로 루이스는 모든 일이 좋은 방향으로 가고 있다고 느꼈다. "하지만 캐리가 어떻게 할지 두고 봐야죠." 그가 덧붙였다.

13회기 캐리는 탁아소를 방문할 약속을 잡아 놓았다. 딸과의 긴장 관계는 완화되었다. 루이스는 손주를 어머니에게 데려가 반나절을 함께 지냈다. 그의 어머니는 의학적인 문제가 많아 집에만 주로 있기 때문에, 아이를 거의 보지 못하였다. 어머니를 방문한 것은 매우 좋았으며 루이스는 어머니에게 조언을 해 준 것에 대하여 감사하였다. "네가 아마도 내가 기저귀를 갈아준 마지막 아이가 될 것 같구나, 칼." 그의 어머니가 증손주에게 말했다.

치료 종결

14회기 치료자는 루이스에게 치료가 거의 끝나가고 있음을 상기시켰다. 그는 시간이 무척 빨리 간 것 같다고 하였으며, 어쩌면 "막 시작한 것 같다."고 하였다. 종결에 대하여 어떻게 느끼는지를 물었더니, 루이스는 문제될 것이 없다고 하였다. 치료자가 어떤 사람들은 치료가 끝나는 것을 불안해한다고 하였더니, 루이스는 자신은 그런 것 같지 않다고 하였다. 치료자는 이 이슈에 대하여 나머지 두 회기 때 좀 더 다루게 될 것이라고 말했다. 캐리는 아버지와 함께 다음 주부터 아이를 탁아소에 등록시키기로 결정하였다. 루이스는 수입이 제한되어 있기 때문에, 탁아소 비용의 반을 내기로 한 것은 '차선책으로 어쩔 수 없이' 내린 결정이라는 것을 인정하였으나, 그럴 만한 가치가 있다고 느꼈다. 아이를 데려가고 데려오는 일을 어떻게 할지를 캐리와 논의하였다.

15회기 끝에서 두 번째 회기에, 루이스는 손주를 탁아소에 데려가기 시작하였다고 하였다. 매우 놀랐던 것은 다른 두 노인도 아이를 센터에 데려오고 있었다. 치료자는 루이스에게 계획된 회기가 단지 한 번 더 남은 것에 대하여 어떻게 생각하는지를 질문하였다. 그는 사실 종결되는 것이 불안하므로, 당분간 회기를 계속할 것을 생각하고 있다고 하였다. 치료자가 그가 걱정하는 내용을 살펴본 결과, 루이스는 치료를 종결하는 것을 불안해하고 있었으며, 자신이 다시 우울해질 것을 염려하고 있었다. 치료자는 그렇게 되지 않는다는 것을 분명히 해 주었지만 치료 종결에 대하여 염려를 나타내는 것을 정상적이라고 말했다. 치료자는 루이스에게 치료 기간 동안 그가 보여 준 진전은 매우 인상적이었다고 말했으며, 루이스의 미래도 낙관적으로 보고 있다고 말했다. 또한 루이스의 우울 증상은 상당히 호전되었으며, 마지막 회기에게 다시 평가할 것이라고 하였다.

16회기 치료자는 HRSD를 실시하였다. "루이스 씨, 우울 척도에서 당신의 점수는 6점입니다. 시작할 때는 22점이었죠. 당신은 우울 증상을 현재는 거의 보이지 않고 있으며, 더 이상 주요우울장애가 아닙니다." 루이스는 이 소식에 안도감을 표현하였고, 치료자에게 감사하였다. "나는 당신이 당신 자신에게 제일 감사해야 한다고 생각합니다. 당신은 상당히 우울하고 손주를 돌보는 일로 인한 새로운 책임감에 압도되어 있을 때 치료를 받으러 왔습니다. 당신의 새로운 양육 역할은 딸과 갈등을 빚었고, 이 점이 모든 일을 더욱 힘들게 하였습니다. 당신은 당신이 접한 문제들을 심사숙고하였고, 아이를 돌볼 때 발생하는 많은 이슈들을 해결하는 방법을 찾기 위하여 당신의 어머니한테 도움을 받았으며, 어머니의 조언을 따라갔습니다. 당신은 아이를 좀 더 잘 돌봐 주기 위하여 딸과 어떻게 대화할지를 오랫동안 힘들게 생각했습니다. 당신은 많은 노력을 하였고, 진전을 보였습니다." 루이스는 상황이 훨씬 좋아진 것은 알고 있으나, 치료자를 계속 만나기를 아직도 원하고 있었다. 그들은 유지치료를 하는 데 동의하였다. 치료가 끝난 다음, 루이스는 치료자를 두 달 동안 두 주에 한 번씩 만나기로 하였으며, 그 후에는 6개월 동안 한 달에 한 번 만난 후에 치료를 종결하기로 하였다.

사례 해설

루이스의 중요한 목표는 손주를 키우기 위한 부모 역할 기술을 습득하는 것이었다. 그 역할을 습득해 나갈수록, 그는 자신의 새로운 역할을 긍정적으로 볼 수 있었고, 딸과 손주와 지내는 것을 더욱 만족스러워하였다. 루이스가 자신의 어머니에게서 중요한 육아법을 배웠다는 것은 흥미로운 일이다. 딸과 아이를 돌보는 일에 대한 재협상을 함으로써, 그는 자신의 '오래된 역할'—즉, 매일의 의무가 거의 없는 은퇴한 사람의 역할—에서 할 수 있었던 사회적 활동, 그리고 오락 활동 중 일부를 다시 할 수 있었다. 두 번째 문제 영역인 대인관계 갈등은, 부모 역할로의 역할 전환과 서로 섞여 있었다. 그와 딸은 아이를 함께 양육하는 데 있어 서로의 역할을 분명히 하지 않고 있었다. 이로 인하여 기대에 혼란을 가져왔으며, 이것이 논쟁을 일으키는 중요한 원인이 되었다. 어떤 면에서, 이 이슈는 서로 아동 양육 책임을 나눠 가져야 하는 젊은 부부 사이에서도 자주 나타나는 것이다. IPT 기법

중에서, 탐색, 명료화, 그리고 의사소통 분석이 역할 전환과 대인관계에서의 역할 갈등을 분명히 해 주는 전략으로 이용하는 데 가장 도움을 준다.

결론

앞서 지적한 바와 같이, 우리는 IPT 문제 영역에서 역할 상실(은퇴처럼)보다는 역할 획득이 가장 흔한 치료 이슈임을 알 수 있었다. 새로운 역할의 습득은 결과적으로 과거 역할의 변화나 상실을 초래한다. 바튼의 사례는 치매 가족을 돌보는 역할로 전환되었을 때 개인이 흔하게 겪게 되는 문제다. 많은 가족 구성원들은 가까운 가족이 치매에 걸렸다는 사실을 받아들이기 힘들어한다. 노인들은 자신이나 나이 많은 가족들이 나이가 들어 갈수록 치매에 걸릴 위험이 높아진다는 것을 알고 있으며, 그러한 일이 발생할 것을 두려워한다. 치매가 자신의 삶에 들어오게 되면, 이러한 현실을 수용하는 것은 점진적으로 이루어진다. 공포감과 슬픔은 정상적인 감정이다—이러한 감정을 수용 과정의 한 부분으로 인식할 필요가 있다. 가정 건강 도우미를 관리하는 것도 힘든 일로, 이전에 사람을 고용해 본 적이 없는 경우에는 더욱 힘들어한다. 어떤 노인들은 노년에 아이 양육의 일차적 책임을 맡기도 하며, 이러한 현상은 다른 민족이나 인종보다는 아프리카계 미국인에게서 많다(Pruchno, 1999). 노년기에 부모 역할을 하게 된다는 것은, 기대하지 않았던 책임감을 노년에 갖게 된다는 것으로, 양육에 도움을 필요로 하는 자녀의 삶에 대한 실망감이나, 현재 삶의 어떤 면을 포기해야 한다는 점 등 때문에 힘들어할 수 있다. 루이스의 사례처럼, 양육 경험이 거의 없는 사람들에게는 새로운 역할이 새로운 기술을 습득할 것을 요구할 뿐 아니라 성인이 된 자녀와 책임감을 협상하는 것도 필요로 하게 된다.

제 9 장

대인관계 결핍

INTERPERSONAL PSYCHOTHERAPY FOR DEPRESSED OLDER ADULTS

제 9 장

대인관계 결핍

INTERPERSONAL PSYCHOTHERAPY FOR DEPRESSED OLDER ADULTS

사회적 관계가 신체적, 정신적 건강, 그리고 사망률에 긍정적 영향을 미치고 있음을 강력히 시사하는 연구들이 많다(George, 2004). 2장에서 이미 다룬 바와 같이, 대인관계와 관련된 문제들은 노인에게서 우울증의 위험을 증가시킨다(George, 1994; Hinrichsen & Emery, 2005). 1장에서 언급한 것처럼, 대부분의 노인들은 상당히 견고한 사회적 유대감을 가지고 있다. 그러나 일부의 노인들은 전 생애에 걸쳐 사회적 관계가 거의 없는 경우도 있으며, 때로는 노년기에 관계가 소원해지기도 한다. 사회적 관계가 적다는 것은 연령적 특성으로 인한 사회적 상실 때문일 수도 있지만, 정신과적인 문제, 즉 정신분열형 성격장애나 기타 성격적인 문제로도 대인관계 감소가 나타날 수 있다. 이번 IPT에서의 초점은 대인관계가 감소된 내담자다. 이러한 사람들은 대인관계를 맺고 싶어도, 관계를 시작하고 유지하는 데 곤란을 겪게 된다. 그들은 고립되어 있고, 외로우며, 결과적으로 우울해지게 된다.

처음부터 대인관계 감소를 주로 호소하여 오는 노인들은 거의 없다. 대부분의 노인들이 정신치료를 받게 되는 것은 가족이나 친구의 권유에 의해서다. 실제로 대인관계가 거의 없는 사람들은 바로 그러한 이유 때문에 정신 건강 서비스 기관을 찾을 가능성이 더욱 낮다. 지역사회 빈곤자 단체에서 일한 경향이 있는 Hinrichsen은 대인관계가 거의 없는 사람들을 자주 만날 수 있었다. 우울증이 분명한 경우 그들은 마지못해 정신 건강 서비스를 받기는 하지만, 그렇게 하기까지에는 상당한 용기와 주변의 지지가 필요하다. 가정방문을 하는 정신건강 요원들이 이러한 내담자를 치료기관에 방문하게 하려면 먼저 이들과 관계를 형성해야 한다. 치료는 우울증을 개선시키고 좀 더 바람직한 사회적 관계를 구축하는 것이다. 보훈기관에서 일하는 어떤 사람이 사적인 자리에서 말하기를, 사회적인 관계가 거의 없는 사람들은 주로 일차진료 기관으로부터 의뢰되곤 하는데, 왜냐하면 그들은 사회적 유대가 없기 때문에 의학적인 도움을 받기 어렵거나 우울증과 같은 정신건강상의 문제가 야기되기 때문이다. 요양원에서 일하는 심리학자들은 그곳에 있는 사람들 중에는 거의 평생 사회적으로 고립되어 살아온 사람도 있다고 말한다. 대인관계를 맺지 않고 살아온 사람이 요양원에 들어오게 되면 하루 종일 직원들이나 다른 요양원 거주자들과 상호관계를 맺어야 하므로 상당히 부담스러워하게 된다. 그들은 사회적 기술이 부족한 상태에서 갑자기 많은 대인관계의 요구에 직면하게 되며, 동시에 요양원에 오게 된 직접적 계기가 되었던 한두 가지 이상의 의학적 문제들을 겪어 내야 한다.

외래 임상 장면에서, 중요한 사람의 상실과 그로 인한 우울증과 같은 인생에서의 위기는 치료 시설을 찾게 하는 중요한 원인이다. 가족 구성원이

나 친구의 상실—그것이 사망이든, 이동이든, 불구가 되는 것이든—은, 그 사람에게 특히 많은 의존을 해 왔던 경우, 특히 외로움을 느끼게 하며 새로운 관계를 시작할 수 있는 대인관계 자원이 고갈되었다고 느끼게 된다. 결혼을 하지 않거나 이혼한 채로 오랫동안 나이가 많은 부모와 생활해 왔던 노인들은, 노년기에 이르러서는 대인관계를 새로 개발해야 하는 위기에 직면할 수도 있다(Rubinstein, 1987; Rubinstein, Alexander, Goodman, & Luborsky, 1991). 그들은 상실에 따른 애도를 경험하지만, 그보다 더 중요한 문제는 '이제 나는 아무도 없다.'는 주관적인 지각일 수 있다. 그 결과 우울증이 뒤따르게 된다. 어떤 사람은, 특히 아이가 없거나 아이들과 관계가 나빴던 사람들, 그리고 사회적 관계를 맺을 때 부인에게만 의지했던 사람들은 아내가 죽은 후 사회적으로 고립되었다고 느끼며, 사회적 관계를 어떻게 맺어야 하는지에 대한 기술과 지식이 결여되어 있을 수 있다.

대인관계 결함에 대한 단기 IPT는 우울 증상의 감소와 함께 사회적 관계를 설정해 나가는 것에서 시작하는 것이 유용하다. 저자와 다른 사람들의 경험(Weissman, Markowitz, & Klerman, 2000)에 의하면, 단기 치료 후 지속적인 심리치료적 작업이 필요할 수 있다. 특히 일생 동안 대인관계에 결함이 있었던 사람들은 사회적 관계를 형성할 수 있도록 치료자가 지속적인 도움을 주는 것이 필요하며, 이것이 또 다른 우울 삽화의 재발 가능성을 낮출 수 있다.

대인관계 결핍 내담자에 대한 IPT의 목표와 전략

이 문제 영역에서 IPT의 목표는 사회적 고립을 감소시키고 새로운 관계를 맺도록 격려하는 것이다(〈표 9-1〉 참조). 사회적 고립은 내담자가 다른

〈표 9-1〉 주요 우울증에 대한 대인관계치료의 개요

D. 대인관계 결핍

1. 목표
   a. 환자의 사회적 고립을 감소시키기
   b. 새로운 관계를 만드는 것을 격려하기
2. 전략
   a. 우울 증상에 대해 검토하기
   b. 사회적 고립 혹은 충족되지 않은 느낌의 문제와 우울 증상을 관련시키기
   c. 과거 의미 있던 사람과의 관계에서 긍정적인 면과 부정적인 면을 검토하기
   d. 관계에서 반복적인 면이 있는지를 탐색하기
   e. 치료자에 대한 환자의 긍정적인 감정과 부정적인 감정을 다루어 보고 이것이 다른 사람들과의 관계에서도 나타나는지를 검토하기

참조: M. M. Weissman, J. C. Markowitz, & G. L. Klerman(2000). *Comprehensive Guide to Interpersonal Psychotherapy* (p. 24). New York: Basic Books. Copyright 2000 by Basic Books. Reprinted with permission.

사람들과 함께 있을 기회가 증가한다면 감소될 수 있을 것이다. 초기에는 다른 사람들과 말을 하지 않더라도 같이 있는 것만으로도 인간관계를 시작하는 기본 단계가 될 수 있다. 다른 사람과 같이 있는 것은 기분 상승에 도움이 될 뿐 아니라, 다른 사람과 관계를 맺는 데 대한 초기 자신감을 구축할 수도 있다. 예를 들어, 내담자는 용기를 내서 강의에 참가할 수도 있고, 극장에 갈 수도 있으며, 노인회관에서 식사를 할 수도 있고, 요양원의 공공장소에서 시간을 보낼 수도 있고, 종교적인 서비스에 참석할 수도 있으며, 쇼핑센터에 갈 수도 있다. 대인관계를 더 많이 필요로 하는 사회적 활동에는 파트타임 일도 있고 자원봉사자 일도 있다. 새로운 관계를 구축하는 것은 내담자가 다른 사람들과 상호작용을 맺을 수 있는 기본적 기술을 습득하고 초기의 미숙한 관계를 유지해 나갈 수 있게 된 이후에 시도해 볼 수 있는, 좀 더 장기적인 프로젝트다. 치료자는 많은 역할 수행과 대화기술 분석 기법을 사용한다. 치료자는 때로 내담자에게 치료자와의 상호작용에서 보

여 준 내담자의 상호작용 방식에 대해 직접적인 피드백을 주기도 한다.

전략 2a: 우울 증상에 대해 검토하기와, 전략 2b: 사회적 고립 혹은 충족되지 않은 느낌의 문제와 우울 증상을 관련시키기

모든 문제 영역에서처럼, 우울 증상은 초기 회기에서 다루어지며, 치료 전반에 걸쳐 반복해서 다루어져야 한다. 우울 증상과 사회적 관계에서의 문제 사이의 관련성은 치료 초기부터 분명히 드러나지만, 치료 중기에도 되풀이된다. 우울증 그 자체가 사회적 기능을 더욱 힘들게 만든다는 것을 내담자가 이해하는 것도 필요하다. 우울 증상이 호전되면 사회적 활동을 하는 것이 좀 더 쉬워진다는 것을 내담자는 알게 될 것이다.

전략 2c: 과거 의미 있던 사람과의 관계에서 긍정적인 면과 부정적인 면을 검토하기

대인관계 설문지는 치료 초기에 실시하지만, 치료자는 치료 중기에도 관계상의 특징들을 좀 더 세부적으로 살펴보아야 한다. 내담자는 현재 대인관계가 거의 없기 때문에, 과거의 대인관계를 이해하는 것이 다른 어떤 IPT 문제 영역보다 더욱 중요하다. 과거의 관계들을 살펴봄으로써, 치료자와 내담자는 내담자가 과거에 대인관계 기능을 향상시키는 데, 혹은 악화시키는 데 어떤 역할을 했었는지를 좀 더 깊이 이해할 수 있다. 예를 들면, 내담자는 관계를 구축하기 위한 적절한 기술은 가지고 있었지만 그것을 유지하기 위한 방법에는 많은 문제가 있을 수 있다. 때로는 많은 관계에서 실패했음에도 불구하고, 어떤 관계는 수년간 지속되어 왔을 수도 있었을 것이다. 이 경우 그 관계에서 확인된 대인관계 행동을 모방하여 차후에 관계를 맺는 데 활용할 수 있을 것이다. 내담자가 관계의 부정적인 측면을 하나하나 나열하는 경우도 매우 흔하다. 치료자는 과거의 중요한 관계에서 발생하였던 특별한 문제에 초점을 맞추어야 하는데, 왜냐하면 이러한 정보는 현재 대인관계 기술에서 결함을 초래한 것이 무엇이었나를 내담자가 분명히 아는 데 도움을 주기 때문이다.

전략 2d: 관계에서 반복적인 면이 있는지를 탐색하기

전략 2c에서 얻은 정보에 기초하여, 치료자는 반복적인 대인관계상의 문제를 명확히 확인할 수 있는 유리한 위치를 차지할 수 있다. 치료자는 이를 통하여 내담자가 대인관계를 시작하고 유지하는 데 어떤 문제가 있는지 식별해 낼 수 있다. 다음과 같은 여러 문제가 있을 수 있다. 의견 차이를 적절히 조율하는 것이 힘들 수 있고, 사실 아무런 증거가 없는데도 불구하고 다른 사람의 의도를 부정적인 것으로 해석하는 경향이 있을 수도 있다. 다른 사람들이 자신을 좋아하지 않으며, 스스로 재미없고, 매력 없는 사람이라고 확신하여 대인관계를 회피할 수도 있다. 다른 사람에게 관심을 보이고, 다른 사람의 입장을 이해하고 혹은 반대로 자신의 기본적인 관심이나 흥미를 좀 더 확실하게 나타내는 능력이 결여되어 있는 등 기본적인 사회적 기술이 결여되어 있을 수도 있다.

전략 2e: 치료자에 대한 환자의 긍정적인 감정과 부정적인 감정을 다루어 보고 이것이 다른 사람과의 관계에서 나타나는지를 검토하기

앞서 언급한 바와 같이, 치료자와의 관계는 어떤 다른 문제 영역보다 더욱 중요하다. IPT에서는 내담자가 치료자에게 보이는 전이 행동을 해석하지 않는다. 하지만 이 문제 영역에서 치료자-내담자 관계를 분명히 하고 그 관계에서 일어나는 문제를 해결하는 것이 대인관계 기술을 개발하는 데 도움이 되며, 내담자는 이러한 기술을 일상생활에서도 사용할 수 있게 될 것이다. 대인관계의 문제 혹은 과거 관계에서 도출된 문제들이 치료자와의 관계에서도 되풀이된다. 치료자와의 관계와 다른 사람들과의 관계에서 공통점을 끌어냄으로써, 내담자는 대인관계 문제와 관련된 이슈들을 좀 더 유념할 수 있으며, 치료자와 함께 이러한 문제를 개선시킬 수 있는 기술들을 개발해 갈 수 있을 것이다. 치료자는 대인관계 행동에 대하여 내담자에게 직접적으로 지적해 줄 수 있다(즉, “당신은 말을 할 때 눈을 마주보지 않네요.” “당신은 스스로를 지루하다고 믿고 있지만, 제가 볼 때는 말할 때 생기가 있고, 재미있게 이야기하네요.” “스스로는 잘 모르겠지만, 당신 목소리는 때로 매우 화가 나 있는 것 같아요.”).

대인관계가 거의 없는 사람과 치료적 관계를 형성하는 것은 다른 문제가 있는 사람들과 치료적 관계를 형성하는 것보다 더욱 힘들지만, 일단 관계가 형성되면, 오래전부터 지속되어 온 사회적 결핍을 개선하는 데 상당한 도움을 줄 수 있다. 대인관계 결핍이 있는 사람들은 사람들과의 관계가 차단되어 있거나 혹은 회피하는 성향이 있기 때문에, 치료자는 내담자로 하여금 대인관계 문제를 어떻게 다루어야 할지 정직한 피드백을 주고 또 용기를 북돋아 주는 평생에 걸쳐 몇 안 되는 사람 중 하나일 것이다. 특정 문제를 분명히 해 주고 그들이 사용할 대인관계 전략을 분명히 해 줌으로써, 자기비난을 감소시키고, 희망을 갖게 하고, 우울감을 감소시킨다. 앞서 언급한 바와 같이, 애초에 정한 치료 회기가 종료된 이후에도 심리치료를 계속한다면 보다 많은 기술을 습득하고 더 큰 용기를 얻을 수 있지만, 치료의 계속 여부는 치료 말기까지는 사전에 결정되어서는 안 된다. 단기 치료의 시간적 압박이 내담자로 하여금 변화에 대한 강력한 동기를 줄 수 있기 때문이다.

레이첼 그린버그의 사례 계속

이 책 5장에서 초기 면접 회기를 다루었던 사례다. 요점을 다시 정리하면, 그린버그는 62세의 미혼 여성으로, 척추측만증을 앓고 있고, 어머니가 사망한 이후 우울 증상이 처음 발병하였다. 중증 주요우울장애, 단일 삽화의 진단을 받았으며, 해밀턴 우울증 척도(HRSD)에서 27점이 나왔다. 어머니의 사망 후 애도 감정을 경험하였지만, 그녀의 주 관심사는 자신의 사회적 고립이었다. 노년기에 접어든다는 현실을 고려해 볼 때, 인간관계가 더욱 중요하다고 생각하기 때문이다.

4회기 회기가 시작되자, 치료자는 그린버그의 기분에 대하여 질문하였다. 그녀는 더 우울해졌으며, 이유는 모르겠다고 대답하였다. 세부적인 사항에 들어가서, 치료자는 지난주에 어떤 일이 있었는지를 물었다. 그녀는 별로 한 일이 없다고 대답하였다. 그러자 치료자는 지난주 매일 무엇을 하였는지를 질문하였다. 약간의 쇼핑을 하였고, 오빠를 잠시 방문했었지만, 그 외에는 한 일이 없었다. 치료자는 우울증 때문에 사회적 기능을 하기가 더 힘들어지지만, 사회 활동이나 다른 사람들과의 접촉이 적어지면 더욱 우울해진다는 점을 지적하였다. 그린버그는 직장을 가질 것을 생각하고 있으며, 신문의 구직난을 살펴보았다고 대답하였다. 그녀는 젊은 시절 정부 기관에서 사무직으로 일해 왔지만, 그녀의 어머니가 병들면서 조기 퇴직을 하였다. 연금이 많지 않아서, 그녀는 돈이 필요했다. 치료자는 취직을 하면 다른 사람들과 접촉을 하게 되고, 따라서 사회적 고립도 감소하게 될 것이라고 하였다. 그린버그도 이 점을 알고 있었지만, 그녀는 예전 직장의 사람들과의 경험에서 볼 때, 사람들에게 실망하였다고 말했다. 이 시점에서 치료자는 직장에서의 사회적 관계에 대한 개인사를 검토해 보는 것이 유용하다고 생각하였다. 먼저 그린버그는 다른 사람들에 대하여 실망한 것을 애매하고 총체적으로 언급하였고, 다른 사람들은 그녀를 좋아하지 않으며 진지하게 대해 주지 않는다는 그녀의 믿음에 대해 언급하였다. 치료자는 그녀가 불만을 가지고 있는 특정 관계에 초점을 맞추려고 노력하였다. "내가 처음 기관에서 일할 때, 나는 조안이라는 슈퍼바이저를 정말 좋아했어요. 그녀는 항상 나를 돌봐 주었으며, 내가 일을 잘한다고 말했어요. 그런데 얼마 지나지 않아 그녀가 나를 피하기 시작했어요." 왜 그런 것 같았냐고 물었더니 그린버그는 자기도 정확히 모른다고 하면서 아마도 그녀의 외모 때문인 것 같다고 하였다. 그녀에게 외모의 어떤 부분이 슈퍼바이저 마음에 들지 않은 것 같냐고 물었더니 그녀는 불쾌하다는 듯이 말했다. "왜요, 내 등 때문이죠, 당연히!" 치료자는 그린버그가 구체적으로 신체 어느 부분을 말하는 것인지 잘 모르겠다고 말했다. 이것이 치료자가 그녀에게 직접 질문한 이유다. "당신은 예전에 척추측만증 때문에 생활 전반에 걸쳐 불편을 겪고 있다고 이야기하였습니다. 그 점에 대하여 이야기하는 것이 도움이 될 것 같습니다." "그러는 게 무슨 소용이 있나요?" "당신은 척추측만증 때문에 사람들이 당신을 싫어한다고 느끼는 것 같아요. 다른 사람들과 관계를 맺고 싶어 하지만 척추측만증이 문제라면 그 문제를 다뤄 볼 필요가 있을 것 같습니다." 그린버그는 "아마도." 하고는 주제를 바꾸었다. 그녀는 올케에 대한 불평을 하면서 회기를 마쳤는데, 올케가 자신에게 "안됐다."고 한 번 말했던 사실을 다시 언급하였다. 전에 그녀 오빠 집을 방문했을 때, 그녀가 부엌을 수리하고 싶다는 말을 했는데 이에 대해 올케가 비판하는 말을 한 적이 있었다. 당시 그린버그는 "무슨 상관이래?"라고 말했지만, 그 후 그녀가 정말 부엌을 수리하기 원하는지 곰곰이 생각해 보게 되었다.

5회기 그린버그는 다음 회기에서 올케를 비난하는 말들로 대화를 시작하였다. 올케는 그녀가 부엌을 개조하는 것이 돈을 낭비하는 바보 같은 짓이라고 말했다. 그린버그는 그 일 이후에 기분이 더욱 나빠졌다. 치료자는 그 일에 대하여 언급하였다. 치료자는 그린버그의 과거 업무관계에 관하여도 계속 다루어 나갔다. 전체적으로 볼 때, 그녀는 능력이 있었고 성실하게 일을 하였다. 처음에 그녀는 동료들과 좋은 관계를 맺어 나갔지만, 어떤 순간부터 이유는 잘 모르겠지만 관계가 소원해졌다. 그러면 그녀는 상처받고 화를 내게 되며, 관계가 더욱 소원해졌다. 치료자는 슈퍼바이저인 조안이 그랬던 것처럼 다른 동료들도 그녀의 외모 때문에 그녀를 싫어했다고 느끼는지 질문하였다. "아마도요." "그린버그 씨, 내가 궁금한 것은 그들이 당신 외모 때문에 당신을 싫어했다면, 처음에는 왜 친절하게 대했을까요?" "그들은 아마도 나를 불쌍히 여긴 것 같아요. 그러다가 나에게 지친 것이겠지요. 제가 꽤 재미없는 사람이거든요. 때로 가족 모임에 가도 사람들과 잠시 이야기를 나눈 후 또 다른 사람에게 옮겨가는 식으로 왔다 갔다 하거든요." "왜 그렇게 되나요?" 치료자가 물었다. "내가 지루한 사람이기 때문이죠, 말했잖아요!" 그린버그가 불만스럽게 대답하였다. "나도 다른 사람들이 당신이 말하는 것에 흥미가 없을 수 있다는 것은 충분히 이해할 수 있어요. 하지만 사람들이 대화에 흥미가 없어지는 경우에는 여러 가지 이유가 있어요. 당신은 항상 당신 때문이라고 생각하고 있다는 점이 특징적이네요. 그 점에 대하여 나는 전적으로 확신할 수는 없어요. 우리가 함께 작업을 해 나가면서, 당신과 다른 사람들과의 상호작용에 대하여 좀 더 이야기를 하는 것이 도움이 될 거라고 생각합니다."

6회기 그린버그는 우울감이 조금 호전되었다고 이야기하였다. 지난주에 어떤 일이 있었는지 질문하니까, 그녀는 신문에 있는 광고를 보고 연락을 하였고, 면접을 보게 되었다고 하였다. 그녀는 면접을 보러 가게 되어서 다소 예민해졌다고 이야기하였다. 치료자가 면접 상황과 관련하여 역할 연기를 할 수 있다고 이야기하자, 그녀가 큰 관심을 나타내었다. 그녀는 본인이 긴장할까 봐, 혹은 재미없어 보일까 봐, 혹은 외모에 자신이 없어서 두려워하고 있었다. 치료자는 그녀가 직장에 대하여 알고 있는 것이 무엇인지, 그리고 근무 시간, 업무, 월급 등 알고 싶은 것이 무엇인지를 검토하였다. 치료자는 내담자와 함께 면접에 대한 역할 연기를 하였고 내담자가 한 말에 대하여 평가를 해 주었으며, 어떻게 질문할지에 대하여 제안을 해 주었다. 전반적으로 그녀는 역할 연기를 매우 잘하였다. 치료자는 직업을 구하게 될 것 같다는 희망 때문에 내담자의 우울 증상이 경감된 것 같다고 지적하였다. 그녀도 이 점을 알고 있었으나 취직하지 못할 것에 대하여 두려움도 가지고 있음을 표현하였다.

7회기 그린버그는 자신이 파트타임 일을 하게 되었다고 말했다. 그녀는 지금 매우 기쁘지만 일을 잘 해낼 수 있을지 걱정이라고 이야기하였다. 일을 시작할 때 느끼는 불안감에 대하여 다룬 후 그녀가 말하기를, "선생님의 일도 힘든 일 같습니다. 모든 사람의 문제를 들어야만 하잖아요. 내 생각에 선생님도 가끔은 일하기 싫어질 것 같아요." 치료자는 내담자에게 치료자에 대하여 어떻게 생각하고 있는지 좀 더 자세히 이야기하도록 하였다. 처음에는 주저하였으나, 사람들의 이야기를 듣는 것이 얼마나 지루할까라고 생각하였다고 이야기하였다. "제가 당신 때문에 지루했다고 생각하세요?" 치료자가 물었다. "그렇지 않았나요?" 그린버그는 지난 회기 때 치료자가 하품을 하였는데, 그것은 그가 내담자 때문에 지루했기 때문이라고 확신하게 되었다. 이 시점에서 치료자는 그린버그에게 직접 피드백을 주기로 결정하였다. "그린버그 씨, 나는 사실 당신을 지루하다고 느끼지 않습니다. 지난주에 내가 하품을 한 것은 그때가 늦은 오후였고, 때때로 다소 졸립기도 한 시간이었습니다. 당신이 자신에 대하여 어떻게 생각하는지는 모르겠지만, 나는 회기 중 당신과 관련된 이슈들을 다루고 있었고, 사실 당신이 직장을 구하려 한다는 사실이 매우 인상적이었습니다. 나는 당신이 적절한 방향으로 가고 있다고 생각했습니다." 그녀는 치료자가 '매우 좋다'고 말하고 있지만, 그것은 치료자가 그녀를 '불쌍히 여겨서' 그렇게 말하는 것이라고 하였다. "나는 당신을 불쌍히 여기지 않습니다. 나는 당신을 걱정하고 있고, 당신이 덜 우울해져서 다른 사람들과 좀 더 좋은 관계를 맺기 원합니다. 하지만 당신을 불쌍히 여기고 있지는 않습니다."

8회기 치료 중기 단계에서, 치료자는 HRSD를 다시 실시하였고, 점수는 17(중등도의 우울)이었다—이는 치료 초기에 비하여 10점 감소된 수치다. 그녀의 기능뿐 아니라 수면과 식욕이 모두 개선되었다. 치료자는 증상이 좋아졌음을 이야기하였으며, 아마도 이는 그녀가 일을 하려고 노력했었던 것과 관련이 있을 수 있음을 이야기하였다. 또한 치료에서 다루고자 하는 이슈가 무엇인지를 분명히 하였고, 항우울제의 효과에 대해서도 설명하였다. 치료자는 그린버그와 지난주에 일어났던 일들을 살펴보았다. 그녀가 제대로 해낼 수 있는지 불안해하기는 하였으나, 실제로는 대체로 잘해 나가고 있는 것 같았다. 같이 일하는 사람들은 '괜찮은 것처럼' 보이기는 하였지만, 점심식사 때 함께 식사하자고 청하지 않는 것을 섭섭해 하고 있었다. 그린버그는 자신이 먼저 용기를 내서 밖에서 점심을 같이 먹자고 청할 수도 있겠지만 퇴짜 맞을 것을 두려워하고 있었다. 치료자는 그린버그에게 과거 다른 사람들과의 관계에 대하여 이야기하도록 격려하였다. 그녀는 어린 시절 즐거운 기억들이 있으며 다른 아이들과도 잘 지냈다고 이야기하였다. 그녀는 7학년까지 사립학교에 다녔다. 그러다 그녀의 부모가 경제적인 어려움을 겪게 되서 공립학교로 전학을 하였다. "그 시점에서 내 인생 전체가 바뀌었어요. 전학 간 학교에서 첫날부터 친구들이 나를 놀리기 시작하였어요. 내 등 뒤에서 내 이름을 부르며 놀려 댔어요. 나도 대항해서 싸우려고 했지만 상황만 더 나빠졌지요." 고등학교 시절 그녀에게는 가까운 친구가 없었으며, 학과 외 활동에도 거의 참석하지 않았고 대부분의 여가 시간을 가족과 함께 보냈다. 치료자는 그 기간 그녀가 얼마나 힘들었을지 공감하였으며, 정신건강 전문가들과 학교 관계자들이 왕따 문제의 심각성을 점차 이해해 가고 있다고 말해 주었다. 그린버그는 자신도 고등학교에서 왕따를 당한 학생이 급우들을 총으로 쏜 뉴스를 접했다고 이야기하였다. "나는 절대로 그런 일을 하지는 않겠지만 그들이 왜 그랬는지는 이해할 수 있어요." 치료자는 그린버그가 청소년기에 받은 처우에 대하여 느끼는 분노 감정을 명료화할 수 있도록 도왔고, 이해해 주었다.

9회기 그린버그는 그녀의 두려움에도 불구하고 점점 좋아지고 있다고 이야기하고 있었으며 일도 잘해 나가고 있는 것 같다고 이야기하였다. 동료들이 권해서 같이 밖에서 점심을 먹은 적도 있었다. 치료자는 그녀의 사회적 관계에 대하여 계속 이야기하도록 격려하였다. 성인 초기에 그녀는 주로 부모 및 친척들과만 사회적 관계를 맺고 있었다. "나는 나보다 나이 많은 사람들을 좋아했어요. 그들은 대부분 이해심이 많기 때문이죠." 그녀는 직장에서 한두 사람과 관계를 맺기도 하였으며, 그러한 관계는 수년 동안 지속되었다. 이러한 좋은 관계는 어떤 문제가 발생하여 끝나게 되었다. 그 문제에 대하여 말하는 대신, 그린버그는 움츠러드는 듯하였다. "어쨌든 그들은 더 이상 나를 좋아하지 않는 것 같았어요." 치료자는 이러한 말에 대해서는 반박하였다. "그들이 애초에 당신을 싫어했다면 왜 그렇게 오랜 기간 동안 친구가 되었겠습니까?" 그린버그 역시 자신의 말이 설득력이 없음을 인정하였으며, 치료자에게 그러면 그녀의 사회적 문제를 어떻게 설명할 수 있는지 되물었다. "내 생각으로는……." 치료자는 대답하였다. "당신 말에 의하면 당신은 다른 학교로 전학하기 전에는 친구들과의 관계가 좋았던 것 같습니다. 새로운 학교로 전학을 가고, 또 당신의 척추측만증 때문에 당신은 희생양이 된 것 같고, 우리가 아는 한 그 외의 문제는 없습니다. 당신은 가족으로만 관계를 제한한 것 같고, 스스로 그 또래 대부분의 젊은 사람들이 하는 것처럼 또래들과 관계를 맺는 기술을 개발할 기회를 차단한 것 같습니다. 고등학교 시절에는 내내 스스로 매력적이지 않고 재미없는 사람이라고 확신하고 있었던 것 같습니다. 성인이 되어서도 당신은 다른 사람들이 고등학교 때처럼 똑같이 대할 것이라고 확신한 것 같고요. 그래서 집밖에서 다른 사람들과 관계 맺기를 피한 것 같습니다. 학창 시절의 경험에 기초하여, 당신은 시간이 문제이지 언젠가는 거부당할 것이라고 확신한 것 같습니다. 우리 사이에도 똑 같은 일이 나타나고 있습니다. 당신 때문에 내가 지루해하는 것 같다고 생각했던 것을 기억하세요?" 그린버그는 이러한 사례 구조화가 이해된다고 말했다. "하지만 이제 어떻게 해야 하나요?" "우리가 함께 노력해서 당신이 다른 사람들과 관계를 좀 더 잘 맺어 나갈 수 있는 방법을 배워야겠지요—당신 자신의 불안감을 포함해서요—그래서 다른 사람들과 좀 더 잘 관계를 맺도록 해야겠지요. 당신이 이미 이루어 놓은 것을 보세요—당신은 직장을 얻었고, 대부분의 시간을 사람들과 지내고 있어요. 그리고 기분이 점점 좋아지고 있습니다."

10회기 그린버그는 직장 동료가 권해서 같이 점심식사를 하였다고 했다. "하지만 모든 게 잘 돌아가는 것은 아니에요. 내 생각에 동료들이 나를 지루해하는 것 같아요." 점심 약속시간을 좀 더 구체적으로 들여다보니, 그린버그는 이전 점심시간에 비하여 훨씬 말을 적게 하였고, 훨씬 수동적이었다. 그녀는 무슨 말을 해야 할지 몰랐으며, 그녀가 무슨 말을 하든 동료가 재미없어 할 것 같았다고 하였다. 치료자는 대인관계에서 그녀가 스스로에게 항상 가정하는 것이 무엇인가를 기술하였으며, 이것이 불안감과 어떻게 연결되어 있고, 다시 다른 사람과의 관계에서 그녀를 '자연스럽지 못하게' 만들고 있음을 설명하였다. 치료자와 내담자는 '대화를 이어 나갈 수 있는' 주제들을 검토하였다. 즉, 정치, 현재 사건들, 텔레비전에서 본 내용들, 직장에서의 사건들, 그녀가 읽은 책들이다.

11회기 그린버그는 지난주 동료와 함께 점심을 먹었고, 매사가 순조로웠으며, 편안하게 느꼈는데도 불구하고 다소 우울해졌다고 하였다. "나는 올케가 싫어요." 올케가 그녀를 무시하는 사건이 또 하나 발생하였다. "나는 계획대로 부엌을 리모델링 했어요. 그녀가 와서 보고는 맘에 안 든다고 말했어요." 그린버그의 말에 의하면 올케는 정말 상대하기 힘든 사람인 것 같았다. 치료자는 어떻게 하면 내담자가 좀 더 자기주장을 할 수 있는지를 탐색하였다. 그녀는 올케가 집에 오는 것을 원치 않았으나 어떻게 말해야 할지 알지 못하고 있었다. 이 말을 공손하지만 확고하게 할 수 있는 방법을 찾아보았고 그린버그는 도움이 될 것 같다고 이야기하였다. 그녀는 자신이 오빠 집을 방문할 때마다 올케가 비난을 하곤 한다고 하였다. 그녀는 오빠를 정말 사랑하지만, 올케가 둘 사이에 방해가 된다고 하였다. 치료자는 그녀가 오빠와 단둘이 시간을 보낼 수 있는 방법을 생각해 보라고 하였다. 결국 그녀는 한 달에 한 번 오빠와 저녁식사를 같이 하자고 권하기로 결정하였다. 그린버그는 직장에서뿐 아니라 다른 곳에서도 사람을 만나기 원한다고 하였다. 그럴 수 있는 다른 방법들을 찾아보았다. 그녀는 다른 사람과 어떻게 대화를 시작해야 하는지 알지 못하고, '얼어 버리게 될까 봐' 혹은 '지루하게 보일까 봐' 걱정하고 있었다. 사회적 관계를 증가시킬 수 있는 한 가지 방법은 참여자들 사이에 가지고 있는 공통분모를 찾는 것이다. 그린버그는 사회적 관계를 맺을 수 있는 가능한 방법을 생각해 보겠다고 하였다.

12회기 그린버그는 심리치료가 단지 16주뿐이라는 사실이 떠올랐다는 말을 하면서 회기를 시작하였다. 그녀는 치료가 끝날 때 어떨지에 대한 우려를 나타내었다. "당신 없이 어떻게 할까요?"라고 말하면서, 그동안 치료자의 충고에 많이 의지해 왔으며 혼자서 문제를 어떻게 다뤄 나가야 할지 걱정이라고 하였다. 치료자는 치료의 마지막 석 주 동안은 바로 그 문제를 다루게 될 것이라고 말해 주었다. 치료자는 그녀가 치료 과정 내내 잘해 왔음을 주지시켰다. 그녀의 우울 증상은 계속 감소하고 있으며 그녀는 사회적 고립을 감소시키려는 구체적인 노력들을 해 왔다. 그럼에도 불구하고, 그린버그의 우려를 충분히 이해하는데, 다른 내담자들도 치료가 끝날 때 많은 걱정을 한다고 말했다. 그녀가 그동안 어떤 진전을 보여 왔는지를 치료 후반부에 평가할 것이며, 그 시점에서 추가적인 도움이 필요한지 혹은 그녀가 원하는지를 탐색해 볼 기회가 있을 것이다. 그녀는 이 문제에 대하여 생각하면서 지난 한 주간 다소 우울해진 느낌이었다고 말했다. 일은 대체로 잘하고 있으나, 그녀의 사장이 그녀의 작업 수준이 수준 이하라고 '넌지시 알려 주는' 것처럼 생각되었다. "내 생각에 사장님은 나에 대하여 불만이 있는데 직접 말하지는 않는 것 같았어요." 그린버그는 전화 주문을 정확히 기록해 놓는 일에 어려움을 갖고 있었다. 백내장 때문에 그녀의 시력은 점점 나빠지고 있었으며, 이것 때문에 일하는 데도 문제를 야기한다고 생각하고 있었다. 이 점을 다룬 후에, 치료자는 그린버그에게 만약 자신의 슈퍼바이저에게 그녀가 하는 일에 대하여 직접 피드백을 받아 보면 어떨지를 질문하였다. 그들은 이 대화에 대하여 역할 연기를 수행하였다. 회기를 끝내면서 그린버그는 자신의 오빠에게 저녁을 같이 먹자고 청하였으며 오빠도 이를 수락하였다고 대답하였다.

13회기 그린버그는 자신의 사장과 자신의 업무에 대하여 대화를 나누었다고 하였다. 사실 그녀의 사장은 전화 메시지를 정확히 그리고 읽을 수 있게 기록하지 않는 것에 대하여 우려를 하고 있었다. 그린버그는 자신의 시력이 나빠지는 문제가 있음을 설명하였고, 슈퍼바이저는 백내장 수술이 필요할 경우 시간을 빼 줄 수 있다고 약속하였다. 이러한 대화의 결과 그녀는 안심하기는 하였으나, 한편으로는 다른 사람들이 자신에 대한 부정적인 생각들을 숨기고 있다는 그녀의 의심이 견고해졌다. "그리고 갑자기 모든 것이 끝나버리지요." 치료자는 사람들이 때로는 자신의 생각을 솔직히 표현하기를 주저하기도 한다고 말했다. 그러나 그린버그는 대부분의 사람들이 그녀를 불쌍히 여긴다고 믿는—그것을 뒷받침하는 정보가 별로 없음에도 불구하고—경향이 강했다. 이번 경우에 그녀는 사장이 자신에 대하여 가지고 있는 우려를 정확히 지각하였다. 그 우려는 그녀가 자신에 대하여 가지고 있는 우려이기도 했다. 슈퍼바이저를 피하거나 이 주제에 대하여 점점 더 불안해하는 대신 그녀는 직접 슈퍼바이저의 의견을 물었고, 그것은 매우 생산적인 대화가 되었다. 그녀는 그 전 주에는 오빠와 비교적 즐거운 식사를 하였다. "그러나 그가 폭탄선언을 했어요. 그는 은퇴를 생각하고 있고, 은퇴할 경우 다른 주에 있는 여름 집으로 옮겨갈 예정이래요. 그는 저도 자기네 부부와 함께 가도 좋다고 말했지만, 나는 올케를 참을 수 없을 거예요." 오빠가 이사 가는 것은 아직도 몇 년 후의 일이지만, '내가 늙으면 누가 나를 보살펴 주지' 하는 그녀의 불안감을 증가시켰다. 치료자는 그녀의 오빠가 은퇴하는 것은 미래의 일이지만, 그녀에게는 지금의 걱정거리임을 상기시켰다. 오빠가 이사하면 여러 가지 대안들을 고려해 볼 수 있다. 현재 사는 곳에 남아서 가끔 오빠를 방문할 수도 있고, 그녀가 더 늙으면 도움을 주는 주거 형태로 옮겨갈 수도 있으며, 그의 집 근처에 독립적인 거처를 마련할 수도 있다.

치료 종결

14회기 그린버그는 사람들을 만날 수 있는 좋은 방법들을 생각해 냈다고 말했다. 그녀는 지역 도서관에서 한 달에 한 번씩 북 클럽이 열린다는 것을 알았다. 그녀는 책 읽는 것을 좋아하므로, 북 클럽이 다른 사람들을 만나는 매우 좋은 방법이 될 수 있을 것이라 생각하였다. 치료자는 비슷한 관심을 가지고 있는 사람들—매달 한 권의 책을 읽게 되어 있음—과 사회적 관계를 맺을 수 있는 수단을 발견한 것에 대하여 축하하였다. 그녀는 다른 구성원들이 자신이 하는 말에 대해 재미없어 할 것을 우려하였다. 치료자는 이것이 그녀의 지속적인 걱정거리임을 지적하였다. 사실 치료 과정 중 그녀는 자신이 읽었던 책들에 대해 이야기한 적이 몇 차례 있었고, 치료자는 그녀가 꽤 치밀한 코멘트를 하고 있다고 생각하였다. 종결에 대한 주제로 옮겨가면서, 치료자는 두 회기가 남았음을 언급하였다. 치료자는 그린버그가 치료 종결에 대해 많은 생각과 감정이 있음을 알고 있다고 말했다. "왜 단지 16주뿐인가요?" 그녀가 물었다. "모든 환자에게 16주의 제한을 두나요?" 치료자는 치료의 종류에 따라, 그리고 환자가 경험하는 어려움의 정도에 따라 치료 기간이 달라진다고 대답하였다. 그린버그가 간접적으로 제기한 주제에 자극을 받아서, 치료자는 다음과 같이 물었다. "당신은 이 치료가 16주인 것에 다른 이유가 있다고 생각했습니까?" 그녀는 잠시 쉬었다가 말했다. "저, 저는 제가 너무 지루해서 당신이 치료를 서둘러 끝내려고 하는 것이 아닌가 하고 생각했습니다. 나도 내가 항상 그런 식으로 생각하지만 그것이 사실이 아닐 수 있다는 것을 알고 있어요. 그러나 그런 생각이 드네요." 치료자는 그녀가 대인관계에서 항상 이 점을 염두에 두고 있었기 때문에, 치료자 입장에서는 그녀가 이러한 생각을 하는 것이 놀라운 일은 아니라고 말했다. 치료자는 16회기는 치료 초기부터 정해져 있는 기간이었고, 연구 결과에 기초하여 볼 때 대부분의 사람들이 우울 증상을 감소시키고 또 생활에서의 문제를 다뤄 나가는 능력을 향상시키는 데 16주가 적절하다고 보았기 때문이라고 설명하였다. 그녀는 종결에 대하여 우려를 나타내었고, 어떻게 스스로 문제에 대처해 나갈 수 있을지를 걱정하였다. 우울 증상의 호전, 직장의 획득, 같이 일하는 사람들과의 관계가 점차 늘어 가는 것, 도서관에서 북 클럽에 참가하는 것 등이 성취해 온 일이라고 치료자는 지적하였다. 그녀 역시 이러한 성취를 하였음을 인정하였으나 치료 종결에 대한 우려를 되풀이하였다. 치료자는 지난주 그린버그가 느끼는 우울 증상이 치료 종결에 대한 우려 때문에 증가하였는지 질문하며 회기를 끝냈다.

15회기 치료자가 증상에 대하여 질문하자, 그린버그는 다시 우울해진 것이 아닌지 걱정하고 있으며, '혼란' 스럽고 다소 예민해진 것 같다고 말했다. 증상들을 점검한 결과, 그녀는 우울 증상이 심해지지 않았고 실제로는 치료 초기에 비하여 상대적으로 감소하였다. "그린버그 씨, 우울 증상이 악화된 것이 아닌가 걱정하는 것은 실제로는 치료 종결에 대한 우려 때문으로 이해됩니다. 이런 일은 흔합니다. 나는 당신이 잘해 나가고, 계속 좋아질 것이라고 기대합니다." "나도 좋아지고 있다는 것을 알아요." 그녀가 대답하였다. "그러나 단지……. 저는 어릴 적에 엄마를 잃었고, 지금은 또 당신을 잃는 것 같습니다." 치료자는 그린버그가 치료자와 자신과의 관계를 엄마와 자신과의 관계와 대응되는 것으로 본 것에 놀라지 않았다. 그녀가 종결 후에도 치료를 더 받는다면 도움을 받을 수 있을지 모른다. 하지만 치료자는 그녀가 치료적 관계에 그런 식으로 지나치게 의존하게 되면, 다른 사람들과 관계를 맺으려는 동기가 감소될 수 있다고 생각하였다. 치료자는 그에게 애착되어 있는 그녀의 감정을 알고 있었지만, 치료적 관계는 우정과는 다르다는 것에 주목하였다. 그린버그도 그 점을 이해하고 있었으나, 자신의 증상이 호전되었음에도 불구하고, 치료자에게 추가적으로 도움을 받기 원하였다. 치료자는 마지막 회기에 이 점에 대해 다루기로 하였다. 회기가 끝날 때, 그녀는 북 클럽에 갔었는데, 그녀는 거의 말을 하지 않았지만 모임에서 다른 사람들이 '잘 대해 주는' 것 같다고 말했다.

16회기 치료자는 HRSD를 실시하였는데 7점이 나왔다. 이는 우울한 상태가 아니라는 의미다. 그린버그는 사실 우울증에서 많이 회복된 것 같고, 치료를 통하여 향상된 것 같다고 말했다. 치료자는 우울 증상이 유의미하게 감소되었으며, 현재는 주요우울장애 진단에 속하지 않는다고 말했다. 치료자는 치료 경과에서 핵심적인 면들을 다시 검토해 주었다. 그녀의 경우 사회적 고립을 느끼면서 주요우울장애가 발병하였다. 치료 목표는 우울 증상의 감소와 사회적 기능의 향상이었다. 그녀는 이 문제를 개선하기 위하여 치료 과정에서 적극적인 노력을 하였다(처방받은 항우울제를 복용하는 것을 포함하여). 그리고 우울 증상이 유의미하게 개선되었다. "당신이 나를 많이 도와주었습니다." "당신은 당신 스스로를 많이 도왔습니다." 치료자가 대답하였다. "이제 어떻게 할까요?" 그린버그에게 물었다. "나는 당신을 계속 만나고 싶습니다." 그녀가 대답하였다. 치료자는 다시 치료적 관계가 다른 관계의 대체물 역할을 할 수 있음을 우려하고 있다는 점을 되풀이하였고, 만약 치료가 계속된다면 그녀의 사회적 기능을 향상시키기 위한 확실한 목표가 있어야만 함을 상기시켰다. 우울 증상이 호전된 현재의 상태를 유지시킨다는 합리적인 목표와 사회적 관계를 좀 더 확대시킨다는 추가 목표를 그린버그와 합의하였다.

단기 치료 이후의 경과

그린버그와 치료자는 다음 16주간 매주 만나면서 단기 치료에서 새롭게 획득한 기능들을 더욱 확대해 나갔다. 직장 동료들과의 관계를 더욱 발전시키는 것을 분명한 목표로 삼고, 의사소통을 분석하는 IPT 기법과 역할수행 기법을 자주 사용하였다. 북 클럽 모임에 가기 전에는 책에 대하여 어떤 말을 하고 싶은지를 사전에 검토하였으며 모임 후에 북 클럽의 다른 회원들과 관계를 맺기 위한 전략들을 검토하였다. 그녀는 여행사를 통해서 노인들을 대상으로 하는 사흘간의 워싱턴 여행을 신청하였다. 치료자와 내담자는 여행에서 만나게 될 사람들과 겪게 될 사회적 상황들을 세부적으로 검토하였으며, 수많은 시나리오를 가지고 역할 연기를 하였다. 여행 중 그녀는 어느 여자 노인과 친분 관계를 형성하게 되는데, 이후 그 노인과 함께 또 다른 여행을 다니게 되었다. 두 번째 16회기가 끝난 후, 그린버그는 매주 만나는 노인들을 위한 집단심리치료에 참여하기를 동의하였고, 개인 회기는 월 1회 하기로 하였다. 6개월이 지난 후, 개인 IPT는 종결하였지만, 집단심리치료는 계속하였다.

사례 해설

대인관계 결함에 대한 IPT 치료 목적에 맞게, 그린버그는 직장을 구하고, 북 클럽에 합류하는 등의 행동을 통하여 사회적 고립을 줄여 나갔다. 단기 치료 후에, 같이 일하는 동료와 관계를 형성하기 시작하였다. IPT 전략에 따라 그녀의 우울 증상을 계속 점검하였으며, 우울과 사회적 고립은 관련이 있음이 분명했다. 과거 관계의 긍정적인 면과 부정적인 면을 검토해 보면, 그녀의 대인관계에서 반복적으로 나타나는 양상을 찾아내고 이해하는 것은 매우 의미 있는 일이다. 그녀는 사람들이 자신에 대해 부정적으로(즉, 재미없고 매력 없는 사람으로) 생각한다고 믿고 있었고, 다른 사람들이 그녀에게 다가오면 그것은 자신을 동정하기 때문이라고 생각하였다. 일정 기간 관계가 지속되는 경우에도, 그녀는 상대방이 '마침내' 그녀의 부정적인 특성을 발견해 내거나, 그녀에게 '지쳐서' 관계가 끝장날 것으로 예상하고 있었다. 대인관계에서 어쩔 수 없는 문제가 발생하는 경우에도, 그녀는 문제의 원인이 자신에게 있다고 잘못 귀인시키거나, 문제를 해결할 수 있는 기술을 가지고 있지 못하였다. 대인관계에 대한 불안감이 그녀를 사회적으로 더욱 위축시켰고 주요우울장애의 발병은 사회적 관계를 시작하거나 유지하는 일을 더욱 힘들게 하였다. 예상했던 바이지만 이러한 문제들은 치료적 관계 내에서도 나타났으며 따라서 치료 회기 중 이러한 문제들이 다루어졌다.

그린버그는 치료자에게 애착 관계를 형성하였으며 치료가 계속되기를 희망하였다. 대인관계 결핍을 치료한 다른 IPT 치료자들의 경험(Weissman et al., 2000)에 기초하여 볼 때, 그리고 주요우울장애의 악화와 재발을 감소시키는 IPT 유지치료의 유용성과 관련된 자료에 근거하여, 치료를 계속하는 것이 임상적으로 유용하다고 판단되었다. 치료자가 직면하는 문제는 그린버그의 사회적 능력을 향상시키는 일과 이와 반대로 지지적인 치료자에게 의존하는 성향을 증가시킴으로써 결과적으로 내담자와 내담자의 어머니와의 관계를 되풀이하도록 조장하는 것 사이에서 어떻게 치료를 유지시켜 나갈 것인가 하는 것이었다. 치료자는 이 문제에 대하여 분명한 우려를 나타내고, 16회기의 두 번째 치료에서는 사회적 기술을 발달시키는 데 보다 명확히 초점을 맞추어 나갔다. 결국 개인치료에서 집단치료로 이행함으로써 그린버그가 자신의 대인관계 행동에 대하여 다른 집단 구성원들로부터 피드백을 받을 수 있는 기회를 지속적으로 제공할 수 있게 되었다. 또한 집단치료는 또래집단으로부터 지지를 받고 용기를 받을 수 있는 기회로도 활용될 수 있었다.

밥 홀든의 사례

홀든은 78세의 이혼한 배관공으로, 지난 2년간 요양원에서 거주하고 있었다. 평가 과정에서 홀든은 심각한 정신운동성 지체와 주요우울장애를 보였는데, HRSD 점수는 17점(중등도의 우울)이었다. 그는 과거에 치료받지 않은 우울 삽화가 한 번 있었는데, 그 상황을 자세히 기술하는 것을 힘들어하고 있었다. 우울증은 6개월 전에 발병하였으며, 그 당시 친구 찰리가 마지막으로 그를 방문하였고 이후 신체적으로 쇠약해진 찰리는 자식들과 함께 살기 위하여 이 지역을 떠났다. 홀든은 대장암을 앓았었기 때문에, 인공항문백을 사용하고 있었다. 또한 심장질환과 관절염이 있었다. 초기 회기에서 그는 인공항문백을 교체하는 데 어려움이 있으며, 간호를 제대로 받지 못하고 있다고 생각하고 있었다. 인공항문백을 교체해 주는 도우미가 늦게 오는 경우가 잦아서 그가 스스로 교체해야 할 때가 많다고 하였다. 간호 담당자와 이야기를 해 본 결과, 그들 역시 홀든이 우울하다고 생각하고 있었지만, 홀든은 항우울제 복용을 거부하였다고 하였다. "그는 정말 비협조적이에요." 담당 간호사는 신경질적으로 이야기하였다. 그러나 담당 간호사와 좀 더 이야기를 해 본 결과, 홀든의 비협조적인 태도는 최근 몇 달 사이에 나타났으며, 그전까지는 사회적으로 고립되어 있고, 눈에 잘 띄지 않는 사람이었다고 말했다. 사실 홀든이 거주 중인 요양원의 간호사들은 홀든을 요양원 자문 심리학자에게 의뢰하였는데, 그 당시 그는 인공항문백을 스스로 교체하겠다고 고집하였고, 그 과정에서 배설물을 바닥과 침대 시트에 흘리곤 하였다. 요양원 직원들이 그들이 교체해 줄 때까지 기다리도록 여러 차례 요구하였지만 그는 말을 듣지 않았다. 직원들이 그를 심리학자에게 의뢰한 진짜 목적은 '그러한 행동을 중지시켜 달라'는 것이었다.

대인관계 설문지를 실시한 결과, 그의 생애 전반에 걸쳐 대인관계가 상당히 결여되어 있음이 나타났다. 어린 시절, 그의 아버지는 어머니와 형제들 그리고 홀든까지 신체적으로 학대하였고 그로 인해 불행한 성장기를 보냈다. 그는 결혼 후 얼마 지나지 않아 이혼하였으며 자녀는 없었다. 다시 재혼하기를 원하였지만 성공하지 못하였다. 형제가 두 명 있지만 거의 연락이 없었다. 홀든을 돌보던 의사는 홀든이 더 이상 스스로를 돌볼 능력이 없음을 경고하였고, 조카가 마지못해 그가 요양원에 갈 수 있도록 도와주었다. 찰리는 홀든의 유일한 친구였는데, 두 사람은 직장동료였다. 그와 찰리는 가끔 경마장에 가서 내기 경마도 하였으며, 가끔은 동네 술집에서 함께 TV 스포츠 중계를 보기도 하였다.

치료 중기

4회기 치료 초기에서 다루었지만, 치료자는 자신이 이해하고 있는 홀든의 상태를 다시 정리하였다. 왜냐하면 치료 초기에 홀든은 자신이 우울하다는 사실을 마지못해 인정하고 있었기 때문이다. "우리가 이미 얘기했던 것처럼, 찰리가 떠난 후 당신의 주요우울장애가 발병하였습니다. 제 생각에 당신은 사람들과 관계를 맺는 데 항상 어려움이 있었던 것 같고, 찰리가 떠나자 무척 힘들어했던 것 같습니다. 또한 당신이 우울해짐으로써 찰리가 떠난 것을 더욱 감당하기 힘들어하였으며, 요양원 생활에 적응하기도 힘들어졌을 것 같습니다." 홀든은 치료자의 말에 고개를 끄덕이며 동의하기는 했지만 곧 이야기의 주제를 바꾸었다. "망할 놈의 간호 보조원, 내 인공항문백을 또 늦게 바꾸러 왔어요. 내가 스스로 교체했더니 지저분하게 만들어 놓았다고 내게 소리를 지르네요. 나는 그녀에게 내 방에서 꺼지라고 소리를 질렀지요." 치료자가 세부적인 사항을 검토해 본 결과, 인공항문백을 교체하는 것과 관련된 문제는 간호 보조원이 새로 바뀐 최근 몇 달간 생겨난 문제였다. 그는 새로 온 간호 보조원을 '게으른' 사람이라고 규정하고 있었는데, 사실 이전 간호 보조원 역시 항문백을 바꾸러 오는 데 가끔 늦곤 하였다. 치료자가 그들 사이의 관계에 대하여 자세히 탐색하던 중에, 홀든이 간호 보조원을 '그 사람들'이라고 지칭하는 것에 주목하였다. 치료자는 "'그 사람들'이라는 것은 누구를 지칭하는 것입니까?" 하고 물었다. "흑인이요."라고 그는 대답하였다. 그는 자신이 소수 인종에게 부정적인 견해를 가지고 있음을 알고 있었고, 보조원과 처음 다툼이 있었을 때 인종차별적인 비난을 했음을 인정하였다. "그 이후에 그녀가 고의적으로 늦는 것 같습니다." 홀든은 그렇게 말한 것을 후회하고 있었고 왜 그녀가 그를 싫어하는지 알고 있었지만, 그럼에도 불구하고 그녀가 제시간에 와야 한다고 생각하고 있었다. 치료자는 홀든으로 하여금 다음 주에는 보조원과의 문제를 좀 더 개선할 수 있는 방법을 생각해 보라고 격려하였다.

5회기 홀든은 지난주에는 기분이 조금 좋아진 것 같다고 말했다. 치료자의 말을 인용해서, '누군가에게 말을 걸 만큼 좋아진' 상태라고 이야기하였으며, 찰리의 방문을 진심으로 고대하고 있다고 하였다. 찰리는 지난주 전화를 했으며, 그로 인해 기분이 좋아졌다. 치료자는 간호 보조원과의 관계를 개선시킬 수 있는 방법을 생각해 보았는지를 물었다. "당신은 내가 그녀에게 사과하기를 원하는군요." "사과하고 싶으세요?" 치료자가 물었다. "아니요, 그녀가 내게 사과해야죠." 이 상황을 다룰 수 있는 여러 가지 대안들을 검토하였다. 최종적으로 홀든과 치료자, 그리고 간호 보조원이 다음 주에 같이 모임을 갖기로 결정하였다. 치료자와 내담자는 간호 보조원에게 말하고 싶은 것이 무엇이고, 또 대화를 통해 얻고 싶은 것이 무엇인지를 논의하였다. "그녀가 제시간에 오는 것이요." "좋습니다. 그러면 어떻게 그 일을 달성하죠?" 그는 보조원에게 화를 내지 않고 말하는 것이 힘들다는 것을 알고 있었지만, 참으려고 애쓰기로 하였다. 그는 치료자에게 대화 중 도움을 달라고 요청하였다. 이 회기는 그의 생애에서 과거 중요했던 사람과의 관계를 좀 더 다룬 후 마쳤다. 그를 '개새끼'라고 부르던 아버지와의 관계가 특히 나빴었음이 드러났다.

6회기 홀든과 간호 보조원 모두 긴장하였다. 치료자가 대화를 시작하였다. "나는 당신과 홀든 모두 언제 그리고 어떻게 인공항문백을 교체할지에 신경을 쓰고 있다는 것을 알고 있습니다." 보조원은 홀든이 스스로 교체를 할 때 그녀가 청소를 해야 하는 세부적인 사항들을 이야기하였고, 그녀가 책임지고 있는 많은 거주자들 때문에 얼마나 압도되고 있는지를 말했으며, 모든 거주자들로부터 '존중받을' 가치가 있음을 이야기하였다. "당신은 홀든 씨가 당신을 경멸하는 행동을 했다고 느끼십니까?" 치료자가 물었다. 보조원은 성난 눈빛으로 홀든을 쳐다보더니 눈물을 떨구었다. 그가 그녀를 끔찍한 이름으로 불렀다고 이야기하였다. 홀든은 부드러워진 표정으로 말했다. "당신에게 그렇게 말한 것은 미안합니다." 보조원이 감정을 가라앉혔다. 그녀는 그의 백을 교체시켜 주기 위하여 가능하면 제시간에 올 것이며, 늦어질 경우 방에 들러 언제 다시 올 것이라고 말해 주겠다고 하였다. 보조원이 떠난 후에, 홀든은 그녀의 감정을 상하게 할 의도가 없었다고 이야기하였고, 그 자신도 경멸당하는 대접을 받았을 때 어떤 기분인지 잘 알고 있다고 말했다. 그는 어린 시절 아버지한테 신체적인 학대를 받은 적이 있으며, 경멸하는 호칭으로 불렸고, "너는 아무것도 아냐."라는 말을 듣곤 하였다. 그는 아버지가 어머니나 형제들도 그렇게 취급하는 것을 보아왔다. "그러한 경험이 당신의 인생에 어떠한 영향을 끼쳤다고 생각하세요?" 홀든은 고개를 끄덕이며 말했다. "나는 사람들과 잘 지내지 못했어요."

7회기 치료자는 홀든의 기분을 질문하였다. 그는 기분이 좋아졌다고 말했다. 보조원은 일주일 내내 정시에 나타났다. 그는 치료자의 개입에 감사를 표시하였다. 치료자는 홀든이 모임에서 분노를 자제하고 보조원의 감정을 받아들여 줬음을 지적하였다. 치료자뿐 아니라 그 자신의 노력이 보조원과의 관계를 호전시켰다. 과거의 중요한 관계로 돌아가서, 홀든은 결혼 첫해에는 아내와의 관계가 좋았다고 말했다. 그러나 아내와의 관계에서 점점 감정 조절을 하기 힘들어하는 자기 자신을 발견하게 되었다. "내가 그녀에게 손찌검을 하자 그녀는 나를 떠나 버렸어요." 그는 그 이후에도 다른 여자들과 관계를 가졌지만 모두 짧게 끝나 버렸고, 마침내 "더 이상 노력하는 것도 포기했어요." 휴가 중에는 가족들과 만나기도 했지만 지속적인 교류는 갖지 못하였다. 그는 일주일에 6일을 일했고 배관공 노조와 관련된 활동에 참여하였으며, 친분이 있는 사람들과 운동을 하고, 몇 년 동안 체육관에 다니기도 하였다. "나는 바빠서 외로움을 느낄 틈이 없었어요." 홀든의 대인관계상의 문제는 흥분을 잘하는 성향뿐이 아니었다. 그는 다른 사람들과 있으면 어색하게 느꼈고 어떻게 대화를 시작하고 혹은 계속해야 할지 몰랐으며, 다른 사람들이 자신을 깔본다고 생각하였다. "처음에 내가 말했던 것처럼 우리가 매주 만날 때마다, 다른 사람과의 관계를 잘 맺을 수 있는 방법들을 중점적으로 알아보는 것이 도움이 될 거라고 생각합니다. 찰리가 떠나가서 당신은 지금 내 옆에 아무도 없다고 느끼실 것 같습니다.

우리 서로 머리를 맞대고 이 요양원에서 또 다른 친구를 만드는 일에 대하여 생각해 봅시다." "여기요? 여기는 노인들만 있는데요! 내가 그들과 공통점이 있습니까?" "새로운 친구를 사귀는 것이 부담스럽나요?" 홀든은 마지못해 동의하였다. 요양원을 떠나려는데 간호사가 치료자에게 다가와서 말했다. "홀든 씨에게 무슨 일이 있었나요? 이번 주에는 확실히 시비를 덜 거시네요!"

8회기 다른 요양원에 있는 사람과의 면담 때문에 치료자가 다소 늦었다. 홀든은 치료자를 노려보며 화가 난 투로 말했다. "어디 있었어요?" 치료자는 늦은 이유에 대하여 설명하였다. "매우 불쾌하셨군요." 치료자가 말했다. 홀든은 치료자가 오지 않을 것이라고 확신하고 있었으며, 아마도 약속을 잊었을 것이라고 생각하였다. 이 주제에 대하여 좀 더 다루자, 홀든은 치료자가 그를 좀 더 잘 알게 되면서 그에 대한 관심이 저하될 것이라고 생각하였음이 드러났다. "그렇지 않습니다. 저는 늦은 것에 대해 사과했고 앞으로도 항상 제시간에 오려고 노력할 것입니다. 이 문제는 당신이 매우 민감한 부분임을 알고 있기 때문에, 지각하는 것이 안 좋은 영향을 미치리라고 생각합니다." 그는 어린 시절 그의 아버지가 약속에 늦는 것이 상대방을 경멸하기 때문이라는 말을 종종 하였고, 그가 약속 시간에 늦으면 아버지는 체벌을 했었다고 말했다. 아버지와의 관계에 대하여 좀 더 이야기하도록 격려하였는데 그 결과 신체적 학대가 생각보다 오래 지속되어 왔음을 알 수 있었다. 치료자는 어린이로서 견디기 힘든 끔찍한 고통을 겪어 왔음을 공감해 주었고, 아마도 이 때문에 다른 사람들이 그에게 대하는 방식에 매우 민감해지는 것 같다고 말했다. "당신과는 아무 상관없이 때로 사람들이 늦을 수도 있다는 사실에 동의하나요?" 그는 치료자의 말에 동의하였고 사람들과의 관계에서 생기는 문제는 그의 성인기 전반에 걸쳐 지속적인 문제였다고 말했다.

9회기 HRSD를 실시한 결과 11점이었다. 치료자는 HSRD를 8회기에 실시하려고 했지만 치료 시간에 늦은 것과 관련한 문제를 다루느라 일주일을 기다렸다. 치료자는 그의 우울 증상이 경감되었으며 간호사들도 그가 더 활력 있어 보이고, 체중도 증가한 것 같다고 말했노라 이야기해 주었다. 그는 보조원이 지난주에 두 번 늦었지만, "입을 다물고 있었다."고 하였는데, 왜냐하면 또 다른 보조원이 그녀가 늦을 것이라는 사실을 그에게 미리 알려 주었기 때문이다. 그는 치료자의 방문에 감사를 표시하면서, "젊었을 때 당신 같은 사람을 만났었으면 좋았을 걸 그랬어요."라고 말했다. 그는 치료자에 대하여 많이 생각했다고 말하면서 치료자가 결혼했는지 질문하였다. 치료자는 홀든이 자신에게 강한 감정을 가지고 있는 것 같다고 말했다. 홀든은 치료자의 말에 동의하면서, 다시 그가 얼마나 외로운 사람인지를 되풀이하였다. "나도 당신이 저에게 긍정적인 감정을 가지고 있는 것을 감사하게 생각합니다. 당신이 얼마나 외롭게 살아왔는지 잘 알기 때문에 당신의 감정을 이해할 수 있습니다. 하지만 내가 당신을 도울 수 있는 가장 좋은 방법은 여기 요양원에 있는 다른 사람과 관계를 맺을 수 있도록 해 주는 것이라고 생각합니다." 그는 이해한다고 말하면서도, "내가 당신에게 가지고 있는 감정을 없애지는 못할 것입니다."라고 말했다. 치료자는 그와 함께 요양원에 있는 거주자 및 직원들과의 관계를 살펴보았다. 그는 그의 룸메이트에 대해서는 "거론하지 말자."고 하였는데, 그와는 한마디 말조차 나눌 수 없다고 하였다. 그는 단체 활동 역시 회피하고 있었는데, 왜냐하면 '노인'들과 시간을 보내는 것을 좋아하지 않기 때문이다. 치료자는 다른 거주자들과 함께 휴게실에서 TV를 보며 같이 시간을 보내기를 권하였다. 그는 마지못해 동의하였지만 다른 거주자들은 주로 드라마 보기를 좋아한다고 말했다. 따라서 다른 거주자들의 기분이 상하지 않으면서 TV 채널을 타협하는 방법을 논의하였고, 다른 거주자들과 대화하는 역할 연기를 수행하였다. 그는 다음 주에는 한번 노력해 보겠다고 하였다.

10회기 홀든은 좀 밝아 보였다. 그는 휴게실에서 다른 거주자들과 함께 TV를 보았고 프로그램이 지루해지자 "스포츠 좋아하는 사람 없어요?"라고 물었다. 또 다른 거주자인 앨런이 "나 좋아해요! 지금 시합이 있어요."라고 말했다. 그들은 별 문제없이 채널을 바꾸었고, 시합이 진행되는 동안 스포츠에 대한 열정을 서로 나누었다. "그는 비교적 괜찮은 사람이에요." 그와 앨런은 이후 복도에서 몇 번 마주쳤으며, 앨런은 홀든에게 "우리가 '팀'이 되면 좀 더 많은 스포츠 중계를 볼 수 있을 것"이라고 말했다. 그는 앨런이 병동에서 카드놀이를 하는 그룹 중 하나라는 것을 알게 되었다. "그래서 당신도 거기에 합류할 예정인가요?" 치료자가 물었다. 그는 생각 중이라고 말했다. 홀든은 다소 망설이면서, 지난주 간호 보조원이 아주 늦었을 때 자기가 혼자서 인공항문백을 교체했다고 말했다. 보조원은 이에 대하여 화가 난 것 같았지만, 그는 그녀에게 화를 내지 않고 참았다고 하였다. "홀든 씨, 우리는 이에 대하여는 한 번도 다루지 않았는데, 인공항문이 당신에게는 어떤 의미가 있습니까?" 홀든은 그 질문에 움츠러드는 것 같았다. 그는 수년 전 직장에서 피가 나는 것을 알았지만, 수개월 동안 무시하였다고 하였다. 그러다가 마침내 병원을 방문하였고 의사는 직장암이 상당히 진행되었음을 알려 주었다. 인공항문을 달고 살아가야 된다는 사실을 알았을 때는 자살도 고려했었고, 백을 차고 있는 것을 창피스럽고 당황스럽게 생각했다. "인공항문백을 차고 있는 사람을 누가 좋아하겠어요?" 홀든은 항문백 때문에 요양원에 있는 사람들과 관계를 맺는 것에 더욱 주저하게 되며, 다른 거주자들도 그가 백을 차고 있음을 알고 있을 것이라고 믿었다. "그들이 어떻게 알았을까요?" 치료자가 물었다. 그는 요양원의 간호사들이 자신의 의료적인 문제를 다른 거주자에게 이야기했을 것이라고 추측하고 있었다. "간호사들이 다른 거주자의 의학적 문제를 당신에게 말한 적이 있나요?" 그는 아니라고 말했지만 요양원은 좁은 곳이기 때문에 금새 소문이 퍼질 것이라고 주장하였다. 치료자는 그럴 가능성은 인정하였지만 요양원의 정책에 의하면 직원들은 다른 거주자와 의학적인 문제를 언급하지 못하도록 금지하고 있음을 상기시켜 주었다.

11회기 홀든은 좀 우울해 보였다. 처음에는 우울해질 이유가 없다고 이야기하였지만 나중에 앨런이 의학적인 문제 때문에 병원으로 이송되었다는 말을 하였다. 그럼에도 불구하고, 그는 TV를 보기 위해 휴게실에 계속 가고 있으며, 스포츠 중계를 여러 번 볼 수 있었다고 하였다. "당신은 앨런이 다시 요양원에 돌아올 것인지를 알고 싶으세요?" 그는 알고 싶지 않다고 하였다. "그들은 여기서 일어나는 일에 대해 절대 말하지 않을 것입니다." 치료자가 부드럽게 말하기를, "직원들은 거주자의 의학적 정보를 발설하지 않습니다!" 그가 웃으면서 "당신이 맞았어요."라고 말했다. 그들은 웃었다. "당신이 미소 짓는 모습은 멋져요." 홀든이 말했다. 치료자는 홀든의 휴게실에 가는 노력을 칭찬했으며, 앨런이 없는데도 불구하고 덜 우울해 보이는 점에 대해서도 칭찬하였다. 치료자는 그의 우울 증상이 감소하게 되면 다른 사람들과 어울리는 것이 좀 더 쉬워질 것이라고 하였다. 치료자는 간호 보조원들과 좀 더 잘 지내려고 노력하는 점에 대해서도 인정을 해 주었다. "그녀는 내가 생각한 것처럼 나쁜 사람이 아니었어요." 그의 과거 대인관계를 계속해서 탐색하였으며 그는 다른 사람들과 교류하기 위하여 더 많이 노력하지 않았던 것을 후회한다고 표현하였다. 회기 끝에, 홀든은 최근에 의사를 만났는데 항우울제를 먹는 것에 동의하였다고 하였다. "매우 좋은 선택을 하였다고 생각됩니다. 약을 복용하면 훨씬 편안해질 것입니다."

12회기 홀든은 치료자가 도착했을 때 웃고 있었다. 치료자가 도착하기 직전에 앨런이 요양원에 돌아왔으며, 두 사람은 최근의 농구 경기에 대하여 활발한 토론을 하고 있었다. 앨런이 돌아와서 안심했다고 표현하였다.

앨런은 그에게 카드 게임에 합류할 것을 권하였고, 홀든은 처음에는 사양하였지만 후에 생각해 보겠다고 말했다. 그는 카드 모임에 들어가게 돼서 걱정이 된다고 말했다. 앨런은 그 집단은 여러 가지 카드 게임을 하는데, 어떤 것은 홀든이 알지 못하는 게임이었다. 그는 카드 모임 구성원들 중 그가 잘 알지 못하는 사람들을 좋아하지 않았다. 더구나 그는 대화를 나누는 것이 편하지 않을 뿐 아니라 특히 '낯선' 사람들과 이야기하는 것이 불편하였다. 치료자와 내담자는 이러한 그의 걱정들을 하나씩 다루었으며 이러한 문제를 다룰 수 있는 대안들을 살펴보았다. 아마도 앨런은 홀든이 알지 못하는 카드 게임을 가르쳐 줄 수 있을 것이다. 또 그가 거주자들을 좋아하는지 여부를 알 수 있는 방법은 일단 카드 게임에 참여해 보고 그다음에 그들에 대하여 결정을 내려보는 것이다. 카드 게임은 정말 많은 대화를 필요로 하는 것일까? 그가 초기에 많은 이야기를 하지 않는다면 그를 말이 없는 사람으로 생각하기보다는 매우 신중하게 게임을 하는 사람으로 생각할 수도 있다. "카드 게임 모임에 가서, 어떻게 돌아가는지 살펴보고, 문제가 있다면 다음 주에 우리가 머리를 맞대고 함께 고민해 보는 것이 어떨까요?" 홀든은 동의하였다.

13회기　홀든은 이전 주에 카드 게임에 참여했었다. 그는 처음에는 조금 당황스러웠고 게임 중에 거의 말을 하지 않았지만, 게임이 끝나갈 때 참여자 중 한 사람이 "카드를 상당히 잘하시네요."라고 말하는 소리를 듣고 기분이 고무되었다. 그의 인공항문백을 교체해 주던 간호 보조원은 그에게 이곳을 떠나 새로운 요양원으로 옮겨가게 되었다고 말했다. "이제 좀 친해졌는데."라며 그는 실망감을 나타내었다. 치료자와 내담자는 그가 새로운 보조원과 어떻게 하면 잘 지낼 수 있을지를 논의하였다. "아마도 내 생각에는 새로운 보조원에게 제시간에 항문백을 교체해 주기를 원한다고 말해야 할 것 같아요." 그들은 보조원과 처음 만날 때를 가정하고 역할 연기를 수행하였다. 그는 화가 나 있고, 요구하는 듯한 목소리로 대화를 시작하였으며, 치료자는 이를 지적하였다. "제 생각에 당신이 화가 난 이유는 당신이 인공항문백을 하고 있다는 것과 관련이 있는 것 같아요." 치료자가 지적하였다. 홀든은 다른 사람이 자신의 항문백을 보는 것을 창피스럽게 생각하고 불편해하고 있었다. 그는 최대한 '신사적으로' 행동하도록 노력하겠다고 하였다.

치료 종결

14회기 회기 초반부에 치료자는 홀든에게 두 회기가 남았음을 알려 주었다. 그는 놀라워하였고 실망하였다. 그는 치료가 16회기라는 것을 기억하지 못하고 있었다. 치료자는 치료 초기에 이미 언급하였음을 상기시켜 주었지만, 그는 기억하지 못하고 있었다. 치료자는 IPT를 시행할 때 치료자가 간헐적으로 종결 시기를 언급해야 한다는 점을 잊어버리고 있었다. 치료자는 이 점에 대하여 사과하였으며, 홀든과의 치료를 끝내는 것을 주저하고 있었기 때문에 이 점을 알리지 않았는지를 스스로에게 자문하였다. "당신 없이 어떻게 해야 할지 모르겠어요." 그가 말했다. 치료자는 홀든이 많이 좋아졌으며, 지금은 혼자서도 잘 해낼 수 있을 것 같다고 말했다. 그는 치료자에게 화가 난다고 말했다. "모두 여기를 떠나요. 사람들은 죽고, 직원들은 바뀌고, 당신도 가 버리네요." 치료자는 많은 사람들이 오고 가는 것을 지켜보는 것이 얼마나 힘든지에 대하여 공감하였다. 그는 다시 우울해질 것을 우려하고 있었다. 치료자는 치료가 끝나면, 사람들이 슬퍼하는 경우가 종종 있지만, 이것이 다시 우울해지는 것을 의미하지 않는다는 것을 말해 주었다. 홀든은 확신할 수 없다고 하였다. 이 회기는 치료자와 내담자 모두에게 불편한 자리였다.

15회기 치료자는 홀든에게 치료가 끝나는 것에 대하여 더 생각해 봤는지를 물으면서 회기를 시작하였다. 그는 치료 후에 계속 실망하고 있었다고 말하며 치료 회기가 왜 겨우 16회기인지를 질문하였다. 치료자는 이 정도 길이의 치료가 우울증을 감소시키는 데 일반적으로 도움이 되는 것으로 나타났고, 사람들이 경험하는 대인관계 문제와 관련하여 도움을 주고 상담을 종결하는 데 적절한 회기이기 때문이라고 대답하였다. 그는 그의 기분이 좋아졌고, 요양원에서 사람들과 관계를 맺는 것이 좋아졌다는 점을 인정하였다. 그는 치료자를 계속 볼 수 있는 방법이 있는지를 질문하였다. 치료자는 이 점에 대하여 생각해 보고 마지막 회기에 같이 다뤄 보기로 하였다. 회기는 홀든의 지난주 활동을 검토해 보면서 종료되었다. 그는 계속 휴게실에서 시간을 보내고 있었으며 앨런과 함께 카드 게임에 참여하고 있었다.

16회기 "홀든 씨, 내게 좋은 생각이 있습니다. 나는 또 다른 층에서 요양원 거주자들을 대상으로 집단치료를 하고 있습니다. 그 그룹은 그 층에 거주하는 사람들만을 대상으로 하고 있으나, 요양원 직원에게 확인해 보니, 당신이 원한다면 참여할 수 있다고 말하는군요." 홀든의 얼굴이 밝아졌다. 그는 새로운 사람들과 만나는 것에 대하여 걱정을 하였으나 참여하겠다고 말했다. 치료자는 HRSD를 실시하였고, 점수는 6점이었는데, 그것은 우울하지 않은 범주에 속하는 점수다. "우울증이 상당히 개선되었네요. 치료 초기에 17점이었는데, 지금은 6점이에요. 이제 당신은 더 이상 주요우울장애가 아닙니다. 당신이 기억하는 바와 같이, 당신의 우울증은 찰리가 더 이상 방문할 수 없게 되면서 시작되었지요. 당신은 더욱 우울해지고, 더욱 예민해졌습니다. 그래서 직원들을 포함한 다른 사람들과 지내는 것이 힘들어졌지요. 우리가 함께 작업하면서, 간호 보조원과의 문제도 잘 해결했고, 휴게실에 가서 TV를 보며 시간을 보내게 되었으며, 앨런을 만나고, 카드 게임에 참여하게 되었지요. 당신은 용감하게 이러한 일들을 시도하였습니다. 그리고 지금은 우울증에서 빠져나왔습니다." "용감하게요? 내가 용감하다고 한 사람은 아무도 없었습니다. 아버지는 저를 항상 겁쟁이라고 했었죠." "당신 아버지가 틀렸습니다." 회기는 홀든이 참여하게 될 모임의 자세한 사항들을 다루면서 종료되었다. "당신은 최고입니다, 박사님."

사례 해설

홀든의 과거 중요한 관계를 검토함으로써 문제가 많았던 그의 어린 시절 생활이 드러났으며, 성인기에는 대인관계가 형편없었음을 확인하였다. 특히 그는 다른 사람들로부터 거부와 무시를 당하는 것에 민감하였고 그런 경우 화를 내거나 스스로를 고립시켰다. 초기에 그의 인공항문백을 교체해 주는 간호 보조원과 갈등을 빚은 것은 그의 창피함, 모욕감, 그리고 부정적인 인종 편견 등을 반영하는 것일 수 있으며, 또한 견해차를 성공적으로 협상할 수 있는 능력이 결여되어 있음을 보여 주는 것일 수 있다. 친구 찰리가 떠나면서 그는 고립감을 느끼고 우울증에 빠지게 되었다. 대인관계상의 문제를 해결하는 IPT 전략에 따라 그가 다른 거주자 및 직원들과의 관계에서 사용할 수 있는 좀 더 나은 사회적 기술을 형성할 수 있도록 도울 수 있는 방법들을 모색해 나갔다. 관계에서 반복되는 문제들을 홀든과 함께 검토하였다. 대화 분석과 역할 수행을 통하여 그가 좀 더 생산적으로 다른 사람들과 관계를 맺을 수 있도록 도와주었다. 홀든이 치료자에게 상당한 애착 관계를 형성하고 있는 것은 분명했다—정신역동적 용어로 표현하자면 긍정적 전이라고 할 수 있다. 이러한 감정을 표현하고 다룸으로써 치료자는 그들의 관계가 전문가와 내담자의 관계이지 우정의 관계가 아님을 분명히 할 수 있는 계기가 되었다. 치료자는 홀든의 치료 과정 중 치료가 제한된 기간 내에서 이루어지는 것이라는 점을 분명히 언급하지 않았는데, 아마도 치료자 자신도 치료를 끝내는 것을 원치 않았던 것 같다. 그러나 치료자는 성공적으로 홀든을 집단치료 상황으로 옮겨가도록 하였다. 거기서 홀든은 집단치료의 맥락하에서 치료자를 계속 만날 수 있을 것이며, 사회적 고립을 감소시키고 사회적 기술을 쌓아 나갈 수 있을 것이다.

결 론

노년기의 발달사적 변천과 도전은 대인관계 기술이 제한되어 있는 사람들에게는 특히 파괴적일 수 있다. 이러한 사람들은 대개 한 사람에게만 심하게 의존하는 경향이 있으며, 그 사람이 떠나가게 되면 삶에 위기가 찾아온다. 노인들은 건강상의 문제로 의존성이 증가한다는 점을 감안해 볼 때, Robert Weiss(1974)가 말한 '신뢰할 수 있는 동반자'가 없다는 것은 심각한 실제적 그리고 정서적 문제를 야기하게 된다. 대인관계 기술이 부족한 사람들에게는 요양원이 대인관계를 요구하는 환경이 될 수 있다. 견고한 사회적 관계를 맺어 온 사람들에게조차 요양원에서의 생활은 새로운 사회적 기술을 요구하게 하는데, 여기서는 직원들에게 의존하고, 신체적 혹은 인지적으로 병약한 거주자들과 상호작용을 해야 하는 상황을 경험하게 된다(Molinari, 2000). 대인관계에서 결함을 보이는 노인들은 요양원에서의 생활에 압도된다. 이러한 요구에 대처하는 유일한 방법은 사회적 철수일 수 있는데, 이 경우 외로움과 고립감을 느끼고 우울증에 빠질 위험이 증가하게 된다. 요양원의 유약한 거주자와 함께 일하는 치료자들은—거주자들은 많은 사람들이 오고 가는 것을 보게 되는데—치료자로서 보호해 주고 싶은 감정을 종종 느끼게 된다. 앞서 언급한 바와 같이, 대인관계 결핍을 보이는 사람들은 16회기의 IPT 후에도 심리치료적 지지를 계속해서 받기를 원한다. 대부분의 내담자들은 16주 이내에 우울 증상이 감소되며, 새로운 관계를 형성하는 방향으로 움직이게 된다. 치료자는 그들이 치료자에게 나타내는 정서적 애착뿐 아니라 치료적 관계에서 되풀이되는 반복적인 상황에 대하여도 충분히 숙지하고 있어야 한다. 반복적 애착 행동의 증거는 치료자가 내담자로 하여금 다른 사람들과의 대인관계 행동을 더 잘 이해하고 변화시키는 데 도움이 되는 방향으로 사용할 수 있다.

제 10 장

치료 종결

INTERPERSONAL PSYCHOTHERAPY FOR DEPRESSED OLDER ADULTS

제10장

치료 종결

INTERPERSONAL PSYCHOTHERAPY FOR DEPRESSED OLDER ADULTS

이제까지 IPT의 치료 개시부터 치료 종결에 이르기까지 상세히 설명하였다. 3장에서 언급한 바와 같이, 치료 첫 회기에 치료자는 내담자에게 치료의 구조, 빈도 및 기간에 대한 정보를 제공한다. 치료자는 그동안의 연구 결과 우울 증상을 유의미하게 감소시키는 데 통상 16주의 IPT가 효과적이었음을 설명함으로써 치료 기간에 대한 이론적 근거를 제시한다. IPT를 진행해 가는 과정에서 남은 회기가 몇 회인지를 내담자에게 때때로 상기시켜 주는 것이 바람직하다. 일반적으로 치료 중반기에 접어드는 8회기에 우울 설문지를 재실시할 것을 권하고 있는데, 이때 남은 회기에 대하여 알려 주는 것이 좋을 것이다. 남아 있는 회기를 이미 알고 있는 사람들도 있지만, 어떤 사람들은 치료가 끝나갈 때가 되었다고 하면 매우 놀라거나 치료 종결에 대해 슬퍼하기도 한다. 그럼에도 불구하고, 우리가 치료했던 대부분의 노인 환자들은 정신치료를 종결하는 데 큰 어려움이 없었다. 우리 치료팀에서 함께 일했던 한 대학원생은 노인들이 그동안 살아오면서 많은 이별을 경험하였기 때문에 IPT를 종결하는 것도 상대적으로 쉽게 받아들이는 것일지 모른다고 추론하였다. 또 다른 가능한 이유는 IPT를 받은 대부분의 노인 내담자들의 우울 증상이 현저히 호전되었고, 자신의 문제를 해결할 수 있는 능력이 향상되었기 때문이라고 생각한다. 치료자가 고민해야 할 가장 중요한 이슈는 16회기가 모두 종결된 이후에도 치료를 계속해야 하는지에 관한 것이다. 이 이슈는 유지치료의 효과에 관한 피츠버그 대학의 연구가 발표된 이후, 노인을 치료하는 IPT 치료자들에게 더 중요하게 인식되었다. 4장에서 언급한 바와 같이, 연구자들은 IPT의 유지와 약물 복용이 주요우울장애의 재발률을 현저하게 감소시켰음을 보고하였다(Reynolds et al., 1999).

종결에 대해 분명히 논의하기

IPT 개요(〈표 10-1〉 참조)와 임상 사례에서 이미 기술한 바와 같이, 종결에 대하여 공식적으로 다루는 것은 14회기에서부터 시작하여 종결 회기까지 계속된다. 즉, 종결과 관련된 이슈는 14회기에서 처음 제기되지만 본격적인 논의는 주로 15와 16회기에서 다루게 된다. 치료 종결이 더욱 힘들 것으로 예상되는 특정 내담자의 경우에는 마지막 세 회기에서 이 주제에 초점을 맞추어 집중적으로 다루어야 한다.

〈표 10-1〉 주요우울장애에 대한 대인관계치료의 개요
III. 치료 종결
A. 종결에 대해 분명히 논의하기
B. 치료 종결이 슬픔이라는 것을 인정하기
C. 환자가 독립적인 자신감을 갖도록 도와주기
D. 무반응을 다루기
E. 지속/유지 치료

참조: M. M. Weissman, J. C. Markowitz, & G. L. Klerman(2000). *Comprehensive Guide to Interpersonal Psychotherapy* (p. 24). New York: Basic Books. Copyright 2000 by Basic Books. Reprinted with permission.

치료 종결이 슬픔이라는 것을 인정하기

대부분의 노인 환자들이 치료 종결과 관련하여 느끼는 감정은 애도라기보다는 슬픔이라고 표현하는 것이 맞을 것 같다. 치료자와 내담자는 문제를 솔직히 드러내고 다루어 나가는 과정에서 밀접한 유대 관계를 형성한다. 어떤 노인들에게는 치료적 관계가 사회적 제약이나 사회적 고려에 구애 받지 않고 인생의 여러 가지 문제들을 솔직하게 이야기할 수 있었던 유일한 관계일 수 있다. '집안 문제는 집안 내에서만 간직하라.'는 신조를 갖고 있는 세대에게 정신치료는 독특한 경험일 수 있다. 대부분의 내담자들은 치료자에게 어떤 형태로든 감정을 느끼게 된다. 정신역동 치료자들은 이를 전이라고 해석하며 치료적으로 이용한다. 하지만 앞서 언급한 바와 같이 IPT에서는 그렇게 하지 않는다. 그러나 종결 시기에는 치료자에 대한 감정이나 치료자를 향한 태도가 명백히 드러날 수 있다. 내담자들은 다음과 같은 말을 한다. "나도 당신 같은 딸이 있었으면 좋겠네요." "젊은 사람이 나처럼 나이 많은 사람의 문제를 그렇게 잘 이해할 수 있다니 믿어지지 않네요." "내가 40년만 젊었다면, 당신에게 데이트 신청을 했을 거예요."

"당신은 내 친구예요." 이런 말을 듣는다면 치료자는 내담자가 치료 종결에 대하여 어떻게 느끼는지를 다루어 주어야 한다.

반대로 치료를 끝내는 데 아무런 문제가 없으며 어떤 슬픈 감정도 없다고 공언하는 내담자도 있다. 물론 그럴 수도 있으나 이 경우에도 종결에 대하여 좀 더 다루어 보는 것이 중요하다. 어떤 내담자는 자신이 치료 종결에 대해 어떤 감정을 가지고 있다는 것에 정말 놀라기도 한다. 치료 종결에 대하여 심리교육을 하는 것이 유용할 수 있다. "사람들이 치료 종결에 대하여 슬픈 감정을 갖게 되는 것은 흔한 일입니다." "어떤 사람들은 치료 종결에 대하여 다소 불안해하면서 자신이 스스로 문제를 해결할 수 있을지 걱정하기도 합니다." "두 사람이 함께 인생의 문제에 대하여 긴밀히 이야기해 왔기 때문에 그러한 감정을 느끼는 것은 자연스러운 일입니다."

내담자가 독립적인 자신감을 갖도록 도와주기

대부분의 내담자들은 치료자가 제공해 준 많은 도움에 대하여 감사한다. 이 경우 치료자는 내담자 스스로가 자신의 상황을 개선시키기 위하여 적극적인 노력을 해 왔음을 강조하면서 역으로 감사를 표시한다. 마지막 회기에서 치료 과정에 대하여 전반적인 검토를 하는 것은 특히 도움이 된다. 이때는 치료자가 내담자의 문제에 대해 이해하고 전달했던 내용들을 다시 반복한다. 치료 초기에서 이러한 구조화는 치료적 개입에 매우 중요하다. 이는 치료자가 내담자의 말을 주의 깊게 경청하고 있으며, 이것이 내담자의 문제를 이해하는 틀이 되며, 그것에 근거하여 치료적 개입 계획을 세웠음을 전달하는 것이다. 치료 종결 시 검토에서는 초기 구조화와 치료자가 치료 과정에서 했던 노력 및 그 결과를 통합하여야 한다. 치료자는 문제를 구체화하는 과정에서 내담자가 한 적극적인 노력을 강조하여야 한다. 이러한 강조는 내담자의 유능감을 강화시키게 된다. 일반적으로 IPT는 내담자가 자기 자신을 환경의 희생자로 지각하는 입장에서 벗어나 우울증과 관련된 생활상의 문제를 좀 더 적극적으로 다루는 능동적 참여자로 변화시키는 과정이다. 내담자의 적극적이고 능동적인 노력의 예로 지적할 수 있는 것들로는 규칙적으로 치료에 참여한 것, 항우울제 복용, 정서적으로 힘든 이슈에 대하여 직면한 '용기', 그들이 겪고 있는 문제에 대한 창의적인 문제 해결, 인생의 문제를 다루는 데 새로운 방식을 적용하려는 노력 등이 있다. 치료의 초점이 되었던 애초의 문제가 많이 해결되고 호전되었음도 지적해 주어야 한다. 치료 전 과정에 걸쳐 수차례 실시하였던 우울 평정척도의 결과도 알려 주어야 한다. 대부분의 경우 우울 심각도에 있어서 양적인 호전이 있었다는 것은 진전에 대한 고무적이고 확실한 증거가 된다. 치료자는 치료 과정에서 자신이 적극적인 개입을 했다고 평가하는 이슈에 대해서도 "우리는 좋은 팀이었습니다." "나는 코치 역할만 했을 뿐입니다." "우리는 함께 힘을 합쳐 문제를 잘 해결해 왔습니다."라는 표현을 사용한다. 이러한 표현은 내담자에게 자신감을 주며 앞으로의 문제를 스스로 해결할 수 있을 것이라는 확신을 갖게 한다. 치료자는 치료 후 나타날 수 있는 문제들에 대하여도 고려해야 한다. 치료자는 내담자가 IPT를 통하여 습득한 기술들을 미래에 발생할 수도 있는 문제들을 해결하는 데 사용할 수 있도록 용기를 북돋아 주어야 한다.

무반응을 다루기

임상 장면에서 우리가 IPT로 치료한 노인 환자의 4분의 3은 치료 과정을 통해 우울 증상이 50% 정도 감소하였다(Hinrichsen, 2004). 그렇다면 나머지 4분의 1은 어떨까? 내담자 중 일부는 IPT 문제와 관련된 이슈들에서는 이를 다룰 수 있는 능력에 향상이 있었지만 우울 증상 자체는 거의 변화가 없었다. 어떤 사람들은 우울 증상뿐 아니라 애초에 치료를 받게 된 원인 문제들에 관련해서도 아무런 변화가 없었다. 부분적인 호전만 있거나 아니면 거의 변화가 없는 경우는 내담자와 치료자 모두에게 매우 실망스러운 일이므로 종결 단계에서 이에 대하여 다루어야 한다. 치료에 적극적으로 참여하였지만 주목할 만한 호전이 없는 경우, 치료자는 그간의 노력에 대하여 분명히 언급해 주어야 한다. 치료에 적극적으로 참여하지 않은 내담자의 경우에는 치료 참여도가 낮았음을 지적해 주고, 이를 지지적인 방식으로, 예를 들면 IPT가 내담자에게 적합한 치료방법이 아닐 수도 있었음을 말해 주어야 한다. 우울증을 앓고 있는 성인 환자 중 일부는 IPT로 별 효과를 보지 못했다는 연구 결과를 주목할 필요가 있다. 호전이 없었다는 것을 실패로 받아들이는 내담자에게는 내담자가 치료에 실패한 것이 아니라, 치료가 내담자를 돕는 데 실패한 것이라는 식으로 논의를 옮겨가야 한다. IPT의 기본 정신, 즉 '항상 대안은 있다.'에 입각하여 치료자는 다른 치료적 가능성을 살펴보아야 한다. 논리적으로 가능한 대안들로는 치료적 접근을 바꾸는 것, 치료자를 바꾸는 것, 정해진 시간 동안 IPT를 계속하는 것, 항우울제 복용을 시작하는 것, 그리고 항우울제의 종류를 바꾸는 것 등이 있다. 치료자는 내담자의 문제를 해결해 줄 수 있는 여러 가지 정신치료 방법이 있으며 다양한 약물이 있음을 강조해야 한다. "IPT를 통해 호전되지 않았다는 것이 다른 치료방법이나 약물을 통해서도 호전되지 않을 것이라는 의미는 아닙니다." IPT로는 도움을 받지 못하였지만 다른 치료방법을 통해 호전된 내담자의 사례를 알려 주는 것도 도움이 될 수 있다.

외래 임상 장면에서, IPT의 종결 시 유의미한 임상적 호전을 보이지 않은 내담자에게 우리는 이상의 다양한 방법들을 모두 사용해 왔다. 한 여성은 IPT를 통하여 딸과의 갈등을 다루는 능력에 있어서는 많은 향상이 있었지만, 우울 증상에서는 괄목할 만한 호전이 없었다. 우울과 관련된 가장 두

드러진 증상은 수면 문제였다. 그녀는 수면장애 클리닉으로 의뢰되었고, CBT에 기초한 수면 개입 치료를 받은 후에, 수면과 기분 모두 호전되었다. 또 다른 내담자는 IPT 초기에 항우울제 복용을 거부하였는데, IPT 종결 후에도 호전이 없자 약 복용에 동의하였고 그녀의 우울 증상은 항우울제 복용 후 호전되었다. 정신건강 전문가들은 우울증을 치료하는 현존하는 모든 정신치료나 약물에 거의 혹은 전혀 반응하지 않는 내담자들도 있다는 사실을 인식하고 있을 필요가 있다. 그럼에도 불구하고, 우울증에 대한 표준적인 치료에 반응하지 않는 사람들을 위하여 가능한 모든 선택들을 고려해야 한다.

지속/유지 치료

4장에서 언급한 바와 같이, 피츠버그 대학의 연구 결과에 의하면 재발성 우울장애가 있는 노인들에게는 지속치료와 유지치료가 중요하다(Reynolds et al., 1999). 이러한 결과에 근거하여 우리는 단기 IPT를 성공적으로 마친 노인들에게 IPT 유치치료를 더 많이 제공하려고 하고 있다.

IPT에 부분적으로만 반응한 내담자들에게 일정 기간 치료를 계속하는 것은 추가적인 치료를 통해 원하는 결과를 얻을 수 있는지 확인하는 데 유용할 수 있다. 유의미하게 호전된 내담자의 일부도 유지 IPT를 할 수 있다. 그러나 단기 IPT와 유지 IPT는 분명히 구별하여야 한다. 치료자가 IPT를 계속해야 할 것 같다고 결정한 경우에도, 단기 IPT의 종결 단계는 완성되어야 한다. 치료자는 내담자가 원하는 것이 무엇인지를 성급히 판단해서는 안 되기 때문이다. 이것은 IPT의 기본 입장, 즉 내담자는 가능한 모든 옵션들을 살펴보고 자신에게 최선인 것을 선택할 수 있어야 한다는 입장에 위배되는 것이다. 처음 합의되었던 계획에 따라 16회기를 마지막으로 IPT를 끝내려고 했던 내담자에게 "계속해서 치료를 받아야 한다." 고 말하면 내담자는 매우 실망할 수 있다. 유지 IPT에 동의한 내담자라도 단기 치료의 마지막 단계에서는 효율적으로 종결 작업을 하여야 한다. 단기 IPT의 마지막 단계를 통하여 치료자와 내담자는 함께 상황을 평가하고 앞으로 치료를 어떻게 해 나가야 할지를 결정하는 기회를 가질 수 있다.

유지치료에 적합한 사람은 어떤 사람인가? 연구에 따르면 재발성 주요우울장애 환자 노인들과 주된 문제 영역이 대인관계 갈등인 경우에는 월 1회씩 IPT를 계속해야 한다(Miller, Frank, Cornes, Houck, & Reynolds, 2003; Reynolds et al., 1999). 현재 우리는 단기 치료에서 호전을 보인 재발성 우울증 환자의 경우 약 6개월간 월 1회의 유지치료를 시행하며, 그 과정에서 개인 IPT를 계속할지 여부를 결정한다. 단기 IPT 종결 후, 주목할 만한 잔여 증상이 남아 있거나 대인관계에서 지속적인 어려움이 있는 경우, 월 2회 IPT를 실시하고, 상황이 개선되면, 월 1회로 줄인 후 지속적인 호전이 확인되면 IPT를 종결한다. 반대로 월 단위의 IPT를 실시하는 동안, 급성적인 문제가 나타나면, 치료 빈도를 늘린다. IPT를 끝낸 일부 내담자들은 새로운 문제나 혹은 처음에 가지고 왔던 문제 영역이 악화되어 몇 년 후에 다시 찾아오기도 한다. 우리는 유지 IPT를 완료한 내담자들을 집단 정신치료에 의뢰하기도 한다.

유지 IPT의 형태는 단기 IPT에서 사용하였던 기본적인 원리가 적용된다. 단기 IPT로부터 얻은 이슈와 원리들이 유지 회기에도 통합되어야 한다.

"딸과의 갈등을 당신이 어떻게 성공적으로 해결했는지 기억하시지요? 딸과의 관계에서 노력했던 것들이 당신의 아들과의 관계에서도 효과가 있지 않을까요?" IPT의 교육적인 메시지를 반복해서 알려 주는 것도 필요하다. 예를 들면, 우울증은 병이고, 기능의 손상을 초래하고, 치료 가능한 병이며, 대인관계와 관련된 사건들이 정서에 영향을 준다는 등의 메시지다.

젊은 혹은 나이 든 성인들을 대상으로 우울증의 경과와 결과를 살펴본 연구 결과들은 우울증 급성 삽화로 치료받은 사람들이 다시 재발할 위험성이 높다고 보고하고 있다는 점에 특히 주의를 기울여야 할 것이다(Cole & Bellavance, 1997; Reynolds, Alexopoulos, Katz, & Lebowitz, 2001). 단기 삽화를 치료한 후에도 우울 증상이 지속되는 경우도 많다. 주요우울장애 삽화를 한번 경험한 사람들은 대부분 또 다른 삽화를 경험하게 된다. 치료 결과가 만족스럽지 못하거나 재발하는 이유 중 하나는 적절한 용량의 약을 복용하지 않는 내담자들이 많기 때문이다(Keller et al., 1982). 우리가 추정하는 또 다른 이유는 그들이 제때에 정신치료를 받지 않았거나 정신치료적 개입을 받았어도 핵심 문제에 집중하지 못하였기 때문이다(Wei, Sambamoorthi, Olfson, Walkup, & Crystal, 2005). 임상가는 상황이 더 복잡해질 수 있음을 알고 있다. 임상 연구에서는 실제 지역사회 환자 집단의 임상 상황을 제대로 대표하지 못하는 내담자들이 연구 대상에 포함되는 경우가 많다. 지역사회에서 치료를 받는 노인들은, IPT 연구를 포함한 임상 연구에서 연구 대상으로 선택된 집단보다, 의학적 문제와 병발하는 다른 정신과적 질환(특히 성격장애)이 더 많은, 좀 더 복잡하고 까다로운 사례들일 가능성이 높다. 요양원에서 노인들에게 심리학적 서비스를 제공하는 사람들은 의학적으로 취약하고, 인지적으로 손상되어 있고, 우울증을 앓고 있는 가장 복잡한 노인 사례에 직면하게 될 것이다(Molinari, 2000). IPT 워크숍을 하면 많은 임상가들이 이러한 사례들에 대해 이야기하곤 한다. 우리는 이러한 이슈들을 고려하여 IPT 치료기법을 더욱 다듬고 개발해야만 한다. 즉, 모든 정신건강 전문가들은 연령에 적합한 방식으로, 정신치료와 약물치료의 효율성을 입증하기 위해 노력해야 한다. 우리의 임상 경험에 기초하여 우울증을 앓고 있는 수많은 노인 환자들에게 IPT를 적용하는 것이 치료 결과를 극대화하는 방법이라고 생각된다.

임상 사례에서 종결 이슈에 대한 추가 논의

5장에서 9장까지 언급된 임상 사례를 통해 설명한 바와 같이, 대부분의 노인들은 IPT를 종결하는 과정에서 심각한 문제를 보이지 않는다. 그들 대부분은 예상된 치료 종결에 대하여 약간의 슬픔을 나타내었다. 어떤 내담자들은 치료 종결에 따른 불안감을 우울 증상이 재발하는 것으로 잘못 해석하기도 한다. IPT의 종결 단계는 대인관계 결핍이 문제인 사람들의 경우에는 가장 도전적인 과제가 될 수 있다. 그들은 이제까지 대인관계가 결핍되어 있었기 때문에, 단기 치료였음에도 불구하고 치료자가 그들 삶의 중심 인물이 될 수 있고 치료자에게 강한 애착 감정을 느낄 수 있다. 대인관계에서 결핍을 보이는 사람들이 관계 이슈를 잘못 해석하는 성향이 있음을 고려해 볼 때, 단기 IPT 종결 시점이 되면 종결과 관련된 감정이나 사고를 주의 깊게 살펴볼 필요가 있다. 레이첼 그린버그는 어릴 때 어머니를 여의고 척추측만증이 있는 여성이었는데 그녀는 치료 종결을 자신이 치료자의 환자 명단에서 제거되는 것으로 우려하였다. 요양원에서 생활하던 밥 홀든은 이미 계획되어 있던 치료 종결을 그에 대한 거부로 보았다—이러한 믿음은 치료자가 그들의 치료가 언제 끝날 것임을 치료 중기에 말해 주지 않음으로써 더욱 강화되었다.

16회기로 치료를 완전히 종결한 사람은 애도가 문제였던 존슨과 오브라이언이었다. 두 사람 모두 애도 문제와 관련된 대인관계 갈등을 성공적으로 다루었고, 동시에 우울 증상도 감소하였다. 그들은 치료를 계속하는 데 별 관심을 보이지 않았다. 남아 있는 문제가 있었다면, 치료자는 그 문제를 해결하고 증상이 좀 더 호전될 때까지 유지치료를 하도록 권유하였을 것이다. 라이언과 헤르난데스는 대인관계 역할에서 갈등을 겪는 내담자들이었다. 라이언은 치료를 계속하지 않았다. 그러나 유지 IPT의 유용성에 관한 연구 결과, 특히 재발성 우울증을 앓고 있는 노인들에서의 유지 IPT의 효과에 대한 연구 결과(Reynolds et al., 1999)를 알게 된 지금은 아마도 최소 수개월간은 월 1회 정도의 유지 IPT를 권유했을 것이다. 이와 같은 유지 IPT를 통해 라이언과 언니와의 갈등 상태를 점검했을 것이고, 문제가 다시 생겼을 때 생산적 의사소통을 하고 생산적인 문제해결 기술을 사용할 수 있도록 도왔을 것이다. 오래전부터 지속적으로 가정폭력에 시달려 온 헤르난데스의 경우 지속적으로 정신건강 관리를 받는 것이 현명할 것으로 생각되었다. 단기 치료 후, 푸에르토리코로 이주하기 전까지 처음에는 한 달에 두 번씩, 나중에는 한 번씩 IPT를 받았다. 그녀가 이사를 가지 않았다면 우리는 상당 기간 동안 한 달에 한 회기씩 IPT를 계속하려고 했을 것이다.

역할 전환으로 인해 문제가 생겼던 메이 바튼과 칼 루이스는 단기 IPT 후에 추가적인 치료를 받았다. 바튼의 경우 치매 가족을 간병하는 사람들을 위한 지지 모임에 참가하였다. 바튼은 수년이 지난 후 다시 치료자를 찾아왔는데, 당시 그녀의 남편은 요양원으로 옮겨갔다—이것은 간병과 관련된 또 다른 형태의 역할 전환이며 이와 관련하여 그녀는 우울과 불안 증상을 다시 경험하였다. 따라서 이 새로운 역할 전환 문제에 대해 새로운 단계의 IPT가 실시되었다. 루이스는 월 2회의 유지치료를 두 달간 계속하였으며, 이어서 6개월간 월 1회 유지치료를 하였고, 그 시점에서 치료가 종결되었다. 레이첼 그린버그와 밥 홀든에 대한 심리치료적 개입은 계속되었는데, 그들의 주 문제는 대인관계 결핍이었다. 일반적으로 이러한 내담자들에게는 지속적인 치료가 추천된다(Weissman, Markowitz, & Klerman, 2000). 두 사람 모두 우울 증상이 감소하고 사회적 영역이 확대되었지만 지속적인 지지를 필요로 하고 있었다. 그린버그 씨는 16회기를 더 했고, 이후 월 1회의 IPT로 전환하였다. 그는 최종적으로는 집단 정신치료에 참여하였다. 홀든은 개인 IPT를 종결한 후에 치료자가 운영하는 집단치료에 참가하였다.

요약하면, 시간 제한이 있는 치료의 장점은 특정 시간의 틀 내에서 분명히 명시된 목표를 가지고 생활상의 문제에 대한 정신치료적 지원에 초점을 맞춘다. 치료 기간이 짧기 때문에, 매 회기가 중요하고, 치료자와 내담자 모두 치료 시간을 가장 효율적으로 사용하고자 노력하게 된다. 치료 종결은 치료 과정과 종결에 대한 내담자의 감정을 평가하는 기회가 된다. 시간 제한이 있는 치료에 대하여 비판이 없는 것은 아닌데, 비판가들의 다양한 우려 중 하나로는 단기 IPT가 실질적인 임상 상황의 현실보다는 인위적으로 설정되고 제한이 가해진 연구 상황을 반영한다는 것이다(Levant, 2004). 우울증의 재발률이 높다는 명백한 증거가 있기 때문에 연구자들은 재발을 막을 수 있는 방법을 찾으라는 압력을 받고 있다. 재발률을 감소시키는 방법 중 하나는 우울증을 앓고 있는 사람에게 적정량의 항우울제 약물을 복용하도록 하는 것이다. 재발성 우울증을 가지고 있는 사람에게 적용할 수 있는 또 다른 방법은 우울증에 대한 유지 정신치료를 하는 것이다. IPT는 원래 참여하는 모든 사람들이 일정 회기 후에 치료를 종결하도록 개발된 정신치료 방법이었다. 그러나 급성기 우울증에 대한 IPT 외에 이제 유지치료(maintenance treatment)라는 부수적 IPT도 개발되었다. 유지 IPT를 계속하는 사람들은 종결 단계에 치료자의 상실을 덜 느끼게 되며(치료자는 대부분 유지 IPT 치료자로 남게 될 것이다), 오히려 치료 과정을 검토하고 차후 치료에 대한 계획을 세우게 된다. 유지 IPT의 적절한 기간을 결정하는 문제는 차후 연구를 통해 해결해야 할 것이다. 항상 그랬던 것처럼, 치료를 담당하는 임상가들은 개별 내담자별로 가장 적절한 치료 기간을 적절히 판단할 수 있어야 할 것이다.

제 11 장

노인을 대상으로 하는 대인관계치료의 이슈들

INTERPERSONAL PSYCHOTHERAPY FOR DEPRESSED OLDER ADULTS

제11장

INTERPERSONAL PSYCHOTHERAPY FOR DEPRESSED OLDER ADULTS

노인을 대상으로 하는 대인관계치료의 이슈들

우리는 IPT를 시행하는 정신과 의사, 심리학자, 사회사업가, 그리고 대학원생들을 오랫동안 지도해 왔다. 그들 대부분은 하나의 사례를 지도 받고 나면 IPT에 대해 잘 이해하게 되고 한두 사례 더 지도를 받으면 IPT 기법을 보다 확실히 사용할 수 있게 된다. IPT 치료자를 교육하는 공식적인 교육과정이 자리를 잡아 가고 있으며 대개의 경우 기초교육과정을 이수할 것, 세 개 이상의 사례를 실시하면서 녹음 혹은 녹화할 것, 그리고 각 사례에 대해 매주 지도감독 받을 것을 요구하고 있다. 3장에서 다룬 바와 같이, IPT 치료자의 성실성에 대한 평정척도를 실시한 연구에서 성실한 사람일수록 불성실한 사람에 비하여 치료 결과가 좋았다(검토를 위해 Frank & Spanier, 1995 참조). 국제대인관계치료학회에서는 IPT 치료자 교육훈련에서 가장 중요한 것이 무엇이고, 인증을 주기 위한 체계를 어떻게 개발할 것인지에 대해 지속적인 논의가 진행되고 있다. 임상심리학 인턴 과정 및 박사 후 과정에서 Hinrichsen 박사의 수련감독을 받고 노인을 대상으로 IPT를 실시한 사례들과 경험 많은 전문치료자의 치료 사례의 임상 결과를 비교한 논문도 있다(Hinrichsen, 2004). 이 장에서는 훈련받은 치료자들이 IPT를 실시할 때 겪게 되는 문제들을 다룰 것이다. 우리는 노인 내담자의 치료 과정에서 나타날 수 있는 임상 상황의 문제와 그 대처 방법에 대해서도 논의할 것이다.

일반적인 문제들

16회기 내에 본질적인 치료 작업이 이뤄질 수 있다는 사실을 치료자가 믿지 못한다

어떤 신참 IPT 치료자들은 IPT를 포함한 단기 정신치료의 효과에 대하여 의구심을 갖고 있다. 다양한 문제들과 연관된 임상적 목표를 해결하기 위해서는 다양한 종류의 치료가 필요할 수 있다. IPT의 첫 번째 치료 목표는 우울 증상을 감소시키는 것이고, 대인관계 영역에서 향상을 보이는 것이다. 이것은 중요하지만 한계가 분명한 목표다. IPT는 근본적인 성격 변화를 목표로 하지 않는다. IPT 치료자들은 현재 생활에서의 문제를 성공적으로 해결한 경험이 미래에 나타날 수 있는 대인관계상의 문제에 대처해 나가는 데도 도움을 줄 수 있을 것이라고 믿고 있다. 연구에서 입증된 IPT의 유용성과 실제적인 임상 장면에서의 긍정적인 치료 결과들은 IPT가 적용 가능하고 유용한 치료라는 확신을 치료자에게 주고 있다(관련 연구 결과에 대하여 개략적으로 알아보고 싶다면 이 책 3장과 4장 참조; 좀 더 자세히 검토하려면 Weissman, Markowitz, & Klerman, 2000 참조). 이러한 확신은 직간접적으로 IPT 내담자에게 전달되어 우울증 환자들의 무망감을 없애는 데 도움을 주게 된다.

IPT에서 우울증을 질병으로 개념화하는 것이 옳지 않다고 믿는 치료자가 있다

의료 영역 외에서 일하는 정신건강 분야 치료자들 중에는 주요우울장애를 질병 모델로 보는 것에 대해 거부감을 갖는 사람들이 있다. 어떤 이들은 정신건강상의 문제들이 지나치게 의료화되어 복잡한 인생 문제를 제대로 파악하지 못한다고 믿는다. DSM-IV는 인간의 여러 문제들을 규정하기에는 너무 단순한 방식이며 우울증은 정신과적 질병이라기보다는 생활상의 문제에 대한 반응이라는 것이다.

그러나 심리학자인 Hinrichsen과 정신과 사회사업가인 Clougherty는 우울증 질병 모델이 매우 강력한 모델이라는 사실을 발견하였다. 주요우울장애로 인하여 야기되는 기능적 손상은 다른 의학적 질병에 의해 야기되는 손상만큼, 때로는 더욱 심각하다(Wells et al., 1989). 주요우울장애는 생리적, 인지적, 그리고 정서적 증상과 관련되어 있으며 사망 위험을 증가시킨다. 주요우울장애 환자의 뇌단층 촬영은 특정 뇌 영역에서의 변화가 주요우울장애와 관련되어 있음을 시사하고 있으며, 항우울제 치료와 정신치료는 이러한 변화를 다시 정상화시키는 것으로 보고되고 있다(Brody et al., 2001). 주요우울장애는 흔히 재발하며 사회적 관계를 손상시킨다(Joiner, 2000). 주요우울장애는 뇌와 환경의 복잡한 상호작용의 결과로 나타나는 확실히 독특한 질병이다. IPT는 전략적으로 우울증 및 관련 장애로 인해 역할에 대한 책임감이 일시적으로 감소하며 자기비난을 한다는 이론적 배경하에 우울증의 치료가 필요한 질병으로 보고 있다.

노인에게 얼마나 많은 변화가 가능할 것인지 우려하는 치료자가 있다

노인은 확고히 구축된 삶의 방식이 있거나 상당히 오래된 문제를 갖고 있기 때문에 정신치료에 잘 반응하지 않을 것이라고 생각하는 치료자들이 많다. 어떤 노인들은 신체적, 사회적, 정신과적으로 너무나 많은 문제를 갖고 있기 때문에 단기 치료만으로는 너무 미흡하다고 느껴질 수 있다.

이 책 2장에서 이미 다룬 것처럼, 우울증을 앓고 있는 노인들은 정신치료와 약물로 도움을 받을 수 있으며, 일반 성인이 도움을 받는 방식과 크게 다르지 않다는 확실한 연구 결과들이 있다. 노인 치료에 대하여 비관적인 태도를 보이는 것은 정보가 부족하고, 노인이나 건강상의 문제를 갖고 있는 사람들에 대한 치료 경험이 부족함을 반영하는 것이거나 치료자가 개인적으로 노화에 대해 불편감을 갖고 있음을 반영하는 것일 수 있다.

심각한 혹은 재발성 우울증을 앓아온 환자가 변화할 가능성에 대해 치료자가 비관적이다

어떤 내담자는 장기간 우울증을 앓아 왔거나, 현재 삽화가 상당히 오래 지속되었고, 매우 중등도의 상태에 있을 수 있다. 이러한 상황은 치료자로 하여금 변화 가능성에 대하여 우려하게 할 수 있다.

연구 결과들은 우울증에 전염성이 있음을 입증하고 있다—즉, 우울증을 앓고 있는 사람과 함께 생활하면 그렇지 않은 경우보다 차후에 우울증을 경험할 가능성이 더욱 높다는 것이다. 대인관계에 미치는 우울증의 강력한 영향력은 심지어 경험 많은 치료자라도 치료 결과에 대해 부정적인 태도를 갖게 할 수 있다. 과거 우리는 중년의 IPT 내담자를 치료한 적이 있었다. 그는 심한 우울증을 앓고 있었으며 최소한 10회의 우울 삽화가 있었고, 3번 결혼했으며, 15개의 직업을 가졌었고, 알코올 중독 경력이 있었다. 그가 처음 방문했을 때 우리는 단기 치료로 그가 얼마나 변할 수 있는지 우려하였다. 치료자들은 유능한 정신과 의사와 함께 정신치료 및 약물치료를 병행했는데 아주 좋은 치료 결과를 얻을 수 있었다. 이 내담자가 앞으로도 계속해서 정신건강 관리를 받아야 한다는 점은 의심의 여지가 없었다. 그럼에도 불구하고, 단기 IPT 과정은 대인관계상의 문제와 우울 증상을 완화시키는 데 효과적이었다. 임상 결과는 매우 힘든 사례의 경우에도 속단을 해서는 안 된다.

치료자가 IPT의 치료 절차를 충실히 따르지 않는다

어떤 치료자는 IPT의 목표 내에서 치료를 유지하는 데 문제가 있다. 첫 사례에 대한 IPT를 시작하기 전에, IPT 매뉴얼(즉, Wiessman et al., 2000)과 특정 문제나 집단을 대상으로 IPT를 적용하는 방법에 대한 책이나 논문을 철저히 읽는 것은 필수다. 치료를 진행하면서 다음 단계로 진입할 때마다 책의 해당 부분을 다시 읽는 것이 좋다. 회기를 시작하기 직전에, 실시할 단계 및 설정된 문제 영역과 관련된 부분의 IPT 개요 부분을 다시 한 번 재빨리 살펴보는 것이 도움이 될 수 있다. 예를 들어, IPT의 초점이 대인관계 갈등이라면, 문제 영역의 목표와 전략을 검토해 보아야 한다. 각각의 회기를 진행하는 동안, 치료자는 그 회기에서 다룰 주제와 목표, 전략, 그리고 기법 등을 머릿속으로 연관시킬 수 있어야 한다. 이러한 정신적 노력은 치료를 단계에 맞춰 유지하는 것과 더불어 초보 치료자가 IPT의 요소를 더욱 견고하게 이해하는 데 도움이 된다. 치료 과정에서 특정 주제가 어떻게 IPT와 관련되어 있는지가 분명하지 않다면, 치료자가 궤도를 이탈했을 가능성이 높다. 치료자가 가장 염두에 두어야 할 점은 회기 내에서 이루어지는 토론이 그들의 마음속에서 문제 영역과 연결되어 있어야 한다는 것이다. 첫 번째 IPT 내담자를 대상으로 16회기가 끝나갈 때 매뉴얼을 다시 읽어 보는 것이 도움이 될 것이다.

지시적인 역할을 수행하는 것에 대해 치료자가 편안하지 않다

때로는 치료자가 내담자에게 방향을 제시하는 것을 주저할 수 있다. 내담자의 언어적 표현의 흐름을 방해하는 것이 치료적 동맹 관계를 해칠 수 있다고 생각하거나 노인에게 행동의 방향을 설정해 주는 것이 예의에 벗어난다고 느낄 수 있다.

내담자는 일정한 범위 내에서 다양한 주제를 다룰 수 있지만, IPT는 특정 문제와 연계되어 있는 분명한 목표를 정해서 작업해 나가게 된다. 어떤 내담자는 주어진 틀에서 벗어나기도 한다. 대부분의 노인들은 치료자가 치료 회기 중 안내자의 역할을 해 주기를 기대한다. 치료 초기부터 정해진 궤도를 따라감으로써 우리는 내담자에게 치료에 적합한 주제가 무엇인가에 대해 정확한 메시지를 전달할 수 있다(달리 표현하자면, 내담자들은 IPT 내에서 사회화되기 시작한다). 정신역동적 정신치료자로 훈련받은 치료자들은 치료자가 적극적으로 이끌고 나가는 것을 매우 불편해할 수 있다. 정신역동적 정신치료를 전공했던 어느 치료자는 수련감독자에게 다음과 같이 말했다. "나는 내 자신의 견해를 내담자에게 강요하지 말라고 훈련받았습니다." "당신은 당신의 견해를 강요하는 것이 아닙니다." 수련감독자는 대답하였다. "당신은 연구 결과에 의해서 확인되고, 내담자가 동의한 치료 계획을 실시하고 있는 것입니다."

치료자는 내담자가 IPT에 정말 적합한 사람인지 확신할 수 없다

연구자들은 IPT가 융통성 있는 치료방법이라고 주장한다. 가장 이상적인 사례는 대인관계 영역에서 분명한 문제가 있으며 최근에 주요우울장애로 확실히 진단받은 노인일 것이다. 노인을 대상으로 하는 임상 상황에서, 우리는 주요우울장애(일회성이건 재발이건)를 앓고 있는 노인이나, 적응장애(우울 증상이 있거나 우울과 불안 증상을 모두 갖고 있는 경우) 노인을 대상으로 IPT를 시행하게 된다. 우리는 적은 숫자이기는 하지만 기분부전장애가 있거나 혹은 주요우울장애와 기분부전장애를 함께 갖고 있는(즉, 이중우울) 노인들을 대상으로 치료하기도 하였다. 기분부전장애가 있는 내담자들은 거의 대부분 16회기 이상의 치료를 필요로 한다(Markowitz, 1998). 우리 내담자 중 일부는 주요우울장애가 부분 관해(remission)된 사람들로 그들은 외부 치료 기관에서 의뢰되었거나, 정신병원 프로그램에서 의뢰되었다. 내담자에게 인지적 손상이 있음이 확실하다면, 내담자가 치료의 일반적 목적을 기억해 낼 수 있는지 그리고 대인관계 이슈와 관련하여 회기 사이에 독립적인 노력을 할 수 있는지를 확인한다. 뚜렷한 성격적 병리(가장 대표적으로 경계형 성격장애)가 있는 경우는 다른 치료 방식(예컨대, 변증법적 행동치료)이 더 효과적이지만, 현재 경계형 성격장애 환자들을 대상으로 실시하는 수정된 형태의 IPT의 유용성을 검증하는 예비 연구가 진행되고 있다. 불안이 가장 주된 증상일 경우에는 주로 인지행동치료를 실시하게 된다. 일반적으로 IPT는 인지적 문제가 없는 우울증 환자 중 네 가지 IPT 문제 영역 중 하나와 관련된 대인관계 이슈가 있는 경우 가장 적절한 치료가 될 것이다.

내담자가 관련된 문제 영역에 초점을 맞추는 것에 어려움을 느낀다

어떤 노인 내담자들은 관련된 치료 이슈에 초점을 맞추는 데 어려움을 겪을 수 있다. 그들은 치료 초기에 동의하였던 문제 외에 다른 문제들을 다루려고 한다. 그들은 주제에서 벗어나고 빙빙 돌 수 있다. 예를 들면, 현재 배우자와의 관계에서 일어나는 문제를 다루는 과정에서 결혼 전 두 사람이 처음 만나 사귀게 된 과정을 지나치게 자세히 기술하거나, 제2차 세계대전 때 어떻게 생활했는지 등으로 주제가 바뀌기도 한다.

치료적 초점을 유지하는 것이 노인이나 IPT에서만 문제가 되는 독특한 이슈는 아니다. 그러나 회기가 정해져 있고 치료자(때로는 내담자도)가 귀중한 시간이 낭비되었다고 느끼는 상황에서는 초점에서 벗어나는 것이 더욱 문제가 될 수 있다. 이러한 이슈는 문제가 되면 가능한 빨리 다루어 주는 것이 중요하다. 처음에는 다음과 같이 친절하게 말해 줄 수 있다. "이제 당신 남편에 대한 문제로 돌아갔으면 좋겠습니다. 우리의 치료 시간이 제한되어 있으므로 원래의 주제에 다시 집중할 필요가 있습니다."

초점을 맞추는 것을 계속해서 어려워하는 내담자라면, 이 문제에 대하여 직접 지적해 주는 것이 필요하다. "지금 말하는 것을 중단하고 더 중요하다고 생각되는 것에 대하여 말했으면 합니다." "이미 다루었던 문제이지만 당신은 한 가지 주제에 집중하는 데 어려움이 있는 것 같습니다. 이런 문제가 또다시 나타났음을 아시겠습니까?" 문제가 지속된다면, 추가적인 논의가 꼭 필요하다. 치료자와 내담자는 내담자가 주제를 벗어났을 때 확고하지만 예의 바르게 경고할 수 있는 방법을 타협해야 한다. 어떤 내담자는 자신이 주제에서 벗어날 경우 치료자가 손을 들어 줄 것을 요청했다. 이렇게 손을 드는 것은 두 사람 모두에게 웃음을 줄 수 있고 그럼으로써 방향을 다시 설정할 수 있다. 대부분의 내담자들은 자신이 주제에서 벗어나는 경향이 있음을 알고 있으며("오, 알아요. 제 남편도 내가 항상 그런다고 말했어요."), 치료자와 협조하여 이 문제를 해결하고자 한다.

노인들이 초점을 유지하는 것에 어려움을 겪는 데는 여러 가지 이유가 있다. 인지 연구에 의하면 노인들은 주제를 벗어나서 장황하게 이야기하는 경향이 있으며 이는 뇌의 노화로 인해 하나의 주제를 일관성 있게 따라가기 힘들어지기 때문이다(Arbuckle, Nohara-LeClair, & Pushkar, 2000). 생활상의 문제에 초점을 맞추는 것이 힘들 수밖에 없는 개인사를 갖고 있는 노인들이 있다. 문제로부터 벗어나려는 시도는 불안을 야기하는 이슈를 피하려는 무의식적인 심리 전략일 수 있다. 내담자로 하여금 초점을 잃지 않게 하려는 치료자의 노력은, 가능한 옵션이 무엇인지, 관심을 가져야 하는 이슈가 무엇인지를 분명하게 해 준다. 가끔 우리는 초기 치매 증상을 보여서 치료적 초점을 유지하는 데 어려움을 겪는 내담자들을 만나게 된다. 노인들과 정신치료를 하는 데 인지적 손상이 꼭 방해 요소가 되는 것은 아니지만, 기억에 도움을 주는 치료적 요소들, 즉 회기를 기록해서 요약하기, 핵심적인 치료 이슈를 규칙적으로 다시 이야기하기, 가족 구성원을 이용하기 등이 치료에 도움을 주는 보조적 방법이 될 수 있다. 연구자들은 최근에서야 인지 문제가 있는 노인들에게 성공적으로 정신치료를 할 수 있는 방법에 주의를 기울이기 시작하였다. 드문 경우이지만, 때로는 IPT를 중지하고 좀 더 지지적인 접근을 하는 것이 필요할 수도 있다.

내담자가 늦거나 약속을 잊어버린다

출석 문제는 IPT에만 특수한 것은 아니다. 그러나 장기 치료에 비하여 더 문제가 되는 것은, 결석을 하면 IPT의 전체 회기가 줄어들기 때문이다. 따라서 출석 문제는 치료 초기부터 직접적으로 다루어 줄 필요가 있다. 문제를 정확히 다루어 주지 않으면, 내담자는 늦거나 약속을 취소하는 것도 받아들여질 수 있다고 생각한다. 어떤 노인들은 병원을 방문할 때 약속 시간보다 30분 이상씩 반복적으로 기다려 왔던 경험이 있기 때문에 정신치료의 경우에도 치료자가 약속 시간보다 늦게 치료를 시작할 것이라고 생각할 수 있다. 따라서 치료자는 내담자가 약속 시간을 지키지 않는 이유를 알아야 하며 이를 통하여 문제를 해결할 기회를 잡을 수 있고 가능한 선택 사항도 고려해 볼 수 있다. 때로는 출석상의 문제가 치료를 계속하는 것에 대한 내담자의 양가감정을 반영하는 것일 수도 있다. 이러한 가능성을 제시하고 분명히 하며, 내담자가 치료를 계속할지에 대한 결정을 하여야 한다.

내담자가 상황이 변할 수 있는 희망이 없다고 느낀다

희망이 없는 것은 우울증에서는 흔한 일이다. 치료자는 치료 초기에 희망이 없다고 느끼는 감정이 내담자의 상태가 호전되면 자연히 감소하게 된다는 사실과 함께 이에 대한 교육을 하여야 한다. "주요우울장애의 한 복판에 있을 때는 상황이 좋아질 수 있다는 희망을 갖기 힘듭니다—그러나 사실 대부분의 우울증 환자들은 치료를 통해 호전이 됩니다." 치료 과정 중 내담자는 우울증이 호전되지 않고 있으며, 기대하는 진전이 문제 영역에서 보이지 않고 있다는 실망감을 표현할 수 있다. 치료자가 실제적인 진전이 있었다고 믿는다면, 치료자는 내담자에게 이에 대해 말할 수 있을 것이다. 증상이나 명시된 문제에 있어서 거의 변화가 없다는 내담자의 평가에 동의할 수밖에 없는 경우도 있다. 어떤 경우이든 치료자는 무망함이 우울 증상의 핵심 증상이며, 상황을 부정적, 절망적으로 보는 내담자의 태도를 이해할 수 있음을 강조해야 한다. 앞서 언급한 바와 같이, 치료자 자신도 내담자의 이러한 부정적 견해를 받아들이고 있는 것은 아닌지 경각심을 가져야 한다.

치료 초기

초기 세 회기에서 다루어야 할 것이 너무 많다고 치료자가 생각한다

치료 초기 몇 주 혹은 몇 달까지도 세부적인 발달력에 대한 정보를 얻는데 집중하는 정신건강 전문가들이 있다. 단 3주만에 이슈들에 대해 모두 살펴보는 것이 치료자에게는 너무 피상적으로 느껴질 수 있다. 치료 초기에 다루어야 할 이슈들에 대한 우려는 시간이 제한되어 있는 치료를 통하여 얼마나 많은 것을 얻을 수 있는가에 대한 우려를 반영한다. 잘 조직화되어 있고 목표 지향적인 치료자는 일반적으로 치료 초기에 다루어야 할 내용들을 적절히 다룰 수 있다. 치료 초기에 수집한 정보들은 적절한 진단을 내리고 대인관계상의 문제들을 전반적으로 개관할 수 있는 유용한 정보를 제공해 줄 수 있음을 꼭 기억하고 있는 것이 도움이 된다. 치료 중기에는 치료에 중요한 이슈들에 더 많은 시간을 할애할 수 있다. 때로는 IPT와 무관한 이슈들에 빠져서 치료 초기부터 궤도에서 벗어날 수도 있다. 혹은 치료 중기에서 세부적으로 다루어야 할 관련 주제를 너무 일찍, 너무 깊게 다루느라 많은 시간을 소비할 수도 있다.

한 회기 내에 대인관계 설문지를 실시하는 것이 힘들다고 생각한다

대인관계 설문지를 실시해 본 경험이 부족한 IPT 치료자들은 일 회기 이상이 필요하다고 생각하는 경우가 많다. 연습을 통하여 한 회기 내에 이러한 작업을 완성할 수 있어야 한다.

대인관계 설문지의 전반적 틀에 대하여 환자에게 설명하는 것도 도움이 될 수 있다. "이 회기에서 우리는 당신 생활에서 중요한 관계들에 대하여 다룰 것입니다. 각 관계에 대하여 깊이 있게 다루지는 않을 것입니다. 왜냐하면 저는 단지 당신 생활에서 중요한 사람들에 대한 일반적인 당신의 느낌을 알기 원하기 때문입니다. 그러므로 우리는 각 사람들에 대하여 약 5분에서 10분 정도 이야기할 것입니다." 때로는 치료의 초점이 될 수 있는 관계에 대하여 좀 더 세부적인 탐색을 하기 위해 보다 많은 시간을 할애하고 싶은 유혹을 느낄 수 있다. 그러나 치료 중기가 되면 이 작업을 할 수 있는 충분한 시간이 있다.

대인관계에 대한 전반적인 조망을 하기 위해서는 (a) 내담자가 처음 제시한 정보에서는 분명하지 않았으나 치료의 초점이 될 수 있는 관련 대인관계 영역이 있는지 살펴보고, (b) 다른 사람들과 관계를 맺는 일반적인 양상에 대해 알아보며, (c) 현재 문제가 되는 이슈와 관련이 있을 수 있는 과거 대인관계상의 문제가 있는지를 확인하여야 한다. 노인을 대상으로 대인관계 설문지를 실시할 때 가장 어려운 점은 그들이 오랜 기간 살아왔기 때문에 정보의 양이 많고 때로는 기억이 부정확하다는 점이다. 중요한 것은 내담자의 성장 과정에서 대인관계와 관련된 이슈가 있었는가 하는 것이다. 이러한 예로는 부모의 질병이나 죽음, 부모로부터의 분리, 어린 시절의 심리적 외상 등이 있다. 사별을 경험한 내담자들의 경우 죽은 사람과의 관계가 어떠했는지를 아는 것이 중요하다. 우리는 대인관계 설문지에서 IPT 개요에 기술된 질문들이 유용함을 확인할 수 있었고, 따라서 초보 치료자들에게 그 질문들을 사용하도록 추천한다.

내담자는 관련된 여러 문제 혹은 수많은 생활상의 문제를 갖고 있으며 치료자는 그중 어디에 초점을 맞추어야 할지 모른다

어떤 내담자들은 특별히 복잡한 삶을 살고 있으며, 따라서 치료자가 어디에 초점을 맞추는 것이 가장 좋을지 결정하기 힘들 수 있다.

우울증의 발병과 가장 밀접하게 관련되어 있는 대인관계상의 문제가 무엇인지 식별해 내는 것이 도움이 될 수 있다. 또한 어떤 대인관계 문제가 내담자에게 가장 큰 관심사인가를 찾아내는 것도 유용하다. 치료 기간이 짧기 때문에, 한두 개 정도의 주요 문제 영역 이상을 다루기는 힘들다. 확신이 서지 않는다면, 치료자는 내담자에게 어떤 문제에 초점을 맞추는 것이 가장 도움이 될 것이라고 생각하는지 질문을 해야 한다. 치료 중기에서 또 다른 생활상의 이슈가 나타날 수 있지만, 전반적으로 치료자는 내담자가 동의한 문제 영역에 지속적으로 초점을 맞출 필요가 있다.

네 개의 대인관계 문제 중 내담자의 문제와 가장 가까운 것이 어떤 것인지 알 수 없다

치매에 걸린 가족을 간병해야 하는 역할 전환의 문제가 있으며 동시에 상당한 슬픔에 빠져 있는 내담자의 경우, 무엇을 먼저 다루어야 할지 혼란스러울 수 있다.

IPT에서 정한 문제 영역은 상당히 광범위해서 내담자가 보고하는 대인관계 관련 이슈들을 대부분 포함할 수 있다. 그러나 초보 치료자의 경우, 내담자가 제기한 이슈가 어떤 문제 영역에 속하는지를 결정하는 것을 어려워한다. 이러한 혼란의 원인 중 하나는 상실에 의한 슬픔이나 애도의 감정이 대인관계 갈등과 역할 전환의 한 부분임에도 불구하고, 초보 IPT 치료자들은 이를 또 다른 영역으로 생각하기 때문이다. 치료 매뉴얼을 좀 더 꼼꼼히 읽어 보면, 슬픔이나 애도의 감정은 사별로 인해 심각한 대인관계상의 문제가 생긴 사람들에게 주로 나타남을 알 수 있다. 초보 치료자들은 사별에 따른 슬픔을 호소하던 내담자가 혼자 살아가야 한다는 역할 전환을 겪게 되면 역할 전환의 문제를 이차적 문제로 고려해야 하는지 고민하기도 한다. 때로는 대인관계에서 갈등을 겪고 있는 사람들이 이차적으로 대인관계 결핍이라는 문제도 갖게 되는 것은 아닌지 의문을 제기하는 초보 치료자들도 흔히 볼 수 있다. 그들은 내담자가 대인관계상의 갈등을 타협하는 데 문제를 갖고 있기 때문에, 결과적으로 대인관계 결핍이 초래될 것이라는 이론을 제시한다. 그러나 대인관계 결핍을 보이는 사람들은 애초부터 관계를 형성하거나 유지하는 데 어려움이 있는 사람이라는 점을 강조하고 싶다. 또 하나의 혼란 원인은 관련된 대인관계 기술을 개발시켜 주는 것이 네 개의 문제 영역 각각에서의 전략이라는 점이다.

이전 장에서 언급한 바와 같이, 역할 전환은 노년기 삶에서 흔히 발생하는 문제 영역이다. 예를 들면, 간병인 역할, 환자 역할, 새로운 거주지나 요양원으로의 이주, 은퇴, 그리고 양육의 의무 등이다.

치료자가 내담자에게 분명한 사례 설계와 치료 계획을 전달해 주지 않는다

치료자가 초기 회기에서 확인된 요소들을 정리하여 문제가 무엇인지, 치료 계획은 어떤 것인지에 대하여 정확히 전달하지 않는 경우가 있다. 우리는 세 번째 회기 끝 무렵에 내담자에게 문제에 대하여 간결하게 말해 주는 것이 특히 중요하다는 사실을 알게 되었다. "자, 이제부터 제가 당신의 문제에 대해 생각하는 것을 말씀드릴게요." 이런 식으로 치료자는 초기 회기에서 다룰 요소들을 분명히 말해 줄 수 있다. 또한 치료자는 자신이 내담자의 우려를 정확히 이해했는지 질문할 수 있다. "자 이제, 제 말에 대하여 어떻게 생각하는지 말해 주세요." "제가 제안하는 치료방법은 이렇습니다." 치료자는 계획을 제시한다. "당신이 어떻게 생각하는지 알려 주십시오." 치료자는 내담자가 치료 계획을 진행시키는 것에 대하여 동의하는지 물어볼 수 있다. 문제 및 치료의 구조화는 중기 회기에서도 반복할 수 있으며, 치료의 진전에 대하여 검토하는 종결 회기에서도 또 한 번 반복할 수 있다. 정신치료에서는 반복이 매우 유용한 경우가 많다.

치료자가 치료 계약에 대해 설명하는 것을 잊었다

초보 치료자들 중에는 치료 기간을 설명하고, 내담자의 출석이 중요함을 강조하며, 치료 초기에 치료의 초점에 대하여 내담자의 동의를 얻는 것을 잊어버리는 사람이 많다.

초기에서 중기 회기로 치료를 진행해 나가는 것을 치료자가 힘들어한다

초기 회기의 과제는 상당히 잘 정리하였음에도 불구하고 중기 회기를 어떻게 진행해야 하는지에 대해 걱정을 하는 치료자도 있다. 중기 회기의 목표와 전략은 좀 더 전반적이기 때문이다.

우리는 다른 정신치료와 달리 각 회기에서 다루어야 할 내용이 특별히 정해져 있지 않다는 것이 IPT의 장점이라고 믿고 있다. IPT의 전반적인 목표와 전략을 수립함에 있어서 치료자는 상당한 융통성을 가질 수 있다. 그러나 초보 IPT 치료자들의 경우 이러한 융통성이 오히려 부담이 될 수 있는데, 왜냐하면 그들은 자신이 치료 구조에 맞춰서 제대로 치료하고 있는지 확신하지 못하기 때문이다. 앞서 언급한 바와 같이, 치료 구조에 적절히 맞춰 나가는 방법은 IPT 개요를 숙지하고 자신에게 다음과 같이 끊임없이 질문하는 것이다. "이러한 논의가 이 문제 영역에서 IPT의 목표와 전략에 적절한 것인가?"

치료 중기

치료자가 우울 증상 및 우울증에 대해 더 이상 논의하지 않는다

어떤 치료자들은 치료 초기에 내담자와 함께 우울증에 대하여 논의한 후, 이에 대하여 거의 다루지 않는 경우가 있다. 그러나 치료자는 우울증의 상태에 대하여 규칙적으로 질문해야 한다. "요즘 우울증은 어떻습니까?" 우리는 일반적으로 우울 평정척도를 IPT의 초기, 중기, 말기에 실시하도록 권하고 있지만 좀 더 자주 할 수도 있다. 이러한 정보는 치료에 진전이 있었는지를 알려 줄 뿐 아니라, 지난주에 내담자가 경험한 대인관계 관련 사건이 증상을 호전시키거나 악화시키는 데 어떠한 관련이 있는지를 알 수 있는 기회가 될 수 있다. 내담자가 회기 전주에 자기보고식 설문지에 기록한 우울 증상에 대하여 질문하는 것도 도움이 될 수 있다. 내담자가 기능상의 어려움을 보고한다면, 치료자는 우울증이 원인일 수 있음을 내담자에게 상기시켜 주어야 한다. 치료 초기부터 우울증에 대하여 반복적으로 교육적 정보를 주는 것은 도움이 될 수 있다. 우울증에 대한 반복적인 논의를 통하여 내담자에게 치료자가 문제를 이해하고 있음을 알려 줄 수 있다. "우울증은 매우 고통스런 병이기 때문에 그로 인해 당신의 일상생활이 그토록 힘들어질 수 있습니다. 하지만 우리가 함께 노력한다면 우울증에서 분명히 벗어날 수 있습니다."

어떤 치료자는 내담자에게 너무 일찍 충고와 지시를 해 주려고 한다

내담자가 가능한 대안을 잘 생각해 내지 못하는 경우, 내담자의 대안을 더 탐색해 보기보다는 치료자가 서둘러 대안을 제시하기도 한다. 내담자에게 대안을 제시한 것이 완벽하게 성공적일 경우도 있다. 그러나 내담자가 곤경에 빠져 있을 때는 그들을 격려해서 스스로 가능한 대안을 찾도록 하는 것이 더 도움이 된다. 내담자가 대안을 제시하도록 하는 것은 내담자에게 문제를 스스로 해결한다는 자신감을 갖게 한다. 내담자가 대안을 찾기 힘들어할 경우 치료자는 다음과 같이 질문할 수 있다. "이러한 상황에서 전에는 어떻게 했습니까?" "다른 사람들은 어떻게 하던가요?" "비슷한 상황에 있었던 친구가 있었나요?" 그래도 계속 힘들어하면, 내담자에게 다음 주까지 이 문제에 대해 생각해 오도록 요구할 수 있다. 내담자가 여전히 대안을 생각해 내지 못한다면, 치료자가 아이디어를 제공해 주고 이에 대하여 내담자가 어떻게 생각하는지 물어볼 수 있다.

문제 영역이 애도인 어떤 내담자들은 치료자가 특정한 회기에서 사별한 사람에 대하여 초점을 맞추면 힘들어하는데, 왜냐하면 그러한 주제가 내담자에게 지나치게 고통스럽기 때문이다. 치료자는 내담자가 상실에 대하여 함께 의논할 수 있는 유일한 사람인 경우가 많다. 따라서 치료자는 세심하게 공감을 해 주면서, 또 용기를 북돋아 주면서 내담자가 상실에 대하여 다루어 나갈 수 있도록 도와주는 것이 좋다. 특정 주제를 다루기 거부하는 내담자에게 치료자는 다음과 같이 말할 수 있다. "지금 당신이 이 문제를 다룰 준비가 되어 있지 않다는 것을 압니다. 그리고 오늘 남은 시간 동안 이 문제를 다루지 않을 수도 있습니다. 그러나 우리는 다음 회기에는 이 문제를 다시 다루어야 합니다."

대인관계 갈등이 있는 내담자의 치료 회기에 갈등을 빚고 있는 상대방을 참여시키는 것이 적절한지 고민하는 치료자가 있다

한두 회기 정도는 치료에 다른 사람을 참여시키는 것이 매우 도움이 될 수 있다. 이를 통해 치료자는 내담자가 다른 사람과 어떻게 관계를 맺는지 확실히 알 수 있다. 다만 다른 사람을 참여시키기 전에 내담자와 함께 계획을 세우는 것이 필요하다. 다른 사람과 함께 회기를 진행하는 것은 내담자가 의사소통 기술을 좀 더 잘 연습할 수 있는 좋은 기회가 될 수 있을 것이다. 또한 함께 만났던 그다음 회기에서 내담자가 어떻게 상대방과 상호작용을 했는지에 대해 피드백을 주는 것이 도움이 될 수 있다.

내담자에게 남은 회기가 몇 번인지 상기시키는 것을 잊는 경우가 있다

이는 치료가 다 끝나갈 때가 되어서야 치료가 곧 종결될 것이라고 말하는 경우다. 몇 회기에 한 번씩, 진행된 회기 수와 남은 회기 수를 알려 주는 것이 좋다. "오늘은 우리의 10번째 회기이고, 앞으로 6번 남았습니다." 내담자에게 남은 회기를 알려 주는 것은 관심을 갖고 있는 대인관계 이슈에 대해 좀 더 적극적인 변화를 하도록 동기를 부여하기 위함이다. 단기 IPT를 종결하는 데 어려움을 겪을 것 같은 내담자의 경우, 규칙적으로 남아 있는 회기를 알려 주는 것이 종결 과정을 좀 더 쉽게 해 줄 수 있다.

치료 종결

치료자 자신이 정신치료가 16주 이후에도 계속될 것으로 가정한다

초보 IPT 치료자들은 치료를 끝내는 것이 힘들다는 것을 발견하곤 한다. 때로는 종결 회기에 접어든 직후에 별 생각 없이 다음과 같은 말을 하기도 한다. "정해진 16주 IPT가 곧 끝날 것이지만, 내 생각에는 그 후에도 치료를 계속할 수 있을 것 같습니다." "치료가 조만간 끝나지만, 내 생각에 당신은 계속해서 치료를 받기 원하는 것 같습니다." 기간이 제한되어 있는 정신치료를 거의 해 본 경험이 없는 치료자들은 16주만에 치료를 끝내는 것에 대해 불편해 하곤 한다. 그들은 주관적으로 자신이 내담자를 포기한 것으로 느낀다. 종결은 노인 내담자와 작업하는 치료자들에게 특히 힘들 수 있다. 노인들은 다양한 노년기의 스트레스를 갖고 있는데—가장 두드러진 것은 건강에 대한 우려다—그들의 증상이 우울증과 관련이 있을 수도 있고 없을 수도 있다. 우리는 초보자에게 치료 초기에 16회기로 종결한다는 치료 계약을 잊지 말고 맺도록 강조한다. 치료 계약은 나중에 다시 조정될 수는 있지만, 확실한 계약을 맺음으로써 내담자가 원하는 것이 무엇인지에 대해 편견을 갖지 않게 된다. 치료자가 직접적 혹은 간접적으로 내담자에게 더 오랜 기간의 치료가 필요하다는 메시지를 전달하는 것은 내담자가 정신치료를 받지 않고는 인생의 문제를 해결할 능력이 없다는 말을 하는 것과 같다. 이러한 메시지는 IPT의 지속 여부에 대한 권한을 내담자에게 주어야 한다는 원칙에 위배되는 것이다. 실제로 노인들에게 그들이 원하고 필요로 하는 것보다 더 많은 도움을 제공하면, 그들의 자존감과 자기 통제력에 손상을 가져올 수 있음을 입증하는 연구 결과가 있다(Newsom & Schulz, 1998). 어떤 내담자는 치료자가 16회기 이상 치료를 계속해야 한다고 말하면 실망하고 당황하기도 한다. 그들은 스스로 많은 향상이 있었다고 느끼거나('치료자는 내가 좋아졌다고 보지 않는가?'), 치료의 종결을 기대하고 있었고('16주라고 들었던 것 같은데?'), 다른 약속을 해 놓은 경우도 있고('내가 매주 몇 명의 의사를 만나야 하는지 아나?'), 정신치료에 더 이상의 돈을 지불하기 원하지 않을 수 있다('내가 건강 관리에 얼마나 많은 지출을 하고 있는지 아나?'). 반면에 어떤 내담자들은 스스로 좋아졌다고 말하면서도, 치료 종결로 인한 슬픔을 증상이 재발한 것과 혼동하여 계속해서 치료받기를 원한다. 이상과 같은 치료 종결에 따른 문제가 처리되고 나면, 대부분은 치료를 끝내는 것을 편안해 한다. 그러나 어떤 내담자들에게는 이 책 10장에서 다룬 바와 같이 어떤 형태로의 치료가 계속될 필요가 있다—특히 IPT에 부분적으로만 반응한 사람들, 재발성 우울증이 있는 사람들, 지속적인 대인관계 갈등을 겪고 있는 사람들이 여기에 해당된다.

제 12 장

다음 단계

제 12 장

다음 단계

INTERPERSONAL PSYCHOTHERAPY FOR DEPRESSED OLDER ADULTS

몇 년 전 Hinrichsen은 지금은 은퇴해서 외국에서 생활 중인 존경받는 정신치료 지도교수 한 분과 통화를 하였다. 대화 중 그녀는 이렇게 물었다. "선생님, 요즘은 정신치료를 몇 회기 하세요?" 그는 노인들을 대상으로 하는 정신치료가 그의 전문가로서의 일과 중 중요한 일부이며 동시에 개인적, 직업적 만족감을 주는 원천이라고 대답했다. 그녀는 말했다. "선생님이 인턴일 때가 기억나요. 선생님은 열정적이고 아주 성실했지만 그것을 구현할 방법을 필요로 했죠. 그 방법을 이제 찾으셨나요?" "그래." 그는 대답했다. "찾았단다."

4장에서 언급했듯이, 임상 장면에서 우리는 IPT가 노인들의 문제를 해결하는 데 적절한 방법임을 발견했다. IPT는 우울증에 흔히 동반되는 대인관계상의 문제들을 해결하며, 노인들에게 잘 수용되고 임상 효과도 아주 좋은 것으로 보인다. 치료자로서 우리들은 IPT가 개념적으로 잘 정리되어 있고, 실증적이며, 치료 목표나 전략, 기법에 있어 유연하게 적용될 수 있는 치료법이라고 생각한다.

이 책 앞부분에서 언급하였듯이, 우리가 IPT 워크숍을 개최하면 임상 경험이 많은 참석자들은 자신들이 IPT의 요소들을 이미 치료에 사용해 왔었다고 말하곤 한다. 우리는 그런 말을 들을 때마다 고무되는데, 왜냐하면 IPT가 우울증 환자에 대한 Klerman과 Weissman의 임상치료 경험에 뿌리를 두고 발전한 것이기 때문이다. 또 어떤 치료자들은 IPT가 CBT나 정신역동치료와 개념적으로 어떻게 다른지를 질문한다. 우리는 때로 Klerman, Weissman, Rounsaville 그리고 Chevron(1984)이 정리한 IPT와 다른 정신치료기법과의 차이점을 인용해서 설명해 준다. 또한 Weissman, Markowitz 그리고 Klerman(2000)이 요약한 다른 치료기법과 두드러지게 다른 IPT의 특징을 검토한다. 그 특징은 바로 치료 회기가 제한되어 있고, 특정 주제에 집중하며, 현재의 인간관계를 주로 다루며, 인격이 아닌 대인관계에 초점을 맞춘다는 것이다. 그럼에도 불구하고 IPT는 정신역동치료와 유사성이 있고(예를 들면, 이면의 문제, 관계에서의 반복적 패턴, 과거의 인간관계에 대한 선택적 주의집중 등에 초점을 맞추는 것), 인지행동치료와 비슷한 점들(예를 들면, 활동과 참여의 영역을 확대해 가고 기대를 변화시키는 것)도 있다. IPT에서 사용하는 치료기법 중 상당수는 여러 다른 치료에서도 사용된다(예컨대, 탐색, 명료화, 감정 격려 등). 정신치료의 여러 학파들 간의 편협한 싸움은 이제 수그러들고 있다. 왜냐하면 정신과적 증상들을 완화시킴에 있어서 대부분의 정신치료들이 공통적으로 사용하고 있는 치료기법의 효과에 대해 각 학파들이 솔직하게 그 중요성을 인정하고 있기 때문이다(Horvath, 1988). 또한 일부 학파에서 쓰고 있는, 만병통치식 접근법, 즉 내 치료기법으로 모든 문제를 다 해결할 수 있다는 식의 주장이 외면당하고 어떤 문제에 어떤 치료법이 가장 적합한지에 대한 지적이고 실험적인 흥미가 관심을 끌기 시작하였다.

IPT가 정말로 유용한가? 우리는 개념적 구조가 임상치료에 도움을 준다고 믿는다. 노인들을 대상으로 한 오랜 기간의 치료 결과, Hinrichsen은 IPT야말로 자신이 노인우울증 환자들을 치료하면서 효과를 검증한 여러 전략과 기술들에 대한 굳건한 기초를 제공해 주고 있음을 알게 되었다. Clougherty 역시 IPT가 그녀가 오랜 기간 시행해 왔던 정신치료 작업을 보완해 준다는 점을 발견하였다. 우리 두 사람에게 있어 IPT는 치료 과정에서 필연적으로 발생하는 여러 문제들을 개념화하고, 서열화하며, 반응하는 데 있어 중요한 이론적 근거가 되어 주었다. IPT는 대인관계나 우울증에 대한 수많은 연구 결과들을 의미 있게 통합해 주는 통로이며 이는 치료 상황에서 적절히 활용될 수 있다. 우울증과 다른 문제들을 치료함에 있어 IPT의 유용성에 대한 여러 연구 결과들이 있기 때문에 임상에서의 자신감이 강화될 수 있다. 우리가 IPT에서 가장 훌륭하다고 생각하는 점은 그것이 본질적으로 힘을 불어넣어 주는 치료라는 점이다. '당신의 대안은 무엇인가?'가 IPT의 화두다. 이 간단한 질문이 인생의 모든 문제에는 최악의 경우에도 해결방법이 있다는 확신을 불어넣어 주기 때문이다. 우리가 환자들에게 자주하는 말 중 하나는 "그건 당신의 우울증이 하는 말입니다."이다. 이것은 우울증이 정말 강력한 질병이라서 우울증 환자의 사고능력을 부정적으로 위축시키고, 그 결과 과거나 미래에서 즐거웠던 기억을 하지 못하게 된다는 점을 전달해 주게 된다. 이 말은 또한 모든 질병은 호전되며, 환자의 질병 역시 호전될 것이라는 우리의 기대를 환자에게 전달해 준다. Clougherty는 우간다에서 실시된 정신치료에 대한 최초의 RCT에 연구자로 참여할 기회가 있었는데 이것은 3장에서 인용했던 IPT 우간다 연구와 동일한 것이다(Bolton et al., 2003). 미국에서 개발된 정신치료가 우간다 문화에서도 적용될 수 있고 또한 그처럼 성공적일 수 있다는 사실에 그녀는 매우 놀랐다. 물론 다른 치료기법들도 비슷한 성공을 거둘 수 있을지 여부는 실증적 질문이지만, 그럼에도 불구하고 IPT가 비서구권에서도 적용될 가능성이 있다는 것은 매우 고무적이다.

아직까지도 할 일이 많이 남아 있다. 정신보건 전문가들은 급성 우울증의 치료에 좋은 성과를 거두고 있지만, 재발하는 사람들이 대단히 많다(Keller, Lavori, & Mueller, 1992; Reynolds et al., 2001). 임상가들은 이 사실을 너무나도 잘 알고 있고, 연구자들도 이러한 현실에 대해 기술하고 있다. 일부 환자들은 급성 우울증 치료에 전혀 반응하지 않거나 혹은 일부만 반응하기도 한다. SSRI계열은 삼환계 항우울제 등 기존의 치료제에 비해 부작용이 적지만 여전히 체중 증가나 성기능 장애 등의 부작용을 초래한다. 많은 일차진료 의사들은 그들이 항정신병 약물을 처방하면서도 우울증을 제대로 진단하거나 치료하지 못한다(Higgins, 1994). 노인우울증의 치료는 지난 20년간 꾸준히 발전했다. 하지만 노인의 경우, 항우울제를 사용한 치료는 우울증 이외의 다른 신체 질환이 많고 따라서 복용하는 약물도 여러 가지라는 점에서 젊은이의 우울증 치료보다 매우 복잡하다(예컨대, 노인과 젊은이 간에 다르게 나타나는 약물 역동, 약물 간의 상호작용, 또는 약물 부작용에 대한 예민성; Reynolds et al., 2001). 정신치료의 효과도 입증되긴 하였지만 노인우울증에서의 주된 치료법은 일반 성인과 마찬가지로 약물치료가 있다. 노년기 우울증에서 정신치료가 배제된 채 항우울제 치료만 하는 것은 합리적 방법이라 할 수 있다. 하지만 연령과 무관하게 대인관계상의 문제들이 우울증에 선행하거나 우울증의 경과에 영향을 준다는 강력한 연구 결과들을 고려해 볼 때 노인에게서 정신치료가 제대로 활용되지 못하고 있는 것 같다(Hinrichsen, & Emery, 2005; Wei, Sambamoorthi, Olfson, Walkup, & Crystal, 2005). 노인, 특히 '최고령층 노인(85세 이상의 노인)'의 경우 인지장애나 치매가 있는 경우가 많지만 인지장애를 겪고 있는 노인에 대한 정신치료의 유용성 연구는 거의 없다. 노인요양시설에서 근무하는 심리학자들의 보고에 의하면 정신치료는 경도 내지 중등도의 인지장애가 있는 노인의 경우에도 유용하다고 한다(Molinari, 2000). 이러한 보고를 지지하거나 기각할 만한 실증적 연구는 거의 없다. 하지만 인지장애와 우울증이 있는 노인들에게 정신치료의 유용성을 알아보기 위한 몇 개의 연구가 진행 중이라는 사실은 고무적이다. 피츠버그 대학의 Mark Miller(2004)는 인지장애와 우울증을 앓고 있는 노인들에게 IPT를 적용하였다. 워싱턴 대학의 Brian Carpenter와 동료들은 노인보호시설 장기 거주자들을 위한 혁신적인 정신치료기법을 개발하였다(Carpenter, Ruckdeschel, Ruckdeschel, & Van Haitman, 2002). 그리고 코넬 대학교 Weill 의과대학의 Dimitris Kiosses는 인지장애가 있는 노인들을 위한 문제해결치료법을 적용하고 있다.

노년기 주요우울장애의 급성기 치료에서 IPT에 대한 확고한 RCT (randomized clinical trial)는 아직 시행되지 않았다. 노년기의 급성우울증에 대해 실시된 두 개의 연구는 기본적으로 예비 연구들이다(Rothblum, Sholomskas, Berry, & Prusoff, 1982; Sloane, Staples, & Schneider, 1985). 또 하나의 연구는 내과적 질병을 앓고 있고, 우울 증상을 보이는 노인들을 대상으로 하는 대인관계상담(Interpersonal Counseling, IPC: IPT의 축약형)에 대한 연구였다(Mossey, Knott, Higgins, & Talerico, 1996).

역설적이게도, 급성기 치료에 대한 연구가 지속/유지 치료에 대한 연구보다 훨씬 쉽다. 우울증의 급성기 치료에 대한 IPT 유용성에 관한 연구 자료는 제한되어 있지만, 노년기 우울증의 지속/유지 치료에 대한 잘 계획된 대규모 연구들을 통해 얻어진 결과물들은 아주 풍부하다. 그중에는 월 1회 IPT만을 하거나, 약물치료만을 하거나, 혹은 IPT와 약물치료를 병행하는 경우 주요우울장애의 재발을 감소시켰다는 지속/유지 치료 연구 결과들도 포함되어 있다(Reynolds et al., 1999). 누구든 노인우울증의 급성기 치료에 대한 제대로 된 IPT를 실시해 주길 기대한다!

자, 그러면 이 책을 다 읽은 뒤, 당신이 노인들을 대상으로 IPT를 실시하고 싶다면 어떡하면 될까? 이미 몇 차례 언급했듯이 『Comprehensive Guide to Interpersonal Psychotherapy』(Weissman et al., 2000)를 읽어라. 『Comprehensive Guide』에는 독창적인 치료 매뉴얼이 포함되어 있고, 다양한 인구 집단과 다양한 문제에 대한 IPT 적용과 연구 결과들이 훌륭하게 정리되어 있다. 『Comprehensive Guide』는 아주 유용한 사례들을 제공하고 있어 임상적으로 도움이 된다. 우리는 IPT를 공부하는 사람들에게 1년간의 수련을 시작하기 전에 『Comprehensive Guide』를 먼저 읽고, 수련이 다 끝날 무렵 한 번 더 읽도록 권하고 있다. 『Comprehensive Guide』를 읽은 독자들은 『Comprehensive Guide』를 통해 이 책에서 배운 것들을 다시 한 번 새겨 보는 기회를 갖게 될 것이다.

노인을 대상으로 하는 임상 경험이 거의 없거나 전무한 사람이라면 노인심리학을 공부할 필요가 있다. 미국심리학회(APA)의 'Guidelines for Psychological Practice With Older Adults'(APA, 2004)는 좋은 출발점이 될 것이다. Bob Knight의 『Psychotherapy With Older Adults』(Knight, 2004)도 적극 추천한다. 그 밖의 추천도서는 이 책의 참고문헌 목록을 살펴보길 바란다. 노인심리학 분야에서는 다양한 교육훈련 워크숍이 제공되고 있으며 이들은 APA의 임상노인심리학(Division 12, Section II) 홈페이지인 http://www.geropsych.org에서 그 목록을 찾아볼 수 있다. APA의 노화분과(Office of Aging) 홈페이지(http://www.apa. org/pi/aging)에도 노인 대상의 정신치료와 메디케어(Medicare) 청구에 관련된 안내 등 유용한 자료들이 있다.

IPT에 능숙해지기 위해서는 공식적인 수련감독이 필요할까? 우리는 그렇다고 믿는다. 이 질문과 대답은 여러 가지 문제를 제기한다. 예컨대, 건강 전문가들은 어떤 방법으로 새로운 기술을 습득하는가? 대부분의 주에서는 면허를 유지하기 위해 보수교육을 지속적으로 받도록 의무사항으로 정해 놓고 있다. 이러한 제도가 매우 훌륭한 제도라는 점에는 100% 동의한다. 하지만 이것은 자신이 하고 있는 임상 실제의 한두 가지 측면을 재정비하기 위한 것이지 전혀 새로운 기술을 습득하기 위한 것은 아니다. 우리는 하루짜리 IPT 워크숍을 진행하지만 참가자들이 이 워크숍을 통해 IPT에 숙달되리라고 생각하지는 않는다. 보수교육에 관여하는 노인심리학자들은 노인심리학 분야에서 실제적인 기술 습득에 도움이 될 수 있는 의미 있는 보수교육체계를 구축하는 방법에 대해 꾸준히 논의하고 있다(Qualls, Segal, Norman, Niederehe, & Gallagher-Thompson, 2002). 전문가 보수교육의 문제는, 특히 노인을 대상으로 하는 진료 경험이 전무하거나 거의 없으면서 노인심리학 분야의 지식과 기술을 습득하기 원하는 임상심리학자들에게는 중요한 문제다. 노인심리학자인 Sara Qualls가 이 문제에 대해 아주 괄목할 만한 노력을 진행 중인데, 그녀는 2005년도에 콜로라도 스프링스 소재 콜로라도 대학교에서 노인심리학 연례 수련 콘퍼런스를 시작하였다. 콘퍼런스 주제는 해마다 달라지는데 이들은 노인에 대한 임상 서비스의 핵심 이슈들을 모두 포함하고 있다.

일부 전문기관에서는 정신보건 분야에서 지속적인 수련감독을 제공하고 있다. 우리가 잘 아는 일부 기관은 정신분석, 가족치료, 부부치료, 그리고 인지행동치료 등을 전문으로 하고 있다. 참가자들은 교육과정을 이수하기도 하고, 자신이 진료하는 환자에 대한 임상지도도 받으면서 프로그램을 마치면 수료증을 받는다. 저자인 Hinrichsen이 근무하는 병원에서도 최근에 실증적 심리치료위원회(the Committee for Empirically Supported Psychological Practices)를 개설하였다. 이 위원회의 설립목적은 워크숍, 개인지도, 집단지도 등을 통해서 심리학자들에게 모든 연령의 환자들에게 적용할 수 있는 실증된 진료방법을 전파하는 것이다.

그렇다면 IPT 수련과 수련감독은 어디서 받을 수 있는가? IPT 수련은 연중 다양한 개인과 기관에 의해 제공된다. 전문학술잡지에 워크숍 광고가 게재되곤 한다. International Society for Interpersonal Psychotherapy

홈페이지(http://www.interpersonalpsychotherapy.org)도 살펴볼 필요가 있다. 이들 워크숍은 IPT에 대한 전반적 개관과 특정 집단 및 특정 문제에 대한 IPT 활용법을 가르쳐 준다. IPT 수련감독자를 찾는 것은 좀 더 어려운 일이다. IPT의 효과를 증명하는 많은 연구 결과들에도 불구하고 IPT는 아직 널리 전파되지 못했다. 따라서 인지행동치료 등 다른 치료법에 비해 자신이 사는 지역 가까운 곳에서 수련감독자를 찾기가 쉽지 않다. 하지만 가까운 곳에 수련감독자가 없다 해도 전화상으로 지도를 받을 수 있다. 보통은 수련생이 자신의 진료를 녹음 혹은 녹화하여 보내고 이에 대해 지도를 받는다.

IPT에 능숙해지기 위해서는 어느 정도의 수련감독을 받아야 할까? 현행 IPT 수련감독 체계는 연구 결과를 토대로 세 개의 지도 사례를 요구한다. 일부 사람들은 세 개의 사례가 IPT를 숙달하는 데 충분한지에 대해 의문을 제기한다. 또한 공식적인 수료증을 발급하는 문제에 대해서도 논란이 있다. 그러한 수료증이 양질의 IPT를 담보해 줄 것인가, 아니면 이 치료법을 배우려는 전문가들의 의욕을 꺾어 놓기만 할 것인가? 우리는 IPT에 대한 공식적인 수련감독을 받는 것이 많은 비용을 지출해야 한다는 점에 유의하고 있다. 수련생들은 보통 자신이 수련감독 받는 시간뿐 아니라 수련감독자가 자신의 녹음 혹은 녹화 테이프를 보고 듣는 시간에 대해서도 비용을 지불한다. 이제 IPT 전문가는 세계 곳곳에 있기 때문에 수련감독자와 수련생 간의 지리학적 거리는 극복될 수 있으리라고 본다. IPT에 대한 공식적인 수련감독을 받지 않는 정신치료자도 임상에서 IPT를 실시할 수 있는가? 그렇다. 하지만 우리는 수련감독을 받아야만 숙달될 수 있다고 믿는다.

심각한 우울증을 앓고 있는 노인들에게 정신치료를 제공한다는 것은 아주 기분 좋고 감동적인 일이다. 어느 할머니 한 분은 "우울증을 앓는 것보다 차라리 암에 걸리는 것이 낫겠다."고 말했다. 일생에 걸쳐 수많은 난관을 헤쳐온 노인이 이제는 우울증 때문에 아침에 일어나는 간단한 일에도 어찌할 바를 모르고 있다. 주요우울장애의 심각한 기능장애를 생각해 볼 때 일부 노인들은 우울증에도 불구하고 놀라우리만큼 기능을 수행하고 있다. 제2, 3, 4장에서 논의하였듯이 우울증의 대인관계 역동은 은밀하면서도 파괴적이다. 때때로 우울증 노인의 가족들은 "도대체 우울할 일이 무엇이냐?" "조금 더 노력하면 우울증이 좋아질 것이다." "이제 자기 자신에 대해 그만 좀 후회해라." "뭐가 문제냐, 남편 있고 자식 있고 돈도 있는데……."라는 말을 하곤 한다. 이와 같은 말은 그렇지 않아도 자기비난이 중요한 증상 중 하나인 우울증 노인들에게 비난으로 전달된다. 보통 사람들은 주요우울장애가 우리가 인생을 살다 보면 흔히 경험하게 되는 우울한 감정과는 전혀 다른 것이라는 점을 이해하지 못한다. 우울증에 걸린다는 것이 어떤 느낌인지는 정신건강 전문가들조차도 이해하기 힘든 일일 수 있다. 자기 자신이 우울증에 걸려 본 적이 있는 정신건강 전문가들이라면 우울증 환자들이 하루하루를 살아가기 위해 얼마나 영웅적인 투쟁을 하고 있는지를 좀 더 잘 공감할 것이다. 그리고 우울증으로 고통받고 있는 이에게 치료의 손길을 내밀 때, 그리고 치료자와 환자의 공동 노력에 의해 우울증이 치유되고 삶이 만족과 기쁨을 되찾을 수 있음을 확인할 때 그들의 깊은 감사의 마음이 우리에게 전해질 것이다.

| 참고문헌 |

Administration on Aging. (2001). *Older adults and mental health: Issues and opportunities.* Retrieved June 5, 2003, from http://www.aoa.gov/mh/report2001/chapter1/html

Agras, W. S., Walsh, T., Fairburn, C. G., Wilson, G. T., & Kraemer, H. C. (2000). A multicenter comparison of cognitive-behavioral and interpersonal psychotherapy for bulimia nervosa. *Archives of General Psychiatry, 57,* 459-466.

Alexopoulos, G., Meyers, B., Young, R., Campbell, S., Silbersweig, D., & Charlson, M. (1997). 'Vascular depression' hypothesis. *Archives of General Psychiatry, 54,* 915-922.

American Psychiatric Association. (1994). *Diagnostic and statistical manual of mental disorders* (4th ed.). Washington, DC: Author.

American Psychological Association. (2004). Guidelines for psychological practice with older adults. *American Psychologist, 59,* 236-260.

Aneshensel, C. S., Pearlin, L. I., Mullan, J. T., Zarit, S. H., & Whitlatch, C. J. (1995). *Profiles in caregiving: The unexpected career.* San Diego, CA: Academic Press.

APA Working Group on the Older Adult. (1998). What practitioners should know about working with older adults. *Professional Psychology:*

Research and Practice, 29, 413-427.

Arbuckle, T. Y., Nohara-LeClair, M., & Pushkar, D. (2000). Effect of off-target verbosity on communication efficiency in a referential communication task. *Psychology & Aging, 15,* 65-77.

Arean, P. A., Perri, M. G., Nezu, A. M., Schein, R. L., Christopher, F., & Joseph, T. X. (1993). Comparative effectiveness of social problem-solving therapy and reminiscence therapy as treatment for depression in older adults. *Journal of Consulting and Clinical Psychology, 61,* 1003-1010.

Baldwin, R. C. (2000). Poor prognosis of depression in elderly people: Causes and actions. *Annals of Medicine, 32,* 252-256.

Beach, S. R. H., Sandeen, E. E., & O'Leary, D. K. (1990). *Depression in marriage.* New York: Guilford Press.

Beach, S. R., Schulz, R., Yee, J. L., & Jackson, S. (2000). Negative and positive health effects of caring for a disabled spouse: Longitudinal findings from the caregiver health effects study. *Psychology & Aging, 15,* 259-271.

Beck, A. T., Rush, A. J., Shaw, B. F., & Emery, G. (1979). *Cognitive therapy of depression.* New York: Guilford Press.

Binstock, R. H. (1985). The aged as scapegoat. In B. B. Hess & E. W. Markson (Eds.), *Growing old in America: New perspectives on old age* (3rd ed., pp. 489-506). New Brunswick, NJ: Transaction.

Binstock, R. H., & Quadagno, J. (2001). Aging and politics. In R. H. Binstock & L. K. George (Eds.), *Handbook of aging and the social sciences* (5th ed., pp. 333-351). San Diego, CA: Academic Press.

Blazer, D. G. (2003). Depression in late life: Review and commentary. *Journals of Gerontology: Medical Sciences, 58A,* 249-265.

Blazer, D. G. (2004). The psychiatric interview of older adults. In D. G.

Blazer, D. C. Steffens, & E. W. Busse (Eds.), *Textbook of geriatric psychiatry* (3rd ed., pp. 165-177). Washington, DC: American Psychiatric Publishing.

Bleiberg, K. L., & Markowitz, J. C. (2005). A pilot study of interpersonal psychotherapy for posttraumatic stress disorder. *American Journal of Psychiatry, 162,* 181-183.

Bolton, P., Bass, J., Neugebauer, R., Verdeli, H., Clougherty, K. F., Wickramaratne, P. J., et al. (2003). A clinical trial of group interpersonal psychotherapy for depression in rural Uganda. *Journal of the American Medical Association, 289,* 3117-3124.

Bonanno, G. A., & Kaltman, S. (2001). The varieties of grief experience. *Clinical Psychology Review, 21,* 705-734.

Bookwala, J., & Schulz, R. (1996). Spousal similarity in subjective well-being: The cardiovascular health study. *Psychology and Aging, 11,* 582-590.

Bosworth, H. B., Hays, J. C., George, L. K., & Steffens, D. C. (2002). Psychosocial and clinical predictors of unipolar depression outcome in older adults. *International Journal of Geriatric Psychiatry, 17,* 238-246.

Bosworth, H. B., McQuoid, D. R., George, D. K., & Steffens, D. C. (2002). Time-to-remission from geriatric depression: Psychosocial and clinical factors. *American Journal of Geriatric Psychiatry, 10,* 551-559.

Brody, A. L., Saxena, S., Stoessel, P., Gillies, L. A., Fairbanks, L. A., Alborzian, S., et al. (2001). Regional brain metabolic changes in patients with major depression treated with either paroxetine or interpersonal therapy. *Archives of General Psychiatry, 58,* 631-640.

Brody, E. M. (1985). Parent care as a normative family stress. *The Gerontologist, 25,* 19-29.

Brokaw, T. (1999). *The greatest generation speaks.* New York: Random House.

Browne, G., Steiner, M., Roberts, J., Gafni, A., Byrne, C., Dunn, E., et al. (2002). Sertraline and/or interpersonal psychotherapy for patients with dysthymic disorder in primary care: 6-month comparison with longitudinal 2-year follow-up of effectiveness and costs. *Journal of Affective Disorders, 68,* 317-330.

Butler, R. (1963). The life review: An interpretation of reminiscene in the aged. *Psychiatry, 26,* 65-76.

Butler, R. (1975). *Why survive? Being old in America.* New York: HarperCollins.

Butzlaff, R. L., & Hooley, J. M. (1998). Expressed emotion and psychiatric relapse: A meta-analysis. *Archives of General Psychiatry, 55,* 547-552.

Caine, E. D., Lyness, J. M., & Conwell, Y. (1996). Diagnosis of late-life depression: Preliminary studies in primary care settings. *American Journal of Geriatric Psychiatry, 4,* S45-S50.

Carpenter, B., Ruckdeschel, K., Ruckdeschel, H., & Van Haitsma, K. (2002). R-E-M psychotherapy: A manualized approach for long-term care residents with depression and dementia. *Clinical Gerontologist, 25,* 25-49.

Carstensen, L. L., Gottman, J. M., & Levenson, R. W. (1995). Emotional behavior in long-term marriage. *Psychology and Aging, 10,* 140-149.

Chambless, D. L., Sanderson, W. C., Shoham, V., Johnson, S. B., Pope, K. S., Crits-Christoph, P., et al. (1996). An update on empirically validated therapies. *The Clinical Psychologist, 49,* 5-18.

Charney, D. S., Reynolds, C. F., Lewis, L., Lebowitz, B. D., Sunderland, T., Alexopoulos, G. S., et al. (2003). Depression and bipolar support alliance consensus statement on the unmet needs in diagnosis and treatment of mood disorders in late life. *Archives of General Psychiatry, 60,* 664-672.

Cole, M. G., & Bellavance, F. (1997). The prognosis of depression in old age. *American Journal of Geriatric Psychiatry, 5,* 4-14.

Congressional Budget Office. (1993, September). *Baby boomers in retirement: An early perspective* (CBO Publication No. 1993-343-277-814/96904). Washington, DC: U.S. Government Printing Office.

Coryell, W., Scheftner, W., Keller, M., Endicott, J., Maser, J., & Klerman, G. L. (1993). The enduring psychosocial consequences of mania and depression. *American Journal of Psychiatry, 150,* 720-727.

Cox, C. (1997). Findings from a statewide program of respite care: A comparison of service users, stoppers, and non-users. *The Gerontologist, 37,* 511-517.

Coyne, J. C. (1976). Depression and the response of others. *Journal of Abnormal Psychology, 85,* 186-193.

Crowley, B. J., Hayslip, B., & Hobdy, J. (2003). Psychological hardiness and adjustment to life events in adulthood. *Journal of Adult Development, 10,* 237-248.

Crown, W. (2001). Economic status of the elderly. In R. W. Binstock & L. K. George (Eds.), *Handbook of aging and the social sciences* (5th ed., pp. 352-368). San Diego, CA: Academic Press.

DiMascio, A., Weissman, M. M., Prusoff, B. A., Neu, C., Zwilling, M., & Klerman, G. L. (1979). Differential symptom reduction by drugs and psychotherapy in acute depression. *Archives of General Psychiatry, 36,* 1450-1456.

Donnelly, J. M., Kornblith, A. B., Fleishman, S., Zuckerman, E., Raptis, G., Hudis, C. A., et al. (2000). A pilot study of interpersonal psychotherapy by telephone with cancer patients and their partners. *Psycho-Oncology, 9,* 44-56.

Elkin, I., Shea, M. T., Watkins, J. T., Imber, S. D., Sotsky, S. M., Collins, J. F., et al. (1989). National Institute of Mental Health treatment of depression collaborative research program: General effectiveness of treatments. *Archives of General Psychiatry, 46,* 971-982.

Erikson, E. H. (1980). *Identity and the life cycle.* New York: Norton.

Estes, C., & Binney, E. A. (1989). The biomedicalization of aging: Dangers and dilemmas. *The Gerontologist, 29,* 587-596.

Fairburn, C. G., Jones, R., Peveler, R. C., Carr, S. J., Solomon, R. A., O' Connor, M. E., et al. (1991). Three psychological treatments for bulimia nervosa: A comparative trial. *Archives of General Psychiatry, 48,* 463-469.

Federal Interagency Forum on Aging-Related Statistics. (2000, August). *Older Americans 2000: Key indicators of well-being.* Washington, DC: U.S. Government Printing Office.

Federal Interagency Forum on Aging-Related Statistics. (2004, November). *Older Americans 2004: Key indicators of well-being.* Washington, DC: U.S. Government Printing Office.

Foley, S. H., Rounsaville, B. J., Weissman, M. M., Sholomskas, D., & Chevron, E. (1989). Individual versus conjoint interpersonal psychotherapy for depressed patients with marital disputes. *International Journal of Family Psychiatry, 10,* 29-42.

Folstein, M. F., Folstein, S. E., & McHugh, P. R. (1975). "Mini-Mental State." A practical method for grading the cognitive state of patients for the clinician. *Journal of Psychiatric Research, 12,* 189-198.

Frank, E. (1991). Interpersonal psychotherapy as a maintenance treatment for patients with recurrent depression. *Psychotherapy, 28,* 259-266.

Frank, E., Hlastala, S., Ritenour, A., Houck, P., Tu, X. M., Monk, T. H., et al. (1997). Inducing lifestyle regularity in recovering bipolar disorder patients: Results from the maintenance therapies in bipolar disorder protocol. *Biological Psychiatry, 41,* 1165-1173.

Frank, E., Kupfer, D. J., Perel, J. M., Cornes, C., Jarrett, D. B., Mallinger, A. G., et al. (1990). Three-year outcomes for maintenance therapies in recurrent depression. *Archives of General Psychiatry, 47,* 1093-1099.

Frank, E., Kupfer, D. J., Wagner, E. F., McEachran, A. B., & Cornes, C. (1991). Efficacy of interpersonal psychotherapy as a maintenance treatment of recurrent depression: Contributing factors. *Archives of General Psychiatry, 48,* 1053-1059.

Frank, E., & Spanier, C. (1995). Interpersonal psychotherapy for depression: Overview, clinical efficacy, and future directions. *Clinical Psychology: Science and Practice, 2,* 349-369.

Friedmann, M. S., McDermut, W. H., Solomon, D. A., Ryan, C. E., Keitner, G. I., & Miller, I. W. (1997). Family functioning and mental illness: A comparison of psychiatric and nonclinical families. *Family Process, 36,* 357-367.

Fry, P. S. (1983). Structured and unstructured reminiscence training and depression among the elderly. *Clinical Gerontologist, 1,* 15-37.

Gallagher-Thompson, D., Hanley-Peterson, P., & Thompson, L. W. (1990). Maintenance of gains versus relapse following brief psychotherapy for depression. *Journal of Consulting and Clinical Psychology, 58,* 371-374.

Gallagher-Thompson, D., & Steffen, A. (1994). Comparative effects of cognitive/behavioral and brief psychodynamic psychotherapies for depressed family caregivers. *Journal of Counseling and Clinical Psychology, 62,* 543-549.

Gallagher-Thompson, D., & Thompson, L. W. (1996). Bereavement and adjustment disorders. In E. W. Busse & D. G. Blazer (Eds.), *Textbook of geriatric psychiatry* (2nd ed., pp. 313-328). Washington, DC: American Psychiatric Press.

Gatz, M., & Finkel, S. I. (1995). Education and training of mental health service providers. In M. Gatz (Ed.), *Emerging issues in mental health and aging* (pp. 282-302). Washington, DC: American Psychological Association.

Gatz, M., Fiske, A., Fox, L. S., Kaskie, B., Kasl-Godley, J. E., McCallum, T. J., & Wetherell, J. L. (1999). Empirically validated psychological treatment for older adults. *Journal of Mental Health and Aging, 4,* 9-46.

Genevay, B., & Katz, R. S. (Eds.). (1990). *Countertransference and older adults.* Newbury Park, CA: Sage.

George, L. K. (1994). Social factors and depression in late life. In L. S. Schneider, C. F. Reynolds, B. D. Lebowitz, & A. J. Friedhoff (Eds.), *Diagnosis and treatment of depression in late life* (pp. 131-154). Washington, DC: American Psychiatric Press.

George, L. K. (2004). Social and economic factors related to psychiatric disorders in late life. In D. G. Blazer, D. C. Steffens, & E. W. Busse (Eds.), *Textbook of geriatric psychiatry* (3rd ed., pp. 139-161). Washington, DC: American Psychiatric Publishing.

Georgotas, A., McCue, R. E., Hapworth, W., Friedman, E., Kim, O. M., Welkowitz, J., et al. (1986). Comparative efficacy and safety of MAOI vs. TCAs in treating depression in the elderly. *Biological Psychiatry, 21,* 1155-1166.

Goodman, C. R., & Shippy, R. A. (2002). Is it contagious? Affect similarity among spouses. *Aging & Mental Health, 6,* 266-274.

Gotlib, I. H., & Beach, S. R. H. (1995). A marital/family discord model of depression: Implications for therapeutic intervention. In N. S. Jacobson & A. S. Gurman (Eds.), *Handbook of couple therapy* (pp. 411-436). New York: Guilford Press.

Gurland, B. J., Dean, L. L., & Cross, P. S. (1983). The effects of depression on individual social functioning in the elderly. In L. D. Breslau & M. R. Haug (Eds.), *Depression and aging: Causes, care, and consequences* (pp. 256-265). New York: Springer.

Haight, B. K. (1988). The therapeutic role of a structured life review process in homebound elderly subjects. *Journals of Gerontology: Psychological Sciences, 43,* P40-P44.

Haight, B. K. (1992). Long-term effects of a structured life review process. *Journals of Gerontology: Psychological Sciences, 47,* P312-P315.

Hamilton, M. (1960). A rating scale for depression. *Journal of Neurology and Neurosurgical Psychiatry, 23,* 56-62.

Hanson, R. O., & Hayslip, B. (2000). Widowhood in later life. In J. H. Harvey & E. D. Miller (Eds.), *Loss and trauma: General and close relationship perspectives* (pp. 345-357). Philadelphia: Brunner-Routledge.

Herzog, A. R., & Markus, H. R. (1999). The self concept in life span and aging research. In V. L. Bengtson & K. W. Schaie (Eds.), *Handbook of theories of aging* (pp. 227-252). New York: Springer.

Higgins, E. S. (1994). A review of unrecognized mental illness in primary care: Prevalence, natural history, and efforts to change the course. *Archives of Family Medicine, 3,* 908-917.

Hinrichsen, G. A. (1992). Recovery and relapse from major depressive disorder in the elderly. *American Journal of Psychiatry, 149,* 1575-1579.

Hinrichsen, G. A. (1997). Interpersonal psychotherapy for depressed older adults. *Journal of Geriatric Psychiatry, 30,* 239-257.

Hinrichsen, G. A. (1999). Treating older adults with interpersonal psychotherapy of depression. *Journal of Clinical Psychology: In Session: Psychotherapy in Practice, 55,* 949-960.

Hinrichsen, G. A. (2000). Knowledge of and interest in geropsychology among psychology trainees. *Professional Psychology: Research and*

Practice, 31, 442-445.

Hinrichsen, G. A. (2004, June). *Training in and application of IPT in a geriatric outpatient setting.* Paper presented at the First International Conference on Interpersonal Psychotherapy, Pittsburgh, PA.

Hinrichsen, G. A., Adelstein, L., & McMeniman, M. (2004). Expressed emotion in family members of depressed older adults. *Aging and Mental Health: An International Journal, 8,* 343-351.

Hinrichsen, G. A., & Emery, E. E. (2005). Interpersonal factors and late-life depression. *Clinical Psychology: Science and Practice, 12,* 264-275.

Hinrichsen, G. A., & Hernandez, N. A. (1993). Factors associated with recovery from and relapse into major depressive disorder in the elderly. *American Journal of Psychiatry, 150,* 1820-1825.

Hinrichsen, G. A., Hernandez, N. A., & Pollack, S. (1992). Difficulties and rewards in family care of the depressed older adult. *Gerontologist, 32,* 486-492.

Hinrichsen, G. A., & Pollack, S. (1997). Expressed emotion and the course of late-life depression. *Journal of Abnormal Psychology, 106,* 336-340.

Hirschfeld, R. M. A., Montgomery, S. A., Keller, M. B., Kasper, S., Schatzberg, A. F., Moller, H., et al. (2000). Social functioning in depression: A review. *Journal of Clinical Psychiatry, 61,* 268-275.

Hooker, K. (1999). Possible selves in adulthood: Incorporating teleonomic relevance into studies of the self. In T. M. Hess & F. Blanchard-Fields (Eds.), *Social cognition and aging* (pp. 97-122). San Diego, CA: Academic Press.

Hooley, J. M., Orley, J., & Teasdale, D. J. (1986). Levels of expressed emotion and relapse in depressed patients. *British Journal of Psychiatry, 148,* 642-647.

Hooyman, N., & Kiyak, H. A. (1999). *Social gerontology: A multidisciplinary perspective* (5th ed.). Boston: Allyn & Bacon.

Horn, J. L. (1982). The aging of human abilities. In B. B. Wolman (Ed.), *Handbook of developmental psychology* (pp. 847-870). Englewood Cliffs, NJ: Prentice Hall.

Horvath, P. (1988). Placebos and common factors in two decades of psychotherapy research. *Psychological Bulletin, 104,* 214-225.

Hoyl, M. T., Alessi, C. A., Harker, J. O., Josephson, K. R., Pietruszka, F. M., Koelfgen, M., et al. (1999). Development and testing of a five-item version of the Geriatric Depression Scale. *Journal of the American Geriatrics Society, 47,* 873-878.

Huyck, M. H. (1990). Gender differences in aging. In J. E. Birren & K. W. Schaie (Eds.), *Handbook of the psychology of aging* (3rd ed., pp. 124-132). San Diego, CA: Academic Press.

Jeste, D. V., Alexopoulos, G. S., Bartels, S. J., Cummings, J. L., Gallo, J. J., Gottlieb, G. L., et al. (1999). Consensus statement on the upcoming crisis in geriatric mental health. *Archives of General Psychiatry, 56,* 848-853.

Joiner, T. E. (2000). Depression's vicious scree: Self-propagating and erosive processes in depression chronicity. *Clinical Psychology: Science and Practice, 7,* 203-218.

Judd, L. L., & Akiskal, H. S. (2000). Delineating the longitudinal structure of depressive illness: Beyond clinical subtypes and duration thresholds. *Pharmacopsychiatry, 33,* 3-7.

Judd, L. L., Akiskal, H. G., Zeller, P. J., Paulus, M., Leon, A. C., Maser, J. D., et al. (2000). Psychosocial disability during the long-term course of unipolar major depressive disorder. *Archives of General Psychiatry, 57,* 375-380.

Karel, M. J. (1997). Aging and depression: Vulnerability and stress across adulthood. *Clinical Psychology Review, 17,* 847-879.

Karel, M. J., & Hinrichsen, G. (2000). Treatment of depression in late life: Psychotherapeutic interventions. *Clinical Psychology Review, 20,* 707-729.

Karel, M. J., Ogland-Hand, S., & Gatz, M. (with Unutzer, J). (2002). *Assessing and treating late-life depression: A casebook and resource guide.* New York: Basic Books.

Karlin, B. E., & Duffy, M. (2004). Geriatric mental health policy: Impact on service delivery and directions for effecting change. *Professional Psychology: Research & Practice, 35,* 509-519.

Kawachi, I., & Berkman, L. F. (2001). Social ties and mental health. *Journal of Urban Health: Bulletin of the New York Academy of Medicine, 78,* 458-467.

Keitner, G. I., & Miller, I. W. (1990). Family functioning and major depression: An overview. *American Journal of Psychiatry, 147,* 1128-1137.

Keller, M. B., Klerman, G. L., Lavori, P. W., Fawcett, J. A., Coryell, W., & Endicott, J. (1982). Treatment received by depressed patients. *Journal of the American Medical Association, 248,* 1848-1855.

Keller, M. B., Lavori, P. W., & Mueller, T. I. (1992). Time to recovery, chronicity, and levels of psychopathology in major depression: A five-year prospective follow-up of 431 subjects. *Archives of General Psychiatry, 49,* 809-816.

Keller, M. B., & Shapiro, R. W. (1981). Major depressive disorder: Initial results from a one-year prospective naturalistic follow-up study. *Journal of Nervous and Mental Disease, 169,* 761-767.

Keller, M. B., & Shapiro, R. W. (1982). "Double depression": Superimposition of acute depressive episodes on chronic depressive disorders. *American*

Journal of Psychiatry, 139, 438-442.

Kimmel, D. C. (2002). Aging and sexual orientation. In J. Oldham (Series Ed.), M. Riba (Series Ed.), B. E. Jones (Vol. Ed.), & M. J. Hill (Vol. Ed.), *Review of Psychiatry: Vol. 21. Mental health issues in lesbian, gay, bisexual and transgender communities* (pp. 17-36). Washington, DC: American Psychiatric Publishing.

King, D. A., Shields, C. G., & Wynne, L. C. (2000). Intervention and consultation with families of older adults. In B. J. Sadock & V. A. Sadock (Eds.), *The comprehensive textbook of psychiatry* (7th ed., pp. 3122-3127). Philadelphia: Lippincott Williams & Wilkins.

Kingson, E. R., & Schulz, J. H. (1997). *Social security in the 21st century.* New York: Oxford University Press.

Klein, D. F., & Ross, D. C. (1993). Reanalysis of the National Institute of Mental Health Treatment of Depression Collaborative Research Program general effectiveness report. *Neuropsychopharmacology, 8,* 241-251.

Klerman, G. L., Budman, S., Berwick, D., Weissman, M. M., Damico-White, J., Demby, A., & Feldstein, M. (1987). Efficacy of a brief psychosocial intervention for symptoms of stress and distress among patients in primary care. *Medical Care, 25,* 1078-1088.

Klerman, G. L., DiMascio, A., Weissman, M., Prusoff, B., & Paykel, E. (1974). Treatment of depression by drugs and psychotherapy. *American Journal of Psychiatry, 131,* 186-191.

Klerman, G. L., & Weissmann, M. M. (1989). Increasing rates of depression. *Journal of the American Medical Association, 261,* 2229-2235.

Klerman, G. L., Weissman, M. M., Rounsaville, B. J., & Chevron, E. S. (1984). *Interpersonal psychotherapy of depression.* Northvale, NJ: Jason Aronson.

Knight, B. (2004). *Psychotherapy with older adults* (3rd ed.). Thousand

Oaks, CA: Sage.

Kupfer, D. J., Frank, E., Perel, J. M., Cornes, C., & Mallinger, V. J. (1992). Five-year outcome for maintenance therapies in recurrent depression. *Archives of General Psychiatry, 49,* 769-773.

Lawton, M. P., & Nahemow, L. (1973). Ecology and the aging process. In C. Eisdorfer & M. P. Lawton (Eds.), *The psychology of adult development and aging* (pp. 619-674). Washington, DC: American Psychological Association.

Lazarus, R. S., & Folkman, S. (1984). *Stress, appraisal, and coping.* New York: Springer.

Lenze, E. J., Dew, M. A., Mazumdar, S., Begley, A. E., Cornes, C., Miller, M. D., et al. (2002). Combined pharmacotherapy and psychotherapy as maintenance treatment for late-life depression: Effects on social adjustment. *American Journal of Psychiatry, 159,* 466-468.

Lenze, E. J., Rogers, J. C., Martire, L. M., Mulsant, B. H., Rollman, B. L., Dew, M. A., et al. (2001). The association of late-life depression and anxiety with physical disability: A review of the literature and prospectus for future research. *American Journal of Geriatric Psychiatry, 9,* 113-134.

Levant, R. F. (2004). The empirically validated treatments movement: A practitioner/educator perspective. *Clinical Psychology: Science and Practice, 11,* 219-224.

Levinson, D. J. (with Darrow, C. N., Klein, E. B., Levinson, M. H., & McKee, B.). (1978). *The seasons of a man's life.* New York: Knopf.

Levinson, D. J. (1986). A conception of adult development. *American Psychologist, 41,* 3-13.

Levy, B. R., & Banaji, M. R. (2002). Implicit ageism. In T. D. Nelson (Ed.), *Ageism: Stereotyping and prejudice against older persons* (pp. 49-75).

Cambridge, MA: MIT Press.

Lipsitz, J. F., Markowitz, J. C., Cherry, S., & Fryer, A. J. (1999). Open trial of interpersonal psychotherapy for social phobia. *American Journal of Psychiatry, 156,* 1814-1816.

Liptzin, B., Grob, M. C., & Eisen, S. V. (1988). Family burden of demented and depressed elderly psychiatric inpatients. *Gerontologist, 28,* 397-401.

Lovett, S., & Gallagher, D. (1988). Psychoeducational interventions for family caregivers: Preliminary efficacy data. *Behavior Therapy, 19,* 321-330.

Maddox, G. L. (2001). Housing and living arrangements: A transactional perspective. In R. H. Binstock & L. K. George (Eds.), *Handbook of aging and the social sciences* (5th ed., pp. 426-443). San Diego, CA: Academic Press.

Markowitz, J. C. (1998). *Interpersonal psychotherapy for dysthymic disorder.* Washington, DC: American Psychiatric Press.

Markowitz, J. C., Kocsis, J. H., Fishman, B., Spielman, L. A., Jacobsberg, L. B., Frances, A. J., et al. (1999). Treatment of HIV-positive patients with depressive symptoms. *Archives of General Psychiatry, 55,* 452-457.

Markus, H., & Nurius, P. (1986). Possible selves. *American Psychologist, 41,* 954-989.

Mazure, C. M. (1998). Life stressors as risk factors in depression. *Clinical Psychology: Science and Practice, 5,* 291-313.

McAdams, D. P. (1995). What do we know when we know a person? *Journal of Personality, 63,* 365-396.

McIntosh, J. L., Santos, J. F., Hubbard, R. W., & Overholser, J. C. (1994). *Elder suicide: Research, theory, and treatment.* Washington, DC: American Psychological Association.

Mello, M. F., Mari, J. J., Bacaltchuk, J., Verdeli, H., & Neugebauer, R. (2005). A systematic review of research findings on the efficacy of interpersonal therapy for depressive disorders. *European Archives of Psychiatry and Clinical Neuroscience, 255,* 75-82.

Mello, M. F., Myczowisk, L. M., & Menezes, P. R. (2001). A randomized controlled trial comparing moclobemide and moclobemide plus interpersonal psychotherapy in the treatment of dysthymic disorder. *Journal of Psychotherapy Practice & Research, 10,* 117-123.

Miller, M. D. (2004, March). *Using IPT in depressed elders with cognitive dysfunction.* Paper presented at the annual meeting of the American Association of Geriatric Psychiatry, Baltimore, MD.

Miller, M. D., Frank, E., Cornes, C., Houck, P. R., & Reynolds, C. F., III. (2003). The value of maintenance interpersonal psychotherapy (IPT) in older adults with different IPT foci. *American Journal of Geriatric Psychiatry, 11,* 97-102.

Miller, M. D., & Silberman, R. L. (1996). Using interpersonal psychotherapy with depressed elders. In S. H. Zarit & B. G. Knight (Eds.), *A guide to psychotherapy and aging* (pp. 83-99). Washington, DC: American Psychological Association.

Miller, L., & Weissman, M. (2002). Interpersonal psychotherapy delivered over the telephone to recurrent depressives. A pilot study. *Depression & Anxiety, 16,* 114-117.

Molinari, V. (Ed.). (2000). *Professional psychology in long term care: A comprehensive guide.* New York: Hatherleigh Press.

Moody, H. R. (1998). *Aging: Concepts and controversies* (2nd ed.). Thousand Oaks, CA: Pine Forge Press.

Moss, M. S., Moss, S. Z., & Hansson, R. O. (2001). Bereavement and old age. In M. S. Streobe, R. O. Hansson, W. Stroebe, & H. Schut (Eds.), *Handbook of bereavement research: Consequences, coping and care* (pp. 241-260). Washington, DC: American Psychological Association.

Mossey, J. M., Knott, K. A., Higgins, M., & Talerico, K. (1996). Effectiveness of a psychosocial intervention, interpersonal counseling, for subdysthymic depression in medically ill elderly. *Journal of Gerontology: Medical Sciences, 51A,* M172-M178.

Mufson, L., Gallagher, T., Dorta, K. P., & Young, J. F. (2004). A group adaptation of interpersonal psychotherapy for depressed adolescents. *American Journal of Psychotherapy, 58,* 220-237.

Mufson, L., Pollack Dorta, K., Moreau, D., & Weissman, M. M. (2004). *Interpersonal therapy for depressed adolescents* (2nd ed.). New York: Guilford Press.

Mulsant, B. H., & Pollack, B. G. (2004). Psychopharmacology. In D. G. Blazer, D. C. Steffens, & E. W. Busse (Eds.), *Textbook of geriatric psychiatry* (pp. 387-411). Washington, DC: American Psychiatric Publishing.

Murray, C. J. L., & Lopez, A. D. (1996). *The global burden of disease: A comprehensive assessment of mortality and disability from diseases, injuries, and risk factors in 1990 and projected to 2020.* Cambridge, MA: Harvard University Press.

National Institutes of Health. (1991). *Diagnosis and treatment of depression in late life* (Vol. 9, No. 3). Bethesda, MD: National Library of Medicine.

Neugarten, B. (1982). *Age or need? Public policies for older people.* Beverly Hills, CA: Sage.

Neugarten, B. L., & Neugarten, D. A. (1986). Changing meaning of age in the aging society. In A. Pifer & L. Bronte (Eds.), *Our aging society: Paradox and promise.* New York: Norton.

Newsom, J. T., & Schulz, R. (1998). Caregiving from the recipient's perspective: Negative reactions to being helped. *Health Psychology, 17,* 172-181.

O'Hara, M. W., Stuart, S., Gorman, L. L., & Wenzel, A. (2000). Efficacy of interpersonal psychotherapy for postpartum depression. *Archives of General Psychiatry, 57,* 1039-1045.

Palmore, E. (2001). The ageism survey: First findings. *The Gerontologist, 41,* 572-575.

Piaget, J. (1980). *Les formes et les mentaires de la dialectique.* Paris: Gallimard.

Pruchno, R. (1999). Raising grandchildren: The experiences of Black and White grandmothers. *The Gerontologist, 39,* 209-221.

Qualls, S. H. (1996). Family therapy with aging families. In S. H. Zarit & B. G. Knight (Eds.), *A guide to psychotherapy and aging* (pp. 121-137). Washington, DC: American Psychological Association.

Qualls, S. H., Segal, D., Norman, S., Niederehe, G., & Gallagher-Thompson, D. (2002). Psychologists in practice with older adults: Current patterns, sources of training, and need for continuing education. *Professional Psychology: Research and Practice, 33,* 435-442.

Raskind, M. A., Bonner, L. T., & Peskind, E. R. (2004). Cognitive disorders. In D. G. Blazer, D. C. Steffens, & E. W. Busse (Eds.), *Textbook of geriatric psychiatry* (pp. 207-229). Washington, DC: American Psychiatric Publishing.

Rattenbury, C., & Stones, M. J. (1989). A controlled evaluation of reminiscence and current topics discussion groups in a nursing home context. *Gerontologist, 29,* 768-771.

Reichman, W. E., & Katz, P. R. (Eds.). (1996). *Psychiatric care in the nursing home.* New York: Oxford University Press.

Reynolds, C. F., Alexopoulos, G. S., Katz, I. R., & Lebowitz, B. D. (2001). Chronic depression in the elderly. *Drugs and Aging, 18,* 507-514.

Reynolds, C. F., III, Frank, E., Perel, J. M., Imber, S. D., Cornes, C., Miller,

M. D., et al. (1999). Nortriptyline and interpersonal psychotherapy as maintenance therapies for recurrent major depression: A randomized controlled trial in patients older than 59 years. *Journal of the American Medical Association, 281,* 39-45.

Reynolds, C. F., III, Kupfer, D. J., Thase, M. E., Perel, J. M., Mazumdar, S., & Houck, P. R. (1996). Treatment outcome in recurrent major depression: A posthoc comparison of elderly ("young old") and midlife patient. *American Journal of Psychiatry, 153,* 1288-1292.

Robins, L. N., & Regier, D. A. (Eds.). (1991). *Psychiatric disorders in America: The epidemiologic catchment area study.* New York: The Free Press.

Rose, J. M., & DelMaestro, S. G. (1990). Separation-individuation conflict as a model for understanding distressed caregivers: Psychodynamic and cognitive case studies. *The Geronotologist, 30,* 693-697.

Rosow, I. (1967). *Social integration of the aged.* New York: Free Press.

Rosowsky, E., Abrams, R. C., & Zweig, R. A. (Eds.). (1999). *Personality disorders in older adults: Emerging issues in diagnosis and treatment.* Mahwah, NJ: Erlbaum.

Rothblum, E. D., Sholomskas, A. J., Berry, C., & Prusoff, B. A. (1982). Issues in clinical trials with the depressed elderly. *Journal of the American Geriatrics Society, 30,* 694-699.

Rounsaville, B. J., Glazer, W., Wilber, C. H., Weissman, M. M., & Kleber, H. D. (1983). Short-term interpersonal psychotherapy in methadone-maintained opiate addicts. *Archives of General Psychiatry, 40,* 629-636.

Rubinstein, R. L. (1987). Never married elderly as a social type: Re-evaluating some images. *Gerontologist, 27,* 103-113.

Rubinstein, R. L., Alexander, B. B., Goodman, M., & Luborsky, M. (1991). Key relationships of never married, childless older women: A cultural analysis. *Journals of Gerontology, 46,* S270-S277.

Sackheim, H. A. (1994). Use of electroconvulsive therapy in late life depression. In L. S. Schneider, C. F. Reynolds, B. D. Lebowitz, & A. J. Friedhoff (Eds.), *Diagnosis and treatment of depression in late life* (pp. 259-277). Washington, DC: American Psychiatric Association Press.

Schaie, K. W. (1994). The course of adult intellectual development. *American Psychologist, 49,* 304-313.

Schulberg, H. C., Block, M. R., Madonia, M. J., Scott, P., Rodriguez, E., Imber, S. D., et al. (1996). Treating major depression in primary care practice. *Archives of General Psychiatry, 53,* 913-919.

Schulz, R., O'Brien, A. T., Bookwala, J., & Fleissner, K. (1995). Psychiatric and physical morbidity effects of dementia caregiving: Prevalence, correlates, and causes. *Gerontologist, 35,* 771-791.

Schulz, R., Visintainer, P., & Williamson, G. M. (1990). Psychiatric and physical morbidity effects of caregiving. *Journals of Gerontology: Psychological Sciences, 45,* 181-191.

Schut, H. A., Stroebe, M. S., de Keijser, J., & van den Bout, J. (1997). Intervention for the bereaved: Gender differences in the efficacy of two counselling programmes. *British Journal of Clinical Psychology, 36,* 63-72.

Scogin, F., Jamison, C., & Davis, N. (1990). Two-year follow-up of bibliotherapy for depression in older adults. *Journal of Consulting and Clinical Psychology, 58,* 665-667.

Scogin, F., Jamison, C., & Gochneaur, K. (1989). Comparative efficacy of cognitive and behavioral bibliotherapy for mildly and moderately depressed older adults. *Journal of Consulting and Clinical Psychology, 57,* 403-407.

Scogin, F., & McElreath, I. (1994). Efficacy of psychosocial treatments for geriatric depression: A quantitative review. *Journal of Consulting and*

Clinical Psychology, 57, 403-407.

Selye, H. (1956). *The stress of life.* New York: McGraw-Hill.

Shanas, E. (1979). Social myth as hypothesis: The case of the family relations of old people. *The Gerontologist, 19,* 3-9.

Sheehy, G. (1977). *Passages: Predictable crises of adult life.* New York: Dutton.

Sheikh, J. I., & Yesavage, J. A. (1986). Geriatric Depression Scale (GDS): Recent evidence and development of a shorter version. *Clinical Gerontologist, 5,* 165-173.

Sholomskas, A. J., Chevron, E. S., Prusoff, B. A., & Berry, C. (1983). Short-term interpersonal therapy (IPT) with the depressed elderly: Case reports and discussion. *American Journal of Psychotherapy, 37,* 552-566.

Sloane, R. B., Staples, F. R., & Schneider, L. S. (1985). Interpersonal psychotherapy versus nortriptyline for depression in the elderly. In G. Burrows, T. R. Norman, & L. Dennerstein (Eds.), *Clinical and pharmacological studies in psychiatric disorders* (pp. 344-346). London: John Libbey.

Spinelli, M. G. (1997). Interpersonal psychotherapy for depressed pregnant HIV-positive women: A pilot study. *American Journal of Psychiatry, 154,* 1028-1030.

Spinelli, M. G., & Endicott, J. (2003). Controlled clinical trial of interpersonal psychotherapy versus parenting education program for depressed pregnant women. *American Journal of Psychiatry, 160,* 555-562.

Steuer, J. L., Mintz, J., Hammen, C. L., Hill, M. A., Jarvik, L. F., McCarley, T., et al. (1984). Cognitive-behavioral and psychodynamic group psychotherapy in treatment of geriatric depression. *Journal of Consulting and Clinical Psychology, 52,* 180-189.

Stuart, S., & O'Hara, M. W. (1995). Interpersonal psychotherapy for postpartum depression. *Journal of Psychotherapy Practice and Research, 4,* 18-29.

Sullivan, H. S. (1953). *The interpersonal theory of psychiatry,* New York: Norton.

Teng, E. L., & Chui, H. C. (1987). The Modified Mini-Mental State (3MS) Examination. *Journal of Clinical Psychiatry, 48,* 314-318.

Teri, L., Logsdon, R. G., Uomoto, J., & McCurry, S. M. (1997). Behavioral treatment of depression in dementia patients: A controlled clinical trial. *Journals of Gerontology: Psychological Sciences, 52B,* P159-P166.

Thompson, L. W., Gallagher, D., & Breckenridge, J. S. (1987). Comparative effectiveness of psychotherapies for depressed elders. *Journal of Consulting and Clinical Psychology, 55,* 385-390.

Tower, R. B., & Kasl, S. V. (1995). Depressive symptoms across older spouses and the moderating effect of marital closeness. *Psychology and Aging, 10,* 625-638.

Tower, R. B., & Kasl, S. V. (1996). Depressive symptoms across older spouses: Longitudinal influences. *Psychology and Aging, 11,* 683-697.

Unutzer, J., Katon, W., Callahan, C. M., Williams, J. W., Hunkeler, E., Harpole, L., et al. (2002). Collaborative care management of late-life depression in the primary care setting. *Journal of the American Medical Association, 288,* 2836-2845.

Verdeli, H., Clougherty, K. F., Bolton, P., Speelman, L., Ndogoni, L., Bass, J., et al. (2003). Adapting group interpersonal psychotherapy for a developing country: Experience in rural Uganda. *World Psychiatry, 2,* 114-120.

Vierck, E., & Hodges, K. (2003). *Aging: Demographics, health, and health services.* Westport, CT: Greenwood Press.

Wei, W., Sambamoorthi, U., Olfson, M., Walkup, J. T., & Crystal, S. (2005). Use of psychotherapy for depression in older adults. *American Journal of Psychiatry, 162,* 711-717.

Weiss, R. S. (1974). The provisions of social relationships. In Z. Rubin (Ed.), *Doing unto others* (pp. 17-26). Englewood Cliffs, NJ: Prentice-Hall.

Weissman, M. M. (1995). *Mastering depression through interpersonal psychotherapy and Monitoring forms booklet.* Available through the Psychological Corporation, Order Service Center, PO Box 839954, San Antonio, TX 78283-3954.

Weissman, M. M., Bruce, M. L., Leaf, P. L., Florio, L. P., & Holzer, C., III (1991). Affective disorders. In L. N. Robins & D. A. Regier (Eds.), *Psychiatric disorders in America: The epidemiologic catchment area study* (pp. 53-80). New York: The Free Press.

Weissman, M. M., Klerman, G. L., Prusoff, B. A., Sholomskas, D., & Padian, N. (1981). Depressed outpatients: Results one year after treatment with drugs and/or interpersonal psychotherapy. *Archives of General Psychiatry, 38,* 51-55.

Weissman, M. M., Markowitz, J. C., & Klerman, G. L. (2000). *Comprehensive guide to interpersonal psychotherapy.* New York: Basic Books.

Weissman, M. M., & Paykel, E. (1974). *The depressed woman.* Chicago: University of Chicago Press.

Weissman, M. M., Prusoff, B. A., DiMascio, A., Neu, C., Goklaney, M., & Klerman, G. L. (1979). The efficacy of drugs and psychotherapy in the treatment of acute depressive episodes. *American Journal of Psychiatry, 134,* 555-558.

Wells, K. B., Stewart, A., Hays, R. D., Burnam, A., Rogers, W., Daniels, M., et al. (1989). The functioning and well-being of depressed patients: Results from the Medical Outcomes Study. *Journal of the American*

Medical Association, 262, 914-919.

Whitbourne, S. K. (1987). Personality development in adulthood and old age. Relationships among identity style, health, and well being. In K. W. Schaie (Ed.), *Annual review of gerontology and geriatrics: Vol. 7. Experimental and applied psychology* (pp. 189-216). New York: Springer.

Whitbourne, S. K. (1999). Physical changes. In J. C. Cavanaugh & S. K. Whitbourne (Eds.), *Gerontology: Interdisciplinary perspectives* (pp. 91-122). New York: Oxford University Press.

Wickramaratne, P. J., Weissman, M. M., Leaf, P. J., & Holford, T. R. (1989). Age, period and cohort effects on the risk of major depression: Results from five United States communities. *Journal of Clinical Epidemiology, 42,* 333-343.

Wilfley, D. E., Agras, W. S., Telch, C. F., Rossiter, E. M., Schneider, J. A., Cole, A. G., et al. (1993). Group cognitive-behavior therapy and group interpersonal psychotherapy for the nonpurging bulimic individual: A controlled comparison. *Journal of Consulting and Clinical Psychology, 61,* 296-305.

Wilfley, D. E., MacKenzie, K. R., Welch, R. R., Ayres, V. E., & Weissman, M. M. (2000). *Interpersonal psychotherapy for group.* New York: Basic Books.

Wilfley, D. E., Welch, R. R., Stein, R. I., Spurrell, E. B., Cohen, L. R., Saelen, B. E., et al. (2002). A randomized comparison of group cognitive-behavioral therapy and group interpersonal psychotherapy for the treatment of overweight individuals with binge-eating disorder. *Archives of General Psychiatry, 59,* 713-721.

Williams, J. B. W. (1988). A structured interview guide for the Hamilton Depression Rating Scale. *Archives of General Psychiatry, 45,* 742-747.

Willis, S. L., & Nesselroade, C. S. (1990). Long-term effects of fluid ability training in old-old age. *Developmental Psychology, 26,* 905-910.

Wolfson, L., Miller, M., Houck, P., Ehrenpreis, L., Stack, J., Frank, E., et al. (1997). Foci of interpersonal psychotherapy (IPT) in depressed elders: Clinical and outcome correlates in a combined IPT/nortriptyline protocol. *Psychotherapy Research, 7,* 45-55.

Wolkenstein, B. H., & Sterman, L. (1998). Unmet needs of older women in a clinic population: The discovery of possible long-term sequelae of domestic violence. *Professional Psychology: Research and Practice, 4,* 341-348.

Yesavage, J. A., Brink, T. L., Rose, T. L., Lum, O., Huang, V., Adey, M., & Leirer, V. O. (1983). Development and validation of a geriatric depression screening scale: A preliminary report. *Journal of Psychiatry Research, 17,* 37-49.

Youssef, F. A. (1990). The impact of group reminiscence counseling on a depressed elderly population. *Nurse Practitioner, 15,* 32-38.

Zisook, S., & Shuchter, S. R. (1991). Depression through the first year after the death of a spouse. *American Journal of Psychiatry, 148,* 1346-1352.

Zweig, R. A., & Hinrichsen, G. A. (1993). Factors associated with suicide attempts by depressed older adults: A prospective study. *American Journal of Psychiatry, 150,* 1687-1692.

| 찾아보기 |

인 명

내 용

저자 소개

Gregory A. Hinrichsen, PhD는 하버드 대학교와 뉴욕 대학교를 졸업하였다. 현재 The Zucker Hillside Hospital, North Shore-Long Island Jewish Health System의 임상심리학 수련감독관이며 Albert Einstein 의과대학 정신과 부교수다. 그는 노화 관련 영역에서 30년간 임상가, 연구자로 활동하면서 심리학 인턴십과 펠로우십을 개설 · 운영하였고, 주 정부와 전문학회에서 리더십을 발휘해 왔다. 미국심리학회 12분과, II영역(임상노인심리학)의 의장이었으며, APA의 노화분과 위원장이었다. 그는 노년기 우울증, 치매, 첫 삽화 정신분열병에서 가족의 문제 및 의학적 문제에 대한 적응 등에 관해 연구하고 있으며, 노인심리학 교육을 담당하고 있다. 현재 뉴욕에서 살고 있다.

Kathleen F. Clougherty, LCSW는 대인관계치료(IPT) 선임훈련자이며 뉴욕 정신의학연구소 지도교수, 예일의대 소아연구센터 사회사업분과 임상강사이고, 주로 청소년과 성인 우울증을 치료하는 전문적인 개인임상가다. 그녀는 HIV 양성 남성 환자들과 여성 우울증 환자들을 대상으로 하는 IPT, 기분부전장애 환자 및 학교 정신건강 클리닉에서 의뢰된 청소년 우울증 환자들을 대상으로 하는 여러 중요한 IPT 연구에 치료자로서 그리고 지도교수로서 활동하였다. 또한 아프리카에서 처음으로 실시된 무선 표집을 사용한 심리치료 연구에서 집단 IPT를 적용하는 데 공동연구자 겸 공동훈련가로 활동하였고, 미국뿐 아니라 국제 사회에서 정신과 의사, 심리학자, 사회사업가를 대상으로 광범위한 IPT 수련교육과 지도감독을 해 왔다. 그녀는 Gerald Klerman 박사에게 IPT 훈련을 받았으며, 현재 가족과 함께 뉴욕과 매사추세츠 주 몽테뉴에서 살고 있다.

역자 소개

임기영

아주대학교 의과대학 정신과 교수이며, 동 대학교 의과대학 · 의학전문대학원 학장 겸 대학원장으로 재임 중이다. 연세대학교 의과대학을 졸업하고 가톨릭대학교 의과대학에서 박사학위를 받았다. 세브란스병원에서 정신과 전문의 과정을 마쳤으며 뉴욕 주립대학교 스트레스 · 불안장애센터에서 연수하였고 일리노이 대학교 의과대학원에서 의학교육학 석사과정을 수료하였다. 저서 및 역서로 『소외되지 않는 삶을 위하여』 『길을 떠난 영혼은 한곳에 머물지 않는다』 『인지치료의 실제』 등이 있다.

김지혜

성균관의대 삼성서울병원 정신과 교수다. 연세대학교 아동학과를 졸업하고 고려대학교 대학원 심리학과에서 박사학위를 받았다. 한양대학교 병원에서 임상심리전문가 과정을 마쳤으며 뉴욕 주립대학교 스트레스 · 불안장애센터에서 연수하였다. 한국임상심리학회 회장을 역임하였으며, 『인지치료의 실제』 『이상심리학』 『로르샤하 해석 입문』 『로르샤하 해석의 원리』 『산만하고 집중 못하는 아이』 외 다수의 저서와 역서 및 논문이 있다.

노인우울증의 대인관계치료

2012년 7월 25일 1판 1쇄 인쇄
2012년 8월 5일 1판 1쇄 발행

지은이 • Gregory A. Hinrichsen · Kathleen F. Clougherty
옮긴이 • 임기영 · 김지혜
펴낸이 • 김진환
펴낸곳 • (주) 학지사
121-837 서울시 마포구 서교동 352-29 마인드월드빌딩 5층
대표전화 • 02-330-5114 팩스 • 02-324-2345
등록번호 • 제313-2006-000265호

홈페이지 • http://www.hakjisa.co.kr
커뮤니티 • http://cafe.naver.com/hakjisa

ISBN 978-89-6330-957-6 93180
정가 19,000원

역자와의 협약으로 인지는 생략합니다.
파본은 구입처에서 교환해 드립니다.